HISTÓRIA REVELADA DA SS

2ª edição

ROBERT LEWIS KOEHL

HISTÓRIA REVELADA DA SS

Tradução
Felipe José Lindoso

CRÍTICA

Copyright © Robert Lewis Koehl
Copyright © Editora Planeta do Brasil, 2015, 2021
Todos os direitos reservados.
Título original: *The SS – A history 1919-45*

PREPARAÇÃO: Luciana Paixão
REVISÃO: Fernando Nuno e Iracy Borges
DIAGRAMAÇÃO: Futura
CAPA: Departameto de criação Editora Planeta do Brasil
IMAGENS DE CAPA: © Ullstein bild / Contributor

Todas as ilustrações são reproduzidas por cortesia de Brian Leigh Davis.

Dados Internacionais de Catalogação na Publicação (CIP)
Angélica Ilacqua CRB-8/7057

Koehl, Robert Lewis
  História revelada da SS / Robert Lewis Koehl ; tradução de Felipe José Lindoso. – 2. ed. – São Paulo : Planeta do Brasil, 2021.
  368 p.

  ISBN 978-65-5535-436-2
  Título original: The SS – A history 1919-45

  1. Schutzstaffe – História 2. Alemanha – História 3. Guerra mundial, 1939-1945 I. Título II. Lindoso, Felipe José

21-2302   CDD 940.541343

Índices para catálogo sistemático:
1. História – Segunda Guerra Mundial - Alemanha

2021
Todos os direitos desta edição reservados à
Editora Planeta do Brasil Ltda.
Rua Bela Cintra 986, 4º andar – Consolação
São Paulo – SP – 01415-002
www.planetadelivros.com.br
faleconosco@editoraplaneta.com.br

SUMÁRIO

INTRODUÇÃO..7

1 PRÉ-HISTÓRIA – OS BANDOS SELVAGENS: 1919-24 15
2 PRIMEIROS ANOS – 1925-29..35
3 OS ANOS FORMATIVOS – 1930-32......................................59
4 O MOMENTO DA OPORTUNIDADE – 1933.................................91
5 A TRAIÇÃO – INVERNO DE 1933-30 DE JUNHO DE 1934...............125
6 OS ANOS DE CRESCIMENTO – 1934-39 149
7 OS ANOS DE TRÁGICA REALIZAÇÃO – 1939-45.......................225
8 CONCLUSÃO: POR TRÁS DA MÁSCARA DO DOMÍNIO 317

GLOSSÁRIO 349
LISTA DE ABREVIAÇÕES 355
ÍNDICE REMISSIVO...359

INTRODUÇÃO

Os homens com casacos negros eram, afinal, homens. Muitos, mas certamente não todos eles, vestiam esses casacos como outros homens em outras terras e em outros tempos podiam usar máscaras de rituais e unir-se em danças estranhas, para propiciar uma natureza ameaçadora. Eles se tornavam "outra coisa" e agiam como homens possuídos. Tais pessoas, tanto em sua própria consciência como na de seus semelhantes, agiam por outros na comunidade alemã, que, assim, não tinham que participar diretamente do ritual. Dessa maneira, a eles era permitido torturar e matar, conquistar e destruir, e fazer parte de uma produção teatral de proporções imensas. No entanto, esse drama e seus objetos de cena permaneciam exatamente o que eram para outros homens comuns, tanto alemães quanto não alemães: lantejoulas e papelão.

Especialmente na *Waffen-SS* (a ala militar aquartelada da SS), usando o uniforme de combate cinzento da frente de batalha, homens da SS mais tarde procuraram escapar da maldição desses mesmos casacos negros, para se transformar em "apenas soldados como os demais". Realmente, com o uniforme cinzento eram apenas homens. Mas seu passado de SS, os padrões da carreira militar e da sociedade alemã, assim como a política de poder do Nacional-Socialismo, impulsionou muitos deles para façanhas de bravura, selvageria implacável e destruição insensata. Uma unidade SS da *Wehrmacht* jamais poderia ser simplesmente uma unidade qualquer, apesar de muitos de seus oficiais e homens serem na verdade indivíduos comuns. Tradição, esse conceito familiar dos anais militares, teve também sua influência na SS, nem sempre como desejado por seus comandantes – ou por seus voluntários –, forçando o homem a ser ao mesmo tempo mais do que ele mesmo e, muitas vezes, menos.

Adolf Hitler experimentou isso uma vez com o uniforme da Infantaria Bávara. Quando as camadas de mito que cobriam seu serviço militar foram removidas, ele também emergiu como um homem comum. Seu sotaque austríaco não foi apagado pelo uniforme e ele não se tornou um camarada ou herói, no entanto, mesmo assim, foi alçado (e não simplesmente inflado) a algo novo. Isso aconteceu não apenas para Hitler, mas para todos os homens que cresceram e viveram em período de paz. A geração do front de 1914-18 não foi nem mais nem menos criativa que a de seus pais. Seus membros se viraram com o que tinham, como fazem todos os homens; e o que improvisaram a partir de seu vazio e de sua realização parcial se transformou em suas "mensagens" para o mundo civil, ao qual foram forçados a regressar tão arbitrariamente quanto saíram dele em 1914. Nada desse precedente foi exclusivo da Alemanha. França, Grã-Bretanha, Itália, Europa Oriental e mesmo a Rússia e os Estados Unidos tiveram a experiência do regressado civil-soldado como um estranho, se não inimigo, um reformista confuso e impaciente. No entanto, no grau em que cada país, cada ambiente, podia substituir o que havia sido perdido (ou expelido) do veterano de guerra, esse homem paulatinamente se reintegrou ao mundo civil. Os indivíduos variam em virtude de um infinito, ou quase infinito, conjunto de experiências primárias, de modo que novamente na Alemanha, tal como em toda parte, houve muitas exceções. Não havia, afinal, um forte denominador comum diante da "experiência do front". Havia apenas um denominador potencial de um uniforme comum, ao qual as condições da Europa do pós-guerra podiam então acrescentar conteúdo: derrota, desgraça, condições de trabalho desesperadas, instabilidade política e anarquia moral.

Atualmente é comum dizer que o Nacional-Socialismo não era o destino inevitável da Alemanha tanto quanto o Comunismo Soviético não era o da Rússia. A ação e a inação de incontáveis milhões, certamente nem todos eles na Alemanha ou na Rússia, levou a consequências que eles mesmos não previam, muito menos haviam escolhido. Mas os indivíduos sim, optavam, faziam planos, agiam; e essas opções, planos e atos tiveram as consequências do Comunismo e do Nacional-Socialismo em função de padrões complexos, mas não incompreensíveis, de comportamento humano, especialmente o comportamento institucional. As instituições alemãs, e sobretudo o processo de mudança dessas instituições, proporcionam a matriz na qual objetivos individuais, respostas, improvisações e conceitos conduzem a consequências sociais e políticas previsíveis. A monarquia popular podia se transformar na presidência de Weimar, pronta para se converter em ditadura; o exército prussiano podia evoluir como "a escola da nação" com potencial para se tornar *Volksheer* (exército popular) ou um quadro de elite – ou ambos. A Alemanha evoluiu para o Nacional-Socialismo sem "escolher" isso; alemães individuais, diante de mudanças avassaladoras no quadro de suas vidas, de suas expectativas, de suas suposições, de seu programa de existência, escolheram, planejaram e efetivaram o Nacional-Socialismo.

A *Schutzstaffel* (Esquadrão de Guarda) não surgiu repentinamente da cabeça de Hitler. É bastante notável o tanto de SS que repousava em estado embrionário nas mentes da geração de Hitler mesmo antes de 1914. Mas a realidade da SS só pôde tomar forma, gradualmente, na experiência que os nazistas tiveram ao confrontar as exigências políticas da Alemanha do pós-guerra com a fantasia ingênua da juventude pré-1914. Fazer parte do corpo de guarda-costas de qualquer líder implica na própria importância de quem o é: mesmo o poder do homem forte é incompleto sem o segurança. Desde que os profetas acadêmicos criaram uma elaborada e moderna justificativa para o que tantos homens de diferentes épocas e idades ansiavam, um messias, Adolf Hitler pôde transformar a si mesmo em um *Führer* mágico, quase religioso, de um bando sagrado de cruzados, os soldados políticos de um "grupo de superposição". Ser seu guarda-costas era compartilhar de seu carisma, ser importante para ele. Esse sentido de relacionamento especial com o "deus na Terra" era um dom da graça que Hitler sabia muito bem como impulsionar entre seus seguidores alienados, *petit bourgeois*, muito antes de 1933; no entanto, sua "graça" não se limitava aos SS. Esse relacionamento especial estava simplesmente ali, pronto para ser elaborado caso surgisse a oportunidade, pelo homem certo. Todas as características da SS não eram inevitáveis no Nacional-Socialismo. Himmler, R. W. Darré e Reinhard Heydrich, cada um, fizeram grandes contribuições. O próprio Hitler começou com a ideia de "guarda-costas". A Alemanha Guilhermina havia parido dúzias de sociedades secretas teutônicas; esquemas de reprodução eugênica que não se limitavam à Alemanha pré-guerra. Nenhum nazista inventou a SS, mas muito de seu projeto reproduz o mobiliário mental da Munique do pós-guerra e da Classe de 1900 – os contemporâneos de Heinrich Himmler. (Esse termo é referência à tropa que nasce em um determinado ano e é derivada de cálculos militares).

Muitos alemães, começando com a suposição de que havia uma "ordem natural" na Alemanha antes de 1914, facilmente tomaram as condições da realidade de 1919 como as de "um mundo de ponta-cabeça". Se a desordem era o resultado da revolução, então restabelecer a "ordem" requeria outra revolução, a conquista do poder no interesse de todos, exceto dos "fazedores do mal". No meio de muito exame de consciência, centenas de grupos na Alemanha decidiram que tinham o dever de aceitar a responsabilidade de liderar essa revolução de restauração. Alguns desejavam restaurar o Kaiser. Outros preferiam a dinastia Wittelsbach, da Baviera. Outros pensavam na ditadura Hindenburg-Ludendorff de 1916-1918. Suas características comuns eram a crença na violência, na técnica conspiratória, em agitar as "massas" para que os seguissem em vez de seguir os "fazedores do mal", e nos métodos do militarismo alemão. O poder era algo a ser alcançado pela conquista, sob condições de extrema instabilidade política, econômica, social e psicológica; força, e símbolos de força, eram muito atraentes. Se os "grupos de pressão" dominavam o campo político, por que não pressão armada? Em 1923, o reformista armado era o único reformista que parecia importar. Entre a multiplicidade de unidades de combate armadas, a *Stosstrupp Hitler* (o corpo ampliado de guarda-costas de Hitler, a partir dos quais a SS foi modelada) não se destacava. Com seus uniformes cinzentos, aqueles rostos bávaros não pareciam diferentes dos de seus oponentes à esquerda e à direita, e suas braçadeiras vermelhas com a suástica ainda não eram memoráveis. No entanto, seus métodos agressivos de propaganda lhes deram uma vantagem estratégica sobre muitos outros grupos de reformistas armados, apesar de esses métodos tampouco serem únicos.

A partir de tais elementos, por acréscimo e tentativa e erro, as Tropas de Assalto evoluíram, por meio do desastre de novembro de 1923 e muitos outros quase desastres depois desse até 1934 – com o Esquadrão de Guardas SS simplesmente como outra variedade deles mesmos, uma variedade até mais tola e absurda, exagerando alguns elementos do imaginário romântico da juventude de classe média baixa de Munique pré e pós-guerra. O que poderia ter sido sem nenhuma consequência, exceto para os atores, com seus uniformes negros e caveiras, tornou-se parte do Nacional-Socialismo e, portanto, parte da luta da Alemanha para se adaptar às demandas de uma era internacional de maquinaria, e o tremendo colosso de destruição de judeus, poloneses, iugoslavos, russos e dos próprios alemães. Mesmo Himmler foi realmente incapaz de escolher e planejar para a SS se tornar aquilo que era em 1945. O quanto um líder da SS podia formar e dirigir o que ele e seus homens se tornariam dependeu de tantos fatores que, às vezes, até mesmo o hipnótico *Führerprinzip* (princípio de liderança) fracassou para os homens dos escalões superiores, que admitiram haver perdido o controle. Theodor Eicke, Reinhard Heydrich e Otto Ohlendorf certamente formaram e moldaram mais na SS do que em suas próprias vidas, enquanto outros oficiais da SS, tanto famosos quanto desconhecidos, criaram "refúgios" em seus cantos da burocracia da SS, para eles e alguns outros. Mas para a maioria dos oficiais e homens a SS se tornou uma nêmese, um labirinto no qual inicialmente eles voluntariamente se perderam, e do qual mais tarde não conseguiam escapar de volta à humanidade, mesmo quando licenciados. Irônica e significativamente, o front era sua melhor camuflagem. A *Waffen-SS* permanece ainda hoje no reino anônimo, mas não completamente neutro, dos ex-membros do "Corpo Negro" (o nome adotado pela revista da SS em 1935).

As modernas sociedades industriais – tenham ou não sido derrotadas na guerra, sejam prósperas ou empobrecidas – devem improvisar novas formas de ação para suas gerações mais jovens, precisam crescer e se expandir em termos de produção material e distribuição dessa produção, assim como nos termos de uso de seus recursos, tanto humanos como inanimados. O NSDAP (Partido Nacional-Socialista do Povo Alemão, ou Partido Nazista), a AS (camisas marrons ou Tropas de Assalto), e a SS, assim como outras numerosas instituições nazistas, como a Frente Alemã do Trabalho (um sindicato nacional obrigatório, ao qual empregados e empregadores tinham que pertencer e contribuir) e o Serviço Nacional de Trabalho (serviço não militar compulsório tanto para rapazes como moças, com um ano de duração), devem ser entendidos como esforços sociais cruéis, parcialmente conscientes e parcialmente não intencionais, cheios de desperdícios e erros, de fazer melhor o que já havia sido mal feito ou imperfeitamente feito por outros processos na sociedade. Medidas extremas de defesa interna e externa, a organização de outros seres humanos como ferramentas (em vez de cotrabalhadores), o recolhimento de informações e a manipulação da informação para controlar outros – todos são traços da maioria, se não de todas, as modernas sociedades em crise. Que os alemães tenham produzido na ditadura de 1933-45 uma combinação tão abominável e horrenda de traços não deve ser motivo de tentação para que os não alemães tenham algum tipo de orgulho espiritual. No melhor dos casos, podemos simplesmente tomar como aviso as infelicidades de um povo. Como todos nós, eles não elegeram sua história, mas fizeram muitas escolhas. É à dialética dos acontecimentos, as consequências de escolhas passadas de homens específicos, que devemos nos voltar se quisermos compreender a SS.

1
PRÉ-HISTÓRIA – OS BANDOS SELVAGENS: 1919-24

Quando Adolf Hitler e seus camaradas do Batalhão de Substituição do Segundo Regimento da Infantaria Bávara começaram a planejar um novo tipo de partido revolucionário, na primavera de 1919, agiam como milhares de outros soldados alemães que desde 1914 vinham se tornando progressivamente mais ressentidos com o mundo civil. Eles não queriam ser vistos pelo que eram – civis temporariamente de uniforme – porque na vida civil não haviam sido nada. Agora que o mundo civil jazia despedaçado, não havia mais desculpas para se curvar à aparência de suas formas sociais ou políticas. O novo "partido" deveria ser, em resumo, não uma fração parlamentar, e sim uma formação de soldados políticos, decididos a retificar o erro de ser "apolítico" do antigo exército e seguir civis incompetentes até a derrota. Eles trariam ordem ao caótico mundo civil, pois os republicanos e os marxistas não eram "meros civis"? E seria o pensamento deles contrarrevolucionário? Longe disso: a deles era a verdadeira revolução alemã, a revolução dos soldados das trincheiras.

O "nacionalismo militar" na Alemanha do pós-guerra assumiria uma variedade enorme de formas, muitas delas contraditórias umas às outras. Antes que Hitler pudesse se tornar o senhor dessas forças poderosas, elas haviam criado numerosas organizações, e cada uma das quais se tornaria a matriz de um tipo diferente de soldado político. Muitos desses tipos mais tarde se uniriam para formar o Esquadrão de Guardas Nazista. Apesar de este não existir até 1925 e, cinco anos depois, mal chegar a trezentos membros, a SS teve seu início e adquiriu seu *ethos* básico no turbilhão social e político dos anos 1919-1924. Nesses anos muitos alemães experimentaram novas e revolucionárias formas de vida social e política: entre essas estavam os nazistas, que acharam significado e realização pessoal em sua versão da ubíqua liga de combate político, a SA (*Sturm-Abteilungen*) ou Tropas de Choque, dentro da qual cresceu a futura SS.

É bem provável que o estímulo para a formação das ligas de combate político direitistas tenha vindo da formação das unidades dos Conselhos de Soldados e Trabalhadores e da Guarda Vermelha (*Volkswehr*) nos primeiros dias da revolução na Alemanha. A imagem negativa dessas formações faz parte regular da literatura tanto nazista quanto direitista devotada à pré-história do Nacional-Socialismo, sempre alegando a impiedosa crueldade e a estupidez bestial por parte dessas unidades. Por que não deviam os soldados-patriotas alemães da direita dar volta no instrumento contra os marxistas, substituindo "anarquia" pelo ordenamento da grande tradição militar prussiana? Essa parece ter sido a intenção dos líderes dos corpos livres (unidades militares e paramilitares organizadas por particulares, empregados pelo regime provisório da Alemanha em 1919 para lutar contra a esquerda revolucionária e os poloneses insurgentes), Mercker, von Epp, Reinhard e alguns outros, quando a Maioria Socialista fez apelos por assistência militar e deu a Gustav Noske poderes para recrutar voluntários para guardar a república. Mas a própria contradição que assombraria o relacionamento entre a SA, a SS e o Nacional-Socialismo – a questão de se, em última instância, o rabo não iria fazer o cachorro balançar – se imiscuiu quando aqueles republicanos nominalmente marxistas chamaram de volta às armas a soldadesca nacionalista da direita para proteger o regime contra seus rivais revolucionários.

Os expoentes mais velhos da tradição militarista prussiana foram então forçados a recorrer a uma geração de tenentes, capitães e majores que eram muito mais revolucionários que restauracionistas. Sob o disfarce de unidades para a restauração da ordem, oficiais intermediários e subalternos como Ehrhardt, Rossbach e Röhm construíram forças paramilitares – para reforçar seu próprio poder e prestígio político – contra a antiga estirpe militar que havia perdido a guerra. Mais ainda, soldados da linha de frente, como Hitler, que afinal de contas eram civis em uniforme, também se viram necessitados do aconselhamento de soldados profissionais.

Dessa maneira, em 1919, Hitler e o Partido dos Trabalhadores Alemães serviram como agências da *Reichswehr* (Defesa do Reich) em Munique. Hitler e seus camaradas foram encorajados a ingressar nos minúsculos partidos da direita e recrutar prováveis candidatos para unidades paramilitares como as Milícias Cidadãs e os Voluntários Temporários, que atuavam como auxiliares dos corpos livres. O propósito dos líderes dos corpos livres era permanecer essencialmente o mesmo, embora o objetivo da liderança do *Reichswehr* passasse a ser a criação de um novo exército modelo para cujos membros o serviço militar para a Alemanha fosse sua nova vida. O padrão da manipulação militar da vida civil por meio dos partidos patrióticos havia sido estabelecido pelo Partido da Pátria, de 1917. Os *Stahlhelm* (Capacetes de Aço) do Norte da Alemanha – uma organização conservadora de veteranos – e a Liga Alemã-Folclorista de Proteção e Defesa (organização antissemita estabelecida ao redor do movimento folclórico urbano e das pequenas cidades alemãs) eram produtos do mesmo esforço de combinar o adestramento militar com a política direitista. É verdade que os ideais de vida militar de Ernst Röhm, o ajudante de Franz von Epp (o conquistador da República Soviética esquerdista), mal se estendiam para além da contrarrevolução e da reconstrução de uma força combatente. Nisso, Röhm tinha milhares de contrapartes militares. Para esses homens, qualquer organização paramilitar de direita serviria. Entretanto, o movimento político que permanecia simplesmente como um meio de vida militar para homens como Röhm, logo se tornaria para Hitler e seus camaradas muito mais que uma fonte de recrutamento. Renomeado como Partido Nacional-Socialista dos Trabalhadores Alemães (NSDAP), o antigo conventículo de civis se transformou em um movimento de soldados sobre os quais Hitler e seus amigos derramaram seus sonhos e ambições. Sendo civis, e por isso mesmo sem a estreiteza de Röhm em seus objetivos e métodos, absorveram as tendências conflitantes da Alemanha do pós-guerra em seu novo partido e dali improvisaram algo notavelmente bem-sucedido dentro dos limites circunscritos da Baviera de 1920-23.

Hitler parece ter compreendido bem cedo que os regimes parlamentares do pós-guerra repousavam como nunca nas massas. A nova era seria uma era da propaganda. Mesmo que o soldado dentro dele detestasse a persuasão, percebeu a dependência que os estados modernos tinham disso. Mesmo antes de 1914, a persuasão havia deixado de ser o processo refinado e razoável conduzido pela imprensa de classe média, as conferências públicas e os debates formais. Os anos de guerra haviam exacerbado a prática mentirosa da imprensa marrom e dos demagogos irresponsáveis. A censura à imprensa, propinas e gangues de intimidação já haviam aparecido, juntamente com os métodos conspiratórios de infiltração, espionagem, assassinato e golpes de Estado usado pelos bolcheviques e sindicalistas. Sem abandonar o ideal elitista de soldados políticos como coração de seu movimento, esses civis-soldados logo começaram a se consorciar com tipos nada militares que lhes eram necessários para a captura das massas e para a conspiração. Assim, inevitavelmente, os primeiros nazistas introduziram em suas fileiras as próprias contradições da sociedade civil que combatiam, e que em parte eram efeitos deles mesmos. Mas foram além e criaram um militarismo político separado que parecia, embora não sendo a mesma coisa, com eles mesmos (a SA e mais tarde a SS), e jamais totalmente subordinadas a eles mesmos. Por outro lado, os tipos não militares com quem tinham que trabalhar, e as massas civis de que necessitavam pelo poder que as massas representavam, para muitos pareciam menos admiráveis, e até mesmo desprezíveis. A ambivalência da sociedade alemã no começo dos anos 1920 em relação aos soldados tornou-se, assim, um elemento permanente do Nacional-Socialismo.

A ambivalência é ilustrada na história das gangues de intimidação do nascente NSDAP. Os guardas da reunião de fundação do NSDAP, no dia 24 de fevereiro de 1920, na Hofbrauhaussaal am Platzl, eram um pelotão dos Voluntários Temporários armados com pistolas e uniformizados com o cinza da *Reichswehr* de Munique, à qual estavam vinculados, talvez como parte de uma companhia de morteiros. Foram cedidos por meio de uma cooperação entre Röhm e o direitista ministro do Interior, Ernst Pöhner, e eram compostos por jovens policiais e estudantes. Tais guardas podiam até ser simpáticos, mas nada que fizesse pensar em uma lealdade completa àquele pequeno e ridículo movimento.

Certamente Röhm enviou ao partido vários membros da divisão bávara da *Reichswehr*, talvez também alguns membros da Milícia Cidadã e vários dos Voluntários Temporários. Muitas vezes esses eram nacionalistas sôfregos, mas suas lealdades primárias estavam em outro lugar. Hitler descreve os primeiros membros da guarda do partido, em outubro de 1919, como alguns de seus mais fiéis companheiros de trincheira, o que provavelmente é mais uma figura de linguagem do que verdade, mas é uma indicação de que preferia a lealdade dos seus antigos amigos que dos designados por Röhm. Em 1920, depois do *putsch* de Kapp em Munique e da instalação do regime de Gustav von Kahr, o uniforme cinza tinha que desaparecer do NSDAP. Hitler e seus camaradas tiveram que aceitar baixas. Röhm considerou aconselhável disfarçar o apoio da *Reichswehr* às atividades revolucionárias e paramilitares. O lugar dos guardas soldados foi assumido por quinze ou vinte *Ordnertruppe* (seguranças), vestindo roupas civis com braçadeiras vermelhas com a suástica dentro de um disco branco. Possivelmente o uso do símbolo da suástica da Brigada Ehrhardt dos corpos livres nas braçadeiras dos seguranças indicava o papel desempenhado por esses veteranos no desafortunado *putsch* de Kapp, como leões de chácara nazistas no verão de 1920. Com esse leve disfarce, von Kahr e Pöhner permitiram que Röhm mantivesse um "destacamento" para uso futuro contra a República.

Estes eram, entretanto, inconfiáveis, até mesmo amotinados, intrinsecamente menos valiosos para Röhm e para os nazistas que os membros do bem organizado sistema da *Einwohnerwehr* (força policial paramilitar formada por um decreto do Ministério do Interior prussiano) bávara, montada pelo Dr. Georg Escherich. Organizados por cidade, município e região, esses fazendeiros e trabalhadores de escritório formavam uma milícia antissindical e antimarxista, que se ampliava para o oeste e o norte da Baviera como *Orgesch*, e na Áustria como *Orka*. Eram bandos contrarrevolucionários leais a Kahr, apesar de incluir conspiradores e revanchistas exaltados. Röhm tentou por algum tempo capturar essa organização. Encorajou Hitler a copiar a estrutura da *Orgesch* e recrutar alguns de seus membros radicais para seus bandos de guarda-costas. Assim, lá pelo final de 1920 constatamos sinais de uma organização nazista de guardas permanente e regular em Munique, agrupadas em *Hundertschaften* (centúrias), como a *Orgesch*. Na verdade, muitas vezes podem ter sido essencialmente "células" nazistas dentro das centúrias da *Orgesch*, reforçadas com alguns homens dos corpos livres. Quando, insensatamente, Escherich mostrou a que vinha durante uma manifestação armada antifrancesa na *Oktoberfest* de 1920, e Berlim aprovou uma lei determinando que tropas como as milícias cidadãs se registrassem e entregassem suas armas, Röhm se preparou para abandonar a *Orgesch*, e se expandiu para fora e além do NSDAP em várias direções, não apenas formando em Munique uma unidade da reacionária União dos Oficiais Alemães como também aceitando liderar, em Munique, um destacamento dos corpos livres do capitão Adolf Heiss.

Ainda que não atuasse de modo exatamente independente, Hitler começou a improvisar forças de combate a partir de seus seguidores imediatos, procurando em outros grupos paramilitares líderes e "endurecimento". Em janeiro de 1921, sentiu-se suficientemente forte, como chefe da propaganda nazista, para ameaçar, no enorme Kindl-Keller, quebrar reuniões "não patrióticas" com essas forças, e em fevereiro pôde colocar alguns deles em "caminhões de propaganda" que vagavam por Munique distribuindo panfletos e prendendo cartazes para o primeiro encontro de massas no circo Krone. O sucesso desses métodos pode ser avaliado pelo crescimento constante dos encontros de massa. A recompensa final veio com a captura, por Hitler, da estrutura organizacional do NSDAP em julho de 1921, e o consequente reforço e consolidação dessas "unidades de combate" em Munique e nas cidades próximas da Alta Baviera, onde se haviam fundado grupos nazistas. Entretanto, por causa da pressão dos Aliados durante o verão, as gangues de intimidação tiveram que passar por outra metamorfose: passaram a ser grupos de "Ginástica" e "Seções Esportivas" (*Sport-Abteilungen*), que na verdade eram tropas camufladas do partido, sob o comando de um oficial e conspirador dos corpos livres de Ehrhardt, o tenente Hans Ulrich Klintzsch.

A dissolução da *Orgesch*, no verão de 1921, em parte por causa da pressão aliada e em parte por dissensões internas, enfraqueceu Kahr, que caiu em setembro e foi substituído pelo moderado regime de Lerchenfeld, que favorecia a cooperação com o governo de Berlim e os Aliados. Hitler e Röhm quase se separaram pela primeira vez no outono de 1921 (um episódio que se repetiria várias vezes mais até 1934), pois Röhm decidiu então apoiar os sucessores de Escherich, Dr. Otto Pittinger e Rudolf Kanzler, cuja *Bund Bayern und Reich*, organização semimilitar e semiconspiratória, jogava com uma federação do Danúbio e com a dissolução "temporária" dos laços com Berlim. Os motivos de Röhm eram puramente oportunistas; ele não via contradição em simultaneamente apoiar os nazistas. Hitler, entretanto, via no grupo de Pittinger os rivais mais perigosos dos nazistas. "Quebrar" seus comícios, assim como os da esquerda, tornou-se a principal função da SA (*Sport-Abteilungen*). Em novembro de 1921, Hitler adotou o termo Tropas de Assalto

(*Sturm-Abteilungen*), aludindo assim abertamente ao ideal elitista militar das trincheiras. Isso sugeria que o movimento com ideais militares deveria triunfar tanto sobre os partidos parlamentares da classe média quanto sobre os grupelhos conspiradores. Mais ainda, implicava que podia romper com sua dependência dos irresponsáveis *Landsknechte* (vagabundos) dos corpos livres.

Durante 1922 o movimento nazista continuou a crescer pela Baviera e penetrar ao norte na Alemanha central, e com ele as Tropas de Assalto, que absorveram as *Arbeitsgemeinchaften* (grupos de trabalho semilegais) dos corpos livres ilegais e sociedades femininas. O mês que Hitler passou na prisão no verão de 1922, nas mãos do regime de Lerchenfeld, pelo uso de métodos de força contra o grupo de Pittinger, não prejudicou os nazistas. Em agosto exibiram seis *Hundertschaften* da SA entre as 50 mil pessoas dos movimentos folcloristas e conservadores-patriotas que protestavam em Munique contra a nova lei que protegia a República Alemã, e imediatamente atraíram voluntários adicionais para outras *Hundertschaften*. Sob pressão de Röhm, Hitler após várias tentativas fez causa comum com Pittinger, em setembro de 1922, no planejamento de um *putsch* que não chegou a sair. Em outubro, catorze *Hundertschaften* da SS da Alta Baviera estavam representados (cerca de setecentos homens) em uma marcha para Coburgo na fronteira turíngia, para se juntar ao Terceiro Dia Anual da *Schutz-und Trutzbund* (Liga Protetora e Defensiva). Essa organização estava prestes a desaparecer com a aplicação da lei para a Proteção do Reich, mas o convite desafiador aos nazistas para se unirem a eles na supostamente "vermelha" Coburgo, levou à intimidação nazista da cidade, depois de batalhas intensas com grupos democráticos e de esquerda. Em novembro de 1922, Julius Streicher trouxe a *völkisch* Francônia solidamente para a esfera nazista, ao fundir sua seção do *Deutsch-Soziale Partei* (Partido Social Alemão) com o de Hitler, enquanto em Munique os nazistas eram pressionados por Röhm para ingressar em sua primeira aliança temporária, as Sociedades Patrióticas Unidas. No Norte, bandos dispersos de nazistas iniciaram a ligação com o novo e antissemita *Deutschvölkische Freiheitspartei* (Partido da Liberdade do Povo Alemão), de Reinhold Wulle e Albrecht von Gräfe.

Por trás dessa tendência de consolidação estão o empenho do conjunto da direita alemã e as esperanças dos corpos livres e até mesmo de segmentos da *Reichswehr* por um levante alemão contra as demandas de reparação. Então o NSDAP recebeu um reconhecimento sem precedentes ao ser proibido pelos governos dos estados da Prússia, Saxônia, Turíngia e Hamburgo. Em janeiro de 1923, Hitler pôde convocar vários milhares de SA para seu primeiro "Dia Nacional" do partido – número inflado pelos membros dos corpos livres, é claro. Sua organização e aprovisionamento foram, nessa época, transferidos para o ás da aviação Hermann Göring, companheiro de estudos de Rudolf Hess e Alfred Rosenberg na Universidade de Munique. O primeiro uniforme de casaco cinza e boné de esquiador era usado pela *Hundertschaft SA* dos estudantes relativamente bem de vida de Munique, liderados por Rudolf Hess. Mas a maioria dos SA usava qualquer roupa disponível, talvez partes de uniformes da I Guerra Mundial, às vezes um capacete com a suástica. Nem devemos assumir que eram "centúrias" claramente organizadas sob o comando de quatro *Standarten* (estandartes) oficiais, literalmente um estandarte romano, consistindo em uma bandeira com a suástica e o lema "Alemanha Desperta", um velho slogan folclórico, encimados pelas iniciais N.S.D.A.P. e a águia, também portando o nome da comunidade ou unidade na parte de baixo da bandeira escarlate, Munique I, Munique II, Landshut e Nuremberg. Tudo era improvisado, frouxo, mudando no dia a dia. Registros e escalações não eram mantidos, e os voluntários das SA não estavam necessariamente listados como membros do NSDAP, fosse nos arquivos locais fosse no novo e incompleto registro de membros de Munique. Muitos deles eram "membros" de duas ou três ligas de defesa ao mesmo tempo. Membros "civis" de confiança que não estavam na SA eram forçados a servir por ocasião de comícios e marchas de propaganda. Desse modo, a maior parte dos números dos primeiros SA registrados em fontes nazistas, repetidos por muitos escritores, são equivocados.

Julgando erroneamente suas chances de sucesso, a direita alemã achou que sua hora havia chegado em janeiro de 1923, com a ocupação francesa do Ruhr. Um estado de guerra não declarado se desenvolveu entre a Alemanha e a França, durante o qual os corpos livres mais uma vez floresceram abertamente, e os procedimentos parlamentares da classe média pareciam mais irrelevantes que nunca. O próprio Hitler embarcou nessa onda, apesar de sempre apreensivo. Detestava alianças com grupos rivais, particularmente com amadores, homens de negócio patriotas e políticos republicanos. Tinha receio de estar sendo usado pela *Reichswehr* para depois ser deixado de lado. Tinha poucas ilusões tanto com o ataque às barricadas republicanas quanto com as verdadeiras intenções dos coronéis e generais do antigo exército. No entanto, não podia aparecer simplesmente como propagandista enquanto os alemães patriotas agiam. Acima de tudo, seus esforços para demonstrar a força do movimento no Dia do Partido, planejado para janeiro de 1923, em Munique, forçaram-no a revelar sua dependência de Röhm e seus patronos militares.

Sob a influência do desempenho desregrado dos nazistas em Coburgo e a marcha dos fascistas sobre Roma, o ministro do Interior da Baviera, Franz Schweyer, e o Presidente da Polícia de Munique, Eduard Nortz, proibiram o Dia do Partido, assim como outros comícios e demonstrações nazistas. Hitler tinha que prometer para todo mundo não tentar um *putsch* (golpe). No final das contas foi von Epp e o general mais graduado da Baviera, o comandante divisional Otto von Lossow, que arranjaram que ele fizesse a demonstração: estavam presentes 6 mil voluntários de várias ligas amistosas de combate e a SA. No entanto, em troca desse arranjo, Hitler teve que deixar suas "tropas do partido" desfilarem parcialmente sob a égide da *Reichswehr*. Röhm uniu a SA e outras ligas de combate para formar a *Vaterländische Kampfverbände Bayerns* (VKB), sob o tenente-coronel Hermann Kriebel, anteriormente da

Einwohnerwehr. Hitler não podia sequer contar em usar a SA como quisesse, pois seus homens foram entregues a oficiais da *Reichswehr* para treiná-los como um elemento da reserva secreta que se formava por toda a Alemanha, como parte do Acordo Seeckt-Severing, para fortalecer a mão do regime de Cuno na resistência à ocupação do Ruhr. A SA foi organizada de maneira mais compacta e recebeu um "estado maior" de oficiais do comando da *Reichswehr* e dos corpos livres. Klintzsch serviu sob Göring durante algum tempo como chefe dessa equipe, retirando-se no mês de abril, já que se preparava uma disputa entre o corpo livre "*Wiking*" de Ehrhardt e o pessoal do CO (Organização Consul) dentro da SA, precipitado em parte pelo jogo duplo que Hitler fazia com eles e com a *Reichswehr*.

Nessa época Hitler designou um esquadrão de doze guarda-costas como *Stabswache* (guardas do quartel-general), composto por velhos camaradas e indivíduos que dependiam pessoalmente dele. Ele já tivera um ou dois guarda-costas antes, e a ideia de formar uma guarda do quartel-general a partir daí provavelmente se cristalizou gradualmente em 1922. Mas então, na primavera de 1923, sua perigosa política de jogo duplo com o exército e com as outras ligas de combate o tornaram mais temeroso e, portanto, com menos vontade de confiar sua segurança e a do seu quartel-general unicamente a "soldados políticos". A *Stabswache* usava bonés de esquiador negro, com uma caveira e ossos cruzados.

Hitler ainda não queria realmente fazer um *putsch*. Queria repetir o sucesso de Coburgo, destruindo o Dia Socialista em maio, em Munique, e demonstrar a seus seguidores e seus aliados dos corpos livres que ainda tinha controle sobre a SA. Não queria permitir que Röhm o detivesse, nem realmente Röhm ousaria isso, pois a lealdade das reservas secretas parecia demasiadamente tênue. Foi feita a chamada para que a VKB se reunisse, e membros amistosos da *Reichswehr* os ajudaram a retirar ilegalmente armas dos quartéis da *Reichswehr*, que já haviam usado de vez em quando para manobras com a *Reichswehr*. Hitler não sabia se acreditava ou não nos avisos de von Lossow de que as tropas da *Reichswehr* iriam disparar e, portanto, não se uniu aos seus 6 mil voluntários na batalha com os Socialistas na manhã do 1º de maio. De fato, ao ser confrontado ao meio-dia com uma demonstração simbólica de força militar e abandonado por Röhm, ordenou que as armas fossem devolvidas. Ninguém foi detido, mas Hitler perdeu segmentos importantes de seus voluntários dos corpos livres e estudantes (*Zeitfreiwilligenkorps*).

Em maio, Hitler autorizou a formação de um destacamento militar de choque, por um lado para substituir as forças perdidas, e por outro para assegurar a si mesmo uma reserva móvel confiável, separada do empreendimento mais amplo de Röhm. Com os doze guarda-costas como quadros, Hitler criou a *Stosstrupp Hitler*, uma força de cem *Stosstrupp (*um termo que carregava o *ethos* da elite da trincheira e se referia a pequenas unidades de "choque", ou ataque), possivelmente a partir do terceiro *Abteilung* (batalhão) da SA de Munique, com uniforme completo e equipados como soldados, com um par de caminhões para serviço especial em apoio às marchas de propaganda, especialmente fora de Munique e nos distritos proletários. No outono, essa unidade já havia adquirido preparação de combate para exigências de um *putsch*, ao ser dividida em três pelotões: um pelotão de infantaria com quatro esquadrões, um pelotão de metralhadoras, e um pelotão com morteiros e pistolas automáticas. A *Stosstrupp* era uma unidade militar relativamente apolítica que podia ser usada para apoiar a atividade política básica ou um *putsch*. Sua formação pode ser explicada melhor pela admiração que Hitler tinha pela "vida militar pura", por seus crescentes temores de traição tanto pelo lado de seus aliados dos corpos livres como da *Reichswehr*, e por sua relutante aceitação do ambiente putschista no verão e no outono de 1923.

Apesar de Himmler nem mesmo estar nessa tropa de choque, e nenhum de seus membros jamais ter desempenhado um papel decisivo na futura SS, os historiadores nazistas iriam assinalar essa formação diminuta e relativamente pouco importante como a origem da SS. Tampouco isso era uma falsidade ou anomalia histórica.

A ambiguidade da improvisação de 1923 foi transmitida pelo próprio Hitler ao primeiro e pequeno Esquadrão de Guardas, de 1925, e daí para os insignificantes Esquadrões de Guardas por todo o movimento, entre 1926 e 1929, e de 1929 em diante, por meio da relação ambígua Hitler-Himmler para sobreviver à morte do *Führer* e do *Reichsführer* nas páginas da revista dos veteranos da *Waffen-SS*, *Der Freiwillige*.

É incorreto assumir que os nazistas foram duramente feridos pelo fiasco do 1º de maio. A VKB continuou existindo com extensas "manobras" de finais de semana ao redor de Munique, Landshut e Nuremberg. A afiliação ao partido e a participação na SA cresceu até os inéditos 55 mil e 10 mil membros, respectivamente, durante o fantástico verão de 1923. A hiperinflação caótica, a tensão patriótica que muitas vezes se expressava em lutas e emboscadas sem sentido, a ampla expectativa de uma revolução comunista conduziu muitos direitistas *Spiessbürger* (pequena burguesia) direto para as fileiras dos "selvagens e malucos" nazistas. O crescimento da SA em 1923 certamente pode estar associado com sua semirrespeitabilidade como parte dos serviços secretos sob os auspícios do exército. A falta de registros torna difícil aferir a importância relativa dos corpos livres "profissionais" e os civis voluntários a tempo parcial entre os 10 mil recrutas, mas o exame minucioso dos registros de pessoal nazistas sugere a ampla presença de "flutuadores", indivíduos que nunca permaneceram muito tempo nas organizações dos corpos livres, que oscilavam entre a vida civil e as ligas de combate entre 1919 e 1932. Hitler tinha boas razões para desconfiar da colheita de descontentes que ele e Röhm recebiam, mas sem embargo capitalizaram isso. Ele autorizou Göring a recrutar oficiais remunerados com os talentos especializados necessários para organizar as unidades de apoio para a SA, como médicos, cavalaria, comunicações, artilharia leve e batalhões técnicos. Pelo menos temporariamente, fontes tanto domésticas quanto estrangeiras estavam disponíveis para pagar esses mercenários direitistas, que tinham pouco interesse em Hitler ou no Partido Nazista *per se*.

Os nazistas certamente não se retiraram da luta para estar no centro da arena política naquele verão, mas usaram a SA para demonstrações, marchas de propaganda, arruaças e intimidação, e pela venda nas ruas do extenso *Völkischer Beobachter* (o jornal diário nazista). É verdade que havia limites severos ao seu alcance. Não podiam governar as ruas de Munique sem disputa, muito menos as de outras cidades comparáveis. Nem Hitler pôde deter o partido Nazista Austríaco em Salzburg naquele agosto, mesmo com a ajuda de Göring para conquistar o *Vaterländischer Schutzbund*, a antiga OT (*Ordnertruppe*) de Hermann Reschny, escalada para se tornar a futura SA austríaca. Mas Berlim parecia estar jogando nas mãos de Hitler e Röhm. O regime de Cuno havia caído e Stresemann fracassou em ganhar a direita radical do Norte da Alemanha para uma política que fosse menos que uma resistência continuada. Wulle e Gräffe do nortista *Deutschvölkische Freiheitspartei* cortejavam Hitler. No *Deutscher Tag* em Nuremberg nos dias 1º e 2 de setembro, Ludendorff permitiu tornar-se o símbolo de uma união patriótica de toda a Alemanha (*Deutscher Kampfbund*). Era uma aliança frouxa, nada superior à antiga VVV (*Vereinigte Vaterländische Verbände*) (Ligas Patrióticas Unidas da Baviera) de 1922, e à VKB da primavera. Hitler não se iludia de que controlava essa situação periclitante. Mas havia muitos sinais de uma "conjuntura revolucionária" na Alemanha, no outono de 1923. Havia uma total falta de confiança na ordem estabelecida, na qual até mesmo a *Reichswehr* foi varrida por seu fracasso em apoiar uma resistência continuada e armada contra os franceses. Hitler e Röhm acreditavam, com alguma razão, que podiam canalizar as forças do separatismo bávaro e a renovação de uma política de obediência a Berlim em uma "Marcha sobre Berlim", modelada no golpe sem sangue de Mussolini. Concordaram com o estabelecimento of Ludendorff como cabeça decorativa, o símbolo de uma Alemanha não derrotada e sem compromissos. Röhm, depois de ser transferido para fora de Munique pelo *Reichswehr*, renunciou ao posto, aparentemente para demonstrar sua lealdade a Hitler. Essa atitude sem dúvida impressionou Hitler e muitos outros, tendo em vista o comportamento incerto de Röhm no 1º de maio.

Não era pouco o desespero, além das rivalidades abertas nas manobras por trás dos panos. Existiam muitos sinais de que a direita alemã considerava várias alternativas, nenhuma delas favorável a Hitler. A possibilidade preferida era a formação de um "diretório" das grandes empresas, os interesses fundiários, com representantes de *Reichswehr*, dos nacionalistas tipo preto--branco-vermelho do *Stahlhelm* (Capacete de Aço), e o eixo Pöhner--Kahr na Baviera. Um arranjo menos atraente era a formação de vários estados alemães independentes de Berlim e apoiados pela França, por exemplo a federação Rhineland e uma federação do Danúbio. Stresemann e os moderados consideravam um acordo de negócios com a Grã-Bretanha e os Estados Unidos, em conexão com a estabilização do marco. Os membros mais normais, e mais pessoalmente ambiciosos das ligas de combate e da SA, especialmente os estudantes e os trabalhadores de colarinho branco, pensavam em conseguir empregos e casar. Quando Wilhelm Brückner, comandante do Regimento-SA *München*, disse isso a Hitler, isso já era do conhecimento comum. Ludendorff e os líderes dos corpos livres certamente sabiam disso. Kahr, Ebert e Seeckt sabiam disso. Havia um longo risco na tentativa de forçar a mão de Kahr, mas o momento não poderia ficar novamente tão maduro.

Vários "Dias da Alemanha" foram patrocinados pelo *Deutscher Kampfbund*, em Augsburg, Hof e Bayreuth, para incentivar o entusiasmo popular por um *putsch*. Para cada um desses, os nazistas mandaram sua *Stosstrup Hitler*, para reforçar a SA local e assegurar a proeminência de seus oradores e se precaver contra a "traição" dos camaradas dos grupos aliados do *völkisch und vaterländisch*.

Quando, em 24 de setembro, Stresemann anunciou o fim da resistência no Ruhr, a Baviera respondeu com a reinstituição da ditadura de von Kahr, e se movimentou rapidamente na direção da ruptura de suas conexões com Berlim. Kahr era apoiado não apenas por Pittinger e Ehrhardt, mas um dos principais suportes dos planos de Röhm e do abortado *Deutscher Kampfbund, o Reichsflagge* do capitão Adolf Heiss, rompeu quanto à questão da lealdade a Kahr. Röhm reconstituiu rapidamente os contingentes do Sul da Baviera como *Reichskriegsflagge*, no qual colocou seus puxa-sacos mais confiáveis, tais como o jovem Heinrich Himmler. Röhm e, mais ainda, Hitler eram dependentes da boa vontade de Kahr e von Lossow, que se colocou ao lado de Kahr, para marchar sobre Berlim. Quando o regime de Berlim assumiu as administrações esquerdistas da Turíngia e da Saxônia, que faziam experiências com milícias de trabalhadores, e os "movimentos" separatistas da Rhineland se revelaram meros fogos de artifício, Kahr e von Lossow desistiram de agir, talvez tentando barganhar tanto com Berlim quanto com Paris para ter uma autonomia maior. Hitler, Röhm e Friedrich Weber, líder da liga de combate *Oberland*, decidiram então apresentar a Kahr um fato consumado, essencialmente por conta do desespero, pois Hitler desde o começo tinha dúvidas, e Röhm sabia que o máximo que poderia esperar de Seeckt e da *Reichswehr* fora da Baviera seria neutralidade, tal como o *putsch* de Kapp.

O *putsch* de Hitler consistia em várias demonstrações políticas improvisadas, feitas por pessoas uniformizadas, mas como operação militar era deploravelmente inepta. Contou-se demasiadamente com rápidas transferências de lealdades, demonstrações teatrais de força e gestos simbólicos de coalizão. A tomada da maior parte das cidades bávaras falhou porque as unidades da SA, *Bund Oberland* e *Reichkriegsflagge*, foram para Munique. Não houve um esforço sério para cooperar com os putschistas fora de Munique. Em Munique, no dia 8 de novembro de 1923, várias centenas de SA de Munique cercaram a Bürgerbräukeller, e a *Stosstrupp Hitler* escoltava o excitado candidato a revolucionário, Hitler, até o pódio. Seu blefe funcionou por alguns momentos. A incerteza sobre as verdadeiras condições no Reich e as rivalidades e desconfianças mútuas sobre o que o movimento de Hitler havia gerado deu a seu espetáculo de força uma vantagem inicial. A *Reichskriegsflagge* de Röhm e as ligas de combate *Oberland* de Weber, entretanto, contribuíram mais para a atmosfera de golpe militar que o grosso das SA. Röhm usou a *Reichskriegsflagge* para cercar o quartel-general do exército. A *Stosstrupp Hitler* invadiu os escritórios do socialista *Münchener Post*. Todas as outras medidas do *putsch* falharam ridiculamente. Na manhã seguinte a confusão sobre o futuro do *putsch* reinava, mas, antes mesmo que o exército ou a polícia disparasse um tiro, alguns membros da *Stosstrupp* "prenderam" o prefeito socialista e o conselho da cidade. Homens da SA "detiveram" judeus e socialistas proeminentes como reféns e os mantiveram sob guarda na Bürgeräukeller. A *Stosstrupp* tentou, de modo desanimado, capturar o quartel de polícia do centro, mas desistiu sem disparar. Por volta do meio-dia cerca de 2 mil homens armados em colunas de quatro – *Stosstrupp Hitler* à esquerda, o regimento SA "*München*" no centro, e "*Oberland*" à direita – desfilaram diante da Bürgerbräukeller na direção da ponte sobre o Isar, que levava ao coração de Munique. Foram saudados por multidões que aplaudiam e dominaram os postos policiais desarmados na ponte, cruzando com facilidade. Possivelmente cercado por um exército de excitados espectadores e torcedores, marcharam na direção geral do cercado quartel-general do exército, através da estreita passagem à direita do Feldherrnhalle. Ali foram detidos pela polícia com rifles portados em posição de controle da multidão (na horizontal ou na diagonal), mas forçaram e abriram caminho a cotoveladas por esse cordão. Foram então recebidos por uma segunda linha de policiais. Há disputas sobre quem abriu fogo, mas certamente uma breve troca de tiros se seguiu. Houve disparos desde a cobertura de edifícios. Morreram catorze putschistas, um deles membro da *Stosstrupp*. Outra troca de tiros diante do quartel-general do exército matou dois membros da *Reichskriegsflagge* antes que a rendição fosse arranjada. Grupos da *Bund Oberland* se renderam depois de um breve combate. Dos dezesseis mortos, nenhum era membro da SA. Alguns oficiais da SA, um deles um *Wiking* (Ehrhardt), líder dos corpos livres, provaram até mesmo no último minuto ser desleais.

Hitler foi forçado a reconhecer que seus "soldados políticos" haviam sido inúteis como revolucionários e que as alianças com os líderes dos corpos livres, políticos de partido e oficiais da *Reichswehr* eram extremamente frágeis. Seu julgamento, no início de 1924, foi uma sensação que durou vinte e quatro dias e que resultou em muita publicidade favorável para seus seguidores, que ficaram fora dos muros da prisão. Em seu discurso final, Hitler permitiu-se até mesmo celebrar os "bandos selvagens" de "nosso crescente exército", que um dia se tornariam regimentos e divisões. Mas já tinha segundas intenções, e na prisão de Landsberg ele pouco se interessou ou comemorou os sucessos eleitorais do Bloco Folclórico-Social, que se formou como coalizão eleitoral de seus seguidores com o Partido da Liberdade nortista, ou com o crescimento de 30 mil homens da *Frontbann* de Röhm, para a qual afluíram seus SA, assim como muitos outros veteranos de corpos livres. Hitler percebeu como era mal concebido o oportunismo de Röhm e de alguns de seus seguidores, que imaginavam a tarefa dos soldados políticos ser a simples reunião de pessoal e sua condução ao ataque, como se a política fosse simplesmente "partir para o topo" em massa, como em 1916. Ele renunciou à liderança dos *Hakenkreuzler* (homens da suástica) em julho de 1924, em parte por razões táticas superficiais (para sair da prisão), e em parte por razões estratégicas mais profundas: desse modo, esperava evitar a responsabilidade pela desintegração que previa, em um momento no qual muitos de seus seguidores ainda acreditavam no pronto alcance das brilhantes promessas de seu discurso final.

O ano de 1924, na Alemanha, começou radical e terminou conservador. Os bandos armados estiveram em muita evidência no começo do ano, já que o desemprego disparava e os salários, com o novo *Rentenmark,* haviam despencado até um novo recorde de baixa depois que os dias ridículos de carteiras cheias de notas quase sem valor chegaram ao fim. A violência política continuava, e as eleições de maio de 1924 deram ganhos consideráveis aos comunistas, à extrema direita e à coalizão Nazi-Folcloristas. A falta de confiança nos partidos moderados, incluindo os Social-Democratas, se refletia na perda de cadeiras no *Reichstag*. No entanto, quando Hitler temporariamente se eximiu de responsabilidades pelas ações belicosas de seus apoiadores, a indústria alemã estava contratando de novo, e os banqueiros estavam suficientemente confiantes para batalhar por ganhos futuros e empréstimos hipotecários, e a extrema direita (o Partido do Povo Nacional Alemão) engolia o Plano Dawes para resgatar a Alemanha mediante um empréstimo internacional de ouro, de modo que o país pudesse retomar o pagamento das reparações e tirar a França do Ruhr. Os companheiros de viagem dentro das ligas de combate gradualmente foram desaparecendo para se casar ou se unir à mais respeitável *Stahlhelm*, apesar do núcleo duro dos *Landsknechte* continuar em centenas de bandos leais a algum major ou capitão carismático. O mundo dos negócios já não os desejava por perto, recusava-se a dar-lhes recursos e as tentativas de extorsão começaram a produzir sentenças de prisão. Em dezembro, outra eleição para o *Reichstag* reduziu a representação Nazi-Folcloristas para doze, os comunistas perderam seus ganhos de maio, e os moderados conseguiram um retorno razoável para unir-se com a extrema direita para governar a Alemanha até 1928. Os soldados políticos teriam que apelar para as cabines eleitorais e demonstrar que sua luta podia continuar também dessa forma enquanto fosse necessário, até que tivessem poder para se livrar disso. A SS foi concebida dentro desse novo contexto.

2
PRIMEIROS ANOS –
1925-29

O *putsch* resultou na proscrição tanto do partido nazista quando das Tropas de Assalto na maioria dos *Länder* (estados) alemães. Como consequência, os Nacional-Socialistas do Norte se uniram ao Partido Folclórico Alemão (DVFP) de Wulle e Gräfe, que por volta do começo de 1924 estava bem estabelecido, exceto em Munique, Nuremberg e Bamberg. Até mesmo em Landshut, cidade natal dos irmãos Strasser, Otto e Gregor, o DVFP falava pelo movimento folclórico, e similarmente em Coburg e em Hof bávaras, assim como para além da fronteira, na Turíngia e na Saxônia Ocidental. Na verdade, o NSDAP jamais foi proscrito na Turíngia, dirigido lá pelo dissidente religioso Artur Dinter. Mas Julius Streicher, o velho sargento de Hitler – Max Amann, e o orador do partido, Hermann Esser, assim como o filósofo do partido e ligação com os conspiradores da direita radical, Alfred Rosenberg, fundaram ali uma organização substituta, embora não exatamente um partido político, a Comunidade Folclórica da Grande Alemanha. Tendo colaborado eleitoralmente com o DVFP nas eleições de maio de 1924, como o Bloco Folclórico-Social, os hitleristas ultraleais voltaram atrás quando Ludendorff pareceu ameaçar substituir Hitler na liderança do Movimento da Liberdade Nacional-Socialista, no verão de 1924. Esse estratagema da unidade com os folclóricos fracassou porque Hitler previu que se direcionava para aventuras putschistas, juntamente com o *Frontbann* de Röhm. Outra iniciativa vinda do Norte foi a Comunidade de Trabalho Nacional-Socialista, formada por hitleristas locais que se recusaram a unir-se ao Movimento pela Liberdade. Cada uma dessas facções era associada com bandos paramilitares, e cada uma delas professava lealdade a Hitler, e contribuiria com tendências divergentes no reconstruído NSDAP de 1925, provocando suspeitas e temores na liderança de Munique, para o que a "ultraleal" SS supostamente deveria ser o remédio.

A perda do campo de Hitler para Röhm e Ludendorff no auge do movimento folclorista – o verão de 1924 – necessariamente levou à perda de influência entre os membros da SA, que foi ampliada pela ilegalidade oficial (mesmo que apenas nominal) das Tropas de Assalto e a adesão de muitos recém-chegados ao movimento de Hitler à ala nortista e folclorista, com suas ambições parlamentares. O *Frontbann* de Röhm era uma confederação frouxa de ligas de combate díspares que retiveram suas identidades individuais no decorrer de 1924 e 1925. Organizações como a negro-branco-vermelha *Stahlhelm*, que Hitler odiava, eram bem-vindas no *Frontbann* como aliadas, e unidades da SA camufladas em sociedades esportivas e de caminhadas muitas vezes confraternizavam extensamente com "clubes" paramilitares não nazistas, como a *Jungdeutscher Orden*, a *Tannenbergbund* e a *Blücherbund* (clubes direitistas armados cujos objetivos políticos eram de oposição aos vencedores e à República). A responsabilidade formal pela SA escorregou de mão em mão, de Walter Buch, ex-comandante do regimento SA *Frankenland*, para Wilhelm Marschall von Bieberstein, líder dos corpos livres e comandante de um batalhão SA em Munique, e dele para seu ajudante, Emil Danzeisen, no inverno de 1924-25. Röhm usou a passividade de Hitler para empurrar os homens da SA para a *Frontbann*, enquanto o capitão Gerd Rossbach e seu jovem associado, Edmund Heines, buscavam arrancar a SA das mãos hesitantes dos chefes partidários conflituosos e desanimados, para fundi-la com sua própria liga de combate de camisas marrons, a *Organisation Rossbach*, e a *Schilljugend* (um contingente juvenil organizado em bases locais por Heines).

Segundo um manual secreto do *Frontbann*, essa organização deveria se dividir regionalmente em três tipos de unidades: Tropas de Assalto (não necessariamente as unidades nazistas do mesmo nome); reservas, constituídas por militantes inativos que desejassem servir em emergências e fazer treinamentos mensais; e uma *Stosstrupp*, "unidade de polícia e unidade modelo (com força de companhia) para o apoio da propaganda militar, composta pelo melhor pessoal". A organização estava dividida nacionalmente em três comandos quase independentes, *Gruppe Nord, Gruppe Mitte* e *Gruppe Süd* (divisões Norte, Central e Sul). Teoricamente, cada *Gruppe* estava dividido em setores, e cada setor tinha uma dessas *Stosstrupps*. De fato, salvo as unidades de comando, essa organização estava no papel, mas iria deixar sua marca nas SA e SS nazistas.

O *Frontbann* estava bem desenhado como o aliado paramilitar de uma revolução autoritária, direitista, vinda de cima, e na qual o Partido Nacional-Socialista da Liberdade, de corte parlamentar, poderia cooperar com o *Deutsch-Nationale Volks-Partei* (*DNVP*) e com o *Reichswehr*. Mas a maré da revolução havia recuado no verão de 1924, e a saída demagógica do *Freiheitspartei* do *Reichstag* que aprovou o plano Dawes com a ajuda dos votos negro-branco- -vermelhos não foi o trompete convocador das forças paramilitares para uma revolução popular que libertaria Hitler da prisão ou colocaria Ludendorff em Berlim como ditador. De fato, o brilho dos partidos folclóricos se esvanecia rapidamente. Enquanto as ligas de combate permaneciam e a estrutura formal do *Frontbann* iria persistir e assim complicar a tarefa de reconstruir a SA, a rápida desintegração do *Freiheitspartei,* mesmo antes da derrota nas eleições de dezembro de 1924, pavimentou o caminho para a vitória da ridiculamente paroquial cisão do "partido" criado por Streicher,

Amann e Esser em Munique, o *Grossdeutsche Volksgemeinschaft*, como a corporificação sem adulterações do hitlerismo.

Depois de um breve intervalo, em virtude das manobras putschistas tanto nos escalões do Norte quanto nos do Sul do *Frontbann* – esmagados por uma série de prisões, inclusive a do líder SA Wilhelm Brückner em Munique – Hitler foi libertado da prisão de Landsberg a tempo para o Natal de 1924. Hitler apressou-se a assegurar o regime bávaro de sua mudança sincera para o campo legalista; porém nem eles nem muitos dos próprios seguidores de Hitler conseguiam realmente acreditar nisso. Hitler não sabia exatamente como chegaria ao poder – mas agora sabia como não conseguiria isso, o que era muito mais sagaz do que a visão que tinham Röhm e a maioria dos líderes do *Frontbann*. Röhm tentou manter vivo o *Frontbann* durante a primavera de 1925, apesar de Ludendorff já tê-lo abandonado como uma causa perdida (só para assumir o fanático anticlericalismo de sua esposa). Röhm e Hitler falharam completamente na compreensão um do outro. Hitler ainda esperava subordinar Röhm e uma futura SA ao papel de *condottieri* das tropas de propaganda, a serviço dos líderes partidários que eram soldados políticos, com ênfase política. Röhm ainda imaginava que o serviço político militar era bom em si mesmo, e que ele e seus confederados deveriam estar em termos iguais aos "civis"; eram soldados políticos com ênfase militar. Finalmente, em maio de 1925, foi a vez de Röhm ceder espaço a Hitler. Entregou o *Frontbann* ao comandante de seu *Gruppe* Central, o conde Wolf von Helldorf (que se tornaria comandante das Tropas de Assalto em Berlim, depois chefe da polícia de Berlim, e finalmente conspirador contra Hitler), e, tal como Rossbach e Ehrhardt, retirou-se a uma vida semiprivada para incutir intrigas como um divertimento à parte.

Em fevereiro, Hitler teve sucesso em conseguir que as facções nazistas rivais se unissem a ele na refundação do Partido Nacional-Socialista dos Trabalhadores Alemães, e vagarosamente, no decorrer de 1925, as organizações políticas locais foram reformadas e separaram-se dos grupos folcloristas com os quais se haviam fundido ou aliado. Pacientemente, o homem de negócios Philipp Bouhler repetia aos líderes partidários locais que a questão da SA ainda não havia sido resolvida. Organização, fardamento e liderança logo teriam uma decisão. Estimulava-os a fazer o melhor que pudessem para "autodefesa", com o pessoal que estivesse disponível. Não havia uma SA nacional, e, mesmo em Munique, Nuremberg e Landshut, a SA não estava claramente separada do *Frontbann* e de outras ligas de combate. Legalmente, a SA ainda estava proibida em todo o Reich, onde existia como organização nazista separada e distinta, e, tendo em vista o número de pessoas abaixo de dezoito anos de tais grupos, era, na maioria dos casos, apenas algo mais que um clube social para jovens valentões.

Já em março de 1925, no decorrer do restabelecimento de um quartel-general do partido, que logo se localizaria no número 50 da Schellingstrasse, Julius Schreck, um dos motoristas de Hitler e veterano do primeiro *Stabswache*, reformou o grupo de guardas do quartel-general com outros motoristas, os guarda-costas pessoais de Hitler, e alguns da *Stosstrupp Hitler* que estiveram na prisão com Hitler, totalizando doze. Em abril de 1925, oito desses homens serviram como portadores de tochas no funeral de Ernst Pöhner, morto em um acidente automobilístico. Durante o verão, quando ficou claro que Röhm não iria ajudar na reforma da SA, Hitler decidiu recomendar aos líderes locais do partido a formação de pequenos grupos de guardas, no modelo do *Stabswache*. Deviam ser conhecidos como *Schutzstaffeln* (Esquadrão de Guardas), um termo totalmente novo, não submetido às antigas proibições, não identificados com as tradições esportistas ou dos corpos livres, com a conotação, se fosse o caso, de uma *garde mobile*, já que *Staffeln* era amplamente identificado com esquadrões de cavalaria, motorizados e aéreos. Foi estipulado que deviam ter dez membros, selecionados entre os membros mais confiáveis do partido de uma *Ortsgruppe* (partido local). Deviam usar quepes negros com uma caveira e ossos cruzados, a insígnia do antigo *Stosstrupp Hitler*.

A convocação para a formação de Esquadrões de Guarda foi emitida pelo motorista Schreck no dia 21 de setembro de 1925, "com referência à aprovação... de Herr Hitler e da direção partidária", juntamente com um conjunto de orientações para os homens nomeados como líderes dos novos grupos pelos *Gauleiter*, ou líderes das organizações locais do partido. Os nomes dos líderes designados, que deveriam subscrever sem reservas as orientações, e deviam ser submetidos ao Alto-Comando do Esquadrão de Guardas (*Oberleitung der Schutzstaffel der NSDAP*). Para manter as coisas sob controle estrito, as carteiras de filiação só podiam ser obtidas do Alto-Comando (*Oberleitung* ou OL), que deveria suprir os formulários de inscrição. Os candidatos deveriam obter a recomendação de dois membros locais do partido – um deles proeminente –, ter registro policial na localidade há pelo menos cinco anos, ter entre vinte e três e trinta e cinco anos e físico poderoso. As mensalidades eram de 1 marco por mês, e os itens do uniforme custavam um total de 16 marcos, soma que devia ser enviada à OL. Adicionalmente, carteiras especiais deveriam ser distribuídas para uso na coleta de doações para os Esquadrões de Guarda, mas apenas um quarto do arrecadado podia ser retido localmente, assim como um fundo para transporte da unidade de ida e volta até Munique. As unidades deviam ser usadas como vendedores para o *Völkischer Beobachter*, tanto de subscrições como de anúncios, e deveriam ser oferecidos prêmios para os maiores vendedores. Os membros deviam recortar todas as referências do movimento em outros jornais e enviá-los para os arquivos da OL, assim como deveriam reunir dados sobre estelionatários, fraudadores e espiões, enviando tudo para a OL. A prova de que isso não era um problema imaginário está evidente diante do grande número de relatórios sobre trapaceiros recebidos em 1925 pelo quartel-general, e também por um relatório de Schreck ao quartel-general de Munique, no dia 24 de setembro, da denúncia de Hermann Hesser em uma reunião local em Neubiberg, que Schreck considerou que devia ser investigada.

A corrida para ingresso nos Esquadrões de Guarda não foi avassaladora. Várias seções locais do partido se viravam usando uma ou outra liga de combate. Hamburgo usava os adolescentes do conservador *Blücherbund*. Berlim usava o *Frontbann*, com as bênçãos de Hitler. Cuxhaven usava o direitista *Stahlhelm*. O Ruhr já havia formado sua SA em 1924, sob o comando de Franz Pfeffer von Salomon, líder dos corpos livres. No meio das três rivalidades estabelecidas, tal como a que existia na Saxônia entre a *Frontbann* de Helldorf, a *Organisation Rossbach/Schillbund* e uma SA que não reconhecia a *Gauleitung* oficial, pouco pessoal sobrava para uma nova unidade de guarda. Schreck queixou-se ao quartel-general do partido em Munique, no dia 27 de novembro, quando o *Völkischer Beobachter* inocentemente reportou que naquele dia acontecera a "fundação" de um ridículo Esquadrão de Guardas em Neuhausen, em um evento familiar, entre números musicais e teatrais, que esse fato era apenas o rebatismo de cerca de quinze ex-membros da SA, por um autointitulado oficial da SS de Schwabing, do qual Schreck obviamente nunca havia ouvido falar. Schreck também encaminhou uma queixa em novembro para o quartel-general do partido na Schellingstrasse 50, sobre um orador itinerante do partido que, de fato, era o gerente de negócios da região, pelo fato de ser bêbado, molestar mulheres, fazer pequenos roubos, etc. Cartas que Schreck escreveu para Viktor Lutze, o líder da SA em Elberfeld (que se tornaria sucessor de Röhm como chefe da SA e que nunca gostou da SS), pedindo ajuda para formar a *Schutzstaffel*, nunca foram respondidas. No entanto, no segundo aniversário do *putsch* de novembro, um Esquadrão de Guardas foi oficialmente proclamado em Munique, em uma cerimônia na Feldherrnhalle e no *Völkischer Beobachter*, de modo que anos depois a SS traçava sua fundação até essa data e comemorava a ocasião em uma cerimônia muito elaborada de juramento no Feldherrnhalle (um monumental museu com aparência de templo, em honra aos generais da Baviera, e diante do qual catorze nazistas foram fuzilados no dia 9 de novembro de 1923).

Em anos posteriores também se alegaria que o Esquadrão de Guardas havia sido formado especialmente para uso na Turíngia e na Saxônia, pois reuniões públicas ali, embora supostamente legais para o NSDAP, eram muito ameaçadas por intervenções de "vermelhos". Existem algumas evidências de uma primeira SS na Turíngia, onde as reuniões eram realmente legais. Na Saxônia, onde não eram, houve várias *Saalschlachten* (batalhas pelo salão), que os nazistas perderam em 1925, e um dos primeiros Esquadrões de Guardas foi fundado na cidade industrial de Plauen. No entanto, a lenda provavelmente se desenvolveu depois das extensas campanhas eleitorais nazistas nesses dois estados, em 1926, nas quais a SA foi usada extensamente, tanto quanto os Esquadrões de Guardas, uma relíquia curiosa dos primeiros e recorrentes argumentos sobre o papel exato da SS e da SA. A SS alegava que podia, e deveria, fazer a guarda das reuniões do partido, havendo sido criada com esse propósito; a SA achava que essa era uma prerrogativa sua. Em lugares onde não havia SA (Turíngia), ou onde a SA estava em estado de desintegração (Saxônia), a SS assumiu a ponta. Mas o Esquadrão de Guardas não foi criado apenas para essas regiões, nem como um substituto permanente para as Tropas de Assalto. Algo como um substituto temporário, enquanto Hitler reconquistava o controle da SA, as primeiras SS devem ter sido formadas por valentões da variedade tradicional de tropa de assalto. No entanto, desde seu início, deviam supostamente formar unidades locais para tarefas especiais de segurança, quando uma pequena quantidade de homens era suficiente, e para ações de inteligência.

A maior parte dos setenta e cinco Esquadrões de Guarda existentes na época do Dia do Partido em Weimar, em julho de 1926, foi formada na primavera de 1926. Heinrich Himmler, gerente dos negócios na *Gau* (região) da Baixa Baviera, estava começando a organizar os Esquadrões de Guarda em abril e maio, e já em julho escreveu ao quartel-general do partido em Munique para que mandassem "os cavalheiros dos Esquadrões de Guarda" se apressarem, e enviassem cem formulários de inscrição, um número caracteristicamente superotimista. Já em fevereiro de 1926, entretanto, o *Oberpräsident* da província prussiana de Hannover enviou uma nota aos chefes de distrito prussianos sobre os Esquadrões de Guarda, que ele corretamente descreveu como opondo-se a que os membros portassem armas, mantivessem depósito de armas, ou pertencessem a ligas de combate. Ainda mais, ele identificou os motivos da liderança partidária como separação das organizações folclóricas e das *Wehr* (defesa). Em contraste com o segredo desses outros grupos – em especial o *Frontbann* –, os nazistas provavelmente deram boas-vindas a essa "revelação", sobretudo por estarem ainda longe de alcançar seus objetivos de se libertar da dependência de tais grupos para sua proteção. A OL-SS era pessoalmente responsável pela guarda à comemoração de aniversário do partido, em 25 de fevereiro de 1926 em Munique, uma indicação a mais de que o Esquadrão de Guardas de Munique e o Alto-Comando (OL) eram a mesma coisa. O Esquadrão de Guardas de Munique teve seu batismo de fogo junto com a SA em roupas civis em um comício anticomunista atacado por esquerdistas no dia 31 de março. Os "guardas do salão" do NSDAP em Danzig-Zoppot, em março, consistiam no presidente, seu irmão e outros dois, todos os quais solicitaram ser membros da SS. No mês seguinte, quando foi convocada uma reunião para fundar uma SA, se apresentaram quarenta e cinco nazistas que haviam sido recém-expulsos da milícia dos cidadãos de Danzig por formarem "células". Em julho havia setenta e cinco homens na SA, equipados pessoalmente pelo *Gauleiter* de Danzig, e vinte *Schutzstaffelleute* (pessoal da SS), liderados pelo *Gauleiter* assistente.

O Alto-Comando do Esquadrão de Guardas, apesar de diminuto, não deixou de ter suas intrigas naquela primavera. Um certo Ernst Wagner foi com o chefe-assistente do Esquadrão de Guardas, Erhard Heiden, até Philipp Bouhler (gerente-geral do escritório do quartel-general nazista) e Franz Xaver Schwarz (tesoureiro do NSDAP), e posteriormente até Hitler, para solicitar que Joseph Berchtold, que havia regressado para assumir a SA de

Munique – que estava sem chefia pela recusa de Wilhelm Brückner de continuar sem Röhm –, também assumisse o Esquadrão de Guardas, criticando pesadamente Schreck. Bouhler e Schwarz não gostaram do ataque a Schreck, mas Hitler de fato deu o comando da SS para o antigo comandante da *Stosstrupp Hitler* em abril, que começou sacrificando o intrigante para Bouhler e Schwarz. Apesar de Wagner ter regressado de viagens de organização para Heilbronn e Esslingen, foi excluído do quartel-general do Alto-Comando.

A maior iniciativa de Berchtold foi responsável por uma campanha de recrutamento para a SS no *Völkischer Beobachter,* e em noites locais de recrutamento organizadas pelos *Gauleiter.* Também reescreveu as orientações para a SS e fundou uma organização subsidiária de patrocinadores da SS (*Fördernde Mitglieder* – esses "patrocinadores" não eram membros da SS, mas recebiam pequenos broches de lapela, numerados) para levantar fundos, tudo antes do Dia do Partido de julho de 1926. Ele enfatizou que a SS deveria ser um centro de recepção para veteranos do front, mas não uma liga de combate. Reduziu as contribuições, mas tornou obrigatório o seguro de vida e acidentes – "vigilância" e brigas de ruas eram perigosos para a vida e para pernas e braços. Os parentes de membros da SS ou da SA que não tivessem seguro processariam ou buscariam reparações do partido. Deu ao dirigente local do partido o poder de expulsar, mas reservou o direito de examinar apelações, e estabeleceu o poder exclusivo de nomear os líderes do Esquadrão de Guardas. Ordenou que o Esquadrão de Guardas deveria ter pelo menos dez membros (nunca observado de fato até 1929) e que se reunissem duas vezes por mês como unidade. Mensalmente deveria haver o envio de listas dos membros. Acima de tudo, negou que a SS fosse subordinada à SA. Nos seus primeiros apelos, na forma de cartas pessoais aos patrocinadores da SS, enfatizou a necessidade de financiar custos de transporte para trazer os Esquadrões de Guarda espalhados para serviço efetivo quando da visita dos mais importantes oradores do partido e em encontros com os líderes partidários, muito frequentes entre 1925 e 1926. Claramente não desejava que os Esquadrões de Guarda degenerassem em bandos locais, garantindo os desejos mesquinhos dos chefetes locais. Lutou com dureza contra o *Gauleiter* de Halle-Merseburg em junho, por este haver debandado um Esquadrão de Guardas oficialmente autorizado por não concordar com sua direção política, aparentemente com sucesso, já que o *Gauleiter* logo deixou o NSDAP para formar uma cisão mais radical, e esquerdista do Nacional-Socialismo. Similarmente, Berchtold escreveu em abril cartas duras para Viktor Lutze, em Elberfeld, por este haver negligenciado a SS.

No congresso do partido em Weimar, Hitler premiou Berchtold por sua energia, concedendo-lhe, como proclamado *Reichsführer* do Esquadrão de Guardas, a *Blutfahne* de 9 de novembro de 1923 – a bandeira manchada com o sangue de Andreas Bauriedel. Dos supostos "milhares" de membros da SS, apenas uma fração estava presente no Teatro Nacional para a cerimônia. Provavelmente os fundos para transporte não eram suficientes. A SA supostamente havia enviado 3 mil fardados com a nova camisa marrom, adquirida da loja pelo correio de Heines, a *Sportversand Schill*. Heines logo substituiria Berchtold como comandante da SA em Munique, trazendo para dentro da SA a bávara *Organisation Rossbach* e a *Schilljugend*, os "camisas marrons" originais.

É bem provável que muitos dos SA em Munique eram essas mesmas unidades, tal como muitos dos SS presentes eram os antigos companheiros de Berchtold da *Stosstrupp Hitler* de Munique. Apesar da ruptura com o passado ainda não ser completa, Hitler ganhou grandes batalhas na organização do partido contra as facções nortistas e insubordinadas de Goebbels e Strasser. Sua consagração carismática de oito estandartes da SA, tocando simultaneamente a *Blutfahne* e as novas bandeiras, simbolizava não apenas sua posição central, como também a intenção clara de continuar com a SA, conjuntamente com a SS. Por volta de setembro de 1926, a polícia já sabia que Hitler decidira pôr Pfeffer von Salomon como Líder Supremo da SA (*Oberster SA-Fürher*), apesar de Gregor Strasser desejar o posto. Essa se revelaria uma decisão fatídica! Pfeffer, cuja

SA do Ruhr havia sido o modelo da *Hitlertreue* (Lealdade a Hitler), se tornaria um Röhm menor, enquanto o novo posto de Strasser como chefe da propaganda faria avançar seu assistente, Himmler, do escritório regional de Landshut para o quartel-general de Munique, como vice-chefe da propaganda. A SA, apesar de nominalmente politizada, foi devolvida aos soldados, e o futuro *Reichsführer SS* (a partir de janeiro de 1929) começou a fazer contatos políticos por todo o movimento, mas especialmente em Munique.

O "bom comportamento" de Hitler, suas repetidas admoestações tanto para a SA quanto para a SS para que parassem de brincar de soldados, e a recuperação pacífica da Alemanha que tornou impensáveis os *putschs*, dispôs os burocratas nacionalistas a permitir que as Tropas de Assalto se organizassem e marchassem abertamente no outono de 1926. Dessa maneira, os Esquadrões de Guarda já não eram mais vitais para a proteção de comícios públicos e assembleias eleitorais de rua. Nem a lealdade absoluta da SS a Munique e a Hitler eram tão decisivas depois que o *Frontbann* se dissolveu ou se alinhou com Hitler, e quando Goebbels e depois os Strasser desistiram dos esforços de depor os "bizantinos de Munique". Berchtold reconheceu, ainda que com desagrado, a suserania de Pfeffer no outono de 1926, e foi "confirmado" como *Reichsführer* por Pfeffer no aniversário da fundação formal da SS, a 9 de novembro de 1926. Mas Berchtold perdeu rapidamente o interesse e desistiu do cargo em março de 1927, entregando-o a Erhard Heiden, o pouco imaginativo segundo em comando tanto sob Schreck quanto sob Berchtold. Este último dedicou seu talento a escrever para o *Völkischer Beobachter*, ao mesmo tempo que mantinha suas ligações com a SA, acreditando que as Tropas de Assalto mantinham, afinal, a promessa de vida militar política que por algum tempo o Esquadrão de Guardas parecia oferecer.

Em sua quarta Ordem SA (SA-*Befehl,* SABE) de 4 de novembro de 1926, Pfeffer declarou que o *Oberster SA-Führer* tinha o poder de nomear o *Reichsführer* da SS, designar que comunidades teriam Esquadrões de Guarda (apenas as maiores) e regular situações temporárias onde existissem Esquadrões de Guarda bem organizados sem uma estrutura SA comparável. Normalmente o comandante de uma área da SA era o responsável pelo engajamento da SS; SABE-4 prossegue enfatizando que a SS consistiria de homens especialmente endurecidos para utilização individual (*Einsatz*) em contato com os oponentes, em contraste com a SA – que se poderia esperar ser usada em massa. Desse modo se preservava uma espécie de elitismo, apesar de não ser feita nenhuma menção à exigência de que seus membros fossem também membros do partido. É seguro dizer, entretanto, que os comandantes locais da SS, no período 1925-1929, geralmente eram funcionários do partido, tais como os gerentes de negócios locais. Eles raramente aparecem como oficiais na lista dos oficiais da SS dos anos 1930. Cerca de uma dúzia de "fundadores" das SS-*Staffeln* locais finalmente foram nomeados como *Sturmführer* (segundos-tenentes) em 1933 ou 1934, como reconhecimento retrospectivo. Outros dezesseis membros tinham claramente o grau de oficiais antes de 1929, inclusive Berchtold e Heiden, mas nem Berchtold nem Heiden estavam listados na SS nos anos 1930. Rudolf Hess, apesar de nunca haver recebido um número SS, pode certamente ser visto como oficial SS nesse período, como é revelado em muitas fotografias antigas que o mostram com o uniforme SS. Claramente, o status de oficial da SS (*Staffelführer* ou líder de esquadrão) era incerto e de importância variável quando comparado com posições no partido ou mesmo na SA. A julgar pelos registros dos primeiríssimos "soldados rasos" da SS, estes necessitavam apenas de uma carteira do partido e um bom físico.

Preservada em uma revista chamada *Die Schutzstaffel*, da qual apenas o segundo número do primeiro ano (dezembro de 1926) é conhecido do autor, temos relatos de atividades de propaganda conjuntas de pequenas unidades da SS e da SA na Saxônia, na Turíngia e em Danzig. Os métodos do Exército da Salvação eram recomendados entusiasticamente, junto com desfiles de tochas, fogueiras e aposição de grinaldas. "Manobras" de combate também são descritas, aparentemente sem armas e em proporções muito pequenas (pelotões). Uma atmosfera de entusiasmo juvenil sobrevive nos relatos. Registros policiais e na imprensa sugerem passatempos mais perigosos e sangrentos sempre que a polícia estivesse ausente ou passiva. Jamais se mencionam diferenças entre SS e SA. Fotografias dos anos 1926-29 raramente mostram dez homens da SS juntos, apesar de serem claramente distinguíveis pelas boinas negras e às vezes culotes de montaria negros. Estão misturados com numerosos membros das Tropas de Assalto, mas muitas vezes em posição de proeminência, obviamente guarda-costas de Hitler ou de algum outro orador do partido.

Já em 13 de novembro de 1926, Himmler, assinando pelo *Propaganda-Leitung*, enviou um aviso para os encarregados de propaganda das organizações regionais, baseado em informações secretas de inteligência sobre o *Stahlhelm*, atividades de Ehrhardt e Rossbach enviadas pelo *Gauleiter* Hildebrandt de Mecklemburgo, para a *Oberleitung* da SS. A SS começava a funcionar como unidade de inteligência em colaboração próxima com a propaganda. Pouco depois Himmler foi nomeado como segundo em comando da SS, em setembro de 1927, sob Heiden, uma combinação lógica como seu trabalho de propaganda anterior. A própria experiência de Himmler no levantamento e organização da SS na Baixa Baviera dava-lhe uma vantagem adicional. Como vice-chefe da propaganda, ele tinha o problema de conseguir oradores para os *Gaue*, o que inevitavelmente trazia a questão de "protegê-los" de vaias, comícios invadidos e eventualmente danos físicos. A existência de um pequeno Esquadrão de Guardas garantia que essa proteção – ao menos, minimamente – estivesse disponível.

Hitler estava realmente perseguindo com dedicação o caminho da legalidade. O trabalho do partido era no sentido de consolidação organizacional sob a autoridade absoluta do quartel-general de Munique, e ao mesmo tempo a entrada em todos os debates públicos, eleições municipais e estaduais, buscando alcançar as massas apolíticas com atividades de rua, reuniões em cervejarias, comícios nos quintais dos prédios e dezenas de milhares de panfletos, assim como o *Völkischer Beobachter* e um lento aumento do número de outras revistas e jornais. Apesar de Hitler jamais repudiar a violência como ajuda na propaganda, raramente ausente das notícias sobre os nazistas nos anos 1926-1929, ele não esperava destruir seus oponentes pela força – apenas mantê-los à distância enquanto o movimento prosseguia seu trabalho missionário com o povo alemão. Hitler não tinha intenções diferentes para a SA e a SS a esse respeito, apesar do seu emprego variar. Em tempos de conforto de classe média e um modesto otimismo, os nazistas não podiam se permitir excessos de arruaças ou o amoralismo dos corpos livres. Em maio de 1927, Heines, um personagem desagradável, foi demitido da liderança da SA de Munique, e Pfeffer reforçou a disciplina e a cadeia de comando na SA. Como jamais antes, a organização do partido se tornava cada vez mais da classe média baixa, e Heinrich Himmler, o vice-líder da SS, era um exemplo perfeito do tipo.

Himmler era bem-educado, não apenas pelos padrões nazistas, mas mesmo no contexto da Alemanha do pós-guerra, era graduado de uma *Technische Hochschule* (Instituto de Tecnologia), com diploma em agronomia. Seu pai era professor secundário, graduado pela universidade e havia sido tutor de um herdeiro da dinastia bávara dos Wittelsbach durante algum tempo. De fato, Heinrich Himmler recebeu o nome em homenagem ao tutelado. O jovem Himmler queria ser soldado, mas teve duas tentativas frustradas – primeiro em 1918, quando passou um ano na Escola de Cadetes sem jamais chegar perto da guerra, e em setembro-outubro de 1923, quando por um breve tempo pertenceu a uma unidade do "*Reichswehr* Negro" conhecido como "Companhia Werner", organizada para esmagar regimes esquerdistas da Turíngia e da Saxônia. Havia sido formada a partir da liga de combate *Reichsflagge* do capitão Heiss, à qual Himmler havia se unido com alguns de seus amigos da *Hochschule* e de seu trabalho em uma fábrica de fertilizantes. Quando a "Companhia Werner" foi dissolvida pelo regime bávaro como não confiável (o governo de Berlim havia liquidado os regimes esquerdistas na Saxônia e na Turíngia), Röhm colocou Himmler e seus amigos na *Reichskriegsflagge*, quando acampavam perto do quartel-general da *Reichswehr* em Munique, e Himmler foi fotografado com a bandeira de sua unidade. Ele nem chegou a ser detido. Uniu-se em seguida à liga de oficiais folclóricos de Röhm (*Deutsch-Völkischer Offiziersbund*, onde Himmler era teoricamente um segundo-tenente da reserva) e procurou novo emprego sem muito empenho. Em julho de 1924, tornou-se secretário de Gregor Strasser em Landshut, depois *Gauleiter no* Movimento Nacional--Socialista da Baixa Baviera. Comprou uma motocicleta e começou a discursar em comícios locais. Em maio de 1925, quando Strasser se afiliou ao novo NSDAP, ainda era *Gauleiter* da Baixa Baviera, mas então designou um jovem de vinte e cinco anos, Himmler, como seu vice e agente de negócios. Foi nessa condição que Himmler organizou a SS na Baixa Baviera. Em setembro de 1926, ele se mudou com Strasser para o quartel-general do partido em Munique, na seção de propaganda. Em 1927 ficou noivo de uma enfermeira de trinta e cinco anos que tinha sua própria clínica em Berlim. Os dois planejaram comprar uma pequena fazenda em Waldtrudering, nas proximidades, e criar galinhas.

O efeito da mão firme de Himmler e seu gosto pelos detalhes se revelam na Ordem SS nº 1, de 13 de setembro de 1927. Ao mesmo tempo que elogiava os Esquadrões de Guarda por haver "passado a prova" do Dia do Partido em Nuremberg, no qual haviam funcionado como guardas de honra e guarda-costas do *Führer*, também ordenou um reforço no regulamento dos uniformes para evitar a repetição do efeito cômico de *Lederhosen* (calças curtas de couro), adornos esportivos coloridos, etc. Culotes negros, gravatas negras e equipamento de couro negro deveriam acompanhar as camisas marrons e o quepe negro. Os Esquadrões de Guarda deveriam ter quatro atividades mensais: assistir ao primeiro encontro mensal de discussões do partido local, uniformizados, mas não se envolver na discussão, organizar dois encontros de treinamento onde se praticaria a ordem unida e canções, e promover uma marcha de propaganda com uma SS da vizinhança – no caso de a quarta atividade já não ter sido proporcionada para serviços de "proteção" em um comício público. Os comandantes da SS eram instados a proporcionar relatórios sistemáticos de inteligência sobre os seguintes pontos, como base da formação de um serviço de inteligência: (1) atividades fora do comum entre os oponentes; (2) nomes dos líderes maçons e judeus proeminentes; (3) eventos especiais na comunidade; (4) ordens secretas da oposição e (5) recortes de imprensa sobre o movimento. Os comandantes foram lembrados de que deveriam permanecer fora da política intrapartidária, mas relatar condições impróprias para o Alto-Comando (OL) da SS, manter seus esquadrões em alertas de doze horas, e coletar as mensalidades, prêmios do seguro e listas mensais de presença atualizadas. Os membros da SS com posições oficiais na SA deviam ser relacionados, assim como os ainda incompletamente equipados.

Provavelmente havia menos que setenta e cinco Esquadrões de Guarda ativos em 1927-29. O número oficial de membros parece haver caído de mil para 280. Mas seria errôneo afirmar que a SS foi reabsorvida pela SA nessa ocasião, ou que caiu na inação. A primeira ordem SS e as subsequentes respiram um espírito de vigor severo e crescimento vagaroso, se não constante. Se Aachen e Danzig são repreendidos nominalmente por sua inatividade, Frankfurt-am-Main é louvada pela iniciativa de tingir os uniformes e vender o maior número de cópias do *Völkischer Beobachter*. Planos são feitos para a "motorização" dos esquadrões ao se coligir informações sobre carteiras de motoristas, acesso a veículos, etc. O esquema esperto de Berchtold de estabelecer patrocinadores da SS, para supri-la com fundos acima e por fora das mensalidades, foi rigorosamente aplicado e aperfeiçoado durante esses anos. Ao contrário da SA, que desde o verão de 1926, foi sustentada por uma taxa de 10 *pfennig* aplicada a todos os membros do NSDAP, a SS não tinha subsídio do partido, e na verdade seus membros às vezes pagavam o subsídio para a SA. A SS vivia frugalmente, sem o excesso de pessoal ou organização que a SA logo desenvolveu. Ninguém parece ter devotado todo seu tempo à SS, nem mesmo Heiden ou Himmler, apesar de este último dedicar mais tempo para a organização, tomado de suas atividades de propaganda, que Heiden – que parece ter se tornado uma espécie de apêndice, dependendo dos escritórios do *Beobachter*, como sobrevivência de um tipo anterior de corpos livres, e que agora atrapalhavam mais que ajudavam. Himmler deve ter achado muitos oficiais da SS menos ativos do que tinha em mente, em vista das primeiras broncas feitas por conta de relatórios enviados em retalhos de papéis, relatórios falsos, recortes de jornais enviados sem identificação da publicação, recrutas abaixo da idade e do tamanho exigido, falha na saudação dos oficiais SA, desrespeito aos chefes do partido, e assim por diante.

Além da renascida SA, a SS tinha outros rivais. Em Berlim, por exemplo, relatórios de Reinhold Muchow ao quartel-general em Munique mostram não apenas a existência de um *Zivil-Ordnungs--Dienst* (serviço policial civil), como também a formação de uma *Freiheitsbund* (liga de liberdade) – uma força de trezentos homens, fundada pelo novo *Gauleiter*, Goebbels, para financiar e controlar uma unidade de combate, o Serviço Especial, "futuros policiais civis do novo estado". Kurt Daluege, o antigo chefe do *Frontbann* de Berlim, atuava como vice de Goebbels, além de ser chefe tanto da SA como da SS, conduzindo ataques bem vigorosos, na verdade perversos, aos "vermelhos". Um dos primeiros oficiais da SS (Kurt Wege), que era seu subordinado, não passava de um acessório. A posição de Daluege era importante, e durante o Reich houve dúzias de nazistas como ele, nenhum deles membros da SS.

Foi durante os anos de 1927, 1928 e 1929 que muitos dos vigorosos líderes nazistas locais emergiram da massa cinzenta dos *Vereinsmeier* (torcedores do clube) da baixa classe média. Os homens acima de quarenta anos, ou seja, mais velhos que Hitler, receberam agradecimentos por seus serviços e foram colocados de lado para abrir espaço para a "Geração do front", mais implacável, mais bem organizada, e que não tinha o verniz da Alemanha pré-1914. Homens como Erich Koch na Prússia Oriental, Karl Kaufmann em

Hamburgo, Fritz Sauckel na Turíngia e Josef Bürckel no Palatinado eram, em muitos aspectos, a personificação da concepção que Hitler tinha do soldado político. Não "brincavam de soldado" nem se envolviam em "guerras de papel" como a geração mais velha de *Stammtischhelden* (patriotas de cervejaria) e parlamentaristas amadores. Dedicavam-se à organização da propaganda em suas comunidades em uma escala moderna de massas, e usavam qualquer método à mão, inclusive a conspiração e a violência. Muitas vezes constatavam que os membros da SA eram mais facilmente comandados que os "civis" do partido, de modo que os líderes locais do partido os usavam para muitas tarefas (tão persistentemente, de fato, que protestavam). Apesar do SA médio, pelos seus vinte anos, ser ele mesmo também civil, com cada vez menos coisas em comum com os antigos veteranos dos corpos livres, orgulhava-se de sua obediência militar, sua agressividade e seu *esprit de corps*, em contraste com os chefões do partido e companheiros de viagem apáticos. Dessa maneira, as Tropas de Assalto gradualmente desenvolveram um senso de superioridade e ressentimento contra a Organização Política (PO), enquanto a geração de *Gauleiter* em ascensão necessitava de cúmplices mais manejáveis, não "iguais" que tinham que ser consultados sobre as políticas. Não é surpreendente que os homens da SS nesses dias fossem não entidades sem rosto que não assumiriam proeminência nem mais tarde, já que eram geralmente tais indivíduos que podiam ser empregados sem nenhum problema posterior. Por volta de 1929, diante da obstinação da SA, Munique redescobriria a SS, e a colocaria na trilha da independência diante da SA e também dos *Gauleiter*.

O ano de 1928 pode muito bem ser considerado como um momento de virada nas fortunas nazistas. Algumas vitórias eleitorais em 1926 e 1927 , a vagarosa restauração e superação do antigo número de 55 mil filiados em 1927, passando a marca dos 100 mil membros, a conquista de assentos suficientes no *Reichstag* (12) e nos *Landtage* da Baviera e da Prússia (9 e 6 respectivamente), para levantar a possibilidade de políticas de coalizões. No confortável ano de 1928, os nazis estavam se tornando parte da direita política respeitável. Gregor Strasser havia abandonado a liderança da propaganda para Hitler assumir pessoalmente o posto, antes das eleições da primavera, e foi recompensado com a liderança organizacional, que necessitava de ajustes. Depois das eleições, Hitler dividiu caracteristicamente a responsabilidade pela propaganda entre Goebbels em Berlim e Fritz Reinhardt em Munique, com Himmler assistindo Reinhardt.

A Organização Política também foi dividida de tal maneira que Strasser ganhou o controle sobre o partido e seus afiliados – um aparelho para atacar a ordem existente (apesar de carecer do controle sobre a SA e os dois centros de propaganda), enquanto uma espécie de estado-maior ou "gabinete oculto" começou a se formar ao redor do ex-coronel da *Reichswehr* Konstantin Hierl. Essa era mais que uma divisão de trabalho; Hitler dividia suas forças, não apenas para evitar que fosse massacrado por uma coalizão contra ele mesmo, no momento de uma possível aliança temporária com outros da direita política, mas também para que fosse possível cortejar outros grupos, como os trabalhadores não marxistas da Saxônia e os fazendeiros de Schleswig-Holstein.

Diante dos desentendimentos dos líderes do partido com a SA, que extensão mais óbvia dessa política poderia haver que não a expansão da SS, sob seu eficiente vice-líder, o *Reichsführer* Himmler? No meio de acusações da imprensa social-democrata de que Heiden estava sendo exonerado como espião venal da polícia, o que Hitler negou, Himmler foi nomeado *Reichsführer SS* no dia 20 de janeiro de 1929, retroativo ao dia 6 de janeiro, e encarregado de consolidar os fragmentos espalhados (280 homens, segundo a tradição) em uma força policial móvel com milhares de membros. No entanto, Himmler não foi dispensado de seu volume maior de trabalho na secretaria de propaganda, e durante 1929 só conseguiu fazer algumas viagens para colocar as coisas em movimento. Apenas pelo fato de ser um jovem de vinte e oito anos, muito enérgico, compulsivo e focado, foi capaz de conseguir fazer alguma coisa pela SS naquele ano cheio de tarefas, o ano da "Batalha contra o Plano

Young". Himmler aumentou o número de membros para cerca de mil em pouco menos que cem esquadrões.

Pfeffer desejava ver a SS crescer um pouco, porque na primavera de 1929 ele contemplava uma possível SA, entre os 100 mil homens na mente de Hitler (talvez modelada pela *Reichswehr*) e 250 mil. Na realidade, os vinte e cinco *Standarten* da SA no começo de 1929 não excediam os 10 mil homens. Mas a noção da SA como o celeiro de quadros da futura *Volksheer* certamente antecede a volta de Röhm, no final de 1930. A SS deveria compor seu próprio corpo de "oficiais superiores", apesar de a SA já ter *Standartenführer* (comandantes regimentais, isto é, coronéis), *Gauführer* (comandantes regionais) e *Oberführer* (coronéis superiores), assim como *Gruppenführer* (líderes de esquadrões ou tenentes) e *Stosstruppführer* (líderes de pelotões). Enquanto cada cidade de porte ou condado rural deveria ter sua própria SA (*Sturm-Abteilung*), composta de vários SA-*Stürme* e correspondente a um batalhão composto de companhias, a SS reteve temporariamente o termo "*Staffel*" para a unidade local. A designação do comandante local da SS como *Sturmführer*, entretanto, indicava a tendência de assimilar a SS à estrutura da SA, que deveria se tornar ainda mais forte sob Röhm, em 1931-32. Entretanto, o uso oficial do termo plural *Schutzstaffeln* continuou por muito tempo depois que as unidades locais da SS se tornaram SS-*Stürme*. Apesar de isso acontecer apenas no papel em 1929, a SS recebeu o nível de *Standarten* (regimental) em alguns dos *Gaue* mais ativos (Francônia, Baixa e Alta Baviera), e cada *Gau* supostamente devia ter um *Scharführer* (Líder SS do *Gau*). Hess, incidentalmente, foi nomeado *Scharführer* da Alta Baviera, uma indicação de demanda de trabalho na alta posição no partido, em vez de serviço em tempo integral na SS. Isso logo mudou, quando Sepp Dietrich (um favorito tanto de Hitler quanto de Himmler, que eventualmente chegou a se tornar general cinco estrelas na *Waffen-SS*) o substituiu. Na Francônia foi nomeado Johan ("Jean") Beck, veterano da SS (e também da SA), que de algum modo conseguia se dar bem com o *Gauleiter* Streicher.

Mas de fato não havia muitos oficiais superiores SS, em 1929. A maior parte do crescimento da SS aconteceu tal como prescrito na Ordem Básica SA VII, de 12 de abril de 1929: os comandantes locais da SA selecionavam cinco a dez homens da SA para formar um Esquadrão de Guardas, e frequentemente também nomeavam seu comandante. Em Dassau, o líder distrital do partido era também o líder da SA local. Quando, sob demanda do *SS-Oberführer Ost* (comandante regional do Leste), em Berlim (Kurt Wege), o líder nomeou sete homens, estes foram subsequentemente rejeitados por Munique porque se descobriu que o comandante era também o encarregado dos negócios do *Gau*, e "a SS deveria ser independente da organização política". O *Gauleiter* Wilhelm Lüper queixou-se de que tudo isso acontecia debaixo do seu nariz sem que ele fosse consultado – o *Gau* não tinha tanto pessoal para essa descentralização. Muitos dos primeiros oficiais da SS, cujos registros foram estudados pelo autor, também mantiveram posições na Organização Política e na SA. Tendiam a desistir de suas posições na SA e no partido no decorrer de 1930, entretanto, embora os regressos à SA fossem comuns em 1931.

Hitler entregou à SS suas primeiras dez *Sturmfahnen* (bandeiras de companhias) no Encontro Nacional do partido em Nuremberg, no dia 4 de agosto de 1929. Elas haviam chegado com apenas uma – a *Blutfahne* original portada pelo I Esquadrão de Munique. O tamanho diminuto da SS se revela pela sua falta de *Standarten* – a SA tinha quarenta em Nuremberg – e a existência de apenas dez unidades do tamanho de companhias (*Stürme*) elegíveis para bandeiras. Quando Heinrich Himmler recebeu a saudação, ao lado de Hitler, do que supostamente era um contingente de mil homens da SS, na retaguarda da SA, ele deve ter ficado satisfeito que 95% da SS estivesse em Nuremberg. Era apenas uma fração da SA presente naquele dia, supostamente em um total de 30 mil (talvez na verdade apenas 10 mil). O verdadeiro significado da SS se mostraria mais tarde, no dia 5 de agosto, quando a programação oficial já havia se encerrado, e as unidades do partido, da SA e da SS se dispersaram para percorrer a cidade e matar a sede decorrente das marchas e dos gritos sob o sol quente. Arruaceiros com uniformes da SA e do partido – talvez auxiliados por alguns impostores – começaram a provocar brigas, molestar os negociantes judeus e, de modo geral, perturbar a atmosfera de camaradagem patriótica da cidade. Gradualmente, o pessoal do partido e da SA foi enviado de volta para seus alojamentos locais, com a ajuda da SS rapidamente convocada. Funcionando como uma espécie de polícia paramilitar, ela evitou que o encontro terminasse em caos. A violência e os distúrbios ainda eram, nove dias depois, sensação nos jornais democráticos e marxistas, o que levou Pfeffer a emitir uma SABE instando a SS a se mobilizar para lidar com essas emergências antes que elas crescessem demais. Ironicamente, um dos resultados do encontro de Nuremberg foi a demissão do primeiro-assistente de Himmler na SS, Hans Hustert, outro desagradável veterano dos corpos livres, como Heiden. Removido por "razões de saúde", não foi acusado de nenhuma falha específica. Simplesmente era ruim para a nova imagem da SS.

O período de cinco anos entre 1925 e 1929 levou a Alemanha a ter um gosto de prosperidade, um tanto de respeitabilidade internacional e uma certa prática parlamentar. Mas, por volta de 1929, uma depressão agrícola severa se abateu nas áreas rurais e a racionalização capitalista já começava a jogar os pequenos negócios contra a parede. Hitler e seus sequazes haviam reformulado completamente o Partido Nazista como máquina eleitoral, que já começara a dar resultados em 1928, ainda que não brilhantemente. A linha de propaganda se afastou de um apelo ao "socialismo alemão" urbano, dirigido aos trabalhadores não sindicalizados (que havia fracassado), para uma chamada nacionalista, anticlassista e de solidariedade popular, que conseguiu avenidas de penetração na classe média assustada. Hitler cuidadosamente desatou o apoio dos fazendeiros de Schleswig-Holstein e da Baixa Saxônia a um turbulento "antissistema" (antidemocracia, anticapitalismo e antirreparações) proposto pelos agitadores Nacional-Bolcheviques (vindos dos corpos livres, que combinavam convicções chauvinistas e militaristas com uma admiração essencialmente não marxista pela organização revolucionária leninista). No decorrer disso tudo as organizações paramilitares encolheram, mas jamais desapareceram. A SA mantinha contatos com elas e por volta de 1929 podia marchar com as versões mais respeitáveis (sem manobras), e até mesmo o reacionário *Stahlhelm* podia ser visto nos encontros do partido. Pfeffer esperava expandir a SA com essas fontes. Hitler mantinha o olho em Pfeffer, mas também ele sonhava em absorver a direita alemã enquanto a depressão mundial se aproximava. A SS teria um apelo especial para a direita "respeitável" – homens de negócios, médicos e a comunidade universitária.

3
OS ANOS FORMATIVOS – 1930-32

Já no ano de 1929, quando a SS triplicou e quadruplicou de tamanho, havia uma sensação de inquietação na Alemanha, como se os bons tempos já houvessem passado. Entretanto, os anos seguintes providenciariam um argumento muito mais claro para o radicalismo nazista. A SS cresceu em 1930-32 dentro da matriz de expansão rápida da SA e da afiliação ao partido. A SS se engajou em rigorosos combates nas ruas com os socialistas (*Reichsbanner*), os comunistas (*Roter Frontkümferbund*) e os nacionalistas (*Stahlhelm*), e em numerosas sedes partidárias com rivais e oportunistas. Experimentar um crescimento rápido enquanto lutava em uma frente dupla não deixou de ter suas desvantagens – muitos membros entravam e saíam –, mas proporcionou um processo de "seleção natural" do qual surgiram alguns dos melhores quadros do futuro corpo de oficiais.

O crescimento da SS em 1929 ainda era parte da necessidade de expandir a eficácia do instrumento de propaganda do partido, o que a própria SA representava desde 1926. Os recrutas então eram simplesmente os mais audaciosos, mais determinados e talvez os mais inteligentes da SA. Por volta de 1930, a crescente possibilidade de uma coalizão e responsabilidades políticas exigia uma maior disciplina do partido como um todo, e de seus soldados políticos em particular. Como elitistas militares, tanto Pfeffer almejava essa disciplina para a expurgada SA, quanto Himmler para a SS. Entretanto, Pfeffer não apenas tinha que lidar com os tipos indisciplinados disponíveis, como também dispor de sua independência organizada para a realização de suas próprias ambições *vis-à-vis* os outros "chefões" da SA, como Walter Stennes. Himmler, por outro lado, tendo pouco com que começar e certamente sem líderes poderosos na SS, podia selecionar um novo tipo de oficiais, não menos audaciosos, determinados ou inteligentes que os experimentados veteranos de incontáveis missões de propaganda da SA e da SS, porém mais interessados na disciplina, autoeducação, virtudes sociais e ideias. Himmler podia recrutar oficiais e homens da SA para a SS e o fez, mas jamais se restringiu à SA.

Enquanto a SA se expandia a passos largos no duro inverno de 1929-30 e na primavera do novo ano, tendia a crescer fora das mãos de Pfeffer ou mesmo de Hitler. Pfeffer, em 1927-28, havia estabelecido um sistema elaborado de equipes regionais para controlar as velhas tendências centrífugas das ligas regionais de combate; no entanto, em 1929, essas próprias equipes se tornaram objeto de muitas amarguras e altercações com os *Gauleiter* e o quartel-general político de Munique. Hitler havia propositadamente diminuído o tamanho do *Gau* partidário, dividindo até mesmo alguns em sub--*Gauer* para corresponder aos distritos eleitorais. Dessa maneira, nenhum *Gauleiter* se tornaria suficientemente independente para desafiar a aliança de Hitler, como havia feito a aliança do Noroeste de Strasser em 1925-26. No entanto, Pfeffer insistia na criação de sete grandes regiões da SA (*Oberführer-Bereiche*): "Norte", "Leste", "Sul", "Centro", "Oeste", "Ruhr" e "Áustria" – chefiadas por antigos oficiais da Primeira Guerra Mundial. Em 1929 ele nomeou cinco desses homens como seus vices, rebaixando o status de pessoas orientadas pelo partido, como Lutze na Ruhr e Reschny na Áustria. Essas equipes SA intermediárias concentravam os talentos da SA e desviavam as rendas dos níveis inferiores, deixando as unidades dependentes da boa vontade dos líderes do partido distritais ou locais. Em 1929-30, enquanto as antigas unidades da SA se expandiam e novas unidades eram formadas – frequentemente com os remanescentes de algumas ligas de combate que chegavam como unidades –, a necessidade de fundos para uniformes e equipamentos provocou recriminações amargas dos homens das SA desempregados contra os ainda confortáveis *Spiessbürger* (padrões) da NSDAP, aos quais acusavam de sovinismo. Ocasionalmente também culpavam a "corrupção" de Munique – mas apenas raramente suas próprias altas equipes de comando. O próprio Pfeffer queixou-se de "interferência de civis" e fez o melhor que pôde para apoiar os pedidos de mais recursos das equipes regionais para as unidades locais que se expandiam. Adicionalmente, todos os líderes regionais da SA e muitos comandantes regimentais eram ex-oficiais dos corpos livres e adeptos da prática de liderança carismática composta de camaradagem, paternalismo e autodramatização. Tal como Walter Stennes, cuja revolta contra Goebbels pela primeira vez colocou a SS em evidência, no dia 30 de agosto de 1930.

Walter Stennes serviu como comandante de batalhão das unidades Negras, ilegais, da *Reichswehr* e teve seu papel no abortado *putsch* do Norte da Alemanha em setembro de 1923. Já em agosto de 1928 ele supostamente "entrou em greve" contra o quartel-general do partido em Munique para obter fundos para sua região oriental da SA, que incluía Brandemburgo, Mecklemburgo, Pomerânia, Danzig, Prússia Oriental e Silésia. Apoiado por Pfeffer, conseguiu o que queria e a SA local de Berlim era sua aderente mais leal. Em julho de 1930 os fundos estavam novamente curtos, mas havia outras queixas. A criminalidade aumentava, assim como o apelo do comunismo, ou pelo menos do radicalismo anticapitalista. Nesse cenário, a ruptura entre o *Kampfverlag* de Otto Strasser e o quartel-general de Munique, sobre o direito de greve dos trabalhadores da Saxônia, deu razão a uma bem fundamentada suspeita entre os homens da SA desempregados em Berlim de que o partido os abandonava, ao dar as mãos ao implacável e reacionário magnata da imprensa, Alfred Hugenberg. Essa impressão pareceu se confirmar quando Hitler negou a Stennes e vários outros líderes orientais da SA, lugares na lista nazista para as eleições para o *Reichstag*, em um momento em que parecia que qualquer um que estivesse na lista nazista em Berlim podia ser eleito. Líderes paramilitares do *Reichsbanner* (Social-Democratas), *Stahlhelm* e das Tropas de Assalto buscavam se eleger para o *Reichstag* para conseguir passes ferroviários ilimitados (e salários) para aumentar sua capacidade de organização, e provavelmente, no caso das Tropas de Assalto, para "assaltar" o "clube de fofocas" (*Schwatzbude*) com espetáculos escandalosos. Pfeffer não era avesso à intimidação dos líderes partidários, e mesmo a forçar a mão com Hitler. Mas Hitler recusou as demandas de Stennes, e negou uma audiência à delegação dos homens da SA de Berlim, em Munique, no dia 23 de agosto. A equipe de Stennes renunciou no ato. Pfeffer tentou temporizar com o grupo de Stennes, mesmo depois que cerca de trinta membros da SA atacaram a sede distrital de Berlim e espancaram o gerente financeiro do NSDAP, no dia 28 de agosto. Dois dias depois Stennes pediu uma reunião "de paz" na sede, mas a descoberta de um "espião" da SS na reunião provocou a retirada forçada do edifício de sete guardas da SS, dois dos quais com ferimentos na cabeça. Goebbels voou até Munique e, no dia 1º de setembro, trouxe imediatamente Hitler para Berlim, que estava em completo caos. Um esquadrão antimotim da polícia prendeu os rebeldes, soltando-os quando Goebbels se recusou a apresentar queixa. Hitler teve que enfrentar assovios e vaias nas tabernas e clubes da SA (*SA-Heime*), mas seu carisma ainda era eficaz. O *Führer* reagrupou os bandos amotinados com promessas de mais postos pagos para a SA, mais fundos para as unidades e melhores relações com a Organização Política. Não removeu Stennes ou líderes regionais que se juntaram a ele, mas, de volta a Munique, removeu Pfeffer. Até mesmo colocou alguns oficiais da SA nas listas eleitorais, ainda que nenhum do grupo de Stennes. Nenhum deles foi eleito, mas Heinrich Himmler, o *Reichsführer* da SS, foi.

Pfeffer havia se esforçado para manter a SA sob estrito controle em 1930. Em junho, havia criado uma inspetoria-geral dirigida pelo tenente-coronel da reserva Kurt von Ulrich, ex-comandante da SA "Oeste", cujo trabalho era inspecionar e corrigir as unidades locais da SA e da SS. Pfeffer também trouxe como *Stabschef* (Oficial Executivo ou Chefe de Estado-Maior) Otto Wagener, que fora capitão do Estado-Maior alemão e era então discípulo do defensor dos pequenos negócios, Gottfried Feder. Wagener esperava desenvolver uma ordem sem classes econômicas ou sociais, de *Stände* (estamentos profissionais), dentro e por meio da SA. Tampouco as ambições militares de Pfeffer eram de caráter putschista – mas simplesmente preparatórias para a formação de um exército popular depois de uma vitória legal. Finalmente, Hitler ainda não sabia se Röhm, que havia regressado da Bolívia, aceitaria a liderança da SA nos termos de Hitler. De fato, Pfeffer havia oferecido sua renúncia a Hitler já em 12 de agosto, logo depois de Hitler recusar dar os assentos no *Reichstag* para a SA. Hitler a anunciou no dia 2 de setembro. A oferta de Pfeffer para cuidar temporariamente dos assuntos não foi aceita. Em vez disso, Hitler nomeou a si próprio comandante supremo da SA, mantendo Wagener temporariamente como *Stabschef* para cuidar dos assuntos. Dessa maneira Hitler evitou uma deserção maciça da SA antes das eleições nacionais, um movimento indiretamente ameaçado por Pfeffer em sua carta formal de renúncia do dia 29 de agosto. A notável vitória eleitoral do dia 14 de setembro de 1930, para a qual as equipes de propaganda da SA e da SS muito contribuíram, ajudou Röhm a se convencer de que os nazistas estavam realmente a caminho da vitória. Heinrich Himmler também havia feito sua parte para trazer Röhm de volta, com um fluxo contínuo de correspondência para seu antigo comandante na *Reichskriegsflagge*. A SS não seria negligenciada se Röhm regressasse. De fato, Röhm havia prometido a Himmler dar dinheiro para a SS "se tivesse".

Com cerca de cento e cinquenta SS *Stürme* existentes por volta do final de 1930, os custos gerais deveriam subir, mesmo que pouco ou nada fosse pago às várias centenas de oficiais e graduados "de tempo integral" da SS. Como suas contrapartes na SA, as unidades SS geralmente não pagavam aluguéis por seus locais de reunião, usando uma sala nos fundos de algum bar ou cervejaria local de propriedade de um membro ou simpatizante do partido. Pagavam o aluguel com suas compras de cerveja "depois do serviço". Esperava-se também que os membros da SS pagassem por seus próprios-uniformes, quepe negro, calças, gravata, cinto e correias, camisa marrom, etc. Se uma *"Sturm* de papel" em algum momento crescesse muito mais do que a caraterística *Staffel* entre sete e quinze homens, pelo menos um deles tinha que ser liberado da carga de emprego de tempo integral em outro lugar para se devotar à unidade, ou pelo menos não se esperava que ele pagasse pela impressão de panfletos, licenças, contas de telefone e gasolina para sua motocicleta. O orgulho com que uma *Sturm* de vinte e cinco a trinta homens relatava isso em 1930 indica que poucas delas chegaram a alcançar esse fraco "efetivo de companhia". Apesar de oficialmente ordenados a fazer isso, nem todos os comandantes da SA se incomodavam em estabelecer unidades da SS, e poucos gostavam de perder os dez melhores membros da SA em uma comunidade, muito menos de devotar tempo e dinheiro para garantir que, uma vez criada, uma *Sturm* continuasse a existir. Todavia, dezenove dos trinta e cinco oficiais da SS em 1930 eram da SA.

Foi uma sorte que Himmler tenha sido capaz de localizar alguns *Gau-SS-Führer* competentes no decorrer de 1930, e mesmo instituir três ("Leste", "Oeste" e "Sul") Comandos Regionais (*Oberführer-Bereiche*) no modelo das mais numerosas áreas da SA com o mesmo nome. O sistema de *Standarten* – dois dos três por *Gau* – foi preenchido meio que no papel ao designar dois ou três *Stürme* como *Standarte*, numerados de I a XXX, mas a SS não podia realmente se dar ao luxo de tantos níveis de comando. No nível de *Gau*, logo ao ser designados como *SS-Brigaden*, havia geralmente um gerente financeiro e um tesoureiro. Muitas vezes o primeiro tinha alguma experiência em contabilidade e o último era um pequeno negociante. Para substituir Hustert, Himmler conseguiu (mais tarde *Stabsleiter*) Josias von Waldeck und Pyrmont, um nobre com alguma educação universitária. Himmler escolheu também um gerente financeiro e um tesoureiro. Os gerentes financeiros locais cuidavam das listas de membros, relatórios e correspondência, enquanto os tesoureiros lidavam com a cobrança de mensalidades e contribuições dos membros de apoio e dos "membros ativos", e também cuidavam dos pagamentos. Muitas vezes, na ausência do tesoureiro, o gerente financeiro supostamente deveria fazer tudo, e os livros de registros eram malcuidados ou inexistentes.

A revolta de Stennes e seus cúmplices no Norte e no Leste da Alemanha, em 1930, inaugurou um período em que a SA e a SS disputavam posições e favores em Munique e nas comunidades locais. Se os sete "desconhecidos membros da SS" em Berlim conseguiram pouco em agosto de 1930, pelo menos salientaram o valor de unidades SS independentes da dominância da SA. Ao mesmo tempo que Hitler não ousou deslocar Stennes e os comandantes da SA na Pomerânia, Silésia, etc., ele realmente precisava de relatórios "objetivos" sobre as condições locais. Ou seja, relatórios escritos desde o ponto de vista do movimento tal como observado por olhos leais a Munique, não das sedes locais do partido. Naturalmente, em especial em Berlim, Mecklemburgo, Pomerânia, Prússia Oriental e Silésia, as Tropas de Assalto não tinham nada a ver com a SS, considerando qualquer nova unidade local como "selvagem e desautorizada". Talvez não seja acidental que não tenhamos registros do *Gau-SS-Führer* nesse momento para Mecklemburgo, Pomerânia e Prússia Oriental. Na Silésia, o sangue azul Udo von Woyrsch assumiu esse posto, com a oposição aberta da SA. Acima de todos, Himmler, agora um dos 105 nazistas com passes ilimitados de trem, foi finalmente dispensado de seus deveres na propaganda para se dedicar em tempo integral ao estabelecimento da SS como "completamente independente da SA".

Em uma carta circular aos vice-chefes da OSAF (*Oberster--Sturm-Abteilung-Führer*, Comando Supremo das Tropas de

Assalto), agora incluindo Lutze, o chefe de Estado-Maior Wagener em 3 de outubro descrevia a SS como unidade de polícia dentro do movimento, com o dever de zelar contra infrações dos regulamentos da direção. Ressaltou a necessidade da SS ser independente da SA, especialmente no recrutamento, seguindo padrões especiais que haviam sido determinados ao *Reichsführer SS*. Dava à SS uma cota de dez por cento da força da SA, um número com frequência repetido posteriormente, mas declarava que uma unidade SS não poderia ser formada até que uma companhia SA na área tivesse cinquenta membros. A SS não deveria recrutar entre os membros da SA. Esses regulamentos eram geralmente desprezados, apesar de valerem no papel por vários anos. A SA devia se afastar da propaganda, deveres de guarda e a solicitação de fundos, a fim de se preparar para o papel futuro de reservatório do exército nacional, enquanto a SS presumivelmente assumiria essas tarefas e serviria como guarda pessoal dos líderes, análogos à Guarda Real. Uma crença na iminente ascensão dos nazistas à autoridade estatal também é igualmente refletida em uma ordem do vice-chefe da OSAF, August Schneidhuber, de Munique, em novembro. Ele enfatizava o treinamento militar, a formação de unidades da SA motorizadas e de médicos, a peneira dos oportunistas, a análise geográfica do recrutamento para preenchimento de vazios, e a criação de um nível de comando no *Standarte*. Em um memorando anterior, de setembro, Schneidhuber havia colocado a igualdade entre o líder distrital da SA e o *Gauleiter*, assim como o uso dos comandantes de corpos da SA, com autoridade tática e não simplesmente administrativa, sobre o líder distrital da SA. Dessa maneira, antes do reaparecimento de Röhm no cenário, as SA mostravam muitos sinais de construção de um império como preliminar para a tomada do Estado, em adição às ominosas reivindicações de independência da Organização Política. Decidiu-se até mesmo criar um quartel-general próprio para a SA com o intuito de proporcionar segurança, uma manobra que os livraria da dependência da SS.

Algumas das propostas organizacionais de Schneidhuber foram realmente aplicadas por Röhm em 1931, e foram copiadas pela SS. Mas a SA não conseguiu independência da Organização Política e, portanto, a SS não conseguiu independência da SA. O anúncio de Himmler, em 1º de dezembro de 1930, de que a separação final da SS em relação à SA havia acontecido, foi seguido, seis semanas depois, em 14 de janeiro de 1931, pela ordem de Hitler claramente subordinando a SS à SA. A nova posição de Röhm como chefe do Estado-Maior foi aprovada em um encontro dos líderes da SA em Munique, no dia 30 de novembro, mas só depois de consideráveis dificuldades, e por vontade de Hitler. Tanto antes como após 30 de novembro, Stennes e seus líderes da SA no Norte e no Leste resistiram aos esforços do partido para reduzi-los à submissão. Stennes parece haver tentado recrutar Röhm para seu lado. Röhm astutamente navegou por uma trilha no meio que favorecia o fortalecimento da SS, mas a ligava à SA, insistindo, por exemplo, que os quadros da SA continuassem sendo fornecidos para a formação de novas unidades SS. Que esse inverno (1930-31) foi palco de uma séria luta pelo poder é evidente pelo aparecimento de Göring, já um rival potencial de Röhm, como "mediador oficial" entre a SA, a SS e os *Gauleiter*.

As condições para o recrutamento de vários milhares de "soldados políticos" relativamente competentes para a SS aumentaram continuadamente, já que o desemprego chegou a 4 milhões naquele inverno. As filas para sopa e as filas de desempregados atraíam os recrutadores comunistas e nazistas. A atmosfera política ensombreceu, e as tendências revolucionárias, banidas desde 1923, reapareceram. A polícia cada vez mais falhava em proteger a vida e as propriedades. Confrontos de rua, arruaças políticas em locais públicos, "ataques" aos quartéis "inimigos", e assassinatos por gângsteres políticos acentuaram o desejo dos ativistas mais bem formados da direita a se unir a "unidades de proteção", tais como a representada pela SS. Mesmo que ainda fossem "esquadrões de força", as unidades da SS tendiam a ser mais bem preparadas para cada confronto, mais disciplinadas *vis-à-vis* a polícia e sujeitas a controles. Mesmo que seja duvidoso que todas as 4 mil identidades numeradas da DD estivessem realmente de posse de tantos homens ativos na SS em dezembro de 1930, fica claro pelos registros de pessoal e de organização da SS que os seis meses seguintes à grande vitória eleitoral testemunharam uma onda de recrutamento para a SS nos graus mais altos (oficiais), assim como rápidas promoções para oficiais dentro das unidades existentes, de modo a ter equipes de comando para as novas unidades SS, criadas no final de 1930.

Sob o comando de Röhm, a SA também cresceu rapidamente, alcançando em algum momento de 1931 seu primeiro milhão de membros. Os quarenta SA-*Standarten* se tornaram várias centenas. Röhm reorganizou a SA regionalmente em dez "Grupos" (os corpos recomendados por Schneidhuber), cada um composto por vários subgrupos, as antigas *Gaustürme* (companhias regionais). Ao mesmo tempo que a poderosa organização dos vices OSAF foi liquidada, uma vasta rede de quadros foi criada, por meio da qual brigadas de vários *Standarten* foram formadas para dirigir as formações auxiliares que se estabeleciam, e o termo *Sturmbann* (batalhão) foi improvisado para substituir a velha designação das unidades táticas locais, *Sturm-Abteilung*. Muitos dos alemães da classe média baixa, assustados com a volta de toda a violência de 1919-23, foram dirigidos para usar uniformes e assumir patentes militares, o que lhes permitia sonhar com uma futura posição honrosa e respeitável em uma reserva do exército restaurada. Hitler ajudou nisso ao reeditar publicamente ordens para que tanto a SA como a SS não portassem armas militares ou criassem depósitos de armas. Os cidadãos não precisavam temer o envolvimento em um *putsch*.

Muitos dos membros "corretos" das classes médias se ofenderam, entretanto, com o agitado e espalhafatoso desrespeito à sua moralidade nas fileiras das Tropas de Assalto, e em decorrência uma quantidade de membros veteranos dos antigos corpos livres e até mesmo aventureiros foram atraídos novamente para a SA, com o regresso de Röhm. Hitler achou conveniente emitir um aviso impaciente, não aos malfeitores, e sim a seus acusadores, assinalando que a SA não era uma "escola de garotas", e prometendo expulsão por deslealdade a membros do partido que se dedicassem a falatórios ou a escrever cartas. Ao mesmo tempo que não havia carência de valentões na SS nessa época, a moralidade da classe média começou a se manifestar em 1931, o que pode refletir um sentido de superioridade cultivado sobre esses assuntos, em termos de disciplina. A SS jamais recrutou grupos das antigas ligas de combate. Röhm fez precisamente isso nessa época, em parte para favorecer a facção de Stennes no Norte e no Leste. Röhm e Hitler podiam fechar os olhos para o homossexualismo, o rufianismo, pequenos roubos e problemas com álcool, mas não podiam tolerar insubordinação. A instituição por Pfeffer da inspetoria-geral (GISASS) foi mantida e ampliada para incluir inspetorias regionais. Uma das maiores obrigações era a solução de controvérsias entre as unidades da SA e as da SS, para salvar a organização de Röhm de interferências internas pela Organização Política, e especialmente de Göring, o mediador oficial de Hitler.

No começo de 1931 a SS se mantinha ocupada mudando a todo instante as designações de suas unidades, para se manter em linha com as elaboradas tabelas de organização construídas por Röhm e sua equipe. As *SS-Stürme* mal haviam recebido números arábicos quando estes, muitas vezes os mesmos localmente, tiveram que ser realocados para *Standarten*. Companhias SS débeis assim se tornaram regimentos SS ainda mais fracos. Trinta regimentos SS fracos, anteriormente designados com números arábicos, se tornaram brigadas SS. Esse sistema forçado de recrutamento de quadros copiados da SA, que evidentemente macaqueava velhos e familiares procedimentos militares, e a rápida construção de um exército de cidadãos, ajudaram a SS a se expandir mais rapidamente do que muitos líderes locais da SS gostariam, e também desafiava a engenhosidade e a habilidade para formar muitos dos novos homens da SS recrutados para atividades de comando. O sistema de brigadas (cinco *Standarten*) logo seria de novo abandonado, pois realmente a SS não era grande o suficiente para tantos níveis como a SA. Assim, unidades leves, puramente administrativas, conhecidas como *Oberführer-Abschnitte* (setores), foram interpostas entre cerca de quarenta *Standarten* e o *Reichsführer-SS*. Tal como na SA, entretanto, o efeito foi destruir a posição especial dos *SS-Oberführer* como "vices favoritos do *Reichsführer-SS*", apesar do termo ter persistido em 1931, e Sepp Dietrich e Kurt Daluege puderam ter exercido essa função até mais tarde.

Sepp Dietrich já era conhecido como mandante da SS no Sul, pelo relatório da polícia de dezembro de 1930. Enquanto Himmler estava em Berlim, no *Reichstag*, foi certamente o caloroso carisma do ex-motorista de caminhão, em vez da nova burocracia da SS na palaciana Casa Marrom em Munique, que ajudou a SS a crescer na Baviera. Kurt Daluege anteriormente havia sido deslocado em Berlim por Stennes como líder da SA. Hitler colocou Daluege para vigiar seu rival ao fazer Himmler nomeá-lo como *Oberführer Ost*, no lugar do menos eficaz Kurt Wege, veterano da SS. Daluege estabeleceu seu quartel SS na esquina da Lützow Strasse com a Potsdamer Strasse, próxima do Sportpalast, diante dos escritórios de Stennes. Esse "centro de inteligência" usava ligações entre a SS e a SA, assim como funcionários do governo e homens de negócios, para manter Hitler e Himmler atualizados com as correntes políticas que infestavam Berlim. Daluege também foi instrumental, na primavera de 1931, para estabelecer novas unidades da SS nos territórios tradicionais da SA, Brandemburgo, Pomerânia e Mecklemburgo. Desse modo, os líderes da SS e seus sequazes no Norte foram capazes de alertar o partido e autoridades policiais do Estado contra Stennes quando Hitler estava pronto para induzi--lo a uma segunda "revolta" inútil. Prevendo a conspiração contra Röhm, a tática de Hitler com Stennes incluía um cortejo intenso para pegá-lo sem guarda, um esforço para dividir seus seguidores, uma manobra súbita para colocá-lo numa posição equivocada e depois desenvolver a campanha para vilificá-lo. Até o agosto prévio, apenas alguns membros do pessoal da SS estavam envolvidos nas preliminares, mas a subsequente remoção de possivelmente todos os líderes importantes da SA no Nordeste, mediante renúncia ou expulsão, colocou a SS, pelo menos temporariamente, na posição de "proteger o movimento", de modo que uma lenda pudesse ser criada a partir do "*putsch* de Stennes" no domingo de Páscoa, 1º de abril de 1931.

Hitler começou ofertando a Stennes o Ministério do Interior no estado de Brunswick, aberto para os nazistas pela vitória eleitoral de setembro, e a colaboração com os Nacionalistas. Quando Stennes recusou, Hitler começou a remover os nomeados por Stennes como *Gau-SA-Führer*. Stennes não permaneceu inativo, agitando a SA contra o *Gauleiter* e a Casa Marrom, por mostrarem ineficiência. Mas a conspiração de Stennes apenas uniu seus inimigos, dentro e fora do partido, sem ser decisiva. Hitler precipitou a "revolta" no dia 31 de março, em um encontro do partido em Weimar, convocado para resolver as diferenças com os Nacionalistas na Turíngia. Repetindo suas ordens de observar a legalidade estrita, anunciou que Stennes, um espinho na costela da direita, seria transferido para Munique como oficial executivo de Röhm – o que não era um posto sem significado, mas que desestabilizava as conexões de Stennes. Stennes não havia sido consultado, mas cinco homens da SS foram avisados da manobra pelo telefone, na noite de 31 de março, que foi anunciada nos jornais matinais. Os líderes distritais da SA ligados a Stennes telegrafaram a Hitler, protestando, e Stennes telegrafou com sua recusa a ir até Weimar para conferenciar com Hitler (a pedido de Hitler), e as forças da SA em Berlim tomaram a sede do partido e o *Angriff* (o jornal de Goebbels), em um tipo de protesto público. Era um ato de desespero, pois a SS havia alertado o pessoal do partido sobre as intenções de Hitler para observar uma legalidade estrita. A polícia prendeu a minoria teimosa da SA nos dias seguintes, no meio de acusações e contra-acusações de traição.

Daluege e seus homens haviam atuado pelos interesses de Röhm, assim como os de Hitler, mas Röhm colocou outro ex-oficial dos corpos livres, Paul Schulz, a cargo do que restava da SA no Nordeste. Friedrich Wilhelm Krüger, o tenente da SS que havia sido o correio de Daluege para Röhm, tornou-se o líder do Comando da SA para a região. Quando mais tarde o próprio Schulz se virou contra Röhm, Krüger assumiu seu lugar, deixando a SS, e no fim das contas, assumindo uma posição de comando próxima de Röhm. No entanto, ele regressaria com sucesso à SS em 1935 como *Obergruppenführer* (general). Daluege subsequentemente emitiu um cartão de agradecimentos, em nome de Hitler, à SS da *Abschnitt* (setor) III de Berlim, com a inscrição: "*SS-Mann, Deine Ehre heisst Treue*" ("Homem da SS, Sua honra é sua lealdade"). Modificado para "Minha honra é minha lealdade", Himmler viria a adotá-lo como inscrição para o fecho do cinto da SS, na tradição do "*Gott mit uns*" (Que Deus esteja conosco) nos fechos dos cintos alemães nos uniformes da Primeira Guerra Mundial.

O verão de 1931 na Alemanha foi traumático para a classe média alemã, com o colapso dos bancos. Todas as ilusões dos anos anteriores de que se estava "começando a flutuar" foram varridas, na medida em que cada vez mais trabalhadores de colarinho branco se juntavam às filas de pão. Para os nazistas, o caos era a confirmação de sua visão do mundo. Apesar de muitos de seus membros pensarem que, naquela altura, já estariam no poder, a liderança nazista experimentou o impasse no sistema parlamentar como a confirmação e justificação da doutrina partidária. Esses homens continuavam seu bombardeio público com comícios, marchas de propaganda, panfletos, jornais partidários, sem se intimidar – na verdade, estimulados – pelas medidas ineficazes da polícia contra eles. A SS emerge nesse momento nos discursos e ordens de seus líderes como notavelmente florescente, e, apesar de ainda faltarem anos para que pudessem alcançar suas ambições para a SS, o contorno ideal desta aparece notavelmente completo no verão de 1931. Enquanto as razões para essa emergência permanecem obscuras, é provável que todas as condições de então que permitiram o crescimento do Nacional-Socialismo já tivessem tido tempo de se expressar completamente, e que o papel potencial da SS, como soldados políticos desse movimento, estivesse agora claro, pelo menos para o grupo central dos seguidores de Hitler. Que esse papel fosse de fato permanentemente bifurcado – intrinsecamente assim, em virtude da contradição entre a carreira militar e a política – era muito menos claro então do que agora aparece ao olhar do historiador.

Não foi outra pessoa senão Hitler que, naquele verão, definiu a SS em seu aspecto dual como: (1) serviço policial e (2) tropa de elite. Nem Hitler nem Himmler, na ocasião ou mais tarde, consideravam os dois itens como mutuamente excludentes ou mesmo funções opostas. A tarefa policial é descrita, nos discursos e ordens do verão de 1931, como serviço de segurança e serviço regulador, conceitos emprestados da prática policial alemã. O primeiro consistia em contrainteligência e serviço de proteção. As funções reguladoras foram cuidadosamente distinguidas daquelas mais inclusivas da SA, de "proteção aos comícios".

A responsabilidade da SS consistia em evitar que membros do partido ou da SA ameaçassem a ordem pública – um papel contrarrevolucionário ou, melhor dizendo, regulador, de evitar que revolucionários agissem improvisadamente e, dessa maneira, comprometessem as ambições revolucionárias da liderança a longo prazo. O exemplo concreto mais comum dessa função era a revista de homens da SA em busca de armas de fogo escondidas, o que, sem surpresa, era fonte de grande acrimônia. As atividades de contrainteligência eram, é claro, não limitadas à SS, mas as operações anti-Stennes no Norte e no Leste foram, sem dúvida, um forte argumento e incentivo para investir a SS desse papel. Seu tamanho menor e caráter seletivo oferecia mais oportunidades de segredo e proteção contra espiões e *agents provocateurs*. Reinhard Heydrich, que se uniu à SS em 1931, não teve que introduzir a ideia de um serviço de segurança. Os regimentos, e mesmo os batalhões e companhias da SS, tinham "oficiais I-C" ("C" representando comandantes de tropa e "I" representando inteligência), já em 1931, tal como, é claro, muitas das unidades SA, por analogia com o sistema de inteligência de estado-maior do exército alemão. As funções de proteção da SS foram diferenciadas em relação às da SA nessa época: a defesa pessoal do *Führer*, todos os oradores, funcionários e convidados, assim como a proteção de reuniões especiais dos líderes partidários. Finalmente, havia uma categoria geral de "tarefas especiais", que era mantida propositalmente vaga. Colocava-se ênfase na confiabilidade individual de cada SS envolvido, incluindo a predisposição ao assassinato.

O conceito da SS como unidade móvel, um batalhão de choque para emprego no momento em que a balança inclinasse para o lado do Nacional-Socialismo, era um tema tão proeminente quanto as tarefas policiais. Enquanto as Tropas de Assalto deveriam ter soldados a pé, cujas formações motorizadas haviam sido destacadas para formar o Corpo Motorizado Nacional-Socialista (NSKK), a SS foi encorajada a criar suas próprias companhias motorizadas. Unificando a tradição da *Stosstrupp Hitler* e dos "mártires" de novembro, Hitler já havia conferido à SS o status de *Garde*. Foi Himmler, entretanto, que passou a insistir, no verão de 1931 e sempre dali em diante, em transcender as tradições da polícia e copiar as tradições dos guardas do antigo exército. "Não somos mais sábios que os homens de dois mil anos atrás", declarou Himmler em uma reunião dos líderes da SS em Berlim, em junho. "Persas, gregos, romanos e prussianos, todos tinham suas guardas. Os guardas da nova Alemanha serão a SS". O uso de membros da elite de guardas como guarda-costas pessoais dos chefes de Estado era, é claro, tradicional. O papel da SS como guarda-costas de Hitler foi reforçado por Sepp Dietrich e alguns ajudantes escolhidos que o acompanhavam para todos os lugares.

A SS foi descrita idealmente em 1931 como "Tropas Centrais do Movimento", e "os mais ativos combatentes do partido", refletindo o conceito inicial de 1925-26. Mas os discursos da SS e as ordens deixaram muito claro que a Organização Política era algo à parte, tal como apelos para os "bons camaradas da SA", ao colocarem-nos como exemplos, sugerem um sentido similar de separação. De fato, a SS supostamente deveria se tornar a melhor tropa paramilitar da Alemanha, de modo a atrair, por sua própria natureza, os melhores veteranos do front, substituindo a *Stahlhelm* no olhar do público. Os futuros guardas do futuro exército nacional deveriam ser reconhecidos em qualquer lugar, mesmo em roupas civis: seu porte, físico, aparência – de fato, sua herança biológica – deveriam mostrar que pertenciam à SS. Não deveria haver rostos eslavos ou mongóis na SS, disse Himmler. A SS deveria se tornar uma comunidade de sangue, os portadores do sangue da raça nórdica. O futuro oficial da SS deveria ter sua família e origens profundamente investigadas, pois se supunha que, quando decisões fatais tivessem que ser tomadas, apenas os mais puros dos puros poderiam agir sem hesitação, "por princípio". Aqui se reconhecem os valores da velha casta de oficiais, traduzidos no racismo nazista.

Himmler, entretanto, não parou por aí. A tarefa da SS não repousava primariamente no campo de batalha, e sim na terra natal. Na guerra deveria ser o instrumento que, no momento mais difícil, decide a batalha – as últimas reservas. O ano de 1918 – aquele terrível trauma – jamais deveria se repetir. Em vez de escalão de retaguarda amotinado e desencorajado, os batalhões móveis de choque estariam à disposição do comando do Estado para esmagar o bolchevismo, fechar uma abertura nas defesas, perseguir a vitória. "Somos chamados para construir os alicerces sobre os quais a próxima geração fará história", disse Himmler. Ele previu, no verão de 1931, um futuro cinturão de 200 milhões de fazendeiros nórdicos ao redor da Alemanha, um muro inexpugnável contra o bolchevismo, o inimigo da raça nórdica e, portanto, da civilização. Desse modo, a sombra de Richard Walter Darré, autor de *Das Bauerntum als Lebensquell der Nordischen Rasse* ("O agricultor como fonte de vida da Raça Nórdica") foi colocada sobre a SS naquele verão, para logo dominar seu *ethos*, se não seus objetivos finais.

Himmler, Sepp Dietrich e Kurt Daluege visualizavam nessa época, com clareza, um futuro corpo de oficiais da SS, talvez contrastando suas dificuldades correntes com a SA e com líderes da Organização Política, em especial com o grupo de Stennes. Obediência absoluta a Hitler, modelada na supostamente inquestionável lealdade do soldado prussiano a seu rei, devia ser combinada com a concepção "prussiana", ou talvez "germânica" da autossubordinação voluntária de personalidades independentes para com os superiores constituídos no interesse do bem maior. Para manter a autoridade do partido contra os interesses e vontades de minorias dissidentes, para lidar com situações de multidão de modo independente e responsável, os oficiais da SS deveriam ter implantado dentro de si um *esprit de corps* indestrutível. Deveriam ser soldados como um corpo único de unidades intercambiáveis e, no entanto, capazes de serem substituídos por homens de mérito vindos de baixo. A futura corporação deveria ser constituída por homens intensivamente treinados em todos os ramos da disciplina SS; não deveria haver mais especialistas ou ramos profissionais que se engajassem em rivalidades no serviço. Himmler não queria contadores ou médicos SS: todos deviam ser soldados políticos. Desfiles militares, uniformes vistosos e bandas marciais deveriam ser melhores na SS que na SA ou na Organização Política, mas apenas para reforçar a superioridade da SS no público e nos próprios homens da SS – nunca como fins em si mesmos. O oficial da SS deveria ser do tipo que compreende isso e não ama o espetáculo por si mesmo, tal como deve desejar que seus homens compreendam seu treinamento e propósito, em vez de desejar sua ignorância e consequente subordinação e inferioridade diante de si mesmo. Deve conhecer seus homens como indivíduos, seus trabalhos e suas condições familiares. O oficial SS deveria ser um praticante das virtudes da classe média – mais uma vez, não por si mesmo, mas por sua influência na comunidade germânica. O futuro corpo de oficiais da SS deveria se tornar o tesouro do "melhor material humano" na Alemanha, que restou depois do supostamente terrível "declínio na hereditariedade humana" do século anterior.

O verão de 1931 terminou com outra irrupção de violência nazista em Berlim contra os judeus, por ocasião dos feriados judaicos, mas cada vez ficava mais claro para a direita alemã que Hitler tinha controle de suas esquadras de violentos, e que realmente pretendia chegar ao poder pela via legal. O problema de Hitler era fazer que essa convicção perdurasse, sem ser forçado a entrar em um governo em outros termos que não os seus. O encontro de Harzburg (uma enorme concentração de todos os grupos direitistas da Alemanha), as demonstrações no *Reichstag*, a demonstração da SS e da SA de 1 milhão de membros em Brunswick, todos em outubro de 1931, foram planejados para manter esse equilíbrio entre a intimidação e a tranquilização. Não se tratava mais simplesmente, ou sobretudo, de um problema de aglutinação do populacho, já que a catástrofe econômica estava aparente. O influxo de membros também já era uma situação concreta. De fato, na verdade o problema era manter o controle dos ativistas nazistas locais e regionais, e evitar a invasão pelas massas de novo "material humano", para que *agents provocateurs* (reais e imaginários) não pudessem destruir o poder de barganha de Hitler.

As Tropas de Assalto ainda eram a área mais vulnerável a esse respeito, apesar de a Organização Política também não ser invulnerável. A coalizão temporária de Otto Strasser e Walter Stennes, envolvendo Ehrhardt e alguns dos "Bolcheviques Nacionalistas", mais o espectro da infiltração pelo KPD (Partido Comunista), criaram um pavor contra a espionagem entre os nazistas, que produziu vários "escritórios de inteligência" na SA, na SS e na Organização Política. O fato de as operações de inteligência da SS terem mais a confiança de Hitler que as demais, e o fato de ser mais bem-sucedida em última instância, sem dúvida se deve a Reinhard Heydrich. No entanto, se a SS já não tivesse uma "vantagem" com Hitler no final de 1931, é duvidoso que o oportunista ex-oficial naval se importasse em se insinuar nas boas graças de Himmler. Este também poderia estar procurando alguém do escritório de Munique, para contrabalançar a ameaça do centro de inteligência de Daluege, em Berlim. Ele supostamente instalou Heydrich como *SS-PI-Dienst* (Serviço de Imprensa e Informação) naquele outono, em um apartamento de Munique, com as fichas de Himmler sobre indivíduos e recortes de jornais reunidos no decorrer dos anos na

Propaganda-Abteilung, com a ajuda de correspondentes nos níveis de *Gau*. Ainda levaria algum tempo, na verdade até 1933 e 1934, para que Heydrich fosse capaz de afirmar uma autoridade clara sobre o "Pessoal do I-C" nos quartéis-generais regionais e locais da SS, para não mencionar o aparelho de Daluege. No entanto, no começo de 1932, com a formação oficial da *Sicherheitsdienst* (serviço de segurança) *des Reichsführer SS*, Heydrich havia começado a designar alguns novos membros da SS, provenientes de círculos profissionais e acadêmicos, como seus agentes locais, que deviam permanecer fora das formações regulares da SS.

A Organização Política e a SA começavam a se ressentir da SS por conta de suas ainda vagas pretensões de superioridade, cada vez mais ressaltadas pela predileção dos mais bem-educados e os de sangue azul por suas fileiras. Provavelmente por essa mesma razão, Hitler nessa época permitiu a Himmler que desenvolvesse suas próprias conexões com os mundos de negócios e dos profissionais, e também para desenvolver uma ideologia especial para a SS, para distinguir ainda mais suas unidades da SA e da Organização Política. Essa ideologia foi proporcionada por Richard Walter Darré, cujas conexões iniciais com o NSDAP datavam apenas de 1930. A formação em agronomia de Darré era similar à de Himmler. Darré começou no partido ajudando Konstantin Hierl a organizar a ala dos fazendeiros do NSDAP, mas não estava satisfeito nem no papel de agitador e organizador político. Era atraído pelo elitismo da SA, ao qual procede uma base ideológica que une o vago racismo de Himmler à teoria do próprio Darré de uma raça nórdica de fazendeiros aristocráticos. A SS deveria restaurar uma era dourada mítica de esplendor rural, por meio de uma rigorosa autosseleção, escolha criteriosa por companheirismo e retreinamento de seus membros como futuros aristocratas do solo. Esse romantismo era tingido por um reformismo de direita, que se opunha à "ligação impessoal e monetária do mercado" com um corporativismo nepotista e personalista. O *Junker* do leste do Elba, idealizado, era contrastado com o proprietário judeu absenteísta.

O velho *Junker* não podia ser restaurado, mas os aristocratas da SS tomariam seu lugar. Enquanto isso, Darré atraía para a SS não apenas sangues azuis proprietários de terras, ex-proprietários nobres e também muitos homens de negócios e bancários que sonhavam em algum dia possuir uma pequena fazenda. Também atraiu para a SS os líderes de sua Associação de Política para Maquinários – os prósperos fazendeiros do Norte da Alemanha, que nem eram nazistas nem racistas, mas estavam revoltados com os preços baixos e as altas taxas de juros. No final de 1931, Himmler nomeou Darré chefe do novo Escritório Racial dentro da SS e o colocou como encarregado de aprovar os casamentos dos homens da SS. Os já casados, entretanto, não foram submetidos a uma revisão.

Tanto Himmler como Röhm se voltavam cada vez mais para as classes profissionais, formando não apenas uma seção médica, cavalaria e corpo de aviação, mas também unidades de sinaleiros e de engenheiros – uma infraestrutura paramilitar completa. As unidades de Himmler eram nitidamente mais homogêneas, tanto na sua composição como em relação aos corpos mais amplos das quais faziam parte. A SS sempre havia sido majoritariamente composta por trabalhadores de colarinho branco, com mentalidade de classe média baixa, enquanto os médicos, diretores, advogados e universitários da SA se viam lado a lado com pedreiros, trabalhadores rurais, garçons e jornaleiros. Tornava-se cada vez mais necessário, nas Tropas de Assalto, fazer distinções de patente, acima e além das distinções funcionais e de comando – e essa prática se estendeu imediatamente à SS. Todas as velhas patentes do exército reapareceram, e pessoas com educação e mais alto nível social começavam em posições mais altas e subiam rapidamente. Comandos eram dados aos nobres. Os originais 200 ou 300 homens haviam sido ultrapassados e, em dezembro de 1931, a SS já contava com 10 mil. Até mesmo os "fundadores" de 1929 estavam sendo esmagados. Formalidades expressadas na ênfase em uniformes apropriados, vários formulários impressos, carimbos coloridos, liberação para publicação e coisas assim irritavam tanto os homens da SS como os da SA naquele inverno deprimente de 1931-32. Mas isso dividia menos a SS que a SA, unindo ambas com o alto escalão da SA e com a classe média alemã fora do movimento nazista.

"O que Hitler está esperando?" era a pergunta repetida nos círculos alemães – especialmente dentro da SA, na qual o sentimento putschista que pedia uma marcha sobre Berlim era acentuado pelo sofrimento de suas próprias famílias, e dentro dos círculos conservadores que esperavam Hitler chegar até eles com uma oferta. A existência de uma SS cada vez mais disciplinada e programada para chegar a 22 mil homens na primavera de 1932 ajudava Hitler a manter a mão firme quando lidava com os encrenqueiros na SA e na Organização Política, e com os negociadores impacientes da direita. Stennes e Otto Strasser, os ex-comandantes dos corpos livres Buchrucker e F. W. Heinz, o ex-ajudante de Himmler, Hustert, e os comandantes das regiões orientais da SA, Tietjens, Lustig e Kremser, formaram o Movimento Nacional-Socialista de Combate, com contato com os Bolcheviques Nacionalistas, tais como Ernst Niekisch. Eles conseguiram subverter centenas de membros da SA no Norte da Alemanha. O papel da nova e favorecida SS era não apenas combater essa "praga" interna, como fortalecer a resistência a isso por parte da liderança nacional da SA. Sem dúvida, alguns trabalhadores de colarinho branco desempregados escolheram unidades da SS em suas comunidades para evitar contaminação com unidades da SA "vermelha".

Em certo sentido, Hitler não estava esperando nada. Estava formando seus quadros para a administração do Terceiro Reich dentro do partido, das Tropas de Assalto e da SS. Sopravam os ventos da revolução política na Alemanha, desse modo aumentando as pressões sociais, que ele esperava que impulsionassem seu partido ao poder. Treinava seus quadros na arte do terror gradual e na repressão contrarrevolucionária, enquanto cultivava a violência irresponsável nas ruas, e parecia permitir que seus seguidores se preparassem para um *putsch*. O vazamento de um tal plano de *putsch* aconteceu em Hesse, em novembro de 1931, a chamada Conspiração

Boxheim. Mas Hitler tinha o exemplo do fascismo italiano de 1922 claramente em sua mente: ele não daria um golpe. Esperava ser convidado. Faria a si mesmo e a seu movimento aceitáveis – até mesmo atraentes – para os homens de negócios, líderes militares e funcionários públicos conservadores, mas não iria implorar. Em outro sentido, Hitler não sabia pelo que esperava – que condições ele acharia aceitáveis. Desde a vitória eleitoral em setembro de 1930, até a era do Front Harzburg do final de 1931, por meio das campanhas presidenciais de março e abril de 1932 e mais adiante, ele improvisava, tentando aumentar a pressão popular por trás de suas causas, pois ainda não sabia como chegaria ao poder.

Por essas razões, ele fomentava todo tipo imaginável de afiliação política, social e econômica: permitia a todos os tipos de grupos profissionais e ideológicos se desenvolverem como parte do "movimento", com fantásticas e autocontraditórias promessas e programas. A SS, em 1932, era ao mesmo tempo (1) um agrupamento bizarro de reformistas de colarinho branco; (2) um centro de coleta para profissionais, líderes empresariais e proprietários de terra; e (3) um grupo de vigilância e controle para canalizar tendências úteis no movimento nazista para a liderança em Munique, e afastar as tendências daninhas do centro da arena política. Desse modo, um ano antes que os nazistas chegassem ao poder, a SS assumiu a maior parte das características organizacionais e atributos de sua história subsequente.

Com 350 oficiais e 10 mil soldados da SS como quadros, Himmler e seus auxiliares mais importantes rapidamente expandiram a SS, no começo da primavera de 1932, até o número de 432 oficiais e 25 mil soldados em abril, na época da dissolução da SA e da SS pelo regime. Quando o esforço de dissolução foi cancelado como um fracasso, em meados de junho, havia 466 oficiais e 41 mil homens. Essa quadruplicação podia acontecer sem um extenso corpo de oficiais porque a organização original do comando fora construída, em 1931, na forma de aproximadamente quarenta comandos regimentais, que consistiam em um comandante regimental e um oficial executivo, e dois ou três pares similares para os batalhões em cada regimento. As companhias eram regularmente confiadas a graduados, às vezes até a homens novos na SS ainda em experiência. Cerca de trinta oficiais SS com o posto de coronel, ou mais alto, compunham o estado-maior dos oito comandos regionais, o recém-criado SS-*Oberstab* (Comando Superior) e os regimentos mais antigos e fortes. A maioria dos novos regimentos era comandada por recém-promovidos majores ou mesmo capitães SS, muitos dos quais transferidos da SA, enquanto os batalhões muitas vezes tinham que se conformar com tenentes SS que nem mesmo tinham experiência com a SA, apesar de muitos terem carreiras nos corpos livres. O crescimento aconteceu com o preenchimento das unidades "de papel" ou "esqueletos", criadas em 1931, a posterior divisão de batalhões para a formação de novos e, finalmente, a formação de uma dúzia de novos regimentos SS em áreas praticamente subdesenvolvidas: Mecklemburgo, Pomerânia, Danzig, Prússia Oriental, Silésia, Áustria, Württemberg e o vale do Mosela. Começou nessa época a prática de transferir oficiais SS para novas regiões, para organizar uma nova unidade ou reanimar alguma que estivesse inoperante. O rápido crescimento continuou a acontecer na SS, com a expectativa de que os nazistas logo chegariam ao poder. Mesmo antes do período de ilegalidade, que interferiu com a manutenção dos registros, o quartel-general de Munique estava muito atrasado no registro e reconhecimento dos novos membros da SS. Essa falha na manutenção dos registros continuaria até 1933.

Um verdadeiro quartel-general da SS começou a tomar forma em 1931, depois de vários anos em que Himmler tentou operar quase sem equipe por conta de seu ódio à burocracia, falta de fundos e uma ingênua estimativa de sua capacidade de fazer tudo. Em 1932, com a influência da proliferação da burocracia na SA, mais fundos, a expectativa de muitas tarefas novas associadas com a vitória nazista e a disponibilidade de homens com as habilidades técnicas, Himmler começou seu *Oberstab*. Deveria ser construído nos mesmos moldes que os estados-maiores alemães, com cinco seções, numeradas de I-V, cada uma com meia dúzia de *Referate* ("mesas") preenchidas por *Referenten* (especialistas), designados por letras a-b-c-d-e-f, etc. Ocorreram, é claro, modificações para servir aos objetivos dos soldados políticos, tal como a Seção V de Darré (Raça). Foram recrutados especialistas técnicos em vez de experimentados comandantes SS. Daluege, cujo escritório em Berlim aumentou gradativamente o contato com Himmler, por causa de seu posto no *Reischstag*, forneceu vários candidatos para a Seção I (Liderança), já conhecida como Equipe de Liderança. Não havia, entretanto, nada de permanente nesse *Oberstab*. Himmler parece jamais ter se acostumado com instituições burocráticas, apesar de ser, em última instância, o responsável por uma boa porção do pior tipo disso. Apesar de o serviço na equipe de Himmler ser logo muito desejado, por muitas das mesmas razões que em outras organizações militares (proximidade do poder, rapidez nas promoções, prestígio futuro), já em 1932 isso se tornou uma posição mais arriscada que estabelecer uma nova unidade ou cimentar seus laços com um *Gauleiter* ciumento. Himmler era muito difícil de ser satisfeito, já que seus ideais eram, ao mesmo tempo, vívidos e vagos. Além disso, suas exigências concretas eram ao mesmo tempo muito específicas mas não muito razoáveis. Dentre os membros do *Oberstab* inicial, apenas Heydrich realmente manteve a confiança de Himmler. Darré a teve por vários anos, mas a maioria das figuras menores desapareceu dentro de um ou dois anos. Himmler reservou a maior parte de sua confiança para os oficiais SS que escolheram permanecer em comandos de campo: Sepp Dietrich, Fritz Weitzel, talvez Kurt Daluege (apesar de ele e Himmler serem possíveis rivais) e uma dúzia ou mais de jovens oficiais. Mesmo depois de 1939, quando Himmler havia descoberto um grupo de oficiais de estado-maior compatíveis e capazes, não conseguiu mantê-los. Em geral ele se livrava deles, ainda que inadvertidamente. Era muito diferente do carismático Röhm ou do próprio Hitler, ambos os quais admirava. Ele podia ser agradável e difícil, mas, se existe algo como um carisma negativo, Himmler o possuía.

No ano de 1932, entretanto, o caos político, social e econômico conduziu homens capazes e agressivos na direção de todas as formações nazistas em um ânimo simbolizado pela frase "Já tentamos todo o resto". Menos conhecida, e portanto menos estereotipada na mente do público, a SS era atraente para muitas pessoas da classe média como uma elite relativamente não estruturada na qual poderiam alcançar suas próprias noções reformistas. Sua disciplina estrita, sua reserva relativa em relação ao público, seus subtons incipientes e quase míticos contribuíam para recomendar a SS a uma geração cansada de desordem, demonstrações ruidosas e falsos sentimentos. No momento em que tanto as Tropas de Assalto quanto o Partido Nazista pareciam ir além dos sonhos elitistas de seus fundadores para se transformarem em movimentos de massa, a SS parecia reter e incorporar o ideal de seletividade, agora acentuada pela elaborada confusão das qualificações "raciais" para admissão, e para parceiros de matrimônio de seus membros. Por todas essas razões, a Himmler não era exigido um carisma positivo, o que não significa que os comandantes locais pudessem dispensá-lo. A SS de 1932 tinha alguns líderes carismáticos, ainda que talvez menos que a SA. Nos níveis de comando e técnico, a SS tendia a ter personalidades sem cor. Mas, tal como o próprio partido, as muito maiores Tropas de Assalto tinham mais líderes locais de má qualidade e mais burocratas arrogantes nos níveis intermediários que a SS.

No elaborado jogo de poder de Hitler, era tão necessário quanto perigoso que as Tropas de Assalto, dirigidas por Röhm, devessem cortejar o *Reichswehr*, e que a Organização de Células de Fábrica Nacional-Socialistas (NSBO – essencialmente "células" antissindicalistas para os nazistas nas fábricas) devessem cortejar os trabalhadores, que Darré devesse cortejar tanto os pequenos quanto os grandes fazendeiros, que Frick, Ley e Göring devessem cortejar banqueiros e líderes empresariais. A SS de Himmler proporcionava um instrumento para verificar cada uma dessas "parcerias" por dentro, e também um potencial xeque-mate contra a deslealdade. No entanto a SS não era tão forte para ser, por si mesma, um desafio sério para a SA, o partido ou Hitler. A lealdade indiscutível de Himmler para com Hitler coincidia inteiramente com os interesses da SS, que em 1932 poderia ter sido facilmente destruída, seja pelo partido, seja pela SA. Realmente, o contato crescente entre Himmler, Göring e os interesses dos grandes negócios em 1932 sugere que Himmler tanto assegurava um fluxo de fundos para a SS independentes de Röhm e de F. X. Schwarz, o tesoureiro do partido, como ajudava Hitler a se movimentar na direção política que desejava, contra os desejos de um segmento muito grande de seu próprio partido. O papel de adjunto de Göring – ainda que talvez desagradável – era profundamente sábio, já que permitia a Himmler evadir as manobras de Daluege, praticamente independente em Berlim.

Röhm procurou subordinar a SS à SA, e conseguiu isso parcialmente em 1932, no sentido de que a maior preocupação de todas as unidades paramilitares na Alemanha eram os combates de rua e a preparação para a guerra civil, e que para isso necessitavam de um mínimo de cooperação entre unidades aliadas. A ambição de Röhm – e provavelmente de Hitler – de ganhar uma parceria com a *Reichswehr* em um futuro *Volksheer* também acenava com uma valiosa compensação para muitos ex-soldados entre os oficiais da SS, na forma de uma carreira militar restabelecida. Dessa maneira, em 1932, a SS tinha o mesmo tipo de manobras de fim de semana que a SA, muitas vezes conjuntamente. Batalhas de rua e em cervejarias eram operações táticas comuns, muitas vezes detalhadamente planejadas por oficiais da SA e da SS. Marchas de propaganda da SA, por sua vez, eram "guardadas" por carros cheios de SS na vanguarda e na retaguarda das colunas, assim como motocicletas no transcorrer da marcha. Na verdade, muitas das disputas daquele ano foram em torno de quanta proteção a SA precisava: líderes queixando-se de não ter nenhuma ou, ao contrário, de serem guardados de modo muito ostentoso. A SS, por sua vez, se ressentia dos "suntuosos" *SA-Heime* (uma combinação de clube e quartel), que cada vez mais apareciam pelas seções nazistas do país, enquanto a SS geralmente tinha que manter seu *Appell* (chamada) em uma taverna. Entretanto, ambas as unidades eram culpadas de ações mafiosas de extorsão para obter dinheiro. Por exemplo, os registros dos FM (patrocinadores) do regimento da SS em Munique, para a primavera de 1932, incluem os nomes Hirschmann, Goldschmidt, Levi, Rosenzvet e Rosenberg.

Para os veteranos da guerra mundial, tanto da SS quanto da SA, o ano de 1932 se parecia cada vez mais com 1918: batalha após batalha, vitória após vitória, mas a batalha final ainda a ser travada. A vitória, momentaneamente esperada, permanecia elusiva. O nervosismo das táticas de "espera" das trincheiras permeava todo o movimento nazista, mas as Tropas de Assalto, orientadas para a ação, receberam com mais dureza os alarmes falsos de 1932. Haviam sido colocados em alerta em março, antes da primeira eleição presidencial. Destacamentos especiais (*Alarm-Bereitschaften*) receberam a tarefa de prevenir um golpe da *Reichswehr* contra o partido. Mesmo aqueles não diretamente envolvidos, seja no planejamento seja nas operações naquele nível, tinham grandes esperanças. A aceitação sem resistência de Hitler com relação à proibição da SA e da SS foi o mais difícil para as Tropas de Assalto mais novas, mas mesmo os *Altkämpfer* (Antigos Combatentes) estavam perplexos quando seus triunfos sobre Grüner em maio e junho, que levaram à vitória eleitoral do dia 31 de julho, secaram na areia. A condição de "alerta vermelho" nas primeiras semanas de agosto foi praticamente a repetição da experiência de março. Era em grande medida preparação para a *Machtergreifung* (tomada do poder) que acompanharia Hitler ser nomeado como chanceler, porém também objetivava uma "limpeza" do *Reichsbanner* comunista e social-democrata. Berlim estava cercada. Unidades da SA e da SS em cada comunidade se preparavam para tomar estações ferroviárias, depósitos de munição e quartéis da polícia. Depois vieram duas semanas de folga, seguidas de ordens de preparação para novas marchas de propaganda, novas eleições para o *Reichstag* e outro *Hungerwinter*. Não é de admirar que agitadores comunistas começassem a perturbar as reuniões da SA e que ex-membros da SA se multiplicassem nas plataformas dos comícios do SPD e do KPD.

Röhm havia mais uma vez reorganizado a SA, reduzindo o escopo geográfico dos SA *Gruppen* e aumentando seu número para dezoito, depois voltando para cinco corpos de área da SA. O que ele havia iniciado como resposta a um crescimento tremendo e otimismo notório apenas acrescentou confusão e ressentimento nos meses seguintes. A publicação de novos, mais complicados e restritivos regulamentos de serviço da SA, em outubro, parecia zombar da impotência da SA.

Até a SS começou a mostrar sinais de perder o impulso no outono de 1932. O recrutamento diminuiu de ritmo pelo esforço de estabelecer a identidade de todos os novos candidatos. Os oito SS *Abschnitte* (setores) tinham proliferado para dezoito, com o intuito de corresponder aos *Gruppen* divisionais da SA, e foram completados por 5 *SS-Gruppenkommandos* (quartéis-generais divisionais): "Norte", "Sul", "Oeste", "Leste" e "Sudeste". Os homens da SS também começaram a sentir-se distanciados dos altos-comandos. Certas unidades, às quais foi solicitada ajuda para a SA coletar dinheiro a fim de manter suas cozinhas de sopa em operação, rebelaram-se e coletaram dinheiro para elas mesmas. Outras unidades da SS tomaram parte em "motins contra *Gauleiter*", "contra Goebbels", ou "Munique". Na Halle SS, homens uniram-se à SA para vaiar Hitler quando ele pediu sua continuada lealdade. Entretanto, outros homens da SS caíram sobre os rebeldes, tanto da SS como da SA, espancando-os com cassetetes e socos-ingleses. Mantida pelas filas de desempregados, a SA não entrou em colapso nos meses magros do inverno. Mais ainda, o acesso de trabalhadores de colarinho branco à SS reforçou a lealdade do Corpo Negro à liderança classe média do partido quando homens como Ley, Streicher, Frick, Goebbels e Göring foram atacados por outros "renegados" nazistas como Stennes e mesmo Gregor Strasser. Ao contrário de muitos dos SA, o oficial SS médio não tinha simpatia por rebeldes, trabalhadores braçais, ou destituídos.

O aparecimento de Himmler, ao lado de Hitler, na casa do banqueiro Kurt von Schröder no dia 4 de janeiro de 1933, juntamente com Wilhelm Keppler e Rudolf Hess, parece ter sido basicamente simbólico. Himmler e a SS ainda não eram tão importantes para Hitler a ponto de ter sua voz garantida nos conselhos dos poderosos. Himmler representou, entretanto, na ausência de Röhm, um duplo sentido, tanto como uma lembrança das massas armadas que se colocavam por trás do demagogo Hitler, quanto como uma alternativa. Hess também representava o partido, como um lembrete sobre o ausente Strasser, que ele havia derrotado, e também Röhm, seu rival menos palatável. Não é improvável que Himmler e Hess estivessem presentes para vigiar um ao outro, e para ajudar Hitler a mais tarde reassegurar a seus seguidores que não havia "se vendido". De qualquer modo, essa portentosa promoção de Himmler havia sido merecida, ou, se isso ainda não estivesse claro, logo o seria.

A depressão mundial, muito mais que o Tratado de Versalhes, murchou a sementeira frágil da democracia alemã. Republicanos nominais sempre foram em número superior aos republicanos de coração na Alemanha, na maior parte do tempo desde 1919. Já não parecia mais ser racional estar a favor do sistema parlamentarista que era incapaz de lidar com o sofrimento, a violência insensata e a divisão política de famílias e comunidades. O Partido Católico do Centro e o Partido Social-Democrata haviam procurado salvar os destroços, e o núcleo central de seu apoio ainda estava intacto quando a direita alemã, a grande indústria e os bancos, a liderança do *Reichswehr*, e os políticos conspiradores em volta de Hindenburg começaram a "domesticar" os lobos nazistas, introduzindo-os no rebanho. Os quadros comunistas também estavam intactos, com suas massas de apoiadores nas cidades alemãs, prontos para se engajar em uma guerra civil, desde que ordens viessem de Moscou. Hitler precisava da ameaça das Tropas de Assalto para forçar a direita a ir à mesa das barganhas e, mais tarde, para convencê-la de que poderia lidar com os comunistas. Precisava das Tropas de Assalto para engolir a polícia e intimidar os apoiadores do Partido do Centro e do SPD, enquanto desenvolvia sua "revolução desde cima", que a direita alemã pregava desde 1920. Mas também precisava da SS, para absorver a direita, destruir suas posições de influência e invencibilidade, e canalizar o potencial construtivo e destrutivo da "Revolução Conservadora", tanto louvada na Alemanha. E, no final das contas, precisava da SS para vigiar a SA, aquela massa caleidoscópica e centrífuga de soldados políticos inchada com os pobres e famintos, os gananciosos e os psicopatas, os *Landsknechte* e os pilantras. Os dezoito meses seguintes testemunhariam uma transformação total da Alemanha, mas também das Tropas de Assalto – e da SS.

4
O MOMENTO DA OPORTUNIDADE – 1933

Unidades da SS portando tochas marcharam pelo Portão de Brandemburgo na noite de 30 de janeiro de 1933, indistinguíveis, na escuridão, de seus camaradas mais numerosos da SA. No momento da vitória, as rivalidades e diferenças organizacionais foram esquecidas. Nacional-Socialistas de todos os ramos – Organização Política, SA, SS, NSKK, HJ, *Altkümpfer* e recém-chegados no último verão – estavam unidos na determinação de fazer a revolução. Depois de tantos desapontamentos e falsos começos, estavam firmes no propósito de agarrar e manter o poder. O espírito de um renascimento nacional, unificador, que permeou as fileiras de tantas organizações não nazistas nos meses seguintes, e penetrou até mesmo em observadores estrangeiros, não obscureceu o objetivo dos soldados políticos, fosse um dirigente oficial do partido, comandante regimental da SS, fosse um membro da SA: arrancar o poder de seus aliados conservadores e esmagar qualquer contrarrevolução, viesse da direita de classe média ou da esquerda marxista. Ninguém sabia como, onde ou quando esse desafio seria enfrentado, pois as opiniões diferiam quanto ao método e o momento. Mas dentro do movimento havia um reservatório profundo de fé e confiança, reabastecido pela vitória, e do qual Hitler e seus auxiliares poderiam sacar.

A despeito das querelas e da diferenciação parcial das tarefas entre o partido, a SA e a SS desde 1929, os anos de combate lado a lado, o martelar continuado da linha de propaganda, os denominadores comuns de classe, educação, região e, acima de tudo, a guerra mundial e lembranças dos corpos livres davam a quase todos os que eram nazistas, em janeiro de 1933, uma similaridade funcional que se expressava melhor no termo "soldado político". A partir do ressentimento amorfo e romântico de 1918 passou a existir uma realidade em funcionamento: "um instrumento político". Tal qual um soldado de verdade – seja um praça seja um general – deve possuir vontade e inteligência para poder ser um bom instrumento, desse modo abrindo a possibilidade de insubordinação e erro, também os soldados políticos do Nacional-socialismo não eram autômatos. Suas dissensões e querelas, tal como as dos comunistas, mas ao contrário da maior parte das outras formações políticas, diziam respeito exclusivamente aos meios, não aos objetivos. Concordavam na imagem que tinham de si mesmos como instrumentos. O crescimento da SS, particularmente nesse período, e também mais tarde, às expensas da SA e do partido, pode ser explicado por sua adaptação mais rápida e eficiente às ideias nazistas do serviço militar político. O partido e a SA não desejavam menos ser soldados políticos. E na verdade eram, cada um a seu modo, bem-sucedidos. Mas seu tamanho, estrutura e composição, em última instância, militavam contra a "perfeição". É claro, a SS jamais se tornou um instrumento perfeito, e o partido seria reabilitado, anos mais tarde, pelo menos parcialmente, pela habilidade de Bormann.

Hitler aperfeiçoou seus métodos revolucionários nos conflitos políticos práticos do dia a dia, no transcorrer da última década. Seus soldados políticos de cada ramo eram (1) ferramentas de conquista, (2) quadros, (3) aparelho de controle e (4) instrumentos para exercer pressão. Para Hitler a conquista significava a tomada do poder, desde baixo, nas ruas, até acima, no parlamento, ministérios, escritórios executivos e departamentos. Os quadros significavam um reservatório de pessoal doutrinado e confiável. O aparelho de controle apresentava uma rede de comunicações em duas vias, dirigida para fora na direção dos oponentes, autoridades do Estado e países estrangeiros, além de aliados potenciais e membros, assim como para dentro, na direção dos membros mais baixos e dos diferentes ramos do movimento. Instrumentos de pressão traduziam-se nos recursos de propaganda e terror com o propósito de manter e usar o poder, e eram dirigidos contra as massas, opositores contrarrevolucionários, grupos aliados, países estrangeiros e os vários ramos do movimento. Ao mesmo tempo que a diferenciação entre Organização Política, SA e SS começou nesse nível, todos os três estavam equipados em todas as áreas acima.

Enquanto o exercício da força ficou, sob alguns aspectos, deixado por conta da SA e da SS, a ênfase na legalidade e persuasão no movimento significava que todos os três ramos haviam desenvolvido organizações de propaganda. A SA e a SS estavam acostumadas a manter a posição de encrenqueiros e esperava-se que se unissem na conquista de parlamentos, gabinetes, postos executivos e escritórios. Os membros mais decididos do partido estavam na SA e na SS; haviam lidado pessoalmente com a violência e o terror, e enchido as ruas com seus membros para as eleições e com alarmes no decorrer de 1932. Salvo na área militar, havia pouco que distinguir na SA e na SS do resto do partido, em aspirações para assumir posições responsáveis no Estado e na economia. Todos os três ramos eram atraentes para as camadas nazistas mais baixas do sucesso profissional. Havia uma multidão de serviços de inteligência, e cada ramo buscava infiltrar o Estado, a economia e os outros ramos com agentes confidenciais. Já que o exercício da pressão havia sido o principal meio para conquistar o poder antes de 30 de janeiro, todas as partes do movimento nazista estavam igualmente conscientes de sua importância como grupos de pressão para manter e exercer o poder dali em diante.

Onde, então, residiam as sementes do futuro antagonismo? Não – como pode ser suposto com ligeireza – nas poderosas ambições dos oficiais da SS. Dos três ramos, a SS era a menos faminta por ter o monopólio do poder. A dificuldade residia na natureza da vitória de janeiro de 1933, e com a revolução subsequente naquele ano. Hitler mal havia conquistado o poder. A porta lhe havia sido aberta porque ele era barulhento e perigoso, mas ainda não havia capturado o poder como tal. Apesar de não intactos, os poderes do Estado, do exército, da economia e das instituições sociais alemães eram imensos. Se essas instituições, uma vez franqueadas, pudessem ter sido tomadas por um assalto frontal direto, é improvável que a SS tivesse sido elaborada para além do partido e do Estado – apesar de que um Estado SA, formado pelos elementos mais revolucionários do NSDAP, da SS e da SS, fosse concebível. Hitler, Göring, Goebbels, Hess e Himmler, assim como muitos *Gauleiter*, gradualmente descobriram que a conquista total de uma sociedade moderna exige tempo e habilidade técnica. Por mais surpreendente que seja a extensão de sua subsequente vitória na luta pela hegemonia na Alemanha, os nazistas não estavam preparados para um assalto frontal a todos os poderes entrincheirados nas instituições políticas, militares e econômicas. Temiam a absorção pela inércia conservadora de um exército profissional, uma burocracia habilidosa, uma elite capitalista dura e as massas alemãs. Jogar suas fichas com os radicais, uma minoria longe de ser insignificante em suas próprias fileiras e por toda a Alemanha em 1933-34, poderia ter provocado um sucesso prematuro, mas a sombra de 9 de novembro de 1923 e, até mais, a de novembro de 1928 – quando o faccionalismo interno enfraqueceu a Alemanha diante de seus inimigos – jogaram a todos, quase contra a vontade, na solução achada depois de 30 de junho de 1934: uma revolução silenciosa em permanência. Para essa revolução, a SS estava mais equipada, ou podia se tornar assim antes que as demais facções.

É errôneo, entretanto, levar de volta ao começo de 1933 as antipatias profundas (SA-SS, e em última instância partido-SS) dos anos anteriores. Mesmo a polaridade partido-SA, proeminente no caso de Stennes e mais tarde, em maio de 1933, na Pomerânia, enfatizava diferenças entre personalidades brilhantes e disputas mais por dinheiro que por princípios ideológicos. Em 1933, o partido não era bem disciplinado, e não era conservador. Röhm manteve a SA notavelmente bem a pulso firme até sua morte. Suas atrocidades eram mais ou menos intencionais. Hitler tinha o hábito de usar tanto a SA quanto a Organização Política como instrumentos políticos de poder, como um tipo de golpe duplo de surpresa, de modo que era completamente incidental de onde vinha o primeiro golpe. Ambos deviam expandir-se rapidamente em 1933 (assim como aconteceu também com a SS). Mas enquanto os recém-chegados ao partido eram civis que admiravam o sucesso do serviço militar político, o crescimento da SA foi proveniente do *Stahlhelm*, composto de ex-soldados. Além disso, a fraqueza estrutural da hierarquia do NSDAP, marcada pelos *Gauleiter* localistas e pela ferida deixada pelos Strasser, era maior que a da SA devida a Stennes e outras figuras ligadas aos *Landsknecht*, pois Röhm havia construído uma formidável estrutura de comando. Desse modo, o partido foi mais rapidamente assaltado pelos oportunistas que a SA, mais facilmente persuadidos a se ajustar a um conflito demorado com as instituições existentes, e em última instância prontos para aceitar a substituição da menor, mais disciplinada e aparentemente mais subordinada SS pela SA como seu instrumento de força e violência. Entretanto, antes que tudo isso pudesse acontecer, a SA deveria reunir dentro de si as premissas de um "Estado dentro do Estado", para prefigurar o Estado SS por vir, realmente para formar a matriz na qual a SS amadureceu.

Uma parcela não insignificante de poder da SA vinha da sobrevivência, nos círculos nacionalistas, militaristas e conservadores, da noção de que a SA continha "bom material humano" que poderia ser usado para domesticar a Alemanha. Acoplado ao pensamento desarticulado de pessoas como Schleicher e Papen de que os nazistas podiam ser domesticados e aproveitados, estava o plano de usar a SA contra os marxistas, sem envolvimento da "apolítica" *Reichswehr*. Havia, portanto, aceitação suficiente por parte dos parceiros nacionalistas de Hitler em relação tanto a seu papel no terror doméstico quanto no compartilhamento das responsabilidades de defesa pela SA, para permitir a Röhm que penetrasse rapidamente, em 1933, não apenas nas atividades da polícia e da defesa, como também na operação de numerosos escritórios administrativos nos níveis nacional e regional. Enquanto o pessoal do partido procedia na entrada de todo tipo de posições no Estado com rapidez igual, a SA tendia a estabelecer um tipo de quadro governamental secundário para além da autoridade estatal. Himmler e a SS desempenharam um papel de apoio em todas essas operações. A SS teve poucas oportunidades, se é que teve alguma, de ter atividades na tomada do poder e de coordenação. Tudo o que a SS fazia, as unidades da SA também faziam. No entanto, no inverno de 1933-34, antigas tendências diferenciadoras – em particular no que diz respeito a atividades policiais –, combinadas com antipatias novamente despertas e novas alianças políticas, haviam levado a SS à linha de frente dos defensores do edifício nacional-socialista, enquanto o sistema de poder de Röhm, do qual a SS ainda era parte, ameaçou se separar. Não o ato de secessão (o *putsch* não existente), mas a credibilidade da secessão da SA e a crença na seriedade das consequências, diante da extensão do Estado SA, levaram Hitler a atacar no dia 30 de junho. A alta liderança da SA contribuiria para a noção de perigo – a partir de motivos de ambição, lealdade para com Hitler e a convicção de que a SS estava mais bem equipada para cumprir as tarefas que Röhm havia destinado à SA – anticapitalista, anticlerical e, sobretudo, antissemita – que considerava como vitais para o nacional-socialismo, tal como os homens que a SS matou.

Essa mistura peculiar de ilegalidade aleatória e crime político calculado que se viu nos assassinatos da SS entre os dias 30 de junho e 3 de julho de 1934 pode ser descoberta no desempenho da *Hilfspolizei* (Polícia Auxiliar), já em fevereiro de 1933. De fato, o estranho *pedigree* da "noite das facas longas" de junho de 1934 pode ser traçado aos assassinatos de Feme de 1921-23. Ali também um amadorismo sanguinolento foi combinado com uma fria e implacável *Realpolitik*. Não havia nada peculiarmente SS nos arranjos da Polícia Auxiliar. No entanto, dessa instituição de curta vida nasceram duas das mais características organizações da SS, a *Totenkopfverbände* (Unidades da Cabeça da Morte) e a *Verfügungstruppe* (Tropas de Serviço Especial, ou VT).

A principal preocupação dos nazistas em fevereiro era a eliminação de um número máximo de seus rivais na eleição que se aproximava. Desejavam chegar o mais perto possível de um monopólio de influência sobre a opinião pública antes do dia 5 de março. Em certo sentido, tudo de que precisavam era expandir suas técnicas usadas em 1932 de propaganda eleitoral e terror. Em 1932, muitas vezes a polícia havia fracassado, em lhes fazer muito mal ou muito bem: a verdadeira preocupação dos nazistas se referia às organizações paramilitares do *Reichsbanner* e do *Roter Frontkümpferbund* (Social-democratas e Comunistas, à esquerda). A maior parte dos "mártires" da SA e da SS morreu em brigas ou em emboscadas nas mãos de seus oponentes, não da polícia, que estava proibida de usar armas de fogo. Depois do dia 30 de janeiro certamente não era a polícia responsável pelas muitas mortes e ferimentos entre a SA e a SS, começando com a de Hans Maikowski em Berlim, quando voltava de uma procissão de tochas. O esforço nazista para capturar a polícia, visto primeiro na Prússia no dia 11 de fevereiro com a criação de um Líder Superior da Polícia "Oeste" por Göring, como ministro do Interior prussiano delegado, não era defensivo, e sim ofensivo – para arranjar ferramentas de repressão. Ademais, era taticamente importante moderar a atmosfera de guerra civil que a pura repressão pela SA e a SS criaria, não apenas em função das eleições, como apaziguar os Social-democratas e outras futuras vítimas no sentido de protelar uma resistência séria antes que fosse tarde demais. A designação apenas de unidades específicas da SA e da SS como Polícia Auxiliar, com braçadeiras especiais, tinha uma tripla vantagem: (1) a relutância de alguns policiais veteranos em usar violência contra a esquerda podia ser neutralizada dessa maneira; (2) a autoridade da polícia era mantida para uso futuro, e (3) o radicalismo revolucionário de algumas unidades podia ser controlado. Não é surpreendente que as primeiras unidades de polícia militar fossem de fato uma espécie de *Streifendienst* (Polícia Militar) da SA e da SS. Grupos individuais da SS e SA deviam ser impedidos de molestar pessoas inocentes e pôr em alerta os partidos esquerdistas com ataques sem coordenação a suas sedes. No dia 17 de fevereiro, Göring ordenou à polícia prussiana que usasse livremente suas armas de fogo, e uma semana depois, a 22 de fevereiro, emitiu ordens para a criação de uma força de Polícia Auxiliar de 50 mil homens, dobrando a força policial prussiana de 54.712 homens. Deveriam portar armas de fogo e permanecer em unidades intactas da SA, SS e *Stahlhelm* na proporção de 5:3:1 (25 mil, 15 mil e 5 mil), de forma que a SS estava exageradamente representada e a *Stahlhelm,* sub-representada. Seu uso efetivo estava reservado para o Ministério do Interior da Prússia e seus oficiais de polícia subordinados, que apenas de modo gradual e incompleto foram substituídos por pessoal da SA, da SS e do partido, no dia 5 de março. Seus comandantes deveriam ser oficiais da polícia. A primeira Polícia Auxiliar oficial em Berlim foi um predecessor direto dos *SS-Verfügungstruppe* aquartelados. No dia 24 de fevereiro, 200 homens especialmente escolhidos da SS foram armados e aquartelados sob Wolf von Helldorf, comandante da *SA-Gruppe* Berlim-Brandemburgo. O resto da subsequente Polícia Auxiliar de Berlim eram voluntários da SA, operando em destacamentos a partir de seus regimentos e batalhões. Supostamente deveriam trabalhar com as delegacias normais de polícia.

A Polícia Auxiliar apareceu em fevereiro em áreas de domínio Nacional-Socialista, como Brunswick e Turíngia, mas negociações detalhadas ainda foram necessárias em Brunswick, no dia 25 de fevereiro, para conseguir a aprovação de uma ação específica desejada por um comandante da SS. Não era permitido aos homens usar seus uniformes, e a autoridade era retirada depois de uma ação específica. Em vários *Länder* (Hessen e Saxônia), não havia Polícia Auxiliar, por causa dos ministérios do Interior socialistas.

Entretanto, mesmo antes da desculpa do incêndio do *Reichstag* e do Decreto de Emergência de 28 de fevereiro de 1933, unidades da SA e da SS, como a Polícia Auxiliar, foram engajadas em atos terroristas. Especialmente nas áreas como a Renânia e o Ruhr, com sua intensa atmosfera de "guerra de classes", tropas da SA, e da SS, como Polícia Auxiliar, prenderam grupos de trabalhadores e líderes sindicais, alegando serem comunistas, e os espancaram nas prisões da polícia. Enquanto na província de Hannover – ainda brevemente presidida pelo social-democrata Gustav Noske – a polícia manteve sua posição, a purga feita por Göring no sistema policial da Renânia e do Ruhr levou à invasão dos quartéis da polícia regular por "auxiliares", que estavam sem controle ou direção central.

O Decreto de Emergência de 28 de fevereiro criou as condições necessárias para o florescimento do futuro Estado SS, no entanto parece altamente improvável que a SS tivesse algo a ver com o início do incêndio no *Reichstag*. Mesmo que seja menos certa a exclusão definitiva da SA, parece agora que, se o jovem Marinus van der Lubbe recebeu alguma ajuda, essa veio da SA de Berlim, com ou sem o conhecimento de Göring, e não como parte da conspiração de Hitler entre Göring, Goebbels, Röhm e Himmler – como ainda hoje às vezes se alega. Röhm e Himmler estavam em Munique, tal como Heydrich, mas não Daluege. Daluege e Helldorf rapidamente mobilizaram SS e SA-*Hilfspolizei* para ajudar a polícia regular cuidadosamente escolhida em suas prisões antes da manhã de 28 de fevereiro. É totalmente improvável que todas as unidades trabalharam a partir de listas preparadas muito antes, no entanto, nem sua alacridade nem sua dedicação são provas de conspiração para queimar o *Reichstag*, mas sim de um complô contra as liberdades civis, o que já era suspeitado por observadores políticos atentos. Com base no decreto de Frick e Gärtner, "Decreto para a Proteção do Povo e do Estado", de 28 de fevereiro, a Polícia Auxiliar, quando agindo "sob ordens do Governo Nacional", tinha poderes para deter pessoas; interromper reuniões públicas; revistar residências, negócios e locais de reunião; apreender propriedades e material impresso; e interceptar correspondência, telegramas e ligações telefônicas. Sua influência não mais estava confinada à Prússia e aos locais onde os nazistas eram fortes, mas podia ser aplicada em qualquer lugar do Reich pelo regime de Hitler. Seguiu-se uma onda de prisões, espancamentos e mesmo assassinatos, na qual antigos comunistas ou suspeitos de comunismo foram incluídos, juntamente com os membros efetivos do partido. A SA, a SS e o *Stahlhelm* foram rapidamente convocados para atuar como guardas em edifícios públicos, usinas de eletricidade e postos de fronteira. Uma atmosfera de emergência pública foi criada para o dia da eleição, ajudada pelo pronunciamento de Göring de que lutaria contra o comunismo, não apenas com a polícia estatal, mas "com aqueles que estavam abaixo" – a SA e a SS. A intimidação se estendeu bem além das fileiras dos comunistas, pelo SPD (Partido Social-Democrático) até o Partido do Centro e até mesmo contra antigos aliados dos nazistas, o DNVP.

No entanto, apesar das histórias reais da "supervisão" da SA e da SS na votação no dia 5 de março, essa eleição deve ser registrada como a última na Alemanha na qual votos secretos e alternativas genuínas não podiam ser efetivamente neutralizados por ameaças implícitas ou reais de retaliação. Os nazistas receberam exatamente 43,9% dos votos, a despeito de suas táticas repressivas. Ainda precisavam dos votos do bloco de Papen-Hugenberg para governar com legitimidade. Evidentemente, a revolução não havia avançado o suficiente. As técnicas de terror urbano de 1932 provaram-se insuficientes, e a captura do aparelho de Estado mal havia começado. Em vez de vencer, os nazistas ainda tinham suas maiores batalhas pela frente. Mas agora haviam recuperado seu próprio impulso, enquanto seus oponentes com rapidez perdiam os seus. A tarefa nos meses seguintes era, obviamente, criar caos e então "libertar" o povo alemão disso, simultaneamente reorganizando a sociedade pelos caminhos desejados pelos "portadores da ordem". Essa concepção geral era compartilhada por apoiadores amplamente divergentes do novo regime: revolucionários conservadores do círculo de Papen;

líderes militares e empresariais de direita, como Schacht e Blomberg, teóricos do partido, como Hess, Goebbels e Rosenberg; os políticos práticos, Hitler e Göring; por Röhm e a liderança da SA, tanto quanto pelos oficiais da SS de Himmler.

Logo nos dias 5 e 6 de março, grupos de homens da SA e da SS entraram nos edifícios públicos e hastearam as bandeiras com as suásticas nos mastros. Nem todos eram da Polícia Auxiliar, com braçadeiras brancas, e nem todos foram bem-sucedidos. Quando encontravam resistência, pediam reforços e às vezes terminavam destruindo propriedades, principalmente registros e mobiliário. "Uma revolução é, afinal, uma revolução", escreveu Goebbels em seu diário. E essa era uma revolução sob comando. Uma demonstração de violência era necessária para derrubar burocracias e os vestígios da autonomia local. Desse modo, por um lado, a Polícia Auxiliar agora aparecia em todo lugar, símbolo da justiça revolucionária do povo, enquanto por outro lado, destacamentos móveis da SS e da SA, "sem autorização", perpetravam atos de selvageria e abusos. Em Liegnitz, o edifício com as impressoras do jornal *Volkszeitung* do SPD esteve sob guarda da Polícia Auxiliar da SS. No dia 10 de março, foi "tomado" pela Polícia Auxiliar da SA, sob a liderança da polícia. No decorrer da noite seguinte, um esquadrão da SA de Breslau, comandado por um *Oberführer,* invadiu o prédio e destruiu ou roubou muito do equipamento. Lá e em outros lugares, a culpa foi jogada nos comunistas usando uniformes da SA – tal como os cúmplices de van der Lubbe, segundo Göring.

Uma das principais preocupações dos nazistas era o possível desenvolvimento de centros de resistência armada em Hamburgo, Saxônia, Hessen, Baviera, Württemberg e Baden. A SA e a SS desempenharam um papel vital em hábeis *coups d'état* nessas áreas. Formações da SA e da SS se reuniam diante dos edifícios governamentais, exigindo o hasteamento de bandeiras com a suástica e a formação de regimes nazistas. A polícia local, não desejando derramamento de sangue e possível represália, evitou dispersá-los. A *Reichswehr* se recusou a intervir. Em seguida Frick, agindo com base no parágrafo dois do Decreto de Emergência de 28 de fevereiro, nomeava um comissário de polícia do Reich, "para manter a paz e a ordem". A intimidação dos regimes locais, que renunciaram com medo de derramamento de sangue e de guerra civil, envolvia uma ameaça comunista superestimada, e era combinada com violência e derramamento de sangue de fato, o que justificava a intervenção de Berlim nos *Länder*, mais ou menos no espírito do ideal da direita nacionalista da *Reichsreform*. Nenhum comissário de polícia do Reich era oficial da SS. Dietrich von Jagow, em Württemberg, e Manfred von Killinger, na Saxônia, eram *SA-Gruppenführer* e ex--líderes dos corpos livres. Alguns dos comissários de polícia eram dirigentes do partido, como Robert Wagner, em Baden, obrigado a dar baixa da *Reichswehr* por seu apoio ao *putsch* de 1923. Na Baviera, o general dos corpos livres, Ritter von Epp, um forte expoente dos nazistas desde 1923, assumiu esse papel e designou Himmler para o posto de presidente do Comissariado da Polícia de Munique. Esses comissários de polícia do Reich rapidamente abriram caminho para os chamados comissários do Reich (ocasionalmente, como Epp, a mesma pessoa), que criavam gabinetes de comissários para substituir os regimes derrubados. Desse modo, sem considerar as maiorias dos parlamentos locais, os nazistas foram capazes de formar gabinetes de maioria, nos quais o Ministério do Interior, que controlava a polícia, sempre cabia a eles. Isso transformou o uso da Polícia Auxiliar em corriqueiro. Também abriu caminho para substituir policiais fora da Prússia por oficiais da SA e da SS. Mais ainda, esses comissários de polícia do Reich e comissários do Reich estavam autorizados a comandar o partido e suas formações no caso de resistência armada séria. Essa resistência jamais aconteceu, e o posto de comissário do Reich foi eliminado. Em vez disso, em questão de semanas, Hitler nomeou onze nazistas de destaque, a maioria *Gauleiter*, como *Reichsstatthalter* ("vice-reis do Reich"), com a aprovação de Hindenburg. Eram de fato ditadores locais.

Nos meses de março e abril houve pouca diferença no emprego da SA e da SS. Já que havia muito mais SA que membros da SS, estes últimos eram ligeiramente mais confiáveis como executores da política oficial, em contraste com os mais numerosos SA em suas vinganças pessoais e na agitação geral. Isso pode explicar o relativo maior emprego da SS como auxiliar, tanto quanto qualquer plano pré-1933 previa seu uso como polícia, enquanto a SA se desenvolvia como milícia popular. Realmente, foi a SA em vez da SS que reivindicou os postos de presidente da polícia e diretor da polícia. Tanto os homens da SA quanto os da SS ficaram frustrados pelo fracasso em capturar o conjunto do aparelho policial em março. Ambas formaram seus batalhões para Objetivos Especiais nessa época, cujos quartéis rapidamente se tornaram prisões e câmaras de tortura – o assim chamado *bunker*. Enquanto o de Berlim era notório, *bunkers* apareceram em outros locais, e simultaneamente aos primeiros campos de concentração, localizados em quartéis abandonados, fábricas, cais, etc. O propósito tanto do *bunker* quanto dos campos de concentração (KZ ou KL) era duplo: ter um lugar para os inimigos além das cadeias controladas por policiais conservadores, e manter locais secretos onde os prisioneiros não pudessem ser localizados pela polícia ou amigos. Não havia nada de exclusivo na SS sobre os dois fenômenos. Em todos os momentos, houve também o uso da SA e da SS como guardas nas prisões oficiais. Significativo, entretanto, é que os homens da SA e da SS parecem sempre ter sido designados separadamente e não se misturaram nas cadeias, *bunkers* e campos. Ainda não era resultado de antipatia, na maioria dos casos, mas antes a dificuldade de assentar autoridade sobre esses grupos, salvo pessoalmente por meio de seus líderes. De fato, é provável que Röhm e Himmler, em Munique, estivessem temporariamente com as comunicações em mau estado com seus comandantes regionais, que se comportavam como déspotas locais sozinhos ou em colaboração com os dirigentes do partido que haviam assumido cargos ministeriais. Em Brunswick, explodiu prematuramente um terror antissemita e anti-*Stahlhelm*, em março, sob a autoridade do ministro presidente Dietrich Klagges e a liderança dos comandantes de batalhão e regimento da SS.

No entanto, Klagges e a SS podiam na verdade ser mais bem controlados que muitos *Gauleiter* e *SA-Gruppenführer*. Esse terror foi "cancelado".

Kurt Daluege ganhou de Himmler o acesso à autoridade da Polícia Estatal ao se tornar o comissário especial prussiano no Ministério do Interior de Göring, no dia 6 de fevereiro. O senso político de Göring, tal como o do seu mestre, informou sua decisão de não concentrar todo o poder de polícia nas mãos de um único homem ou agência. Usou o batalhão selecionado do major da polícia nazista, Wecke, em Berlim, para sua segurança pessoal. Nomeou Rudolf Diels chefe da Polícia Política (*IA-Chef*), sob a autoridade de um presidente da polícia (almirante Levetzow), que não era oficial nem da SA nem da SS, e pôs Daluege como cão de guarda na seção da polícia no ministério, enquanto selecionava como secretário permanente um burocrata prático, orientado para os negócios, Ludwig Grauert, para substituir o monarquista Herbet von Bismarck. Manteve o elegante Helldorf, *SA-Gruppenführer*, à distância, com apenas o *presidium* da polícia em Potsdam como prêmio. Daluege, é claro, era a ligação de Göring com a SS, e em certa medida, com Himmler. Entretanto, Daluege e Himmler, apesar de *Duz-Freunde* (privilégio de usar o informal *Du* nas conversas), eram rivais quase declarados nos meses da primavera de 1933. Daluege parece ter compreendido suas funções na polícia prussiana principalmente em termos do seu velho papel na inteligência, na Potsdamer Strasse. Expandiu seu "escritório" de ligação com eficiência e foi premiado ao ser colocado como encarregado da seção da polícia no ministério, enquanto continuava a coletar informações incriminadoras dos arquivos da IA, de denúncias, dos comandantes da SS, e a observar as intrigas no partido e no Estado, e líderes empresariais em Berlim. Preferia cortejar a SA, Göring, homens de negócios e funcionários do Estado, em vez de Himmler, seu superior nominal.

Himmler igualmente estava interessado em conseguir uma posição no Estado, ainda que de menor importância, como um estribo. Ele foi jogado em um escritório juntamente com Röhm e a velha guarda do partido de Munique. Nas semanas críticas antes e depois do dia das eleições, Röhm e Himmler, a SA e a SS da Baviera, foram designados para a tarefa especial de dar um xeque-mate em qualquer esforço em uma secessão na Baviera de possíveis repercussões internacionais. Provavelmente essa quimera nasceu da era 1919-23, tal como a muito temida, mas amplamente ilusória, de um levante comunista em Berlim e no Ruhr. Entretanto, deve ser enfatizado que tal como Röhm não recebeu nem mesmo posição executiva, tendo que regressar ao antigo relacionamento de 1919, de estado-maior, com Epp, do mesmo modo Himmler ficou subordinado ao *Gauleiter* Adolf Wagner, comissionado como ministro do Interior da Baviera. Heydrich entrou modestamente em um emprego estatal como chefe do escritório político da polícia de Munique. A promoção de Himmler ao recém-criado posto de *Politischer Polizeikommandeur Bayerns,* no dia 2 de abril, não mudou seu status subordinado, apesar de haver ampliado consideravelmente sua área de influência legal, assim como a de Heydrich, sobre o aparelho policial. Himmler e Heydrich criaram um escritório com 152 pessoas a partir de 133 transferências de outros postos policiais (incluindo as de alguns dos mais notórios antigos policiais de trabalho clandestino, como Heinrich Müller, Franz Josef Huber e Friedrich Panzinger). Cerca de dezenove nomeações temporárias eram provavelmente de pessoal da SS, possivelmente I-C (SD em alguns casos). Himmler foi obrigado, entretanto, a deixar seu posto como chefe de polícia de Munique para August Schneidhuber, o general da SA. Röhm estava buscando postos para a SA, tornando-se primeiro-secretário no governo bávaro, a cargo da chamada *Sicherheitspolizei* (Polícia de Segurança) – na verdade apenas a Polícia Auxiliar (SA, SS e *Stahlhelm*). Também comandou os vários comissários SA nas comunidades locais, como fez na Prússia e em outros lugares. No entanto, a transferência de Daluege para o comando da *Landespolizei* (Polícia do Estado) prussiana – um movimento comparável – se tornaria de importância mais duradoura para a SS. Röhm não se movimentou para consolidar o poder da SA sobre o aparelho estatal como o fizeram Himmler, Heydrich e Daluege. A aparente força da SA "para além do partido e do Estado" deixara Röhm perdido.

A diferenciação entre a SA e a SS, que se consolidou no outono de 1933, teve suas origens nessa primavera. Quando os membros das duas organizações foram deixados soltos na população alemã depois das eleições, Hitler esperava "abusos", "injustiças" e "excessos". Ele considerava isso com um relativismo cínico, como lições valiosas para seus inimigos e mesmo seus amigos. Esperava "corrigir" alguns deles, mas na maioria desses casos, no passado, ele simplesmente tinha feito um espetáculo de punição – ou, se estivesse pessoalmente irritado, usava um ou dois sujeitos azarados para servir de exemplo. Desde o início, executava uma política ambígua – ligando ou desligando – de medidas de controle sobre a SA para confundir seus aliados na direita. Durante um período de muitos meses, teve sucesso nisso, e também teve sucesso ao confundir a SA. O fracasso final da SA na resistência à sua própria emasculação, em junho de 1934, foi um resultado importante do mesmo tipo de processo que levou uma proporção significativa de oficiais e homens das Tropas de Choque a perderem sua fé em Hitler, nos slogans revolucionários e promessas do *Kampfzeit* (tempo de luta: pré-1933), e no ideal da vida militar política. A confusão entre o que era esperado deles talvez não fosse maior para muitos na SS, mas Himmler havia afastado a SS para longe do radicalismo espontâneo e a violência dos *declassés* ressentidos, e a entregou a líderes que compreendiam como a modelar em um instrumento de terror revolucionário e controle, que não ficava confuso pelas mudanças táticas na política do Estado. A SA não era intrinsecamente incapaz de disciplina e treinamento. Se tivesse sido uma organização menor, e assim forçada a restringir suas ambições – como era a SS, por exemplo – à polícia ou a absorver a *Reichswehr*, Röhm e seus principais líderes não seriam tentados a experimentar tantas vias para o poder e fracassar em todas elas.

O caráter teatral da "revolução legal" que aparece na cerimônia do Dia de Potsdam, a passagem da Lei Habilitante pelo *Reichstag*, o pogrom "silencioso e incruento" do *Judenboykott* do dia 1º de abril, e a celebração do 1º de maio como Dia da Unidade Nacional escondem dos observadores contemporâneos a violência, a confusão e o radicalismo espontâneo da tomada do poder pelos nazistas. Poucas pessoas vivendo no Reich em março e abril de 1933 podiam acalentar ilusões de que tudo seria como antes. A ilusão contrária, de que logo tudo seria diferente e muito melhor, estava no ar. Sentia-se que a violência e o terror deveriam ser de curta duração e rapidamente restritos aos inimigos do Estado. Esforços genuínos para restaurar a ordem por parte de incontáveis membros da direita no velho aparelho estatal, e mesmo entre os novos funcionários como Rudolf Diels em sua recém-criada *Geheimes Staats-Polizeiamt* (Gestapa), em Berlim, na Prinz Albrechtsstrasse, iludiram os alemães na aceitação da teatralização nazista como uma Nova Ordem – mesmo quando as Tropas de Assalto e a *Schutzstaffeln* despejavam o ressentimento de duas gerações frustradas sobre os corpos indefesos de suas vítimas nos campos de concentração de Dachau, Columbia Haus, Kemma, Durrgoy e Oranienburg.

Não foi menos significativa a fase do radicalismo nazista de março e abril de 1933, a investida contra o mundo dos negócios – industrial e comercial. Enquanto a SA e a SS frequentemente formavam a vanguarda dos "comitês" e "esquadras volantes", os militantes de base do partido, de origem evidente de classe média, constituíram uma proporção considerável dos mal disfarçados extorsionistas e chantagistas que intimidaram e enfureceram os homens de negócio e administradores. Ocorreram numerosos casos nos quais ações de boicote contra cadeias de lojas e lojas de departamento, que terminaram em violência e pilhagem, foram iniciadas por funcionários da NSBO (Organização Nacional Socialista de Células de Fábricas), pela Liga de Combate de Adrian von Renteln (*Kampfbund*) da Classe Média Comercial – e depois executadas pela SA e pela SS. Entretanto, a SS era também iniciadora, e não apenas executores exclusivos dos programas de recrutamento de apoiadores remunerados entre os gerentes

"Arianos" e "Não Arianos" das grandes firmas, que forçadamente "contribuíam" com automóveis, motocicletas e caminhões para a SS, e a desapropriação forçada de prédios das comunidades maçônicas e judaicas para se transformarem em quartéis da SS. A SA era, claro, nada inferior à SS nessas façanhas. Sua especialidade era a nomeação de comissários e até mesmo diretores para empresas locais, que eram obrigadas a lhes pagar um belo salário pelo privilégio de não sofrerem interferências. O boicote pesadamente organizado contra os negócios dos judeus, no dia 1º de abril, pode ser compreendido como uma técnica de Goebbels e Hitler para concentrar a atenção dos observadores estrangeiros e dos nativos alemães na questão judaica, para afastá-los, e talvez um pouco até os nazistas radicais, da expressão irrestrita da inveja e do ódio nazista contra todas as classes de proprietários. O sucesso dessa manobra, pelo menos domesticamente, demonstrou a vantagem superior das unidades disciplinadas, tanto da SA como da SS, sobre os comitês "autoconstituídos" nos quais os homens da SA e da SS preenchiam a função de executores da violência aleatória da multidão. No ano seguinte, a SS foi mais efetivamente subjugada a esse ideal que a SA, embora jamais por completo.

Já vimos como a concepção de Goebbles e Hitler para a manipulação de acontecimentos encenados com efeitos dramáticos fazia excelente uso da SA e da SS como símbolos da Revolução e da Ordem. Havia vários anos, pelotões uniformizados da SA e da SS desfilavam em igrejas para assinalar o apelo nazista aos alemães que eram tão piedosos quanto nacionalistas. Essas demonstrações alcançaram seu ápice em 1933 durante a luta por uma Igreja Nacional. Similarmente, no dia 21 de março, a praça Potsdam estava contornada por um lado pela *Reichswehr* e por outro pela SA e pela SS de uniformes novos, todos em perfeita ordem. Mais uma vez, no dia 23 de março, o lado de fora da Opera Kroll estava cercado pela SS em formação, enquanto o lado de dentro estava forrado pela SA, mãos nas cinturas, encostados nos corredores e na câmara em volta das bancadas do SPD e do Partido do Centro.

Já nos *Kampfjahre* (1918-1933, anos de luta) as fotos mostram uma mudança, desde uma quantidade espalhada de SS com quepes negros no meio de uma multidão confusa de civis e camisas marrons ao redor dos oradores, para um esquadrão em formação de seis ou oito homens da SS com quepes negros e culotes na plataforma, com a SA estacionada nas entradas e em fileiras nos fundos e nos lados da audiência. A intimidação se tornava maciça e mudando para demonstração do terror potencial em vez da violência direta. Na ação do boicote de 1º de abril, e novamente na tomada da sede dos sindicatos no dia 2 de maio, a SA e a SS foram empregadas essencialmente para evitar a violência aleatória e a destruição pela participação entusiasmada e venal da NSBO e do *Kampfbund* de von Renteln. Que indivíduos e unidades, tanto da SA quanto da SS, se unissem apressadamente no abuso gratuito de pessoas que Goebbels, Göring, Ley ou Frick teriam poupado, ou roubassem propriedades de indivíduos ou do povo alemão, foi realmente uma inadequação temporária – que Hitler e os demais estavam preparados para deixar passar, desde que Himmler e Röhm conseguissem manter seus homens em ordem quando isso fosse absolutamente necessário. De fato, Röhm jamais perdeu a capacidade de fazer isso, mesmo que Himmler houvesse brilhado mais que ele no assunto de exigir disciplina. O crime definitivo da SA não foi o radicalismo ou a indisciplina, mas a ambição demasiada e aberta. Himmler e a liderança da SS aprenderam melhor a se manter em silêncio e esperar.

Depois da aprovação da Lei Habilitante, de 23 de março, a tarefa essencial do partido, da SA e da SS passou a ser a conquista pedaço a pedaço dos centros de resistência restantes. A manutenção da desordem como técnica para dissolver antigas obrigações devia ser balanceada pela habilidade de cortar a desordem a qualquer momento e lugar que exigisse e estivesse maduro para a *Gleichschaltung* (coordenação). A coordenação era alcançada em duas ou mais etapas – jamais um único e dramático ato. Primeiro havia a infiltração, frequentemente baseada em algumas pessoas que já trabalhassem na repartição. Enquanto isso, os agitadores nazistas que exigiam mudanças maciças, ou mesmo a desobediência às determinações da repartição, podiam continuar o trabalho. Em seguida chegavam dois ou mais comissários, ocasionalmente dirigentes do partido ou oficiais da SA, às vezes também da SS, para supervisionar a alta direção. Com status semioficial, esses comissários coligiam "informação", com ajuda dos demais nazistas na agência, interferiam com as operações que considerassem deletérias para a revolução, e arranjavam empregos para amigos, parentes e membros da SA da SS ou das fileiras do partido. Mais tarde, na maioria dos casos no verão de 1933, a repartição ou agência receberia um chefe nazista, uma maioria nazista – ou minimamente, tal como nos casos da *Reichswehr*, do Ministério das Relações Exteriores ou grandes firmas, uma liderança colaborativa. Nesse momento devia cessar toda resistência aberta à repartição ou agência, embora atos clandestinos de desobediência ou distorções nas políticas pudessem continuar onde sobreviventes "não Nacional-Socialistas" ainda tivessem que ser tolerados. Aqui, os antigos conflitos dentro do sistema nazista reapareciam com força: partido, SA e SS batalhavam por prioridade e "alavancagem". Além disso, já que a resistência mais forte à *Gleichschaltung* vinha de seus parceiros direitistas, mais do que dos supostamente perigosos "criminosos de novembro" (os revolucionários de 1918) marxistas e liberais, no aparelho de Estado, a tarefa dos nazistas permanecia sendo a de dissolver as antigas estruturas autoritárias sem destruir os instrumentos de controle e conquista que pretendiam dominar. Não foi uma tarefa pequena de Hitler e seus tenentes haverem preservado a *Reichswehr*, o Ministério das Relações Exteriores e os conglomerados e bancos do assalto de seus radicais e das rivalidades dos *Gauleiter*, sem sucumbir integralmente nos propósitos internos dessas instituições. Naturalmente, seus poderes de resistência – suficientes para preservá-los durante muitos anos da destruição ou subjugação total – eram entretanto limitados, pela visão de curto prazo de seus líderes, de fatores como o comunismo, a opinião mundial e, sobretudo, de Hitler e seus principais auxiliares, como Röhm e Himmler.

Os conceitos de Hitler e de Röhm sobre a SA como soldados políticos não eram diametralmente opostos, mas as diferenças potenciais entre as duas possibilidades se tornaram exageradas em 1933, de modo que depois de um ano "cimentando as fissuras", Hitler destruiu as chances da SA a qualquer alternativa. A SS ocupou então o antigo papel, apenas para desenvolver a mesma ênfase alternativa de vida militar nas *Waffen-SS*, de 1940-1945. Desse modo, o caminho de desenvolvimento assumido pela SS foi alicerçado por Hitler e Röhm, e em alguma medida pela liderança da *Reichswehr*. Foi a decisão míope dos líderes da *Reichswehr* em 1934 de jogar o diabo (Röhm) nas mãos de Belzebu que colocou a SS de Himmler diretamente no caminho dos generais conservadores, entre 1938 e 1944.

Confrontando quase de imediato a política de cooperação de Hitler com a *Reichswehr*, Röhm desenvolveu uma estratégia de polvo visando a ocupar o máximo possível de posições para a SA dentro do novo regime. Buscou desenvolver um monopólio de força fora da *Reichswehr*, e manobrar melhor que os "velhos ranhetas", contra os quais ele tinha o desprezo de capitão dos corpos livres. Já vimos como a SA progrediu continuadamente na captura do sistema policial nos *Länder*, mesmo no protetorado de Göring. Similarmente, por meio do instrumento *Kommissare z.b.V.* (Comissários para Tarefas Especiais), responsáveis diante dele mesmo e espalhados por todos os níveis da administração, Röhm assegurou alavancagem e postos de escuta. Seu golpe mais importante, entretanto, foi a absorção pedaço a pedaço do *Stahlhelm*, entre abril e setembro de 1933. Conseguiu isso com a ajuda de Hitler, pois realmente era de interesse dos nazistas negar a seus aliados o direito de ter uma força paramilitar independente. No entanto, Röhm também estava negando à *Reichswehr* um aliado valioso, ele acreditava, forçando-a a vir até ele para o "bom material" com que construir um grande exército. Começando em junho com a transferência da autoridade da *Jungstahlhelm* para Röhm – as "substituições" da geração pós-frente – assim como seus grupos de jovens para a *Hitlerjugend*, o *Stahlhelm* foi ainda mais esvaziado em julho, pela transferência dos *Wehrstahlhelm* (todos os homens abaixo de trinta e cinco anos de idade) como uma formação separada sob o comando de Röhm. No dia 31 de outubro de 1933, essa formação separada foi liquidada da SA, adicionando 500 mil homens aos membros regulares da SA. No dia 1º de dezembro, os *Kernstahlhelm* remanescentes foram divididos dentro de uma unidade de 450 mil homens conhecida como *SA-Reserve I* (homens entre trinta e cinco e quarenta anos, a maior parte veteranos) e outro grupo mais amplo de 1,5 milhão de homens conhecido como *SA-Reserve II*. No final das contas, essa espetacular vitória da SA não apenas jogou os generais nos braços de Himmler e Heydrich, como enfraqueceu a SA por dissolver seu caráter revolucionário. Pode-se dizer que a SA de julho de 1934, que recebeu sua própria emasculação sem protestos, havia sido destruída pela "podridão da classe média" contra a qual Röhm tanto havia pregado.

No entanto, esse não era o quadro que Röhm, Hitler ou a *Reichswehr* tinham da SA na conferência de Bad Reichenhall (perto de Berchtesgaden) nos dias 1-3 de julho. O exército havia recém--completado seu projeto-piloto de três meses ("curso rápido") em treinamento da SA e estava pronto para assumir um programa de capacitação em escala total, assim como a integração sistemática da SA nos sistemas de fronteira e alfândegas, como parte de uma rede geral de milícias-defesa. Röhm pretendia, e parcialmente criou uma elite SA de 250 mil, o *Ausbildungswesen* (AW), ou "sistema de treinamento", comandado pelo antigo (e futuro) oficial da SS F. W. Krüger, para tirar talentos da *Reichswehr* enquanto se preparava para estabelecer o quadro de um futuro Exército Popular Alemão nas unidades da SA designadas para a defesa de fronteiras. Blomberg e Reichenau haviam desistido da *Stahlhelm* e Seldte. De fato, agora tinham esperanças de cortejar "a melhor parcela da SA" para se afastar do partido enquanto rapidamente construíam uma milícia para proteger a Alemanha de uma guerra preventiva.

Apesar de temerem o radicalismo da SA, esperavam mantê-la sob vigilância constante e, em última instância, aplicar a disciplina militar. Hitler deixou perfeitamente claro que a *Reichswehr* e a SA tinham status equivalente:

Este exército de soldados políticos da Revolução Alemã não deseja tomar o lugar de nosso exército ou entrar em competição com ele... A relação da SA com o exército deve ser a mesma da liderança política com o exército.

A ambiguidade na linguagem de Hitler é paralela aos regulamentos para a AW, que lhe dava um orçamento do Reich fora do alcance da *Reichswehr*, mas proibia a aquisição de armas fora dos canais desta. Nas anotações de F. W. Krüger, para julho de 1933, repousam os elementos da SA de 1935, uma organização de veteranos e unidade de treinamento pré-serviço para jovens colegiais e universitários. No entanto essas mesmas anotações revelam um ambicioso programa da SA de penetração na *Reichswehr* com seus treinandos ideologicamente selecionados de colégios e universidades. Realmente, os homens próximos a Röhm, no verão de 1933, estavam se movimentando na direção da concepção da SA como uma futura elite militar, com seus membros em todos os lugares importantes do sistema social e político, uma Junkerização popular com sua própria elite interna, na forma de um corpo de oficiais composto de comandantes dos corpos livres, antigos oficiais da *Reichswehr*, estadistas soldados-políticos, e estudantes universitários como cadetes. Não havia status especial de nenhum modo para a SS.

Para efetivar essa concepção, era necessário evitar choques desnecessários com aliados potenciais. Os revolucionários de ontem tinham que se apresentar externamente como respeitáveis. Apesar de sérios esforços nessa linha haverem sido feitos por Röhm e por meio da SA – muitos deles ridículos, alguns razoavelmente bem-sucedidos, – geralmente a rapidez e o sucesso completo da tomada de poder inicial haviam dado ao SA médio, ou também aos SS, pouco tempo de preparação psicológica para o vagaroso impulso em direção ao alto da respeitabilidade. Acostumados a autoajuda, e a um bocado de vistas grossas dos superiores para com seus defeitos, a maioria dos homens ainda se envolvera vingativamente em confusões. O resultado foi uma onda de protestos da *Reichswehr*, da SS, do partido e de cidadãos, com alguns esforços de repressão. Expulsões da SA e da SS passaram à ordem do dia. Com o verão, um processo gradual de seleção começou a tomar forma tanto na SA quanto na SS, por meio do qual aquelas pessoas que não conseguiam se conformar com os regulamentos e praticavam violências com vítimas oficiais foram gradativamente removidas de posições de proeminência e crescentemente disciplinadas.

Nesse contexto, a luta por uma jurisdição separada para a SA e a criação de uma *Feldpolizei* (Força Policial Interna) na SA representam um mecanismo de autocorreção, assim como um escape do controle ainda persistente do primado da lei. Já no dia 28 de abril de 1933, foi promulgada uma lei criando uma autoridade disciplinadora para os serviços (*Dienststrafgewalt*) na SA e na SS, pela qual os comandantes de unidades ficavam autorizados a punir crimes cometidos por seus subordinados. A reintrodução do código de justiça militar de 1898 na *Reichswehr*, no dia 12 de maio de 1933, provocou um aumento dos esforços da SA para conseguir a mesma separação da autoridade civil. No dia 31 de julho, Röhm acautelou os membros da SA para o fato de que atos de violência contra opositores fora do serviço ainda não eram cobertos pela justiça da SA e podiam ser processados pela polícia. Kerrl, o ministro da Justiça prussiano, ordenou que sua *Feldgendarmerie* não processasse membros da SA e da SS sem primeiro conseguir autorização de seus oficiais comandantes, a menos que fossem pegos em flagrante delito. Röhm decretou em outubro que prisões de membros da SA só poderiam ser feitas pela recém-criada *Feldjügerkorps*, acompanhada pela polícia comum. A lei de 1º de dezembro de 1933 limitava a autoridade dos comandantes a atos ligados ao serviço.

Os membros da *SA-Feldpolizei* foram recrutados por Göring dentre os mais duros do pessoal dos *bunkers* da Hedemannstrasse e da General-Pape Strasse em Berlim. De fato datada apenas do verão de 1933 e restrita ao distrito SA de Berlim-Brandemburgo, logo foram substituídos pelos *Feldjügerkorps* de abrangência em toda a Prússia, em cujos quadros entraram no dia 7 de outubro. Essa polícia estava formada por grupos de 65-100 membros conhecidos como *Bereitschaften* ou *Hundertschaften* (termos policiais adotados também pelas unidades SS estabelecidas nessa época para enfrentar distúrbios e outras emergências), para colaborar com a Gestapa de Rudolf Diels. Subsidiadas com recursos privados, essas tropas da polícia da SA se espalharam por todo o Reich antes de sua dissolução em 1936. Göring, entretanto, não confiava na *Feldjüger*. Patrocinou o desenvolvimento de seu próprio regimento armado de polícia, comandado pelo major Walter Wecke, o *Landespolizeigruppe* "Herman Göring", que desempenhou um papel significativo na purga de 30 de junho de 1934, e também sobreviveu até 1936, data em que Himmler completou seu monopólio sobre a polícia.

Temos insistido que a SS, em seu formato de 1933, não era intrinsecamente mais disciplinada ou respeitável que a SA. No entanto, do fechamento do recrutamento por Himmler, em abril de 1933, até a introdução do juramento especial da SS para com Adolf Hitler, em 9 de novembro de 1933, desenvolveu bases de confiabilidade muito além do que a SA podia fazer. Mais ainda, seu escopo menor, potencial limitado, e a concentração de Himmler no poder de polícia deram-lhe relativa liberdade de inimigos poderosos, tais como a *Reichswehr*, o partido e o mundo dos negócios. Sobretudo, Hitler e Göring não tinham por que temer Himmler, como temiam Röhm não apenas como rival, mas também como um trapalhão que poderia botar tudo a perder para os nazistas.

Tanto a SS como a SA dobraram o número de seus membros entre 30 de janeiro e maio de 1933, a SS saindo de 50 mil para mais de 100 mil, a SA de 300 mil para cerca de 500 mil antes da adição das unidades do *Stahlhelm*. Entretanto, enquanto Röhm incorporou mais 1 milhão de homens do *Stahlhelm* em seu gigantesco edifício, Himmler o interrompeu quase totalmente, recrutando apenas a conta-gotas, para permitir que seus procedimentos de processamento fossem atualizados. Os cinquenta *Standarten* foram instados a desenvolver três *Sturmbanne* (batalhões), cada um com quatro *Stürme* (companhias), e preencher essas com até cem homens cada uma, mas a formação de unidades adicionais foi estritamente proibida. O fechamento temporário da afiliação à SS, uma técnica já empregada em outubro de 1932, foi emprestada do partido, que recorreu à mesma tática em maio. Desse modo, a SS não apenas reforçou sua aparência de elite, como se identificou com o partido em um momento em que a SA parecia tentar aceitar todo mundo e qualquer um.

Provavelmente um fator mais decisivo a longo prazo, entretanto, foi a criação de unidades SS especializadas, primeiramente dentro e depois em paralelo aos afiliados comuns. Que esse procedimento não foi exclusivo da SS é demonstrado pela formação das unidades de Polícia Auxiliar com homens da SA aquartelados separadamente, já em fevereiro, e o desenvolvimento paralelo dos chamados *Gruppenkommandos z.b.V.*, unidades de Serviços Especiais para os objetivos do terror, ligadas às sedes dos *SA-Gruppe*. A *SA--Feldpolizei* é outro exemplo do caso. Sobretudo, a criação da AW em julho foi um passo na direção da formação de uma elite SA.

A primeira formação SS diferenciada em 1933 foi o *Sonderkommando* "Berlim" (Comando Especial), iniciado por Sepp Dietrich em Berlim, em março, com 120 SS selecionados como *Stabswache* para a chancelaria de Hitler. Essa unidade foi armada desde o começo e planejada como força de combate autossuficiente. É sempre referida como um regimento (*Standarte* Adolf Hitler), já em setembro de 1933, com o acréscimo de sabor feudal de *Leibstandarte* (literalmente, corpo-regimento, ou seja, o regimento pessoal) acrescentado alguns meses depois. Sepp Dietrich havia tomado para si a tarefa de permanecer como guarda-costas pessoal de Hitler por todo 1932, desse modo consolidando a alegação prévia da SS de ser a tradicional guarda do *Führer.* O direito de se armar abertamente e se destacar do corpo principal dos soldados políticos criou a base para sua participação na purga de 30 de junho de 1934, assim como seu futuro papel de SS de campo (*Waffen*-SS). É improvável que esse desenvolvimento posterior fosse a intenção de Sepp Dietrich ou de Heinrich Himmler na ocasião, mas a ideia de proteger o *Führer* de um motim da SA certamente era suficientemente real. A escolha de Hitler por uma unidade armada da SS como proteção também é interessante: ele não escolheu uma unidade da *Reichswehr* ou uma unidade da polícia prussiana do major Wecke (Göring). Desse modo, a SS foi mais uma vez bem conveniente, tal como em 1925 e 1930-31.

Além da *Leibstandarte* Adolf Hitler, a futura *Waffen*-SS teve outros *Sonderkommandos* como antecedentes indiretos em 1933. Esse também tem paralelos óbvios com a SA. Correpondendo aos *Gruppenkommandos z.b.V.* (ou a variação *Gruppenstübe z.b.V.*: comandos divisionais especiais) da SA, vários SS *Gruppen* estabelecidos na primavera de 1933 mantinham aquartelados *Hundertschaften* ou *Politische Bereitschaften* (reservas políticas aprestadas) como reservas de polícia, que não recebiam tarefas regulares de policiamento, mas eram treinadas para ações antimotins e usadas para ações de terror. Essas unidades futuramente se tornaram Tropas SS de Serviço Especial ou *Verfügungstruppe*. Em segundo lugar, os SS-*Sonderkommandos* eram despachados pelos *Standarten* e *Abschnitte* para estabelecer e operar campos de concentração, tais como Papenburg e Dachau, de modo similar como as SA--*Standarten* operavam seus campos de prisão quase legais, por meio de destacamentos de membros desempregados da SA. A diferença foi que a SA jamais criou um tipo separado de organização com esse propósito, enquanto as SS *Wachverbände* (unidades de guarda) se transformaram nas temidas *Totenkopfstandarten* (Regimentos da Cabeça da Morte), mais tarde, a partir da *Waffen*-SS. Ambos, *Politische Bereitschaften* e as unidades de guarda, desempenharam um papel na purga da SA em 1934, ao lado do *Leibstandarte*. Essas medidas não eram exclusivas de sua província, entretanto. Não apenas os comandantes superiores regionais da SS e suas equipes foram vitalmente importantes na preparação e execução do golpe, embora o planejamento e a liderança tivessem vindo da mais antiga organização separada da SS, a *Sicherheitsdienst* de Heydrich.

Inicialmente composta por Heydrich e três assistentes, a SD cresceu em 1932 para algo entre vinte e trinta agentes remunerados espalhados pelo Reich e o aparelho nazista, em janeiro de 1933. Cerca de 200 "voluntários" do mundo dos negócios, governo e educação suplementavam o sistema de recolhimento de informações de Heydrich. Essas pessoas não eram semelhantes ao pessoal I-C da SS, apesar de alguns deles mais tarde terem se unido à SD, mesmo depois de 1934. Heydrich certamente não quebrou o contato com seu aparelho embrionário quando foi "redesignado" para a equipe pessoal de Himmler no dia 27 de janeiro de 1933, e enviado a Genebra como representante da SS, juntamente com Friedrich Wilhelm Krüger pela SA. As ações de Heydrich ali (exibição não autorizada de uma enorme bandeira com a suástica) parecem quase coisa extracurricular. Heydrich continuava em "serviço especial" quando foi nomeado encarregado da seção da Polícia Política no *Presidium* da Polícia de Munique, em 9 de março. O jovem de vinte e nove anos, que não conseguiu nem permissão para ver o autossuficiente *Komissar z.b.V.* (Comissário para Serviços Especiais), Daluege, no Ministério do Interior prussiano, no dia 15 de março, rapidamente começou a tecer uma rede de agentes da SD, na Prússia e em outros lugares, muitas vezes comissionando advogados e acadêmicos muito jovens para agir pelos interesses de Himmler dentro da recém-formada Polícia Política dos estados vizinhos, como Württemberg, Baden, Saxônia e Turíngia, assim como em Hessen-Darmstadt, Lübeck, Hamburgo, Bremen e Mecklemburgo. De fato, Heydrich abriu um escritório da SD em Berlim, no qual instalou Hermann Behrends, de vinte e seis anos e um de seus primeiros admiradores, como seu representante pessoal.

Nos anos seguintes, o maior rival de Heydrich pela influência junto a Heinrich Himmler foi Richard Walter Darré, o chefe do *Rassenamt* (Escritório Racial), que logo se tornaria, em 28 de junho de 1933, Ministro do Reich de Alimentação e Agricultura. Com o nome modificado para abranger suas atribuições cada vez mais amplas (*Rasse und Siedlungs Amt* – Escritório da Raça e Colonização), sua organização ainda diminuta começou em 1933, um crescimento que a levaria para além da SD em tamanho, se não em influência. Em 1935 se tornaria, na sede administrativa da SD e da SS, um dos três Escritórios Principais (*Hauptämter*). O Escritório Racial assumiu um significado fora de proporções para seu par de mesas na sede da SS em Munique, por duas razões: Darré proporcionava a Himmler uma "racionalidade" pseudocientífica para seu corpo de elite, e Darré partiu para formar seu próprio ramo da SS, a partir de seu próprio aparelho político, a rede de conselheiros agrícolas junto aos *Gau* e *Kreisleiter* (Líderes Rurais) do NSDAP. Esse Aparelho de Política Agrícola, comandado pelo Escritório de Política Agrícola, datava de 1930 e desempenhou um papel decisivo nas preocupações eleitorais dos nazistas nas áreas rurais. Era integrado por fazendeiros geralmente bem-educados, das camadas superiores e médias, e com influência comunitária. Tal como a SD, incluía uma quantidade de jovens no começo da carreira, e também atraiu uma boa quantidade de pessoas mais velhas com experiência política. Alguns desses jovens ingressaram na SS em 1931 e 1932, imitando Darré, enquanto a maioria simplesmente se afiliava ao partido nessa época, e à SS apenas em 1933 e 1934. Isso raramente acontecia na SA.

Em 1932, o Escritório Racial da SS tinha uma equipe com funções de assessoria em conexão com a aprovação de novos noivados e casamentos dos membros da SS, a aprovação dos novos candidatos à SS – especialmente nos escalões superiores – e o comissionamento de oficiais. Deve ser lembrado que, durante a depressão, novos noivados e casamentos eram poucos e espaçados, especialmente na classe média baixa, de onde a SS recrutava seus membros. No entanto, existem evidências de que nem todos eram aprovados antecipadamente, em 1932 e 1933. Em vez disso, a aprovação do superior da SS, geralmente o comandante do batalhão ou regimento, era encaminhada para a sede da SS em Munique, muitas vezes depois do fato. Fotografias, cachos dos cabelos, muito ocasionalmente um "certificado de saúde" médico, no papel timbrado deste, aparecem em 1933. O papel do Escritório Racial parecia ser em grande medida limitado a correspondência, aconselhamento e admoestações aos comandantes a respeito dos critérios.

As reminiscências de Himmler diante de oficiais da *Wehrmacht*, em 1937, de examinar 150-200 fotografias por ano de candidatos a SS provavelmente datavam não de 1929-30 como ele implica, e sim de 1931-32. Já que não há evidências do uso de fotografias em data anterior, é provável que ele se recorde do último passo para a promoção para a condição de oficiais ou de aceitações de novo pessoal para a SS no grau de oficial. A participação do Escritório Racial nesses procedimentos consistia em esboçar os regulamentos a serem promulgados pela Equipe de Liderança ou pelo Escritório de Administração da SS, um novo relatório de exame para os médicos da SS (MUL), e correspondência com comandantes e médicos.

Durante o período de recrutamento em massa de 1932 e 1933, houve uma série de modificações nas especificações físicas para os membros da SS, em especial idade e altura, representando um reforço pelo qual o Escritório Racial provavelmente foi o responsável. Entretanto, mesmo MUL tinha poucos ou nenhum critério racial como tal a ser seguido, e a equipe do Escritório Racial era completamente incapaz de verificar a massa de registros dos novos candidatos, sem mencionar os que jamais chegaram a Munique, ou foram enviados ao QG sem o preenchimento dos dados. Darré pode ter dedicado apenas pouco tempo a esse escritório durante a caótica campanha de 1932 e a primeira metade de 1933, quando ele desenvolveu a luta contra Hugenberger nos grupos de pressão agrícolas. Quando mudou para Berlim, como ministro, o escritório também foi para lá, mas ele estava mais ocupado que nunca. No entanto, o novo ramo da SS começou sua vida nesse período.

Os verdadeiros arquitetos do Escritório da Raça e Colonização (renomeado em 1933) foram o doutor Bruno K. Schultz e o doutor

Horst Rechenbah, respectivamente um antropólogo e escritor, e um professor de veterinária do exército. A colaboração deles com Darré data de 1930, mas a participação direta na SS começou apenas no final de 1932. De fato, suas atividades em tempo integral só começaram em 1934. No entanto, esses dois proporcionaram a Darré, e, portanto, a Himmler, o conceito de examinador racial, o técnico de avental branco com calibres e fita métrica, usando planilhas com aparência científica padronizadas, e combinações de números e letras como símbolos da valia humana. Como os advogados e acadêmicos da SD, esses poucos escolhidos do Escritório da Raça ajudaram a SS a parecer "científica", dessa maneira contribuindo para distinguir o corpo de oficiais da SS dos da SA, dando a eles o sentido de estar por dentro, de serem vencedores e corretos.

A pressão para entrar na SS em 1933 deu ao Escritório da Raça e Colonização uma oportunidade dupla. Antes de mais nada, conseguiu a oportunidade de recrutar agentes e colaboradores treinados em medicina ou na academia que estavam nos *Standarten* ou escritórios regionais, e entre os numerosos médicos, professores e advogados que clamavam pela oportunidade de se unir a uma unidade nazista "exclusiva". Em segundo lugar, pôde começar a reforçar uma autêntica seleção no momento da admissão, já que os comandantes não podiam mais alegar a necessidade de uma política de admissão ampla. O *Rassereferent* (especialista em raça) nos QG regionais e o *Musterung* (uma espécie de exame físico do exército) dos novos recrutas por esses especialistas datam do final de 1933 e começo de 1934. Um aspecto especialmente importante desse novo ramo da SS era sua função educacional, simbolizada pela formação de divisões de treinamento e pela nomeação de oficiais de educação em todas as unidades, responsáveis pela doutrinação geral dos homens, mas sobretudo pelo seu treinamento em "eugenia racial", particularmente o antissemitismo racial.

A ideia de combinar o estabelecimento de homens da SS em fazendas, com seus jardins em lares suburbanos, veio diretamente de Darré. Foi quase totalmente desenvolvida em seu livro de 1930,

Nova aristocracia de sangue e solo, mas nada pôde ser feito para aplicá-la à SS até estar no poder. Com a formação das Fazendas de Alimentação do Reich (RNS), em 15 de julho de 1933, Darré conseguiu o mecanismo para controlar a produção agrícola e, em alguma medida, de transferência de fazendas. O RNS era, de fato, o Aparelho de Política Agrícola investido de poderes estatais. Apesar de não ser provavelmente verdadeiro, como alegado, que a *Erbhof* (terra hereditária) nazista e leis de controle da produção tivessem sido escritas pela primeira vez nos escritórios de Munique e Berlim da unidade de Raça e Colonização, os autores foram Werner Willikens, Herbert Backe, Hermann Reischle e Wilhelm Meinberg; todos, exceto Willikens, eram membros da SS desde 1932 (Willikens ingressou em maio de 1933). Reischle e Meinberg começaram o Escritório de Colonização e se uniram a Rechenbach e Schultz para se tornarem os pilares do Escritório da Raça e Colonização da SS. Enquanto esses cavalheiros estavam demasiadamente ocupados em 1933, reorganizando a agricultura alemã para poder detalhar a colonização pela SS, jovens acadêmicos e advogados com tempo disponível não eram difíceis de achar na SS. Em pouco tempo havia planos elaborados para projetos de desenvolvimento de casas suburbanas para a SS, e um sem-fim de financiamento de esquemas para compra de casas e fazendas, e para o treinamento dos novos fazendeiros. Os especialistas em raça se tornaram especialistas em raça e colonização. Sobretudo, recrutavam cada vez mais entre os Líderes Fazendeiros Rurais e entre os Líderes das Fazendas Estatais, o pessoal da velha guarda do aparelho de Darré, que crescentemente se transformavam em indivíduos estratégicos nas áreas agrícolas.

Dessa maneira, por volta do outono de 1933, havia um embrião de Estado da SS dentro do Estado. Isso era amplamente obscurecido pelo conjunto do processo revolucionário e, mais especificamente, pela visibilidade do "Estado da SA". No entanto, as partes principais do aparelho de Himmler para a conquista do poder estatal já existiam, sob a forma de mãos, pés, narizes e ouvidos do feto humano em miniatura. Ainda delicados e muito subdesenvolvidos, cada um dos escritórios da SS e a estrutura de comando, as unidades especiais e o corpo geral da SS – com suas estruturas e equipes de comando, técnicos e auxiliares patrocinadores –, todos estavam prontos para se fortalecer, expandir e operar. Muitas das luzes de liderança do período 1934-39 e alguns dos "chefes" de 1940-45 estavam colocados ou pelo menos se acercando do ponto de largada.

5
A TRAIÇÃO –
INVERNO DE 1933–
30 DE JUNHO DE 1934

As Tropas de Assalto com camisas marrons eram a marca da Revolução Nacional em 1933. A SS – os homens de uniformes negros – era algo diferente, mas era simplesmente uma das tantas variantes nazistas para alemães e para observadores estrangeiros naquele ano. Apenas uns poucos que "sabiam das coisas" percebiam seu potencial e sua ameaça especial.

Já em junho e julho de 1933, alguns observadores perceptivos e talvez cheios de boas intenções pensavam reconhecer sinais de estabilização na revolução nazista – até mesmo uma tendência contrarrevolucionária. Na verdade, a luta na Alemanha mudava da tomada do poder dos executores de Weimar para a luta pelo controle das instituições de defesa nacional – o exército, a polícia, os ministérios e a burocracia. A necessidade de preparar a Alemanha para a batalha, inclusive a necessidade de restaurar sua produtividade, era sentida em todos os quadrantes da nação, sem referências à afiliação nazista. Apenas os métodos estavam em questão – e também a quem seria permitido liderar ou mesmo participar na reconstrução. No entanto, o outono e o inverno trouxeram mais desordem, e os elementos radicais não apenas da SA e da SS, como também do partido e seus afiliados, como a Organização das Células de Fábricas e a Organização dos Empregados dos Pequenos Negócios (NS Hago), conduziram ataques a cadeias de lojas, firmas judaicas e empregadores impopulares. A direita conservadora também arreganhou os dentes e pressionou por uma restauração da monarquia. No entanto, o que era necessário para sinalizar o "fim da revolução" simplesmente não podia ser identificado. Em última instância, o derramamento de sangue do dia 30 de junho de 1934 não necessitou de nenhuma guerra civil, nem de vastas medidas de repressão, apenas de ações resolutas por uma força pequena e confiável. Mas nem os líderes do exército nem os das Tropas de Assalto podiam decidir fazer essa intervenção, apesar de até mesmo Röhm e seus vices reconhecerem a necessidade de agir. O exército não estava pronto para destruir seus aliados potenciais da direita política; Röhm e seus colegas do alto escalão não tinham desejos de destruir as forças revolucionárias que os haviam levado ao poder. Ambos buscavam um ano de contemporização, ajudados pela indecisão do próprio Hitler.

O Método de Röhm era preconizar a revolução permanente, ao mesmo tempo que reorganizava seu leviatã SA em numerosos segmentos especializados, com ênfase nas tarefas militares. Em julho, reorganizou a *Obergruppen* (os corpos da SA) do mesmo modo que as sete *Wehrkreise* (zonas de defesa) do exército, reenfatizando os meios de coordenar com a *Reichswehr*. Em agosto, em Berlin, e novamente em setembro, no Dia do Partido em Nuremberg, organizou a presença de vastos exércitos de camisas marrons, vestidos do melhor modo para parecer soldados. Batalhou para integrar os mais capazes oficiais e graduados do antigo *Stahlhelm* com seus melhores veteranos SA, em cinco sucessivas turmas do programa AW de treinamento militar que começava em outubro. Estabeleceu unidades de recrutamento e treinamento (*Hochschulämter*) em cada universidade, para retirar dali a nata dos estudantes nacionalistas. Encorajou suas unidades a se fortalecer e competir umas com as outras em esportes e manobras de combate. Ao estabelecer escritórios de imprensa para cada uma das regiões da SA, providenciou para que a população de cada uma delas lesse o que servia aos interesses da SA. Expandiu mais uma vez as patentes da SA, e outorgou patentes honorárias da SA aos chefões do partido e homens de negócio que desprezava, esperando ganhar o apoio deles apelando à extensa admiração pelo esplendor marcial. Até mesmo cortejou Heinrich Himmler com o privilégio de ser designado como "*Mein Reichsführer*" em vez do menos exclusivo "*Herr Obergruppenführer*". Um enorme aumento no uso de cores nos uniformes da SA deu às suas reuniões a aura chamativa de um circo ou de uma jaula de pássaros tropicais. Enquanto isso, Röhm fazia um discurso após o outro avisando aos conservadores que a revolução estava longe de haver acabado, desse modo procurando manter vivas as forças que esperava que o empurrassem (e a Hitler) na sela ainda firmemente ocupada pelas velhas elites militares e econômicas alemãs.

O método do exército era o de manter "as mãos fora" do movimento nazista, encorajar seu nacionalismo e elã, usar seus voluntários na quase secreta defesa das fronteiras (*Grenzschutz*), resistir a todos os esforços de unificar a SA com a *Reichswehr* e pressionar Hitler pela estabilização econômica e política e pelo fim do terror revolucionário, ao mesmo tempo insistindo em que fizesse sua própria limpeza interna. Ao recusar participar diretamente na restauração da lei e da ordem, os líderes do exército entregaram essa autoridade nas mãos de Himmler e Heydrich. Quando, no dia 30 de junho, unidades da SS foram reunidas e armadas em quartéis da *Reichswehr*, o exército estava colocando um selo de aprovação em uma medida que não iniciara nem controlava.

Enquanto isso, Himmler evitou reorganizar a SS regionalmente nas mesmas linhas militares que a SA havia feito. Enquanto as massas do *Stahlhelm* e mesmo pequenos grupos do *Reichsbanner* e do *Roter Frontkümpferbund* entravam na SA, Himmler abriu e fechou seletivamente a afiliação na SS, em uma base regional e organizacional. Também fez discursos revolucionários apoiando Röhm, e a SS competiu com a SA em precisão militar em Berlim em agosto e em Nuremberg em setembro. Mas Himmler não procurou penetrar no sistema de treinamento AW. A diferenciação e o caráter separado da SS começaram a ser enfatizados. De fato a SA divergiu sobre o assunto em um artigo de jornal, publicado em setembro em Hamburgo, que contrastava a SS como elite e a SA como massa. A SS começou a competir com a SA pelos estudantes, os líderes de negócios e os profissionais nas comunidades e, sobretudo, pelos chefões do partido. No verão e no outono, começou uma corrida para ver quem atraía mais *Gauleiter*, *Reichsleiter* (Funcionários Nacionais) de Munique e heróis do partido. *Gauleiters* que divergiam da SA – Goebbels e Mutschmann, para mencionar apenas dois – favoreciam a SS e empregavam seus homens como guarda-costas e detetives particulares, mesmo quando resistiam a ser membros da SS.

Mais importante, entretanto, foi a exploração, por Himmler e Heydrich, da tradicional função de polícia e inteligência da SS para tomar o aparato policial alemão. Apesar de as Tropas de Assalto terem de fato uma vantagem inicial com seu papel de Polícia Auxiliar, e seu controle de todos os maiores QG de polícia urbana (como presidentes da polícia) fora de Munique, sua grande desvantagem consistia na necessidade de reprimir os excessos de seus próprios membros, só parcialmente resolvido pela *Feldpolizei*. Em agosto, Göring, na Prússia, e Frick, fora da Prússia, procuraram domesticar a SA, abolindo a Polícia Auxiliar e resistindo a mais abusos por parte da SA em relação às prerrogativas policiais. A SA respondeu com a formação de unidades de Serviço Especial, armadas e motorizadas, e guardas nos quartéis.

Desafio à polícia nos crimes não políticos, queixas da SA de brutalidade policial e burocracia policial "de velho estilo", e sentenças dos tribunais contra membros da SA envolvidos em motins e saques enchiam a imprensa. Casos impressionantes de duelos "tipo Oeste Selvagem" e lutas particulares entre oficiais nazistas aconteceram naquele outono. Naturalmente, a SS não estava indiferente a isso tudo. No entanto, a SS possuía várias vantagens: (1) tinha menos membros – os criadores de caso, assim, representavam uma porcentagem menor do problema geral; (2) policiais com uma visão nacional estavam mais dispostos a se unir à SS do que à SA, porque a primeira já tinha um status social superior por causa de seu apelo a profissionais e homens de negócio nos anos anteriores; (3) a SD de Heydrich proporcionava uma rede nacional de coordenação, que não existia na SA, um instrumento que permitia ações à paisana, ou mesmo ações em segredo conspirativo, e suporte do partido para as reivindicações de controlar pelo menos a Polícia Política nas comunidades.

Com a assistência de Frick, o Ministro do Interior do Reich, entre outubro de 1933 e janeiro de 1934, Himmler conseguiu se tornar o Comissário da Polícia Política em todos os estados alemães, exceto a Prússia. A Polícia Política já estava aberta a Himmler por meio de alguns policiais (geralmente jovens) que haviam se afiliado à SS (e/ou à SD) em 1932 e mesmo já em 1933 – ou então do pessoal I-C da SS local que fora contratado pela polícia em seguida à criação de um escritório especial local em nome de Himmler. Houve incrivelmente pouca resistência burocrática contra essa movimentação, em virtude talvez da enorme confusão do momento, com os comissários da SA detestados, a juventude do pessoal da SS e da SD fazendo-os parecer "inofensivos", ou a assimilação dos mais velhos e mais confiáveis policiais da Polícia Criminal (Kripo) para a SS e a SD. A nomeação de um quartel da SD em Stuttgart é um bom exemplo. O jovem hessiano nazista e policial Werner Best construiu a reputação de eficiente e diplomático. Naturalmente, a oficialidade policial da SA reconhecia e se ressentia das táticas de Himmler e Heydrich, mas Röhm e a SA pareciam haver se isolado tanto da sede local do partido quanto das autoridades policiais, de modo que não tinham aliados, salvo nas ruas – exatamente os espíritos que precisavam ser exorcizados.

Na Prússia, Daluege tinha a chave para o poder policial da SS. Lutou por sua independência diante de Himmler, sob a proteção de Göring e com a ajuda do investigador criminal Arthur Nebe.

Provavelmente por causa do reconhecimento de suas limitações e as do chefe da Gestapa, Rudolf Diels, no que dizia respeito ao comandante da SA Karl Ernst, e a Reinhard Heydrich. Daluege, como *Landespolizei* geral prussiano, conspirou primeiro com a SA de Berlim para "conseguir" Diels, e, como, não teve sucesso, voltou-se para Heydrich. Os métodos caracteristicamente indiretos de Heydrich são demonstrados pelo aparecimento de Diels em setembro na lista de promoções da SS, como *Standartenführer*. Diels representava o tipo de revolucionário conservador com o qual o exército deveria ter se aliado; no entanto, como revelam suas memórias, os generais continuadamente subestimavam seus parceiros nazistas. Diels era um sujeito esperto, mais esperto que Daluege, apesar de não ser páreo para Heydrich. Aliado a Göring, Diels ainda era muito mais poderoso do que Heydrich aliado a Himmler. Daluege tinha que separar Diels de Göring – no que quase conseguiu sucesso, apesar de sua falta de jeito, em função da falta de princípios de Göring – mas as SA rebeldes eram o aliado errado para usar contra Göring. Daluege tentou novamente no outono, mais uma vez de modo desajeitado, e mais uma vez fracassou. No entanto, dessa vez a organização da SS conseguiu intimidar tanto Diels quanto Göring, de modo que uma ponte de cooperação pudesse ser construída entre a SD e a Gestapo (*Geheime Staats-Polizei,* Polícia Política Secreta Estatal), enquanto Daluege foi rapidamente enquadrado como leal oficial da SS.

No decorrer da intriga, Himmler demitiu Daluege do comando do relativamente fraco, mas ultracrítico *SS-Gruppe Ost*, com quartel-general em Berlim. Substituiu-o por Sepp Dietrich, cujo *Leibstandarte* havia sido instalado por Göring no quartel da polícia de *Lichterfelde,* dos destacamentos de polícia especial do major Wecke – que Göring usava como sua unidade paramilitar pessoal. Desse modo, Dietrich passou a dispor de amplos recursos para controlar o *SS-Gruppe Ost,* uma área rica com as tradições de fronda da SA desde 1930. Mesmo antes da derrota final de Diels, em abril de 1934, quando Himmler e Heydrich ocuparam a Gestapa na Prinz Albrechtstrasse 8, Daluege, Heydrich e Himmler usaram os temores de Göring de que a SA penetrasse em um dos mais fortes bastiões conservadores, o sistema policial prussiano. Longe de resistir à penetração da SS-SD na polícia prussiana, Göring na verdade encorajou isso no inverno de 1933. Himmler e Heydrich ajudaram a penetração ao enfatizar seu interesse na lei e na ordem, na reunião de provas contra o terror da SA e na lealdade absoluta ao mestre de Göring, Adolf Hitler.

Durante as cerimônias de Munique, nos dias 8-9 de novembro de 1933, comemorando o triunfante décimo aniversário do *putsch* da cervejaria, Himmler apresentou aos homens da SS reunidos diante da *Feldherrnhalle* um juramento a Adolf Hitler:

Juramos a você, Adolf Hitler, lealdade e bravura. Juro a você, e a meus superiores designados por você, obediência até a morte, com Deus como testemunha.

Prefigurando, e talvez lhe servindo como modelo, o momentoso juramento da *Wehrmacht* de 2 de agosto de 1934, essa promessa solene de lealdade pessoal da SS teve muito mais importância que a realizada anteriormente por Röhm e pela SA, de outubro de 1932. Os homens da SS foram, desse modo, providos de um foco visível de lealdade, modelado na antiga lealdade do exército ao soberano. O fracasso da SA em imitá-la e consolidar sua liderança foi sintomático: a lealdade a Hitler era irrelevante para eles. E nisso estavam errados.

O prêmio de um ministério para Röhm, juntamente com outro para Hess, no dia 1º de dezembro de 1933, pareceu, para muitos observadores, um simples "reboco sobre as rachaduras" feito por Hitler, preparatório para sua ruptura com Röhm no momento adequado. Diante do tratamento anterior dado a Stennes, o movimento de Hitler podia muito bem ser tomado como um esforço para iludir e amaciar Röhm. Sem destruir essa dimensão das táticas de Hitler, pode ainda ser possível que Hitler, desse modo, tenha dado a Röhm uma nova arena de atividades, em paralelo com Hess, no qual esperava que o primeiro transformasse a SA em uma instituição de treinamento viável, não apenas para pré e pós exercícios militares, mas também para treinar os alemães na luta política contra judeus, católicos, reacionários, etc. Röhm tampouco deixou sua nomeação permanecer no reino de um simples gesto. Capitalizou poderosamente no potencial do aparelho estatal que poderia manejar na luta pelo poder. No Gabinete Ministerial, dirigindo suas tarefas, e no Escritório Político, administrando seus relacionamentos a nível local e dos estados, Röhm copiava as táticas de Schleicher e desenvolvia instrumentos de controle que eram poderes formidáveis com os quais lidar. Para o pessoal, ele se abasteceu na Equipe de Ligação, uma instalação conjunta da SA-SS-partido em Berlim, de março de 1933, e que já havia desempenhado um papel vital ao canalizar e peneirar as informações que circulavam entre os ministérios e as agências do partido. A sobreposição do trabalho e do pessoal dos novos escritórios de Röhm com os da Equipe de Ligação, nos primeiros meses de 1934, indica que ele ainda não estava perdendo poder. Oficiais da SS buscaram posições em seu novo aparelho, e homens do alto escalão da SS que incorriam em seu desagrado tinham que ser colocados no limbo por Himmler. Röhm, não Himmler, recomendou a Hitler todas as nomeações da SS para as patentes superiores, até mesmo, e especialmente, as honorárias. Röhm estava em uma posição de onde podia asfixiar a SS, e apenas sua obstinação e teimosia em desafiar Hitler e a *Reichswehr* entregaram o líder das Tropas de Assalto nas mãos de Himmler e Heydrich.

Durante os meses de inverno de 1933-34, Himmler cuidadosamente começou a reorganização da estrutura da SS, parcialmente para colocá-la mais em linha com as reformas da SA no verão e outono anteriores e, parcialmente, para fortalecê-la em uma possível luta pelo poder com a SA. Foi nessa ocasião que as *SS-Oberabschnitte* (Setores Principais) fizeram sua aparição, no lugar dos antigos *Gruppen*. Os principais setores da SS foram organizados, tal como os *SA-Obergruppen*, para se adaptar aos sete *Wehrkreise* do exército. Uma capacitação militar tática foi ordenada em segredo, em janeiro de 1934, com práticas de rifle, extensos treinamentos de formação, metralhadoras leves e patrulhas, em preparação para treino em *AW-Sportlager* (Campos Esportivos). Uma escola de combate para oficiais foi anunciada para ser inaugurada mais tarde em Bad Tölz. O número de membros da SS dobrou rapidamente, de 100 mil para mais de 200 mil, quando dezenas de milhares que haviam solicitado ingresso nos meses de fechamento de abril a novembro de 1933 foram admitidos sob os novos e mais rigorosos padrões do Escritório Administrativo da SS e do Escritório Racial. O número de *Standarten* subiu de 50 para 100, com *Sturmbanne* em todas as cidades de porte. Promoções rápidas eram a regra, e a maioria dos homens que se filiou em 1930, 1931 e 1932 teve oportunidade de experimentar suas mãos em comandos. Passaram a ser exigidas avaliações mais sistemáticas de cada oficial, entretanto, e também métodos mais cuidadosos de relatar a força das unidades. Tanto as estruturas de campo quanto as dos quartéis-generais na primavera de 1934 começaram a assumir a forma que manteriam até a guerra. Cerca de 2 mil oficiais formaram a base de um futuro corpo de oficiais da SS que podia crescer e se diferenciar, mas que reteria, até 1939, seu caráter básico.

Os pioneiros de 1930-32, que alcançaram a patente de oficiais nessa época, se tornariam a espinha dorsal da SS. A segunda onda das "baixas de março" (um termo não tão bem-humorado de desprezo pelos oportunistas de março de 1933) formou os "substitutos", por muito tempo considerados como os segundos melhores, até o começo da guerra. Uma ênfase especial foi dada em 1934 para o recrutamento de pessoal para as organizações de apoio militar, unidades de engenheiros, comunicações, motorizadas e de cavalaria. Os padrões eram mantidos baixos para esses recrutas, que de outro modo podiam ir para a SA. No caso da cavalaria da SS, havia um esnobismo notável envolvido, já que o conjunto dos clubes rurais de montaria foi assimilado em um corpo. Aqui também havia um desafio direto às ambições da SA de ter sua cavalaria. A SS tinha poucas posições remuneradas a oferecer, comparada com a SA, que entrou na folha de pagamento do Ministério do Interior do Reich, em outubro de 1933, na faixa de 2,6 milhões de marcos por mês. No entanto, uma boa parte dos novos SS era de desempregados da classe média baixa que esperavam ganhar posições no Estado ou empresas privadas por meio de "conexões" com o grande número de funcionários públicos regularmente empregados, e profissionais que eram paparicados pela SS por seu prestígio, assim como pela penetração em seu meio social. Acadêmicos, por exemplo, eram bastante procurados, primeiro pela SS e depois pela SD. Muitas vezes "membros apoiadores" secretos do mundo profissional e de negócios revelavam seus interesses depois de um pouco de convencimento e se filiavam à SS sem fazer o mesmo no partido. Desse modo, a atmosfera de ser "um pouco melhor" socialmente foi reforçada depois de 1933. Por exemplo, a SS de Berlim deu um "concerto de primavera", apresentando um coro da *Leibstandarte* cantando "canções dos anos negros de 1813, ao redor de uma fogueira de acampamento". Proporcionou também guardas de honra para a esposa do xá da Pérsia, que fazia uma viagem pela Alemanha, e protestou veementemente contra o tratamento "grosseiro" dos hóspedes estrangeiros por um rival de menor importância, a Sociedade Berlinense de Vigilância e Proteção.

O inverno de 1933-34 foi mais duro para a SA do que o do ano anterior, que já havia sido ruim, com motins e deserções. Para o homem de base da SA, a alta politicagem de Röhm significava pouco. Desempregados, esses homens deviam se contentar com doações do partido por meio da Campanha de Ajuda de Inverno. Se conseguisse uma posição modesta, concedida por funcionários do serviço trabalhista e empregadores nazistas como um enorme favor, tinha que ver sua unidade da SA cheia com ex-*Stahlhelm* mais bem de vida, e talvez com alguns de seus ex-inimigos, os *Bananen* (os nazistas chamavam o pessoal do *Reichsbanner* de "bananas") e "vermelhos", que argumentavam que o momento estava maduro para cobrar as promessas de Hitler. Os líderes locais da SA compensaram a crescente frustração com marchas de protesto contra clubes sociais exclusivos, gerentes de fábrica inamistosos e autoridades comunitárias reacionárias. Muito foi feito em termos de condecorações e prêmios para a Velha Guarda da SA, SS, *Bund Oberland* e *Reichskriegsflagge*. Planos para férias de verão para adultos e acampamentos para crianças foram anunciados. Projetos habitacionais para membros da SA e da SS foram iniciados. Mas Röhm foi forçado a tomar conhecimento das queixas crônicas contra o dilúvio de oportunistas, crescentes reduções nos envelopes de pagamento, ordem unida tediosa e o tom de desprezo dos instrutores da *Reichswehr*, negligência de unidades por seus comandantes, etc. Uma ordem secreta do *SA-Gruppe* "Berlim-Brandemburgo" prevenia contra batalhas de bêbados com a polícia e com opositores nas tavernas. Falatório barulhento sobre uma "segunda revolução" podia ser ouvido em círculos da SA no começo da primavera. Por outro lado, Röhm parece haver feito esforços sérios para livrar a SA de seus pesos mortos e dos piores criadores de caso.

Apesar de as entrevistas coletivas de Röhm à imprensa estrangeira e as reuniões com diplomatas estrangeiros e adidos militares realmente não merecerem as suspeitas que Hitler cultivava – já que realmente estavam planejadas para assegurar a outros países, em especial a França, o caráter não agressivo da SA –, a conduta de Röhm como *Reichsminister* era, para dizer o mínimo, agressiva. De janeiro em diante se estabeleceu uma polarização definitiva entre ele e Hitler, que Göring e Himmler rapidamente capitalizaram. Ambos se puseram a trabalhar para reunir o máximo possível de informações sobre os excessos da SA. No entanto, suspeitas mútuas os fizeram trabalhar também um contra o outro. Quando Gisevius foi levado à força para o quartel de *Lichterfelde,* em meados de fevereiro, Sepp Dietrich queria informação sobre a Gestapo de Diels, assim como sobre a SA de Karl Ernst. Já em março, Diels baixou no novo campo de concentração da SS no Cais Vulcano, em Stettin, e o fechou com apoio do Göring. Essa foi a última palha, entretanto. Na inevitável "conversa de acerto de contas", Göring concordou em instalar Himmler como seu "vice" na Gestapo. Heydrich instalou Werner Best, o jovem nazista hessiano, como seu vice na Polícia Política da Baviera e se mudou para Berlim, onde dividia o tempo entre a Prinz Albrechtstrasse 8 e os novos escritórios da SD, ali perto, na Wilhelmstrasse 112. Os nomeados por Diels foram passear no campo, enviados para as províncias, substituídos por pessoal da SD de Munique, muitos deles antigos membros da Kripo (Polícia Criminal), como Heinrich Müller. Por outro lado, o círculo berlinense de Arthur Nebe foi direto para a SS, apesar de ele mesmo permanecer na SA até 1936.

Himmler, desse modo, ganhou totalmente o aparato da Polícia Política prussiana, enquanto Daluege ficou com o controle do resto da polícia pelo Reich. Os escritórios regionais da Gestapo foram tornados independentes dos canais regulares da polícia no dia 14 de março. Daí em diante, a designação sistemática ou nomeação de um oficial da SD para cada *Stapostelle* aconteceu em todos os *Regierungsbezirk* (seção de uma província). Havia cerca de 300 oficiais da Gestapo pela Prússia, e mais 250 em Berlim, quando Heydrich assumiu. Apenas alguns eram da SS, e a maioria era de policiais nacionalistas de antes de 1933. A Gestapo consistia em três escritórios principais: (1) Administração; (2) Investigação e Prevenção; e (3) Espionagem e Traição. Heydrich assumiu pessoalmente o segundo, colocando Heinrich Müller, que não era nazista nem da SS, e sim um duro direitista bávaro da Polícia Criminal de Munique, encarregado da "luta contra o marxismo" e de todas as prisões políticas (chamadas de prisões preventivas, nos campos de concentração). Outro policial bávaro chamado Reinhard Flesch, com passado nazista e na SS, foi designado para vigiar Müller por algum tempo (renunciou em 1935), e Friedrich Panzinger, amigo de Müller, foi nomeado para o *Stapostelle* de Berlim (ele finalmente se filiou à SS em 1939). Franz Josef Huber, que havia processado nazistas na Baviera antes de 1933, veio para a Gestapa de Berlim para lutar contra "a reação, a Igreja e a Áustria". Josef Meisinger, também da Polícia Política bávara, foi literalmente encarregado das investigações no NSDAP, SA, SS e homossexualismo. Para eles, a filiação na SS e na SD veio depois do fato de estarem empregados por Heydrich, seja em Munique seja em Berlim. Exceções com passado nazista e na SS incluíam o policial de carreira bávaro Hans Rattenhuber, que foi encarregado de organizar a guarda pessoal de segurança de Hitler; Anton Dunckern, que foi para o *Stapostelle* de Berlim; e Walter Potzelt, membro da SS desde 1930 e da SD desde 1932, e que se tornou ajudante-chefe da Gestapa. Heydrich trouxe de Munique seu assistente pessoal e factótum, *SS-Sturmführer* Alfred Naujocks. Remanescentes da equipe de Diels incluíram o não *SS-Oberregierungsrat* "Bode", especialista local em marxismo e sindicatos; Reinhold Heller, que só se afiliou à SS em 1938; Günther Patchowsky, membro da SD desde 1932, e agora encarregado do escritório principal para espionagem; Karl Hasselbacher, especialista em maçons, seitas e judeus (afiliou-se à SS em dezembro de 1934); Ernst Damzog; Kurt Riedel; e Walter Kubitsky, que trabalhou com Patchowsky na espionagem.

Heydrich era um organizador astuto e eficiente. Não fundiu a SD com a Gestapo e apenas lentamente trouxe a Polícia Secreta dos outros *Länder* para se alinhar com o excelente aparelho prussiano que Diels havia deixado. A SD deveria continuar sendo uma instalação por excelência da SS, e de fato uma instalação de Heydrich. No *Sicherheitsamt* (sede da SD), instituiu cinco seções: administração, arquivos, Polícia Política, contrainteligência interna e contrainteligência no exterior. Colocou Müller, da Gestapo, como encarregado de todas as operações de Polícia Política; para Best, ainda por enquanto operando na Polícia Política em Munique, ele entregou a seção de segurança interna e a administração, retendo a inteligência no exterior para si. Os arquivos foram entregues a um capitão SS de trinta e um anos, muito capaz, doutor em direito. A SD recrutou muitos jovens advogados na primavera de 1934, assim como homens de negócio, juízes, conselheiros do Estado, prefeitos e oficiais de polícia de patentes baixas ou medianas. Muitos deles parecem ter funcionado durante meses com a SD antes de conseguir a afiliação e uma patente da SS. Alguns serviram na SS, sem patente, em 1934. Certamente a SD era muito embrionária em junho de 1934 para ser capaz de dirigir toda a polícia alemã, e muito menos a SA. No melhor dos casos, era uma correia de transmissão. Suas potencialidades nessa direção, entretanto, foram demonstradas pela ordem de Hess de 9 de junho proibindo outras agências do partido de manter redes de inteligência. Infelizmente para a SA, esta não dispunha de um sistema unificado de inteligência que a prevenisse desse iminente desfecho. A inteligência do exército absorveu até relatórios falsos sobre a SA, plantados pela SD.

Compreensivelmente, a *Reichswehr* estava hesitante sobre desistir da SA. Mesmo no outono de 1933, confrontada com a hostilidade de líderes SA de alta patente, como von Jagow em Stuttgart e von Obernitz em Frankfurt-am-Main, e por "greves" e motins entre as companhias designadas como guardas na fronteira na Pomerânia, Silésia, Frankfurt-an-der-Oder e na Saxônia, a *Reichswehr* prosseguiu com o treinamento AW nos campos esportivos da SA e em seus próprios centros de treinamento, passando cinco classes de SA em um treinamento básico de um mês, até março. O temor de que as unidades da SA do Leste se demonstrassem inúteis contra uma invasão polonesa ficou menos perturbador depois da assinatura do pacto de não agressão com a Polônia, em 26 de janeiro de 1934, mas o esforço da SA em manter o controle sobre os depósitos de armamentos da *Reichswehr* durante os meses da primavera ajudou a endurecer a resistência do exército. A inabilidade do exército ao deslocar F. W. Krüger, nomeando um oficial do exército regular como executivo do programa AW, em janeiro, pode também ter contribuído para a decisão do exército de retirar os oficiais de treinamento da SA em março. Na verdade, os 13 mil homens que participaram do programa AW eram os mais amistosos da SA, e o próprio Krüger era detestado por muitos membros do corpo de oficiais da SA e por líderes partidários como Baldur von Schirach, da liderança da Juventude Nacional, que suspeitava que ele fizesse jogo duplo e estivesse construindo um grupo pessoal de seguidores mediante o controle da rota principal para as nomeações pela *Reichswehr*. Krüger, ex-oficial da SS, parece haver tentado servir a todos os seus senhores. Seus extensos planos para uma grande rede de escolas "esportivas" da SA foram concretizados mais tarde, quando a AW não mais existia e ele havia regressado à SS. O exército estava desapontado, entretanto, com a baixa qualidade militar da SA, tanto no que diz respeito às tropas quanto aos oficiais. A ascendência de Fritsch sobre Reichenau também deve ter ajudado a preparar o comando da *Reichswehr* a acreditar no pior sobre a SA.

Embora em meados de 1933 Hitler e Röhm tenham pensado em uma milícia com 300 mil homens, com um ano de serviço, usando um pequeno corpo permanente de oficiais, graduados, técnicos e pessoal de treinamento, já em fevereiro Hitler havia passado para uma visão militar mais profissional de conscrição universal, diante da intransigência francesa quanto a qualquer e todo apaziguamento de Röhm. Hitler passou a adotar a linha "britânica" de Ribbenttrop fazendo, em vez disso, ofertas surpreendentes de reduzir a SA em dois terços e permitir inspeções internacionais para verificar o caráter não militar da SA, e rejeitando integralmente a concepção de Röhm de um exército popular comandado pelo próprio Röhm. Enfrentou as propostas de Röhm ao gabinete, em meados de fevereiro, de que ele deveria chefiar um novo Ministério da Defesa, forçando-o a fazer um acordo inviável com a *Reichswehr*, que ele não podia manter e não manteve.

Quando Röhm se viu bloqueado por Hitler e pela *Reichswehr* a partir de fevereiro, permitiu-se várias explosões descuidadas e enfatizou, tanto para a SA como para os de fora, que a SA deveria permanecer como a mola revolucionária do movimento. No decorrer da primavera ele permitiu a seus comandantes que canalizassem a inquietação de seus homens em marchas de demonstração, que eram evidentemente insalubres para a ordem pública. Não fez nada para impedir que se armassem os destacamentos de guarda dos quartéis da SA, unidades da Defesa da Fronteira, e até mesmo campos de trabalho que abrigavam SA desempregados, incluindo refugiados da Áustria. Entretanto, não há evidência de que planejou um *putsch*, apesar de manter um sistema de contatos permanentes com seus líderes da SA, assim como com altos oficiais da SS e figuras de expressão na vida internacional e da Alemanha. Esse sistema de contatos era sem dúvida seu instrumento para evitar surpresas tanto de dentro da SA – pois devia estar sabendo da disposição de alguns de seus altos oficiais de partir para um *putsch* – como de Berlim, Munique, ou do exterior. A falha disso em ajudá-lo implica não haver nenhum plano claro e firme de *putsch*, seja entre seus próprios oficiais, seja entre seus oponentes no momento em que a licença de julho da SA foi anunciada – já em abril de 1934. Mesmo sua ordem de 16 de maio para que as unidades da SA coligissem arquivos com críticas à SA deve ter sido primariamente feita com a intenção de intimidar porta-vozes vociferantes do partido e os círculos da extrema direita, pois já era tarde demais para começar operações de inteligência com determinação, especialmente com o anúncio público.

Röhm provavelmente tinha que dar a licença há muito prometida para a SA, e pode ter dado boas-vindas à saída temporária da cena social, como meio de aquietar o sentimento público negativo. Sem dúvida calculava uma crise no outono ou no inverno, provocada seja pelo desemprego continuado seja pelo falecimento de von Hindenburg, momento em que Hitler estaria mais propenso a fazer concessões aos garantidores da revolução. No entanto, Röhm deve ser responsabilizado em grande medida pela fácil destruição de seu edifício por parte de uma minoria, no dia 30 de junho. Não existe condenação mais evidente a ser feita a um comandante militar que a da total ignorância de um ataque iminente. O isolamento de Röhm frente aos líderes do partido, comandantes militares e do próprio sistema de sua SA, a despeito de seus "contatos" – talvez de algum modo envolvidos com sua homossexualidade –, foi um golpe mortal para uma organização erigida, no final das contas, no carisma e no *Führerprinzip* (princípio da liderança autoritária). Röhm permaneceu um amador até o final: o líder amador de um exército amador. Himmler também era um amador, mas muitos de seus tenentes não o eram. Ele desenvolveu seu lado profissional como policial (com ajuda deles) nesse exato momento.

O exército começou a coligir dados sobre o armamento das *SA-Stabswachen* (Guardas dos Quartéis) e sobre transportes de armas em abril, e o capitão Patzig, chefe da *Abwehr* (Inteligência) do exército, tinha seus agentes na AW ainda antes. Alega-se que von Reichenau buscou Himmler depois que sua associação com Röhm fracassou, mas a evidência disso é escassa (tais contatos parecem prováveis apenas nas duas últimas e críticas semanas de junho). Maio foi um mês de intensas reuniões de estado-maior, giros de inspeção e discursos. Não apenas o exército estava fazendo verificações, mas também a SA, a SS, o partido e os reacionários. Tanto Röhm como Himmler verificavam suas novas estruturas regionais. Hitler, Goebbels, Hess, Bormann e Buch arengavam febrilmente e intrigavam para fazer seus inimigos virem à tona, enquanto os monarquistas e conservadores conspiravam e especulavam sobre a morte de von Hindenburg. Havia muito menos ansiedade no campo da SA do que em volta de Papen, no exército, nos direitistas e nos círculos do partido. Parecia haver uma guerra civil iminente com dois lados bem definidos, um forte protesto radical ao qual se poderia esperar que a esquerda não nazista se unisse, e o núcleo há muito reacionário do exército, as grandes empresas, a Igreja Católica e a realeza. A classe média e muitos nazistas se viam colhidos entre duas frentes. Incertos até mesmo sobre as escolhas de Hitler, alimentavam a atmosfera de deterioração que o levou a agir. Caracteristicamente, ele atacou nas duas frentes.

Os primeiros sinais de um alerta na SS apareceram em Munique no início de junho. A Polícia Política da Baviera e a SD, sob o comando de Werner Best, receberam ordens de se preparar para reprimir uma revolta. Theodor Eicke, comandante das tropas especiais da SS e da instalação de uso múltiplo de Dachau (campo de concentração com uma unidade de intendência, uma embrionária *Politische Bereitschaft* – Unidade de Emergência Política –, e um campo de refugiados da SS austríaca), começou a treinar a tomada de posições na área da Grande Munique, incluindo Bad Wiessee. O *SS-Standarten* regular de Munique recebeu ordens de mobilização seladas, a ser abertas com o sinal codificado *"Versammlung"*. Não ocorreram sinais de alertas comparáveis para a SS de outras regiões até a última semana de junho.

Já percebida desde abril, a atmosfera de crise piorou em junho. Seriamente enfermo, Hindenburg retirou-se para Neudeck, na Prússia. Röhm se afastou publicamente com licença de doença; e todo mundo fazia discursos. O discurso de Papen no dia 17 de junho em Marburg, portanto, fazia parte dessa onda geral de crítica e contracrítica. A escolha de Hitler desse momento para ir visitar Mussolini era uma clássica tática "hitleriana": ele se retirava do campo de batalha, esperando talvez voltar com um triunfo; pelo menos podia jogar muitas pessoas em pistas falsas. (Hitler provavelmente estava a par dos planos de um *putsch* dos nazistas austríacos – se é que não os instigou através de Theo Habicht, o *Landsleiter* do NSDAP). Seu encontro com Mussolini foi irrelevante, mas a oportunidade de visitar Hindenburg no dia 21 de junho para "relatar" e verificar o estado mental e a saúde do velho podem ter enrijecido os nervos de Hitler para prosseguir com seu golpe. A possibilidade de a decisão ter sido tomada no retorno da viagem à Itália, ou logo depois do discurso de Papen, é sugerida pelo fato de Himmler, no dia 19 de junho, quebrar um atraso de mais de duas semanas, ao proibir altos oficiais da SS de acompanhar Röhm em um cruzeiro pelo Norte em agosto, depois de contemporizar desde a chegada dos convites, no dia 1º de junho. No dia 20 de agosto, Himmler alegou haver sofrido um atentado de emboscada pela SA. No dia 23 de agosto, os rumores de um *putsch* em breve estavam amplamente espalhados. O representante da SD em Breslau entregou ao *Stapostelle* local ordens secretas de coletar dados sobre quinze líderes da SA, incluindo Heines. Já no dia 22 de junho, Himmler disse ao comandante da SS em Dresden que se esperava um *putsch* da SA, e que ele avisasse suas unidades e contatasse o comandante da *Wehrkreis* do exército para obter ajuda.

No dia seguinte, Heines ouviu falar de preparativos do exército em Breslau e alarmou Göring com boatos sobre um golpe do exército dirigido por Fritsch, enquanto no dia 24 de junho Fritsch notificou von Kleist, em Breslau, para que esperasse um *putsch* da SA lá. Von Reichenau e Himmler agora estavam definitivamente em contato, discutindo o compartilhamento de armas e o uso de quartéis e veículos de transporte do exército.

Uma convocação para que se congregassem em Berlim no dia 25 de junho foi feita a todos os comandantes regionais da SS, e durante dois dias Himmler se manteve em conferência com eles, dando-lhes ordens seladas a serem abertas mediante a mencionada palavra código, e ordenando que fizessem listas de pessoas suspeitas para prisão automática. O comportamento de Himmler os convenceu da realidade de uma conspiração da SA. Ele descreveu a Silésia como o berço da revolta. Os comandantes regionais ficaram impressionados com a exigência de sigilo absoluto. Apenas os comandantes da *SS-Abschnitt* e do *Standarten* na Silésia deveriam ser informados com antecedência. Em Berlim, Daluege e Sepp Dietrich fizeram seu papel de alarmar altos oficiais da *Reichswehr* com o que parecem ter sido documentos da SA falsificados, inclusive listas de execuções. Mais uma vez Heines interveio no dia 28 de junho, avisando von Kleist que Himmler e Heydrich estavam forçando um desfecho. Von Kleist voou então para Berlim, onde von Reichenau lhe disse que "era tarde demais para meia-volta". Hitler telefonou para Röhm naquela noite, para deixá-lo desprevenido, anunciando sua própria presença em uma conferência de estado-maior da SA em Bad Wiessee, previamente agendada para a manhã de 30 de junho. Nesse instante Sepp Dietrich já havia completado os planos para movimentar duas companhias do *Leibstandarte* (*SS-Wachbataillon*) por trem e caminhões do exército para Bad Wiessee, para a mesma manhã, por ordem de Hitler. Claramente, Berlim estava sendo deixada para as medidas e unidades de Göring. Não aconteceu nenhum aviso geral na SA, mas não foi surpresa naquele dia, com todos os boatos circulando sobre um *putsch* em Munique, que a SA ficasse alarmada na noite de 29 de junho. Heines chegou, depois de mandar apenas metade de seu pessoal armado sair de folga; no entanto, fracassou em provocar Röhm a tomar medidas defensivas sérias. Naquela noite, reuniões barulhentas da SA foram feitas no Oberwiesenfeld, e alguns comandantes de tropas disseram a seus homens que Hitler havia se unido à *Reichswehr* contra eles. Mas sem o apoio de Röhm, não se reuniu nenhum conselho de guerra, e por volta da uma da manhã Munique estava calma. Esforços para traçar a origem dos boatos que chegavam à SA, provavelmente espalhados por *agents provocateurs*, fizeram os SA tenente-geral Schneidhuber e Schmid visitar o *Gauleiter* Adolf Wagner naquela noite. Wagner, que provavelmente era cúmplice de Himmler, acalmou os dois, só para detê-los algumas horas mais tarde.

As operações de purga passaram longe de serem uniformes. Foram mais intensas em Munique, Berlim e na Silésia. Na maior parte das outras áreas, as operações da SS não se estenderam para além de prisões rotineiras dos altos escalões da SA. Na Pomerânia, Prússia Oriental e na Saxônia, líderes da SS protegeram seus camaradas da SA, recusando-se a mandá-los para Berlim. Himmler e Heydrich permaneceram em Berlim, deixando Best e Sepp Dietrich cumprir as ações ordenadas por Hitler e o *Gauleiter* Wagner. Hitler foi acompanhado até Wiessee pelos mais velhos de seus cupinchas, Christian Weber, Emil Maurice e Walter Buch. Em Berlim, Göring ficou no comando, embora possa ter recebido listas de proscrições dos líderes da SS. As prisões foram feitas por todos os tipos de unidades, como o pessoal à paisana da SD. Em Breslau, o alerta veio da SD de Berlim, e o comandante regional da SS, Udo von Woyrsch, supervisionou pessoalmente a recolha dos SA e o ataque a um campo de trabalho armado da SA, que resistiu brevemente. Medidas selvagens e irresponsáveis da SS aconteceram em várias partes da Silésia, envolvendo judeus. A maior parte das medidas de segurança em Munique e Berlim foram executadas pela *Reichswehr* e pela Polícia do Estado da Prússia. As ordens secretas da SS, abertas depois de um sinal da SD, enviaram unidades da SS para os quartéis da *Reichswehr* para receber armas e aguardar ordens. A maior parte ficou de guarda em suas comunidades, e muitos nem deixaram os quartéis. Por outro lado, os assassinatos individuais em Berlim e Munique foram quase universalmente atribuídos à SS, sobretudo pelo fato de muitos uniformes negros haverem sido identificados. Poucos, se é que algum, desses assassinatos foram objeto de investigação por um tribunal. Em Wiessee, os cupinchas de Hitler cometeram os primeiros assassinatos. Em Munique, as execuções na prisão de Stadelheim foram cometidas por membros do *Leibstandarte*, comandada por Sepp Dietrich, e unidades da SS de Dachau, comandadas por Eicke. Este e seu ajudante, Michael Lippert, mataram Röhm. Em Berlim, as execuções aconteceram no quartel de Lichterfelde, depois de uma corte marcial mista, integrada às vezes por Himmler, Daluege, Waldeck, Heydrich, Buch e Göring. Os carrascos parecem ter sido selecionados das unidades remanescentes do *Leibstandarte*. O *Feldjüger* e major Wecke e o general Göring da *Landespolizeigruppe* também estiveram envolvidos de perto. Em Breslau, as execuções que Heydrich insistiu que fossem feitas foram cometidas por um pequeno destacamento de SS regulares, depois de muita hesitação, pois poucos desejavam matar camaradas da SA. Aqui também unidades do *Feldjüger* e da *Landespolizei* prussiana participaram das prisões, se não dos assassinatos.

Das cerca de 200 pessoas que perderam a vida durante o terror de 30 de junho-3 de julho, mais da metade não eram membros da SA. Homens da SS, sem dúvidas, mataram quase todos eles. O número real de assassinos da SS permaneceu bem pequeno, talvez várias dúzias, e o número de oficiais que participou da conspiração antecipadamente – mesmo incluindo os que acreditavam com seriedade em uma revolta de Röhm – não excederia cinquenta. O pessoal da rede da SD pode dar conta de outros cinquenta. A maior parte do pessoal da SS empregado no dia 30 de junho e nos dias seguintes sabia pouco ou nada do que estava acontecendo e desempenhou funções de segurança, não diferentes das de unidades do exército e da polícia junto às quais serviram. No entanto, Hitler escolheu outorgar, e Himmler receber, crédito maciço pela purga. Apesar de apenas uns poucos serem responsáveis, a disposição para matar e assumir crédito pelos assassinatos marcaria para sempre os Corpos Negros dali em diante.

O serviço peculiar que Heydrich e Himmler prestaram a Hitler foi o assassinato de pessoas cujas mortes Hitler não desejava ordenar diretamente. Isso incluiu Gregor Strasser, e provavelmente vários outros. O muitas vezes discutido arrependimento de Heydrich por não poder matar mais salienta o fato de que poucos oficiais da SA foram mortos. Que a SA tenha sido tão efetivamente aleijada pela perda desses poucos comandantes regionais e oficiais de estado-maior indica ou o seu papel proeminente na organização ou a ineficiência geral da SA, ou um pouco das duas coisas. Lutze parece ter lamentado sua parte na traição de seus camaradas, e expressou que até mesmo muitos deles foram mortos "desnecessariamente". Talvez ele tenha sido induzido a acreditar que apenas Röhm e cinco ou seis outros deviam ser eliminados. Por outro lado, a intimidação dos políticos direitistas foi completa. A *Reichswehr* abrigou ressentimentos contra a SS por sua brutalidade nas mortes do general e senhora von Schleicher, e do general von Bredow, mas ainda assim concedeu à SS o equivalente a uma divisão de armamentos. O partido renovou seu respeito pela SS – muito em função do medo –, enquanto uma rivalidade se instalou em vários ramos da polícia, que via na SS seus maiores críticos e possivelmente seus substitutos.

A independência que a SS ganhou da SA com as ordens de Hitler para o dia 20 de julho de 1934 não requereu uma reorganização imediata. Em vez disso, foi seguida por uma rigorosa limpeza interna, que levou à expulsão de pelo menos 60 mil dos membros mais novos. Evidentemente a SA também foi examinada em detalhes, mas suas perdas não foram proporcionalmente mais pesadas que as da SS. A AW continuou como unidade independente sob comando de Hitler até o outono, mas foi liquidada em janeiro seguinte. Krüger levou consigo para a SS muitos dos oficiais da AW.

Himmler lucrou no decorrer do resto dos anos 1930 com muitas das inovações organizacionais de Röhm em 1933-34, principalmente com a "coordenação" estrutural dos distritos da *Reichswehr*, e também com a ideia de penetração na comunidade universitária, o desenvolvimento de uma agência de imprensa independente e a ênfase nas conquistas esportivas associadas com a Insígnia de Esportes da SA; e, finalmente, com a noção de uma elite militar para o *Leibstandarte* Adolf Hitler e as *Verfügungstruppe (Tropas de Serviço Especial)*, que realizaram o ideal da AW. No entanto Himmler percebeu que não deveria deixar a SS proliferar visivelmente no Terceiro Reich. O contraste de 1934 entre as demonstrações barulhentas da SA e o trabalho silencioso da SS jamais foi totalmente esquecido, mesmo nos anos de guerra.

6
OS ANOS DE CRESCIMENTO
– 1934-39

CONSOLIDAÇÃO

Posteriormente à purga de Röhm, a posição da SS estava longe de uma definição. A atmosfera de tensão, suspeitas mútuas e recriminação aberta coloriu as relações da SS com a *Reichswehr*, e com os dirigentes do Estado e do partido. Em agosto, por ocasião da morte de Hindenburg, uma unidade da SS foi empregada para controlar o acesso à sua propriedade, com muito pesar da *Reichswehr* e das personalidades nacionalistas que tinham esperanças de encontrar um testamento antinazista. Por outro lado, a SS (e a SA) procurava em vão extrair informações da *Reichswehr* sobre seus planos de expansão. Fritsch queixou-se de que o pessoal da SS na *Reichswehr* espionava seus oficiais comandantes. A tensão chegou ao auge em dezembro de 1934, com rumores de um enfrentamento entre duas forças de poderio equivalente, cada uma com cerca de 300 mil homens, alguns favorecendo a ideia de um *putsch* de iniciativa da SS, e outros uma manobra contrarrevolucionária do exército. No dia 3 de janeiro de 1935, Hitler convocou uma reunião na Ópera Kroll com chefes do partido e da *Reichswehr*, na qual advertiu o partido contra intromissões no exército e chamou a *Reichswehr* de "a única portadora de armas". Jornais britânicos da época advertiam que a SS deveria ser reduzida, mas referiam-se a "unidades de distúrbios" da SS com armas mais pesadas ainda em processo de formação – os futuros *Verfügungstruppe*. Depois, em uma conciliadora *Bierabend* (noite de chopes), patrocinada por Blomberg, no dia 10 de janeiro, Himmler teve o mau gosto de acusar Fritsch de se meter nos assuntos do partido ao convidar o professor Carl Schmitt para se dirigir a um grupo seleto de oficiais da *Reichswehr* sobre justiça nos *putchs*. O assunto foi aparentemente reparado em outra *Bierabend*, o suficiente para que Himmler fosse convidado a discursar para oficiais da *Reichswehr* em Hamburgo, em fevereiro, sobre a necessidade de seus "esquadrões antidistúrbios", um dos quais estava em processo de formação naquele distrito (*SS-Standarte "Germania"*). Caracteristicamente, Himmler enfatizou a experiência de 1918, a "punhalada nas costas" e a necessidade de liberar os soldados do front, e a responsabilidade pela linha de frente doméstica durante a guerra. Evidentemente, a causa da tensão e desse vaivém era a iminente proclamação da *Whrhoheit* (Soberania de Defesa) e o papel que uma SS armada poderia desempenhar formando unidades de uma nova *Wehrmacht*. Apesar de Hausser errar ao alegar que Hitler anunciou ao *Reichstag* que uma divisão da SS seria incluída entre as trinta e seis anunciadas no dia 16 de março, reflete a expectativa de Himmler de que os regimentos especiais da SS, armados, em formação em Munique, Hamburgo e Berlim se tornariam divisões regulares do exército em época de guerra. Hitler parece jamais ter feito uma promessa tão clara nesse sentido.

    Uma das principais razões da resistência às ambições da SS por parte dos comandantes do exército pode ter sido suas dúvidas sobre a disciplina e a confiabilidade contrarrevolucionária das unidades de Himmler. Essas mesmas dúvidas eram abundantes entre as autoridades estatais, tanto no final de 1934 como até bem depois em 1935. Uma das principais áreas de atrito relacionadas a crimes da

SS era a Silésia, onde em agosto de 1934 seu comandante regional, von Woyrsch, apresentou ao procurador-geral regional um ultimato para que soltasse membros da SS acusados de ações ilegais durante as purgas e, em setembro, homens da SS acusados de assassinatos gratuitos durante e depois de 30 de junho receberam sentenças leves, enquanto a Gestapo perseguia os funcionários que buscavam levá-los à justiça. A polícia regular estava atribulada com oficiais da SS que não apenas apareciam bêbados em público como também espancavam pessoas com que discordassem em locais públicos, além de desafiar as forças da lei e da ordem de modo geral, muito ao modo como fazia a SA (e a SS) antes de 30 de junho. Ao mesmo tempo que Hitler e homens como Göring, Goebbels e Himmler desejavam evidentemente perpetuar as ambiguidades a respeito dos objetivos da purga, com o propósito de intimidação, também tinham que controlar a percepção no exterior de ausência de lei e ordem no país. Os comandantes individuais da SS não podiam ter permissão para determinar quem assustariam.

O modo como Himmler controlou esse problema, ou o tanto que chegou a controlar, por racionalização e burocratização, afetou profundamente o tipo de liderança corporativa que evoluiu na SS; mas, em certo sentido, essa direção já havia sido tomada dentro da SA. As tendências antiburocráticas da tradição dos corpos livres, realmente lideranças dos brigões de rua autônomos, já haviam sido submetidas a uma camisa de força organizacional, mesmo dentro da SA de Röhm, e especialmente nas unidades de Himmler. Entretanto, tal como a SA de Röhm ameaçou, no final, institucionalizar a dissensão em sua própria burocracia (por exemplo, com um Escritório Político ou um Sistema de Treinamento), também em última medida a SS, já havendo sofreado seus bagunceiros e os indisciplinados espíritos livres das ruas, deveria se tornar uma ameaça maior para as instituições alemãs rivais como corporificação da vida militar política nos interesses da revolução permanente. No curto prazo, entretanto, a SS enfrentava o problema da indisciplina deixado como herança pela SA. O crescimento rápido e a congruência com a estrutura da SA fizeram que sua administração central, apesar de repetidamente modificada, ficasse desestruturada e redundante. Ao mesmo tempo suas estruturas regionais eram essencialmente a continuação daquela do partido, embebida no *Kampfjahre*, com os líderes da SS envolvidos, para o melhor e para o pior, em conflitos e camaradagens nascidos entre velhos parceiros.

A Áustria, onde a SS esteve embaraçosamente envolvida no fiasco putschista de 25 de julho de 1934, menos de um mês depois do suposto *putsch* de Röhm, ilustra bem os problemas de Himmler com a reorganização da SS. A SS austríaca, *Abschnitt VIII*, era caracterizada tanto por seu vigor ruidoso como por seu caráter incontrolável. Uma das *Abschnitt* mais antigas – com força em quase todos os *Länder* austríacos –, a SS austríaca, tal como os nazistas austríacos como um todo, era pouco inclinada a subordinar-se a Munique, e ainda menos a Berlim. O envio por Himmler de um comandante, na forma de um *Oberführer* berlinense e um agente de inteligência (doutor Walter Gröschke), tampouco havia ajudado nesses assuntos. A rede de intrigas característica da ditadura de Dollfuss envolveu tanto a SA quanto a SS austríaca em 1933, de modo que o controle se tornou ainda mais difícil para Himmler e Röhm do que se poderia esperar no aspecto internacional. Quando Dollfuss enviou a SA e a SS para a clandestinidade, em junho de 1933, por causa de uma participação generalizada de seus membros em violência aberta, os nazistas austríacos começaram a dividir-se entre aqueles que permaneceram para lutar e os que haviam fugido para a Alemanha. Os membros da SA e da SS que fugiram viriam a formar um núcleo de uma fração desejosa de se subordinar aos propósitos e ao cronograma dos nazistas e do Reich alemães, enquanto os que permaneceram ficavam cada vez mais inquietos e ativos, ansiosos para usar a Alemanha de Hitler em vez de serem usados por ela. Os do primeiro grupo estavam aquartelados em Munique, com muitos campos de refugiados – principalmente de homens jovens – localizados na Baviera, perto da fronteira. O segundo grupo que permaneceu na Áustria estava organizado de modo muito frouxo, com uma força SS estimada, em janeiro de 1934, de cerca de 5 mil (1 mil dos quais haviam sido reconhecidos por Munique), em cinco *Standarten*.

Usando as conexões cruzadas dos nazistas austríacos com a fascista Defesa Nacional Estiriana e com o nacionalista *Heimwehr* (Exército Nacional), Himmler parece ter conduzido sua própria versão de política externa, em combinação com Theo Habicht. Em outubro de 1933, Himmler fez arranjos para que Schuschnigg visitasse secretamente Hess em Munique, provavelmente como agente de Dollfuss. Em janeiro de 1934, Himmler enviou o príncipe Waldeck-Pyrmont para Viena, a fim de tentar uma ligação maior entre o Partido Nazista austríaco e a *Heimwehr*. Quando surgiu um vazamento e a residência do chefe do partido austríaco foi invadida pela polícia, o oficial da SS teve que ser convocado de volta. Uma onda temporária de cautela passou por Hitler e Himmler nessa época, associada à crescente divisão política entre Hitler e Röhm. Alfred Rosenberg advertiu Röhm, em fevereiro de 1934, que circulavam em Viena boatos de um *putsch* instigado pela SA a partir da Baviera. Na Baviera, tanto a SA quanto a SS reuniam jovens refugiados austríacos em unidades militares na fronteira, conhecidos coletivamente como Legião Austríaca. Esforços para retirá-los da proximidade imediata da fronteira resultaram em motins. A tensão entre os legionários austríacos e a SA alemã acabou originando confrontos naquele abril em Vilshofen, perto de Passau. Unidades da SS foram usadas como guardas de fronteira para evitar incursões que a cruzassem, vindos do lado alemão.

Enquanto isso, na Áustria, as intrigas continuavam. Theo Habicht prosseguia buscando um lugar tanto entre os apoiadores de Dollfuss como com Starhemberg, da *Heimwehr*. Habicht trabalhava com líderes do alto escalão austríaco, tanto da SS como da SA, provavelmente com o conhecimento tanto de Himmler como de Röhm, mas a rivalidade entre as duas formações levava a negociações separadas. Possivelmente Hitler e alguns membros do Ministério das Relações Exteriores alemão foram informados, ainda que de modo incompleto, especialmente quando se desenvolveu a ideia de um *putsch* "falsificado", no qual elementos da SS e da SA austríaca deveriam capturar Dollfuss e proclamar um novo governo pró-alemão, com a cooperação da polícia e do exército austríacos. As suspeitas mútuas, talvez a intenção subjacente de vários grupos envolvidos de passar a perna uns nos outros, provocou o surgimento de vazamentos sérios que resultaram, no dia 25 de julho, no fiasco do assassinato de Dollfuss, o isolamento das unidades participantes da 89ª *SS-Standarte* e o repúdio oficial aos revolucionários por Hitler.

O fracasso da SA austríaca em ajudar o complô pode em parte ser traçado até a purga que Röhm havia promovido algumas semanas antes, na qual elementos da SS da Legião Austríaca estacionados no campo de concentração de Dachau tiveram um papel. A SA austríaca mais tarde foi acusada de vazar informações cruciais para as autoridades austríacas a respeito dos planos do *putsch*, mas pode ter havido outras fontes para o vazamento. O episódio austríaco indica que a SS ainda não era o instrumento inteiramente confiável de Hitler, pois Himmler certamente estava ciente das intenções dos conspiradores, apesar de ter sido levado pela corrente de entusiasmo e vigor de seus subordinados austríacos e pelo otimismo mal informado de Habicht. Não é impossível que Hitler estivesse parcialmente informado e que esperasse mascarar a purga de Röhm com uma vitória diplomática barata na Áustria, mas a inépcia de toda a conspiração e os perigos que envolvia são inconsistentes com a cuidadosa preparação que Hitler fez da purga de Röhm. Pareceria mais provável que tanto Hitler como Himmler fossem as vítimas de subordinados ultraconfiantes e sem controle.

Para a SS, as consequências foram o aumento da acrimônia com a SA; renovação da suspeita, por parte de personagens militares e governamentais, sobre a SS como instrumento político confiável; perdas em sua organização na Áustria por conta das prisões, fugas e retirada de atividade (parcialmente recuperada depois de 1936); e uma herança de dificuldades com a SS austríaca que perdurou dali em diante. Por outro lado, membros da SS austríaca que fugiram para o Reich incharam os corpos de oficiais competentes da SS, e a porção da SS na Legião Austríaca se tornou um batalhão da futura *Verfügungstruppe* – 2º Batalhão da *Standarte "Deutschland"*. Em 1938 foi erigida uma placa na chancelaria austríaca comemorando os sete homens da 89ª *SS-Standarte* que foram executados por fazer parte do *putsch*.

Apesar de o outono e o inverno de 1934-35 permanecerem como um período de ambiguidade para a SA e mesmo para a SS quanto a tamanho, estrutura, objetivos e propósitos – marcado por declarações e tendências contraditórias –, ambas as unidades mostraram um crescente rigor, a SS primeiro e a SA mais vagarosamente. Uma distinção foi feita entre os tribunais de honra especiais e os poderes disciplinares dentro da SS e da SA, além de demandas das duas unidades para tornarem-se independentes dos tribunais estatais – a demanda da SA sendo indeferida. A SS finalmente estabeleceu seu próprio sistema de tribunais disciplinares, separado da SA e chefiado por Paul Scharfe, um ex-major da polícia de sessenta anos de idade, diretamente subordinado a Himmler. Por outro lado, a autoridade dos *Feldjügerkorps* sobre o pessoal da SS foi reafirmada. Pessoas que realmente não tinham intenção de servir nas unidades da SA ou da SS, por serem empregados públicos, estudantes, homens de negócio em tempo integral ou que estivessem no Serviço de Trabalho Voluntário, foram transferidos para a reserva ou mesmo forçados a renunciar. Regulamentos anteriores que não haviam sido aplicados foram retomados, tais como a exigência de permissões para portar armas, o recolhimento de contribuições, licenças para casar, certificados de saúde e ancestralidade, a garantia de que todos fizessem o juramento de lealdade ao *Führer*, a punição de clientes clandestinos de lojas de departamentos, comerciantes judeus e profissionais, proibindo o comparecimento uniformizado a atos religiosos, e a remoção da SS (em termos honrosos) de ministros de todas as religiões.

O processo de diferenciação dentro da SS segundo especialidades havia sido muito irregular até a época da purga de Röhm. Médicos, pilotos de aviação, motociclistas, cavalaria, engenheiros e operadores de rádio – tanto ativos quanto na reserva – podiam se ver como parte de formações especiais ou não, dependendo das condições locais. Apenas o pessoal da *Sicherheitsdienst* havia sido realmente cortado organizacionalmente da estrutura da SS. No entanto, por volta de dezembro de 1934, uma distinção decisiva se desenvolveu entre a chamada SS-Geral (*Allgemeine SS*) – na verdade o grosso dos membros, tanto pagos como não pagos, tanto na ativa como na reserva – e certas unidades especiais. Uma ordem secreta de Himmler não menciona a SD entre essas unidades especiais. Faz menção a: (1) *Verfügungstruppe* – o antigo *Politische Bereitschaften*, incluindo a *Leibstandarte* Adolf Hitler; e (2) *Wachverbände* – os antigos *Sonderkommandos*, organizados em *Wachsturmbanne* e *Wachstürme*. Em cada caso, a iniciativa viera de *Oberabschnittsführer* regionais (comandantes regionais da SS), que haviam criado a partir das *Standarten aktive Hundertschaften* ou *Sonderkommandos* (Unidades Especiais de Guarda e Antimotim) subordinadas a eles em 1933. Já em 4 de julho de 1934, Himmler, provavelmente por sugestão de Hitler, havia nomeado Theodor Eicke – comandante do campo de concentração da SS em Dachau desde junho de 1933 – como inspetor dos Campos de Concentração Estatais e chefe das Tropas de Guarda da SS. Esses campos, e as unidades de guarda existentes neles, foram sistematicamente retirados da autoridade da polícia local, já que Himmler era ao mesmo tempo chefe da Polícia Política regional e o superior SS dos comandantes regionais da SS, que haviam originalmente detalhado as *Wachverbände*.

Em novembro de 1934, Himmler também nomeou o tenente-general (da reserva) Paul Hausser para comandar as Escolas para Candidatos da SS às futuras *Verfügungstruppe*, mas não criou uma inspetoria paralela às *Verfüngungstruppe* até outubro de 1936. A data de 10 de outubro de 1934 pode ser tida, entretanto, como a do começo oficial dos *Verfüngungstruppe*, já que foi selecionada mais tarde pelo *Oberkommando der Wehrmacht* (Comando Supremo da *Wehrmacht*, OKW), como a data para reconhecimento da antiguidade nos *Verfügungstruppe*. Provavelmente antes dessa data as unidades de Emergência Política haviam sido financiadas apenas pelo *SS-Oberabschnitte*, enquanto dali em diante os ministérios do Interior do Reich ou dos *Länder* ficaram, pelo menos de forma parcial, financeiramente responsáveis. No caso das *Wachverbände*, os *Länder* se tornaram financeiramente responsáveis na última parte de 1934.

Desse modo, depois de uma etapa inicial na qual o pessoal comum da SS era "designado" para tarefas especiais como Polícia Auxiliar em bases individuais ou, ocasionalmente, com base em unidades, a SS começou a transição para um status quase estatal de algumas de suas formações. Durante 1933 e 1934, esse relacionamento teve aspectos de irregularidade, como simbolizado pelos contratos de um ano estabelecidos entre os indivíduos envolvidos e seus comandantes. Eles se "alistavam" por um ano. É provável que em sua maior parte nem eles nem seus comandantes fizessem uma distinção clara entre serviço para o partido e serviço para o Estado. Em julho de 1935, entretanto, um procedimento regular de alistamento foi desenvolvido, por meio do qual o Ministério do Interior do Reich outorgava a Himmler o poder de administrar juramentos, o que ele em seguida transferiu para os comandantes das unidades dos *Verfügungstruppe*. Documentos regulares de alistamento em nome do Ministério do Interior do Reich foram elaborados em 1935, mas pré-datados para algum momento em 1934 (alguns até para antes de 10 de outubro de 1934). O *Oberabschnitte*, entretanto, manteve o controle sobre as formações dos *Verfügungstruppe* por todo 1935 e a maior parte de 1936. No caso das *Wachverbände*, havia uma maior – mas não incontestada – autonomia *vis-à-vis* os comandantes regionais da SS em 1934 e 1935, provavelmente por causa das ligações dos campos de concentração com a Gestapo. Já em 1936, Eicke era suficientemente forte para ganhar o título mais simples de comandante das Tropas Cabeça da Morte e independência completa das autoridades regionais, tanto do Estado quanto da

SS local. Por outro lado, tendências na direção da autonomia nas unidades auxiliares como a cavalaria, motorizados, engenharia e comunicação foram eficazmente liquidadas, primeiro em 1934, ao colocar seus comandantes nas equipes dos chefes regionais da SS Geral, e mais tarde pela redução em seu tamanho (1935) e a destruição das equipes de mais alto nível (1936). Depois de haver permitido que essas unidades crescessem fora de proporção à sua utilidade, em um esforço para atrair pessoal qualificado, era obviamente necessário restringi-las às que fossem realmente competentes. A despeito de sua óbvia relevância para o potencial de mobilização da SS, essas unidades não passaram a fazer parte das tropas pagas pelo Estado. No entanto, em 1936 tornou-se necessário criar unidades médicas pagas pelo Estado, por fora da estrutura da SS Geral.

NOVAS ESTRUTURAS DE EQUIPES

A primeira estrutura significativa de alto nível da SS criada depois da purga de Röhm foi o *SS-Hauptamt* (Escritório Central da SS), em 20 de janeiro de 1935. Enquanto o Escritório da Raça e Realocação de Darré e o Escritório da Polícia de Segurança de Heydrich foram promovidos ao status de *Hauptamt* nessa conjuntura, sua autonomia já existia desde muito tempo. Por outro lado, as tarefas coordenadoras do novo Escritório Central eram mais do que uma extensão dos deveres da antiga *SS-Amt* e menos que a concepção abrangente da defunta *Oberstab* dos anos anteriores a 1933. Himmler havia experimentado em 1932, com o príncipe Waldeck-Pyrmont, como ajudante pessoal e simultaneamente oficial executivo do *Stabsführer*, e em 1933-34 com Siegfried Seidel-Dittmarsch, antigo oficial prussiano que era um superoficial de ligação intitulado *Chef des Führungsstabs* (Chefe da Equipe de Liderança), não mais como ajudante de Himmler, mas também destacado de funções administrativas estreitas. Quando Seidel-Dittmarsch morreu, Himmler aboliu a Equipe de Liderança e se voltou para a ideia de reforçar as prerrogativas administrativas do antigo Escritório da SS, que haviam sido obscurecidas pela Equipe de Liderança. Himmler descobriu para essa posição Curt Wittje, outro oficial do exército da reserva com ligações empresariais, cuja energia como comandante do Setor Central em uma Hamburgo não amistosa o recomendou para o cargo. Depois de alguns meses se familiarizando com o papel, Himmler pediu a ele que coordenasse tarefas da SS tais como os campos de concentração, o *Gruppenstab z.b.V.* (um escritório de ligação em Berlim que trabalhava com a *Reichswehr*, o Ministério do Exterior, etc. – desfeito em julho de 1935) e as unidades da SS aquarteladas e armadas, assim como supervisionasse o treinamento, armamento, inspeções, pessoal, judiciário, orçamento e manutenção, além dos serviços médicos. O Escritório Central da SS sob seus cuidados foi dividido em *Ämter* (escritórios), *Hauptabteilungen* (seções principais) e *Abteilungen* (seções), cujos chefes se encontravam mensalmente como grupo. A transferência do *SS-Hauptamt* de Munique para Berlim, processo que havia se iniciado mas não completado em 1933 e 1934, sob a *Fürungsstab*, aconteceu na primeira metade de 1935, atrasando de certo modo o processo de centralização da SS. Em maio de 1935, Himmler repentinamente removeu o recém-nomeado chefe do Escritório Central em virtude de acusações de homossexualismo durante sua carreira no exército (talvez revelada a Himmler pela *Wehrmacht*), substituindo-o por August Heissmeyer, mais jovem e com credenciais acadêmicas. A despeito de sua ambição e vigor, este nunca teve sucesso em dominar as dificuldades de sua posição, de modo que deixou o Escritório Principal da SS em 1939 sem estar mais fortalecido dentro do ramificado sistema da SS do que estava em 1935. Desenvolveu, entretanto, uma burocracia intrincada a partir do rudimentar sistema de equipe que seu predecessor havia apenas começado a construir.

Tal como em 1932 e 1933, as posições na equipe do velho *Oberstab* tendiam a se tornar escritórios independentes (*Sicherheitsamt* e *Rassenamt* – Segurança e Raça), de modo que vários escritórios *SS--Hauptamt* se dividiram e se tornaram independentes. O Escritório

Administrativo, mesmo em 1932, tendia a ser uma operação separada, com seu próprio treinamento, uniformes, promoções e procedimentos – baseado nos assim chamados tesoureiros das unidades, que lidavam com o programa dos membros patrocinadores e apoiadores da SS (*Fördernde Mitglieder*). Rebatizado como *Verwaltungsführer*, ainda retinham um certo grau de separação. Quando Oswald Pohl, um dinâmico ex-oficial naval, assumiu a Seção Administrativa do supostamente fortalecido *SS-Amt*, no começo de 1934, trabalhou firmemente para se tornar *Verwaltungschef* ("Chefe da Administração"), diretamente subordinado a Himmler, responsável pela administração no *Sicherheitsamt, Rassenamt, Verfügungstruppe* e campos de concentração. Em 1939 ele chefiava dois escritórios centrais que tinham funções sobrepostas, o SS-Escritório Central Administrativo e Econômico (VWHA) e o Escritório Central da Política para Orçamento e Construção. Enquanto o anterior era financiado por fundos do partido, controlados por F. X. Schwarz, o último sugava recursos do Reich para as futuras unidades de combate SS (*Waffen-SS*) e os campos de concentração.

Um processo similar, complicado por muitas mudanças no alto escalão, ocorreu com o *Führungsamt* (Escritório da Liderança). Seu primeiro chefe foi um ex-major da *Reichswehr*, que havia assumido como chefe da *Führungsabteilung* (Seção da Liderança) em Munique, quando esta ainda era supervisionada pelo *Führungsstab* de Berlim. Ele jamais conseguiu ser algo mais que um gerente de escritório, e foi temporariamente substituído em 1935 por Leo Petri, um ex-tenente coronel de polícia com cinquenta e oito anos de idade, que teve experiência na ocupação da Polônia, China e África durante a I Guerra Mundial. Quando este recebeu um novo posto como chefe de um Escritório de Segurança especial para combater o assassinato de líderes nazistas, Himmler experimentou colocar o chefe do Escritório Principal da SS para comandar pessoalmente o Escritório da Liderança, mas logo desistiu disso. O Escritório da Liderança passou então a gravitar na órbita da futura SS de combate e foi chefiada por algum tempo em 1936 por Paul

Hausser, até que este foi nomeado inspetor dos *Verfügungstruppe*, mas em grande medida era dirigida por Hermann Cummerow, também ex-coronel da *Reichswehr*.

Uma burocracia elaborada desenvolveu-se dentro do resto do Escritório Central da SS, muito pelas mesmas razões. Em 1935 foram acrescentadas seções para SS: previdência, recrutamento, segurança, política populacional e imprensa, juntamente com uma grande chancelaria. Em 1936 são acrescentadas três novas inspetorias para os campos de concentração (agora transformados em um comando regular que incluía também as tropas da Cabeça da Morte): *Verfügungstruppe*, Tropas da Fronteira e Guardas, e Escola para Candidatos a Oficiais. Mas a seção de imprensa logo teria um chefe de imprensa, e em junho de 1937 teve que dar lugar a uma agência independente conhecida como *Pressestelle SS und Polizei* (Escritório de Imprensa para a SS e a Polícia), refletindo o processo de amalgamação da SS e da polícia, que havia produzido os dois Escritórios Centrais Administrativos que se sobrepunham, como referido acima. O ano de 1937, entretanto, não reduziu o número de departamentos no Escritório Central, pois com a aprovação de Himmler seu chefe burocrático acrescentou escritórios para calistenia, comunicações, arquivos e suprimentos. Em 1938, Himmler dividiu o escritório de recrutamento em dois, para separar o registro e o arquivo de estatísticas do arquivo de operações de formulação de políticas. Essa fragmentação não contribuiu em nada para o fortalecimento do Escritório Central, por causa de atrasos, assim como mudanças na ênfase e no pessoal, mesmo que uma espécie de imperialismo burocrático dentro da agência tenha produzido o escritório. Seus membros ambiciosos tinham que abandoná-lo para conseguir poder e prestígio – liderados por Heissmeyer, o chefe que já no começo de 1936 começou a diversificar seus interesses ao se tornar inspetor das Escolas Nacionais de Treinamento Político (Napolas), que não eram uma operação da SS. Por volta de 1939, Himmler desejava criar para si outro Escritório Central, designado simplesmente por seu próprio nome, de modo que Heissmeyer continuasse a perseguir seus interesses educativos com o prestígio da SS, mas sem apresentar exigências de controle completo sobre os Napolas. Fosse lá qual fosse, esse seu interesse deu a Himmler e à SS influência junto à juventude alemã, reduzindo também proporcionalmente a atenção para o Escritório Central de Heissmeyer, que se viu negligenciado uma e outra vez pelo outro Escritório Central, pelos comandantes regionais da SS e da polícia, e, especialmente, pelo próprio Himmler. A falta de interesse contínuo que Himmler demonstrou em um sistema unificado de equipe era um sério fator contribuindo para isso, apesar de não ser a única razão para o problema. As condições e funções em permanente mudança dentro da SS também criavam dificuldades.

O ano de 1936 foi, de muitas maneiras, a chave para a evolução do sistema SS, pois foi em meados de 1936 que Himmler conseguiu a unificação da polícia alemã sob seu comando, desse modo criando a base para a firme amalgamação da SS e da polícia nos anos seguintes. Em 1935, a SS ainda recolhia pedaços do período de crescimento desorganizado, da desordem revolucionária e da purga de Röhm. Expulsões, consolidação e diferenciação eram os temas principais. Uma reorganização básica e há muito necessária da SS Geral aconteceu em janeiro de 1936 para reduzir a variedade de patentes honorárias especiais. Dali em diante haveria simplesmente a SS paga e empregada em tempo integral, e patentes "honorárias" em tempo parcial. Depois de 1936, a SS parece haver descoberto sua direção e o ritmo de seus passos – talvez também seus limites, apesar de esses não permanecerem constantes –, de modo que um tipo de divisor de águas se formou com a aquisição por Himmler, no dia 17 de junho de 1936, do título de *Reichsführer SS und Chef der deutschen Polizei* (RFSSuChddPol). Essa mudança se reflete indiretamente na revisão do relacionamento do *Oberabschnittsführer* feita por Himmler, em 9 de novembro de 1936. Anteriormente esses comandantes estavam sujeitos apenas a Himmler e ao Escritório Central. Agora também estavam subordinados ao Escritório Central de Segurança e ao Escritório Central da Raça e

Assentamento e, também, em certo sentido, a mais dois Escritórios Centrais criados, o *Hauptamt Persönlicher Stab* (Escritório Central da Equipe Pessoal) de Himmler, e um Escritório Central designado simplesmente com o nome de Daluege, mas idêntico ao Escritório Central da *Ordnungspolizei* (Polícia da Ordem). Essa mudança básica significava que os comandantes regionais da SS recebiam influência nominal sobre as operações de polícia em suas regiões, assim como as atividades do sistema da Raça e Assentamento, que nessa época incluía o treinamento ideológico da SS, o sistema de previdência familiar da SS, os assentamentos rurais e urbanos e habitação da SS, e coordenação com o *Reichsnührstand* (Sistema Estatal de Alimentação) na agricultura.

Mesmo neste ponto, entretanto, é necessário notar uma ambiguidade, pois a criação de três novas inspetorias em 1936 – incluindo *Verfügungtruppe,* Tropas de Fronteira e Guardas, e Escolas para Candidatos a Oficiais –, mais a independência dos campos de concentração e as tropas da Cabeça da Morte, levaram com a mão esquerda pelo menos parte do que Himmler havia dado com a direita. Os comandantes regionais da SS não receberiam mais ordens dos inspetores ou de Eicke. Assim, as unidades especiais da SS foram, por sua vez, cortadas da influência regional, um passo na separação da SS militarizada das fileiras tradicionais dos soldados políticos. Como já vimos e ainda veremos mais claramente, o esforço para amalgamar a SS e a polícia foi um processo bem separado, lento e desigual, e apenas parcialmente bem-sucedido. Similarmente, o isolamento completo do soldado profissional SS, com certeza, não foi abertamente batalhado e até mesmo Himmler a isso se opôs ocasionalmente, favorecendo um amálgama triplo do soldado político (*Allgemeine SS*), polícia e soldado profissional. Alguns dos principais oficiais da SS gerenciavam essa síntese, mas de longe a maioria combinava apenas duas dessas características em sua carreira e perspectiva. Muitos permaneciam apenas como soldados políticos, policiais, ou soldados profissionais. Alguns desses últimos mais tarde alcançaram patentes muito altas, como o fizeram oficiais da SS que podiam ser mais bem caracterizados em outros termos, tais como técnicos e profissionais.

EQUIPE PESSOAL (*PERSÖNLICHER STAB*)

Talvez em função da dupla personalidade de Himmler, que encorajava a burocratização do *SS-Hauptamt*, mas depois buscou dar a volta em sua própria burocracia, o novo e poderoso Escritório Central conhecido como *Persönlicher Stab, Reichsführer SS* (Equipe Pessoal, RF-SS) começou em 1936 a coligir e criar responsabilidades a partir das funções dos ajudantes. Anteriormente conhecido como *Chef-Adjutantur*, havia sido dirigido desde 1934 por Karl Wolff, um "operador" esperto que conseguiu sucesso como primeiro-ajudante de Himmler onde dois ou três anteriores haviam fracassado, porque era mais esperto, mais flexível e imaginativo, e aceitava os insultos de Himmler. Sua recompensa foi permanecer com a confiança de Himmler e gerenciar todos os aspectos de seu relacionamento com a SS, o partido, as agências estatais e o pessoal – um papel para o qual o *SS-Hauptamt* havia sido originalmente imaginado.

O *Chef-Adjutantur* mudou-se para Berlim com cinco ou seis oficiais SS de baixo escalão e suboficiais, em 1935, ainda com a tarefa primária de responder às cartas. Seus membros eram jovens, dispostos e ansiosos por satisfazer não apenas Himmler, como também toda a SS, o partido e autoridades estatais. Em recompensa, os oficiais da SS e outros funcionários ficavam agradecidos pelos pequenos serviços que lhes eram prestados ao conseguir uma audiência com o *Reichsführer SS*, de modo que um tom de acomodação recíproca e mesmo intimidade entrou na correspondência do escritório. Em novembro de 1936, quando Himmler a erigiu como equivalente ao Escritório Central, escondido na Prinz Albrechtstrasse, a Equipe Pessoal tinha basicamente três funções: (1) articulação; (2) financeira; e (3) cultural. A partir do trabalho de responder cartas, desenvolveu um extenso mecanismo de encaminhar demandas, de modo que cartas pessoais dirigidas a Himmler fossem repassadas para alguma de suas muitas agências subordinadas. Ao mesmo tempo, cada vez mais pessoas do alto escalão, dentro e fora da SS, buscavam ter o ouvido de Himmler fora dos canais regulares, de modo que a Equipe Pessoal se tornou um foco de influência dentro da SS. Himmler cada vez mais a empregou para negociações delicadas, nas quais os "canais" tinham que ser evitados. Assuntos adequadamente tratados pelo Escritório Pessoal – uniformes, condecorações, e mesmo promoções – se tornaram triviais para os oficiais mais novos do Escritório Pessoal, e as posições honorárias da SS mais cobiçadas depois de 1936 eram as de *Stab, Reichsführer SS*, pois abriam canais oficiais para o centro de influência.

O segundo aspecto do Escritório Pessoal era econômico, pois Himmler controlava em última instância as fontes de vantagens financeiras. Os salários da SS eram baixos, e logo se tornou evidente que era perigoso para Himmler permitir que seu corpo de oficiais se tornasse dependente das repartições estatais controladas por Göring, Frick ou Gärtner, ou de posições na indústria privada. Permissões para despesas especiais, além de bolsas para quitar débitos, tornaram-se disponíveis em 1936, com fundos obtidos por Himmler mediante negociações privadas com o tesoureiro do partido, assim como junto ao círculo de industriais (*Freundeskreis*) fundado em 1932. Esses fundos eram colocados na "Cota Especial R" sob o controle da seção *Wirtschaftliche Hilfe* (Ajuda Econômica). O chefe da Administração da SS, Pohl, transferiu um de seus melhores oficiais, Bruno Galke, para Himmler, com esse propósito, em 1936. Ainda mais, começando em novembro de 1935, com um de seus Decretos Básicos, Himmler fundou uma espécie de união de crédito SS, para a qual todos tinham que contribuir com 1 marco por mês. O gerenciamento desses fundos ficou com a Equipe Pessoal, que poderia usá-los também para sustento de viúvas e órfãos da SS. Não se pagava nenhum juro, entretanto, e não havia nenhum princípio de seguro para os sobreviventes. Em outras palavras, Himmler e seus ajudantes ganhavam uma alavanca adicional para assegurar o "entusiasmo" entre os SS e seus dependentes. De fato, esses fundos eram amplamente aplicados junto a empresas nas quais a Equipe Pessoal possuía mais de 50% das ações. A primeira dessas foi fundada em Magdeburgo para impulsionar as ideias nórdicas de Himmler. A segunda foi a Fábrica de Porcelanas Allach, fundada de modo privado a pedido de Himmler em 1933 e em seguida tomada pela Equipe Pessoal como uma empresa da SS para manufaturar porcelanas parecidas com as de Dresden, e objetos de culto "nórdico", como castiçais de velas de aniversário. Outros empreendimentos de negócios fundados nos meados da década de 1930 pela Equipe Pessoal incluíam uma firma de fotografia, uma companhia de refletores de bicicleta, uma fábrica de engarrafamento de água mineral e várias imobiliárias usadas para incorporar a construção de casas para oficiais da SS, em modernos conjuntos suburbanos ou em novas vilas nas melhores vizinhanças.

No final dos anos 1930, a Equipe Pessoal expandiu suas atividades econômicas para incluir o apoio de investidores não SS (alguns deles tipos duvidosos que terminaram em campos de concentração depois de roubar fundos do Reich e do partido), o desenvolvimento de matérias-primas e suprimentos para a SS, em conjunção com o Escritório do Plano Quadrienal de Göring, a busca de mão de obra para a agricultura alemã, e a descoberta de empregos para oficiais SS que se aposentavam. Inevitavelmente entraram em conflito com a igualmente ambiciosa divisão administrativa da SS, chefiada por Pohl, e foram forçados a desistir de muitas de suas empresas e atividades por volta de 1939. A guerra logo lhes ofereceu muitas oportunidades de recuperar o crescimento.

A terceira função da Equipe Pessoal estava relacionada com as pretensões culturais de Himmler, de algum modo já envolvidas no desenvolvimento da fábrica de porcelana, para "purificar" os *objets d'art* alemães. Aqui também o envolvimento tomou a forma da fundação, em 1935, de uma sociedade de pesquisa e ensino, *Ahnenerbe* (Fundação da Herança Ancestral), e, em 1936, da Sociedade para o Progresso e a Preservação dos Monumentos Culturais Alemães. Em cada um desses casos, as sociedades eram governadas como seções da Equipe Pessoal com oficiais da SS na chefia. Foram solicitados e coletados fundos junto a alemães individuais e firmas interessadas em escavações e restaurações de relíquias reais ou supostas da cultura germânica – como as catedrais medievais. Expedições para a América do Sul e para o Tibete foram planejadas, e publicações caras foram empreendidas nos campos da arqueologia e das artes. Mais uma vez a Equipe Pessoal foi capaz de conseguir extensos contatos nos campos intelectuais e científicos, assim como nos círculos mais altos da filantropia e das finanças alemãs. Muitas pessoas que, de outro modo, não teriam razões para se associar com Himmler ou com a SS se tornaram assim envolvidas, e até mesmo se juntaram às fileiras como membros honorários. Por meio da Equipe Pessoal, Himmler conseguiu um número considerável de amigos e apoiadores "respeitáveis", aos quais podia recorrer para assistência, financeira e técnica, tanto para o favorecimento da SS como para ajudar a desempenhar cada vez mais funções para o Reich. Entretanto, a mentalidade de segunda ou terceira classe dos "cientistas" que a Fundação da Herança Cultural patrocinava fez, por exemplo, que as "pesquisas" da SS se transformassem em objetos de riso e derrisão nas universidades que Himmler desejava penetrar. Isso não evitou, é claro, que até mesmo trocistas capitalizassem a ingenuidade de Himmler, e permitissem inclusive que a SD os recrutasse para trabalhos de inteligência.

ESCRITÓRIO CENTRAL DA RAÇA E ASSENTAMENTO DA SS (RUSHA)

Outro Escritório Central da SS que tendeu a crescer demasiado e se fragmentou quando expandiu, em conexão com o envolvimento cada vez mais intenso com o governo, atividades do partido e negócios, foi o Escritório Central da Raça e Assentamento de Darré. Enquanto sua linha original de desenvolvimento provinha do poder de conceder ou reter a aprovação de casamentos entre os homens da SS, o envolvimento de Darré com o Ministério da Agricultura e Alimentação inevitavelmente levou o RuSHa a extensas atividades econômicas, em competição ou em cooperação com os interesses do partido, do Estado e privados. Já notamos que esse era o mesmo Escritório Central que recebeu, em 1933, as principais responsabilidades educacionais dentro da SS, permitindo que penetrasse organizacionalmente nas unidades locais. Dessa maneira, quando se tornou Escritório Central em janeiro de 1935, já havia acumulado quatro deveres: (1) treinamento ideológico; (2) seleção racial; (3) ligação com a agricultura e (4) seguridade social alemã, dentro da SS. Para cada uma dessas tarefas, havia uma seção ou escritório manejado por um ou dois oficiais remunerados da SS, e chefiado por um responsável "honorário", que geralmente era um dos funcionários de Darré no Ministério ou no Serviço Estatal de Alimentação. Mais adiante, cada um dos Escritórios Centrais tinha um *Rassereferent* (especialista em raça), que na verdade era um oficial assalariado do RuSHa, e um *Bauernreferent* (Conselheiro em Agricultura), geralmente um *Landesbauernführer* (líder de fazenda estatal), dentro do sistema do Serviço Estatal de Alimentação. Nos níveis mais baixos havia um oficial de treinamento (ou suboficial), que também era parte do RuSHa, até o nível de companhia. Esses últimos não eram remunerados. Agregados às unidades de todos os níveis havia também um líder agrícola regional (normalmente um fazendeiro na ativa), do Serviço Estatal de Alimentação, com uma patente do RuSHa (SS), que também era voluntário em tempo parcial. Deve-se notar que esses oficiais de treinamento (ou suboficiais) e conselheiros agrícolas eram ainda recém-aceitos na SS na época (1934 e 1935), e, portanto, não eram bem conhecidos nem pela RuSHa, nem pelas unidades locais. O que geralmente se enfatizava eram sua trajetória no partido e competência profissional.

Enquanto as atividades do Escritório Central da Raça e Assentamento desenvolvia políticas em seus respectivos campos de competência e julgava casos duvidosos (geralmente ligados à admissão e casamento), os conselheiros e oficiais de treinamento desenvolviam executivamente as políticas, dentro de suas unidades.

Deveriam ajudar os comandantes da SS e seus homens a aplicar as rotinas ordenadas pelo RuSHa. Para sua instrução, o RuSHa mantinha vários cursos em uma escola especial no subúrbio de Grunewald, em Berlim, assim como outras reuniões profissionais. Eram obrigados a assinar o jornal do Serviço Estatal de Alimentação, *Deutsche Zeitung*, que "expressava a visão do Escritório de Raça e Assentamento". Em julho de 1935, este foi substituído pela revista oficial mensal do Escritório de Treinamento (RuS-*Schulungsamt*), o *SS-Leithefte*. No entanto, parece que toda a rede de oficiais de treinamento e conselheiros agrícolas foi preenchida lentamente e muitas vezes mudada. Um infindável fluxo de formulários, que deviam ser preenchidos pelos comandantes e seus homens, era originado pelo RuSHa, já em 1934, além de extensos materiais de treinamento. Os representantes nas unidades do RuSHa raramente teriam o tempo, a educação, o entusiasmo e o apoio da unidade para tantas atividades de rotina. Assim, não é surpreendente que o RuSHa pareça gradualmente ter se afastado das unidades para se tornar seu próprio executivo, em muitos campos. Como é usual, o momento da virada situa-se aproximadamente em 1936, quando Darré nomeou uma espécie de representante no campo para recapturar o contato com as "unidades básicas" do RuSHa.

Embora em 1935 a estrutura do Escritório Central da Raça e Assentamento estivesse baseada no uso de grande número de oficiais honorários da SS, cujo principal foco de atenção estava no aparato do Estado e do partido comandado por Darré, com um pequeno número de oficiais de baixa patente e suboficiais cuidando da loja, as mudanças iniciadas em 1936, e que prosseguiram em 1937, resultaram em um Escritório Central profissional, que atraiu antigos comandantes da SS Geral e pessoal das equipes para Berlim. Um dos exemplos mais marcantes disso foi o Escritório de Assentamento, que foi transferido em 1936, de Herbert Backe, do Ministério da Agricultura, para Curt von Gottberg, um pequeno aristocrata da Élbia Ocidental, cultivado por Darré. Von Gottberg experimentou com companhias do Escritório de Assentamento, uma forma de especulação imobiliária associada à conversão de grandes fazendas da Élbia Ocidental em pequenas propriedades. Levou para o RuSHa o esquema de trabalhar com essas companhias para ajudar no assentamento no solo de homens da SS também em unidades suburbanas. Sob sua liderança, uma antiga companhia (*Deutsche Ansiedlungsgesellschaft*) foi reorganizada com uma maioria da SS (compra de ações particulares) na diretoria, com propósito de desenvolvimento rural, e uma nova companhia (*Gemeinnätzige Wohnungs – und Heimstätten G.m.b.H.*) foi organizada para construir conjuntos suburbanos para a SS. Von Gottberg forçou a coordenação de todos os projetos de habitação da SS em unidades locais e regionais sob seu controle. Convenceu também Darré e Himmler de que devia ter uma seção de arquitetura e planejamento sob seu comando, que podia ser consultada até mesmo pela polícia alemã na construção de quartéis. Por volta de 1939, havia construído seu escritório com vinte empregados pagos. Havia pelo menos sete áreas de assentamento no Reich administradas por seu escritório e numerosas "Companhias de Assentamentos SS", nas quais Himmler tinha interesse controlador, por meio de ações particulares compradas por Backe e outros oficiais da SS que trabalhavam para ele. Havia dificuldades pela frente, entretanto, porque Oswald Pohl, o chefe da Administração da SS, procurava cada vez mais trazer todas as atividades econômicas da SS para o seu controle. Além disso, em 1938, Darré entrou em conflito com Himmler e por essa razão retirou parte do apoio ao Escritório de Assentamentos, ainda que não todo.

 O outro escritório do RuSHa que se desenvolveu muito mais que seu objetivo original era conhecido como *Sippenamt* (Escritório de Assuntos Familiares, às vezes traduzido como Escritório Genealógico). Enquanto o Escritório da Raça original continuou funcionando depois de 1936, como consultor "científico", ou de políticas, o *Sippenamt* assumiu a aprovação das admissões e casamentos, e em 1936 lançou um programa ambicioso de Escritórios de Bem-Estar Familiar, nas unidades SS a nível regimental. O pano de fundo do programa não repousa tanto em algum ambicioso oficial SS, apesar de logo aparecer um encarregado, mas no interesse pessoal de Himmler. Em novembro de 1935, o *Reichsführer SS* determinou que a SS devia cuidar dos seus – especialmente da relutância bem conhecida dos homens que haviam acabado de passar pela depressão, em casar e ter filhos, que só poderia ser superada por alguma forma de garantia em perceber a SS como uma espécie de comunidade familiar que cuidaria de viúvas e órfãos. Isso criou as condições para o estabelecimento de uma rede de Oficiais para o Bem-Estar Familiar, formalmente chefiados pelos comandantes regionais, mas na prática manejados por um ou mais oficiais levados ao *Sippenamt* com esse propósito. Suas funções recobriam as dos oficiais de treinamento, que muitas vezes ocupavam essa posição. Em 1937, o RuSHa recebeu fundos estatais para a manutenção desses escritórios, sob o princípio de que serviam ao programa de eugenia racial do Reich. Por volta de 1939 havia entre 200 e 300 empregados pagos no *Sippenamt*, muitos deles vinculados a unidades SS espalhadas pela Alemanha, apesar de ser certo que parte dos fundos foram empregados para montar uma considerável equipe de processamento em Berlim, diante do grande atraso das pesquisas genealógicas e de eugenia racial que se acumularam nas operações de aprovação das admissões e permissões para casamentos.

Mas isso não foi tudo que o *Sippenamt* conseguiu fazer, apoiado como estava pelo entusiasmo de Himmler. Em dezembro de 1935, fundou uma das instalações da SS mais divulgadas e controvertidas, a *Lebensborn, e.V.* (Sociedade para o Bem da Vida). Com o casamento visto como questão econômica arriscada, descobriu-se que uma grande quantidade de membros da SS eram pais fora do casamento. Mesmo que muitos deles contribuíssem para o sustento dessas crianças ilegítimas, alguns tinham problemas por conta de seus esforços no aborto, que o regime nazista se empenhava em suprimir. Assim, Himmler concebeu uma agência para ajudar mães solteiras a ter seus filhos em uma reclusão confortável, em um hospital bem administrado e em sanatórios. A organização foi fundada como uma sociedade registrada (*eingeschriebener Verein, e.V.*), com o *Reichsführer SS* como presidente. Apesar da SS não aparecer no título oficial, a administração do *Lebensborn* foi colocada sob o *Sippenamt* como "Seção IV". Seu administrador era Guntram Pflaum, da equipe do *Sippenamt*, oficial de carreira da SS nos anos 1930, decidido a fazer seu nome conhecido. Os aspectos médicos, e realmente o comando efetivo, foram entregues por Himmler ao médico de sua família, doutor Gregor Ebner, antigo associado da SS e irmão de fraternidade. Em 1936 foi estabelecida a primeira maternidade-lar, não longe de Munique, e começaram a solicitar que os membros da SS fizessem parte da sociedade, organizando deduções no pagamento mensal. Não tardou muito até que todos os oficiais do alto escalão fossem compelidos a contribuir em uma escala que castigava solteiros e recompensava homens com grandes famílias. A demanda pelos serviços do lar foi imediatamente alta, e três outras casas foram planejadas em 1937 e abertas em 1938 em Brandemburgo, na Pomerânia, e nas montanhas Harz. Os lares estavam abertos para as esposas dos SS e jovens mulheres indicadas à SS pelo partido e agências estatais. Foram feitos arranjos para colocar as crianças para serem adotadas pelas famílias de SS, se as mães desejassem, mas também foram feitos esforços para amaciar o caminho para os casamentos, ou pelo menos para que o pai auxiliasse no sustento da criança. As operações de ligação naturalmente caíram sobre os Escritórios de Bem-Estar Familiar, enquanto a administração foi transferida do *Sippenamt* para a Equipe Pessoal do *Reichsführer SS,* no começo de 1938.

Essa mexida de Himmler parece ter sido o primeiro sinal de um declínio nas fortunas do Escritório Central da Raça e Assentamento, refletindo desacordos subjacentes com Darré. Mesmo que a razão real de Himmler para suas disputas com o ministro da Alimentação e Agricultura possa ter sido a posição independente de Darré – possivelmente até mesmo reforçada por seus laços com o crescente império econômico de Göring –, as razões da SS tinham a ver com o treinamento da SS. Não apenas acontecera uma instabilidade na liderança do Escritório de Treinamento, com nenhum de seus chefes sendo uma personalidade decisiva, como o influxo de pessoas de formação acadêmica nesse ramo de atividade produziu uma pletora de materiais de treinamento abstrusos e fantásticos que não podiam ser usados pelos oficiais de treinamento. Ao mesmo tempo que o próprio Himmler se envolvia no patrocínio de pesquisas pseudocientíficas por fora do RuSHa, passou a exigir que este se limitasse às questões práticas. O resultado foi a recusa de Darré, em fevereiro de 1938, de prosseguir com o papel designado ao RuSHa. Himmler transferiu o Escritório de Treinamento para o Escritório Central da SS, apesar de manter seu chefe, doutor Joachim Caesar – um coronel da SS que ele previamente havia castigado por suas tendências acadêmicas –, e o escritório permaneceu no complexo da Hedemannstrasse, com o RuSHa. O objetivo real de Himmler era claramente colocar Darré completamente fora, o que conseguiu alcançar no verão, mesmo mantendo isso distante do conhecimento público. Günther Pancke, o novo chefe do RuSHa, era um administrador prático, um *SS-Altkämpfer* e veterano dos corpos livres, mais recentemente *Stabsführer* (gerente administrativo) de um dos setores principais da SS. Foi seu dever melancólico presidir ao desmembramento e liquidação do RuSHa, embora não antes de promover uma última lufada de atividades pelo Escritório de Assentamento.

Pressionado pelo Escritório Central Administrativo da SS para entregar seu controle sobre os assentamentos patrocinados pela SS, o chefe do Escritório de Assentamento procurou novos mundos para conquistar, na Áustria e na Tchecoslováquia. Desse modo, na primavera de 1938, ao mesmo tempo que Himmler proibia a formação de assentamentos "selvagens" da SS, Curt von Gottberg silenciosamente arranjou a formação de uma seção vienense de seu *Gemeinnützige Wohnungs- und Heimstätten GmbH* e entrou no processo de arianização conduzido pela Gestapo contra propriedades imobiliárias de judeus, "no interesse da SS", apesar de usar fundos privados. Seu *Deutsche Ansiedlungsgesellschaft* também logo apareceu na Sudetenland, como depositária de terrenos agrícolas tchecos, administrados por pessoal da SS recrutado pelo *Siedlungsamt da Standarten* da SS Geral, já em agosto de 1938. O verdadeiro golpe de von Gottberg foi alcançado quando Himmler o nomeou, por conselho de Heydrich, como chefe do antigo *Bodenamt Prag* (Registro de Terras Tcheco). Ali ele se pôs a caminho direto para a queda, apesar de, como era frequente nas políticas de poder nazistas, a fonte imediata de seu poder ser a recusa de Himmler de tomar partido contra ele. Na verdade, Himmler e Heydrich obviamente não faziam objeções a deixar von Gottberg mostrar-lhes suas técnicas de como passar a perna em seu novo rival, o ministro do Reich para Alimentação e Agricultura.

O Escritório de Assentamento havia submetido a proposta ao novo chefe do RuSHa – que a encaminhou para Heydrich – de uma Comissão de Assentamento do Reich, possivelmente modelada a partir da Comissão Prussiana de Assentamento de 1886, para coordenar toda a "colonização interna" da Alemanha, começando por um plano de assentar famílias de SS na Boêmia e na Morávia. A expulsão de tchecos e judeus "perigosos para a segurança do Estado" proporcionaria a base para a aquisição de propriedades. A rapidez era essencial, entretanto, pois o Ministério da Alimentação e Agricultura já estava ativo no antigo Registro de Terras tcheco, anexando antigas propriedades alemãs tomadas na reforma agrária tcheca. Em cooperação com Wilhelm Stuckart, do Ministério do Interior, confidente de Himmler e SS-general brigadeiro (na SD), von Gottberg abrigou uma equipe de oficiais da SS, do Escritório de Assentamento, em Praga, em junho. Estes passaram a agarrar propriedades de modo tão inclemente, sem investigação cuidadosa das consequências e como uma mistura estranha de saqueio público e privado, que foi apenas uma questão de meses antes que até mesmo Himmler fosse obrigado a suspender von Gottberg e vários de seus lacaios. A investigação subsequente voltou-se para a Áustria, com tal revelação devastadora de venalidade e impropriedades que Himmler enviou vários oficiais da SS para campos de concentração, apesar de Heydrich conseguir manejar a reabilitação de von Gottberg no transcurso da guerra. A brutalidade descarada deste tinha seu apelo para Heydrich, apesar de, ao que parece, o perenemente endividado nobre não ter tomado nada para si próprio. A direção dos assentamentos da SS, entretanto, saiu de suas mãos definitivamente, e o Escritório de Assentamento do RuSHa declinou ao mesmo tempo.

POLÍCIA

Tanto Darré como Heydrich eram relativamente recém-chegados ao alto da hierarquia da SS, enquanto Daluege era um dos verdadeiros Antigos Combatentes. Apesar de Heydrich ultrapassar os dois na constituição de um império particular, Daluege se revelou mais eficaz que Darré na combinação de sua posição no Estado com o poder da SS. A própria estreiteza das preocupações de Himmler evitou que ele seguisse Darré nas trilhas dos projetos de assentamento: preferia seu papel na polícia, o que significava que Daluege e, é claro, Heydrich levavam vantagens em seus campos de ambição. Em junho de 1936, quando os dois foram colocados como formalmente iguais ao receber um *Hauptamt* no Ministério do Interior, Daluege consolidou a posição que já tinha efetivamente como coordenador da Polícia do Estado na Alemanha (então renomeada como *Ordnungspolizei*, Polícia da Ordem, ou Orpo). Heydrich, por sua vez, entrava em uma nova posição criada para ele por Himmler, contra as vontades de Frick como ministro, Nebe como chefe da Polícia Criminal, e inúmeros outros policiais da SS. Cada homem conseguiu muitos resultados para completar uma integração nacional da polícia, mas nenhum deles teve sucesso completo, perdendo interesse no transcurso da guerra e voltando-se para o problema de assimilar o Protetorado da Boêmia-Morávia, onde ambos acabariam perdendo suas vidas.

Podemos lembrar que Daluege ingressou na atividade policial a serviço do Estado prussiano, transitando de *Kommissar z.b.V.*

no Ministério do Interior prussiano a general da *Landespolizei* da Prússia. Quando os dois ministérios do Interior se combinaram em 1º de novembro de 1934, Daluege assumiu a seção policial (*Abteilung III*) do ministério unificado. Daí em diante foi frequentemente referido – ainda que de modo incorreto – como comandante da Polícia Alemã. Tecnicamente, a Polícia Estatal dos *Länder* ainda existia, com seus próprios orçamentos, localmente subordinada ao Ministério do Interior do respectivo estado e, portanto, ao governador do Reich (*Reichsstatthalter*), e subordinado ao Ministério do Interior do Reich apenas para instruções técnicas. O que Daluege fez na Prússia antes de novembro de 1934 agora buscava conseguir por meio do Reich: "limpar" as fileiras dos corpos de policiais, apressando a aposentadoria dos chamados marxistas, liberais, e "católicos políticos" (o antigo Partido do Centro). É claro que também removeu muito do pessoal da SA dos comissariados, depois de 30 de junho de 1934. Esforços sérios para alocar oficiais da SS em posições da polícia fora da Gestapo começaram no verão de 1935, a partir do Escritório Central da SS, e não de Daluege, o que era compreensível. As diretorias e as presidências da polícia eram seguidamente designadas aos comandantes ativos da SS, com o resultado de que uma ou outra posição era negligenciada e, com frequência, a transferência exigida por um serviço era contrária ao outro. Uma busca não sistemática de posições remuneradas na burocracia policial continuou a acontecer dentro da SS, muito como existira na SA em 1933, até que a coordenação básica de todo o sistema começou com a nomeação de Himmler como *Reichsführer SS und Chef der Deutschen Polizei* (*Reichsführer SS* e chefe da Polícia Alemã), a 17 de junho de 1936.

A concepção de uma polícia alemã unificada sob o controle de Frick remonta a 1933 e apareceu também na segunda metade de 1935, sob a forma de uma minuta de decreto e memorando, acentuando a perda da *Landespolizei* aquartelada para a *Wehrmacht* e a necessidade de uma polícia nacional no lugar desta, ainda mais porque apenas a polícia estava autorizada a entrar na Renânia "desmilitarizada".

Mesmo que seu autor não seja conhecido, a minuta de decreto e o memorando soam bastante a Daluege para sugerir que ao menos foi escrito com sua aprovação. Com a ocupação militar da Renânia, em março de 1936, a necessidade de incluir sua polícia em alguma força policial nacional desapareceu, ou melhor, foi enfrentada de modo diferente pelo *SS-Verfügungstruppe*. Por essa razão, uma modificação na proposta do Reich e do Ministério do Interior prussiano – mais uma vez, não estritamente identificável com Daluege, apesar de certamente do seu interesse. Deveria ser nomeado no ministério um Inspetor-Geral da Polícia Alemã, cargo que provavelmente a princípio se destinaria a Daluege. De fato, ele foi proposto como vice permanente de Himmler nesse posto. Essa proposta foi rejeitada por Himmler, por intermédio de Heydrich, que o representava nessas negociações. Em vez disso, Himmler queria ser nomeado como *Reichsführer SS* e chefe da Polícia Alemã. Isso ele conseguiu, apesar de Frick incluir as palavras "no Ministério do Interior" no título. Nada foi dito no decreto sobre Daluege ser seu vice, apesar de uma notícia na imprensa do dia 18 de junho declarar que ele representaria Himmler em sua ausência, uma fórmula completamente diferente. O posto real de Daluege foi criado no dia 26 de junho, sob a autoridade de Himmler, juntamente com o de Heydrich. Jamais houvera um *Hauptämter* no Ministério do Interior. As duas repartições policiais foram obviamente copiadas da *SS-Sicherheitshauptamp* de Heydrich, que logo passou a ser conhecida como *SD-Hauptamt* para diferenciá-la do novo quartel-general da polícia de Heydrich.

Enquanto Heydrich tinha efetivamente dois escritórios com pessoal separado (em ampla medida, mas não na totalidade), o *SS-Hauptamt* de Daluege era exatamente o mesmo *Hauptamt Ordnungspolizei*, a menos que contemos com um major da polícia que servia como ajudante de Himmler e assinava as ordens da SS do *Hauptamt* Daluege. Mais ainda, Daluege também perdeu seu campo de influência na Polícia Criminal. Ganhou, é claro, um vasto aparato de policiais uniformizados, que era especialmente grande em uma Alemanha onde não apenas os bombeiros como vários corpos regulatórios eram parte da polícia "administrativa". No entanto, só em 19 de março de 1937 ele ganhou, por meio de Himmler, poder direto de nomeação e determinações orçamentárias para a polícia dos *Länder*, e mesmo então, até 28 de março de 1940, certas organizações administrativas da polícia dos estados estavam fora de seu alcance. No entanto, depois de 1937, Daluege tinha uma base sólida para lidar com Himmler e Heydrich visando às vantagens de "sua" polícia dentro da SS, e para abrir níveis mais baixos de atividade policial para candidatos qualificados da SS – *gendarmerie* motorizada e Polícia de Proteção (*Schutzpolizei* ou *Schupo*) nas cidades. Em 1938, a *Schupo* recebeu autorização para usar as runas da SS em seus uniformes – talvez para reforçar sua autoridade – e muitas das patentes superiores da Polícia da Ordem foram abrigadas na SS, com a mesma patente e com um mínimo de questões a responder. A criação do posto de inspetor da polícia da ordem já em 1936, posição a ser ocupada por um coronel da polícia em cada província da Prússia, e na sede de cada governador do Reich, formava a base da união da SS e da polícia, pois tais posições tinham que ser ocupadas por oficiais da SS de patente equivalente. Poucos, se é que algum, vieram das antigas fileiras da SS. Entretanto, ingressados na SS com esse objetivo, esses policiais de carreira formariam quadros de líderes da polícia e superiores da SS durante os anos da guerra, e do estado-maior que Daluege reformava em seu Escritório Central, que era ao mesmo tempo SS e agência estatal. Ali também seus "inspetores-gerais" não foram levados para a SS até a "invasão pacífica" da Áustria, em março de 1938, quando o status de SS começou a incluir privilégios quase militares.

Por outro lado, Heydrich estava lentamente reduzindo os quadros médios do aparato de Daluege, os vinte e oito diretores de polícia e cinquenta e seis presidentes de polícia, colocando alguns na SD já em 1936, e mais depois de 1938. Ao mesmo tempo que algumas dessas pessoas eram realmente os "antigos confiáveis" combatentes SS que haviam sido colocados nessas posições em 1933, a grande maioria não estava nem mesmo na SS, e foi direto para a SD. Dessa maneira, Heydrich, assim como Daluege, prosseguia na união da SS com a polícia, em grande medida ao nomear oficiais da SS, via Himmler, sempre por intermédio do escritório de Pessoal e muitas vezes com pouca atenção para as exigências formais de admissão do RuSHa. Na *Sicherheitsdienst*, entretanto, Heydrich possuía um aparato melhor para a penetração da SS na polícia, pois seus altos escalões eram mais orientados para a SS que os altos oficiais direitistas da polícia de Daluege, e a função de inteligência destruía seus opositores ao entregar informações comprometedoras sobre eles aos superiores. Um diretor da polícia ou presidente muitas vezes ingressava na SD como autodefesa contra algum oficial inferior. Todas essas pessoas tinham posições não pagas na SD, vinculadas ao aparato de campo da SD, dirigido por um pequeno grupo de quadros profissionais.

Num panfleto de 1935, *Mudanças em nossa luta (Wandlungen unseres Kampfes)*, Heydrich conseguiu verbalizar o que Hitler e Himmler havia muito tentavam expressar – que o soldado político tinha que combinar a defesa ideológica com algum tipo de lealdade interior tão forte que operações policiais, operações militares e operações de propaganda todas seriam apenas variáveis de uma realidade. O velho espírito dos corpos livres da SA não era o suficiente; o *ethos* de uma elite juramentada devia ser criado e preservado. Era com esse objetivo que existia a SD. Heydrich era um crente verdadeiro, cujo cinismo era reservado para os fracos de espírito e de ação. Talvez fosse incréu em relação a este ou aquele dogma "himmleriano" sobre raça, runas e religião natural, mas Heydrich era um praticante consistente da vida determinada, inovação imaginativa e soluções consistentes. Nos profissionais da SD ele buscava os mais impiedosos, os mais consistentes, os mais sem princípios. Com patentes relativamente baixas e poucas oportunidades de promoção e visibilidade pública, isso dissuadia o exibicionista e o venal. Pessoas que gostavam de usar o poder sem assumir responsabilidades, avaliar e julgar seus superiores, mas torturar e assassinar friamente à distância – esse era o tipo de gente que Heydrich reuniu a seu redor na *Sicherheitsamt* na Wilhelmstrasse e na estrutura de campo profissional da SD de 1935 e 1936. Alguns eram *SS-Altkämpfer*, poucos vieram da SA: muitos nem eram políticos. Com algumas exceções proeminentes, permaneceram desconhecidos até 1945, proporcionando mecanismos mortais para o uso de líderes da SS e da polícia mais coloridos, vindos das fileiras profissionais da SS, dos corpos livres e da SA. A criminalidade desses últimos era óbvia para que todos vissem, enquanto os arquivistas e analistas do SD permaneceram anônimos em grande medida.

  Quando dissemos antes que Heydrich – ao contrário de Daluege – conseguiu ter dois quartéis-generais, estávamos simplesmente continuando uma observação feita no capítulo anterior, quando foi notado que Heydrich espertamente não tentou fundir a Gestapa do Estado com a *SS-Sicherheitsamt*. Servindo como ponte entre os dois escritórios estavam o próprio Heydrich, Heinrich Müller, um epítome da crueldade da Polícia Política bávara sem lealdades com a SS, mas muito leal a Himmler, e Werner Best, que veio de Munique em 1º de janeiro de 1935. Best era menos cruel que Müller e possuía algumas complexidades intelectuais em sua personalidade. Com mais lealdade com as ideias e ideais da SS do que até mesmo o pragmático Heydrich, ele serviu como ligação com o partido, assim como com o mundo profissional e acadêmico dentro e mais além da SS Geral. Na Gestapa da Prinz Albrechtstrasse, ele serviu como oficial executivo de Heydrich (I-AO) em 1935-36 e depois foi seu vice como chefe até sua total reorganização em setembro de 1939, colocando a Gestapo sob Müller, dentro da estrutura maior da assim chamada *Reichsicherheitshauptamt* (Escritório Central de Segurança do Reich, ou RSHA). Foram as habilidades legais de Best e sua engenhosidade que colocaram a Gestapa no vácuo em fevereiro de 1936, quando a ausência da polícia do Reich logo antes da reocupação da Renânia parecia ameaçar a perda do controle regional em uma emergência. A Gestapa prussiana foi transformada, por lei de 2 de fevereiro de 1936, em uma agência do Reich para a Polícia

Política, meses antes que Daluege e Frick conseguissem um acordo com Himmler sobre a Polícia da Ordem. O mecanismo que tornou isso possível foi a posição de controle que Best ocupava na *SS-Sicherheitsamt* (mais tarde *Sicherheitshauptamt*), na Wilhelmsstrasse, 102. Ele reduziu suas cinco seções para três escritórios em 1935, para torná-la paralela à Gestapa, assumindo o primeiro, Organização e Administração, que incluía a nomeação e promoção do pessoal tanto profissional como não pago ("honorários") da SD.

Durante 1935 e 1936, mais elementos da Polícia Política, ambos na *Stapostellen* prussiana e nos *Länder*, foram adidos à SS e SD, por cima e além dos espiões originais e agentes de Heydrich de antes de abril de 1934. À parte o núcleo duro de homens da SS nesse grupo, levado para a SD essencialmente como medida administrativa, muitas dessas novas pessoas na SD eram jovens advogados começando carreira como policiais. Por meio da SS e especialmente da SD, Best e Heydrich jogavam suas ambições e intelectos, de modo que se tornaram ferramentas maleáveis. Por intermédio do sistema da SD, a Gestapo, mais ampla, recrutada a partir de velhos policiais de carreira e muitas vezes da força de investigação criminal, podia ser direcionada e controlada. Na Gestapo, o medo da SD e a ambição por promoções, que podia depender da cooperação da SD, eram suficientes para ganhar anuência às diretivas de Berlim, não importa quão impalatáveis fossem. Em agosto e setembro de 1936, o sistema prussiano da *Stapostellen* foi estendido a todo o Reich sistematicamente, sob o controle direto das seções da Gestapa de Berlim. Desnecessário dizer que Best havia providenciado para que o pessoal-chave da Gestapa fosse principalmente leal a Himmler, em vez de Göring ou Frick, com o resultado de provocar uma movimentação considerável, que continuou acontecendo, nos quartéis-generais e entre eles e as províncias. Como aqueles leais a Himmler eram já oficiais da SS, ou foram colocados na SS e na SD, o resultado dessa movimentação foi a rápida promoção desse segmento do corpo de oficiais da SS, para equivaler ao da SS Geral (e depois à Polícia da Ordem), de modo que por volta de 1938-39 a

SS-Dienstalsterslisten (lista de oficiais por posto e antiguidade) tinha uma aparência marcadamente diferente daquela de 1934-36.

Com a formação da *Hauptamt Sicherheitspolizei* a 26 de junho de 1936, a Gestapa foi unificada (no papel) ao quartel-general da antiga Polícia Criminal prussiana, sob o comando de Arthur Nebe – que por sua vez foi erigido à posição de policial responsável em todo o Reich, encarregado da rede de *Kripostellen*, nas maiores cidades. Cada vez mais jovens oficiais e mais tarde até os mais antigos nessas repartições sucumbiram às vantagens dos membros da SS e da SD. Nebe, um chefe oportunista, estava bem ciente dos riscos envolvidos, ele mesmo tendo finalmente se unido à SS no posto de major, a 2 de dezembro de 1936, talvez em parte como "cobertura" para sua posição operacional modesta. O controle de Heydrich sobre a divisão criminal da Polícia de Segurança (Sipo) foi a princípio escassamente mais efetivo que sua influência, por meio da SD, sobre os diretores e presidentes da Polícia da Ordem, apesar de as linhas oficiais de seu comando se estenderem até a investigação criminal nos quartéis-generais de condados e cidades. Isso exigiu que sua estrutura da SD e o conceito de membro da SS se fundissem o suficiente por esse aparelho ramificado em um todo eficaz, por volta de 1939, de modo que uma série de ordens e designações extralegais pudessem ser aceitas e executadas por oficiais alemães de nível médio. A instituição de inspetores da Polícia da Segurança, paralela à dos inspetores da Polícia da Ordem, também proporcionava um controle central mais rígido, já que esses postos eram normalmente preenchidos com a nata dos profissionais da SD. Entretanto, aos chefes regionais da SD que tinham essa posição não podiam usar publicamente tal título até 1939.

Foi apenas em 1936 que o quartel-general da SD em Berlim (*SD-Sicherheitshauptamt*) começou sua expansão como um verdadeiro centro de análise de inteligência, com a rede de campo da SD cada vez mais dedicada a análises em profundidade e estudos especiais, em vez da perseguição de inimigos específicos do Estado. Sua organização em três vertentes sobreviveu a sua assimilação, conjuntamente com a Gestapa, no *Reichssicherheitshauptamt* (RSHA) no início da guerra. Realmente, muitos dos graduados e oficiais inferiores dessas seções em meados dos anos 1930 se tornariam comandantes dos esquadrões da morte na Rússia, e administradores do Holocausto judaico. Otto Ohlendorf, chefe do *Einsatzgruppe D*, que em 1941 assassinou judeus e comunistas no Sul da Ucrânia, começou ali como um sublíder de menor importância; Eichmann começou a carreira como assistente na subseção dos maçons. Por outro lado, alguns de seus principais oficiais dos anos 1930 afundaram no esquecimento, se retiraram ou foram afastados dos centros de poder. Sua chancelaria, por exemplo, foi chefiada de 1935 a 1937 por um antigo camarada da SS de Daluege em Berlim, Siegfried Taubert, que se tornou chefe do estado-maior de Sepp Dietrich como comandante da região ocidental da SS. "Opi" ("Vovô") já estava perto dos sessenta anos e era um dos favoritos de Heydrich "porque sabia tocar piano", pois em algum momento havia sido vendedor de pianos. Suas conexões eram obviamente valiosas nos anos de transição, mas em 1938 foi "promovido" a encarregado do castelo-escola da SS em Wewelsburg, perto de Padeborn. Sua partida assinalou o fim da necessidade de amadores no topo da liderança da SD.

Quando Best foi originalmente designado para chefiar o "serviço doméstico", Heydrich logo descobriu que a fama de capa e espada do compositor dos documentos de Boxheim talvez fosse exagerada. Heydrich também o preferia como burocrata, encarregado da administração. Tinha como assistentes o doutor Herbert Mehlhorn, membro da SD desde o início, que havia ajudado a subordinar a Polícia Política da Saxônia ao controle de Himmler e Heydrich, e Walter Schellenberg, que substituiu Taubert na chancelaria. Heydrich em última instância tornou Best seu segundo em comando na *Sicherheitshauptamt*, e Wilhelm Albert substituiu Best como chefe da *Amt I*, Administração. Albert havia operado o setor principal da SD "Oeste" em Frankfurt, e também era da SD desde o início.

O Amt Inland (Amt II) foi para Hermann Behrends, "agente" de Heydrich em Berlim desde o final de 1933. Esse era o ramo de reunião de informação básica e avaliação, com uma pequena equipe de "especialistas" em marxismo, catolicismo, igrejas protestantes e seitas, maçonaria, judeus, os mundos dos negócios e acadêmico, a imprensa, rádio, filmes e artes. Cuidadosamente subdividido em ramificações de estilo kafkiano, o *Judenreferat* (Seção Judaica) era II/112 – com II-1121 para os judeus assimilados, II/1122 para os ortodoxos e II/1123 para os sionistas. Esses subdepartamentos e mesmo subsubdepartamentos eram dirigidos por graduados juniores da SS, e oficiais inferiores com educação modesta. Desse modo, homens mais bem-educados como Franz Alfred Six, Reihnard Hähn e Otto Ohlendorf foram capazes, em 1936, de se inserir nas posições mais altas do labirinto, e escalar por meio dos policiais profissionais e soldados políticos da SS Geral até posições de proeminência e formulação de políticas. Six e Ohlendorf ultrapassariam Behrends, que no final das contas se especializou em inteligência sobre os alemães étnicos, Six gerenciando a coordenação de numerosos departamentos do *Amt Inland*, enquanto Ohlendorf se tornou seu chefe e formulador de políticas. Hähn teve a ideia de manter um sistema permanente de pesquisas de opinião dentro dos setores da vida comum da sociedade alemã, que produziu relatórios confidenciais sobre a opinião política, econômica e cultural, em 1936.

O Amt Ausland (Amt III) era nominalmente dirigido por Heinz Jost, o escorregadio e desagradável antigo chefe da *SD-Rollkomando* (Esquadra de Assassinatos). Na realidade, o próprio Heydrich se metia na operação da divisão. Por exemplo, Wilhelm Albert, acima mencionado, funcionava em colaboração com Heydrich como especialista em contraespionagem em relação à França enquanto estava em Frankfurt, e mais tarde oficialmente no *Amt I*. O *Amt III* mantinha ligação e fazia a vigilância sobre a *Wehrmacht* e desenvolveu os serviços técnicos necessários para a espionagem e a contraespionagem. Vários dos aventureiros mais coloridos com uniforme da SS serviam nesse ramo. Em parte diante do cuidado necessário *vis-à-vis* os militares, tanto o chefe formal quanto o verdadeiro desse birô não emergiram inteiramente de sua obscuridade nos anos 1930, e Walter Schellenberg, futuro chefe do serviço, e cuja carreira e educação superior aconteceram durante a era nazista, começou não ali, mas como assistente de Best – primeiro substituindo Taubert, o velho oficial da SS, e depois ao próprio Best como principal conselheiro de Heydrich. De modo muito parecido com o de Darré, Best provou ser muito pouco prático como executivo. Vaidoso e sensível, terminou por detestar Heydrich, o homem que cortava nós górdios.

O processo de formação das variedades mais especializadas de soldados políticos, tal como ilustrado pela SD e na polícia de modo geral, onde novos talentos eram acrescentados à levedura dos "antigos combatentes", contribuiu para a diminuição do poder das estruturas regionais da SS, em favor dos vários quartéis-generais especializados. Desse modo, ao mesmo tempo que o sistema de campo da SD continuou sendo organizado nos mesmos Setores Principais e Setores (*Oberabschnitte, Unterabschnitte*), tal como na SS Geral – o chefe regional da SD até mesmo chamado de "SD-Chef in *Oberabschnitt*..." – entre 1936 e 1939, a realidade do processo de especialização tornava cada vez mais improvável que o chefe da SD ou sua equipe profissional fossem recrutados na região da SS, o que ocasionalmente ainda era o caso até 1936, a despeito do interesse de Heydrich em separar seu sistema da SD do da SS Geral. A estrutura paralela da SD e da SS Geral, que sobreviveu até a reorganização em setembro de 1939, torna fácil tratar as unidades mais baixas da SS Geral como campo para recrutamento para a SD não profissional (SD *des Reichsführer SS*) – e ocasionalmente até mesmo para novos profissionais, apesar dos números declinantes – e também como "depósito congelado" para pessoas menos hábeis que haviam sido treinadas e consideradas insuficientes. Muitos desses últimos, incluindo muitos antigos combatentes, com falhas intelectuais e de caráter, podiam ser colocados em "unidades de reserva", originalmente planejadas para os que tinham mais de quarenta e cinco anos, uma espécie de reserva inativa, em contraste com as unidades da reserva ativa da SS para aqueles que tinham entre trinta e cinco e quarenta e cinco anos, e que foi abandonada em 1936. Dali em diante, apenas pessoas com menos de quarenta e cinco anos e ativas na SS (ainda que não necessariamente em posições remuneradas), eram consideradas como "reserva preparada", para serem usadas em emergências, como mobilizações. Naturalmente, pessoas acima de quarenta e cinco anos, em posições remuneradas, não estavam alocadas em unidades de reserva. Depois de 1936, a SS Geral, em nível de *Standarte* e abaixo, tendiam a ficar fora de contato com os problemas diários da polícia e questões de mobilizações militares, e se tornaram uma fonte de membros da SS menos dedicados, menos especializados, menos capacitados e menos móveis, tanto em termos de oficiais como de tropa. Para remediar isso e reforçar as ligações entre a "reserva preparada", a polícia e os *Verfügungstruppe*, a instituição dos Líderes Superiores da SS e da Polícia foi criada em 1936.

Dois passos na conversão dos comandantes regionais da SS em Líderes Superiores da SS e da Polícia (HSSPF) já haviam sido notados. A Ordem de Himmler A 2/36, de 9 de novembro de 1936, colocando a *SS-Oberabschnittsführer* sob o RuSHa e o Escritório Principal de Segurança, lhes outorgou autoridade nominal sobre o chefe da SD em seu Setor Principal. A criação dos inspetores tanto da Polícia da Ordem quanto da Polícia de Segurança, nas cidades nas quais se localizavam os comandos regionais da SS, colocou os policiais em paralelo com o sistema da SS. Como esse movimento poderia parecer um reforço da primazia dos canais da polícia, e de fato frequentemente resultava em passar por cima dos comandantes regionais da SS, Himmler começou, em 1937, a desenhar esquemas para a unificação institucional nos níveis regionais da SS e da polícia. No entanto, Himmler tinha que avançar com muito cuidado e um tanto de camuflagem, pois não apenas tinha que lidar com a resistência da burocracia das polícias estaduais, como também com círculos do partido que não tinham nenhum entusiasmo com a possibilidade de a SS capturar essas cidadelas regionais tão vitais. Acrescente-se o fato de que a SS e a SD tinham receio de ser absorvidas no sistema estatal. O fato de os planos que alcançaram sucesso terem sido feitos por um coronel da Polícia da Ordem que nem era da SS até março de 1938 indica as habilidades de Himmler em equilibrar forças dentro de seu próprio campo de competência. Ele não permitiu que a liderança da SS Geral ou os capangas de Heydrich conseguissem o prestígio e as vantagens da autoria. A Polícia da Ordem de Daluege foi "enganchada" com sucesso pelo envolvimento no desenho de um sistema de controle interno em tempos de guerra. Dificilmente fora acidental que a primeira formulação do escritório dos Líderes Superiores da SS e da Polícia o colocasse dentro do conceito de mobilização para a guerra: a necessidade de uma liderança comum para o planejamento e execução de ações conjuntas pela Polícia da Ordem, Polícia de Segurança e *SS-Verbände* (um termo que se referia especificamente aos guardas dos campos de concentração e às *Verfügungstruppe*) dentro da área de cada corpo de exércitos. Há pouca dúvida que a remoção inicial das bandagens que envolviam a nova estrutura da SS e da polícia, revelando o paralelismo dentro da área dos corpos de exército em vez do sistema de *Gau* e *Land* da burocracia do Estado e do partido, sublinhasse a preocupação de Himmler com o "teatro de batalha interior na Alemanha" – a supressão de uma futura punhalada nas costas em época de guerra. O movimento podia ser conhecido apenas pelos iniciados, pois foi um decreto não publicado do Ministério do Interior, e sua implementação foi retardada de modo espasmódico, para permitir uma considerável ambiguidade e incerteza nos círculos militares e partidários. Os HSSPF não foram anunciados publicamente até meados de 1938, e nem todos ao mesmo tempo. Daluege ordenou que soltassem um comunicado de imprensa genérico, nada dizendo sobre a conexão com as áreas dos corpos de exércitos. As medidas cerimoniais e de segurança dos personagens do partido e do Estado foram destacadas, enquanto o comando efetivo tanto sobre a Polícia da Ordem como sobre a Polícia de Segurança no evento de uma emergência foi ocultada em todos os documentos públicos. Por outro lado, a subordinação dos HSSPF aos *Reichsstatthalter* (vice-reis do reino) foi reforçada – assunto de grande importância para os *Gauleiter* que mantinham essa posição. Precisamente esse relacionamento foi abandonado no início da guerra.

CAMPOS DE CONCENTRAÇÃO

Ao lado da SD, a instituição da SS que mais cedo obteve autonomia do partido e do Estado, e de fato, de outros ramos da SS, foi o sistema dos campos de concentração. Como os campos de concentração da SA, os da SS começaram como "campos selvagens" fora da autoridade do Estado, às vezes em cooperação estreita com os líderes do partido e às vezes não. O campo SS de Papenburg, que deu tantos problemas para Diels e Göring em 1933, era um desses campos locais com conexão exclusiva com a SS – enquanto o campo de Stettin era operado pela SS em cooperação com o *Gauleiter* local. Dachau, perto de Munique, e Columbia-Haus, em Berlim-Tempelhof, eram campos de concentração iniciais afiliados com os *SS-Gruppen* (mais tarde *Oberabschnitte*) Sul e Leste. Teoricamente, durante 1933 e o início de 1934, cada região da SS (e região da SA) tinha um campo à sua disposição, com seus quadros compostos pelo pessoal regional, disponibilizados para o serviço. Tal pessoal era frequentemente de má qualidade pelos padrões da SS, e existem indicações de que, mesmo nesse período tão precoce, a designação para esse serviço era vista como uma oportunidade de alguém se provar depois de um fracasso de um ou outro tipo. Por outro lado, no começo os campos também eram usados para punir falhas no serviço, e um grande número de pessoal uniformizado da SS e da SA apareceu nos campos na primavera de 1934. Os esforços da direita nazista para regularizar as medidas punitivas do novo regime, no inverno de 1933-34, levaram gradualmente ao fechamento de muitos dos campos menores, à transferência de outros para a autoridade estatal e, depois da purga de Röhm, à substituição dos guardas da SA pelos da SS, assim como à subordinação dos campos ao controle da Gestapa, especialmente a seção II-D da Gestapa. Os campos de concentração da SS desempenharam um papel importante na purga da SA (principalmente os de Dachau e Columbia-Haus), e o recém-montado campo em Lichtenburg, perto de Torgau, servia à SS como centro de triagem para o pessoal da SA detido. O general da Força Aérea Erhard Milch foi exibido ao pessoal da SA em Dachau na purga, na primavera de 1935.

Mesmo antes da purga, mas definitivamente depois dela, as tropas da SS que faziam guarda nos campos de concentração eram recrutadas para períodos de um, quatro e, mais tarde, doze anos, como empregados ou autoridades do Estado. Com a transferência de um campo para a autoridade estatal, o pagamento dos guardas da SS vinha do orçamento do interior ou da polícia do Estado no qual se localizava o campo, mas a regulamentação da Gestapa efetivamente removia o controle do *Gauleiter* local. Além disso, Dachau permaneceu totalmente como uma instituição da SS de várias partes combinadas: o campo de concentração, o *Änbungslager* (campo de treinamento) da SS Geral, o *Ausrüstungslager* (campo de aprovisionamento), o quartel-general da unidade de Emergência Política para a área de Munique e, finalmente, o "ponto de reunião" (*Sammelstelle*) para os refugiados austríacos masculinos (Legião Austríaca). A unidade de guarda, com força de batalhão, de Dachau era separadamente distinta do pessoal destacado do Setor Principal já em março de 1934, tal como era o *Sonderkommando Sachsen* (Unidade Saxônica). O termo genérico *Wachverbände* aparece pela primeira vez em novembro de 1934, um mês antes de Eicke ser nomeado inspetor dos Campos de Concentração, ainda que sua posição como comandante de todas as *Wachverbände* tenha permanecido incerta até 1936. Tecnicamente o comandante da unidade de guarda de cada campo ainda era subordinado ao comandante regional da SS. Entretanto, Eicke é referido como inspetor dos Campos de Concentração das Unidades de Guarda em um memorando de setembro de 1935, que estabelece uma administração financeira unificada tanto para os campos de concentração como para as tropas de guarda. De novembro de 1935 em diante, o pessoal SS da guarda está oficialmente listado como designado ao *Inspekteur der Wachverbände* em vez do *Inspekteur der Konzentrationslager*. Durante 1935, apareceram cinco *Wachverbände*, cada uma com cinco companhias – primeiro como *Wachtruppen*, depois como *Wachsturmbanne*, e finalmente como *Wachverbände*: Oberbayern (Dachau), Sachsen (Sachsenburg), Elba (Lichtenburg), Ostfriesland (Esterwegen) e Brandemburgo (Columbia-Oranienburg-Sachsenhausen).

Em 1935 começa uma distinção entre o pessoal administrativo da SS dos campos, responsáveis por lidar com os presos, e as unidades de guarda estacionadas nas torres de observação e no controle dos destacamentos de trabalho. Esses últimos eram recrutados entre os voluntários muito jovens, enquanto os primeiros eram mais frequentemente veteranos da SS. Comandos separados para os dois grupos, alojamentos distintos e regulamentos diferentes estabeleceram o alicerce para a formação das Unidades da Cabeça da Morte de 1936, já não mais simples guardas de prisão e sim força policial especial capaz de esmagar tanto motins nas prisões como desordens civis com as mesmas medidas cruéis. Em abril de 1936, Eicke recebeu a designação de comandante das Tropas da Cabeça da Morte, a partir de quando o pequeno número do pessoal sob seu comando aumentou de 2.876 para 3.222. As unidades que receberam o nome ganharam um lugar no orçamento do Reich e o direito de recrutar diretamente da Juventude Hitlerista, em vez de depender do pessoal disponibilizado pelo comando regional da SS. Apesar de Himmler se tornar chefe da Polícia Alemã em junho de 1936, os campos de concentração e as tropas da Cabeça da Morte não passaram a fazer parte do sistema policial alemão, mas estavam agora também sob o controle do Ministério do Interior. O posto de Eicke permaneceu onde havia sido colocado em 1934 – sob o Escritório Central da SS. O controle da Gestapa sobre os campos continuou a ser exercido em uma pequena delegação do Escritório Central da Polícia de Segurança conhecida como "Seção Política", cuja autoridade se estendia sobre os prisioneiros em vez de propriamente sobre os campos, mas que também podia "vigiar os vigias" para prevenir a corrupção e a colusão, um perigo sempre presente. Nessa época o termo "campo de concentração" estava limitado rigorosamente a meia dúzia de campos oficiais, e estavam sendo feitos planos para abandonar alguns desses (por exemplo, Columbia-Haus) e construir instalações novas e mais economicamente vantajosas, notadamente em Buchenwald, perto de Weimar.

Aconteceu também uma grande troca de comandantes e pessoal em 1936, depois da renovação de conflitos e queixas envolvendo os comandantes regionais da SS, todos os ramos da polícia e o Ministério da Justiça. O coração do problema era a continuada irresponsabilidade do pessoal dos campos, constituído como foi por antigos membros da SS, com números de matrícula muito baixos e considerados "merecedores", que não tinham as habilidades necessárias para ter sucesso em outros empreendimentos da SS, e de jovens do campo no final da adolescência, que não tinham percepção nem mesmo dos princípios do Nacional-Socialismo. Um oficial de treinamento ideológico foi designado a eles pelo RuSHa, pela primeira vez em maio de 1936, mas há pouca evidência de penetração extensa do RuSHa nas unidades da Cabeça da Morte. O treinamento ideológico parece ter se intensificado principalmente nas mãos de Eicke, cujas pregações carismáticas e simplificadas não faziam nenhuma pressão intelectual sobre esse pessoal, e muitas vezes acentuavam o caráter separado de suas unidades e de suas tarefas. Punições intensas em vez de moderadas se tornaram moda nas unidades de guardas, juntamente com o aumento do treinamento militar para os novos recrutas. Um sistema de treinamento básico de três semanas seguido por uma semana de tarefas de guarda foi instituído, concentrando o contato com os prisioneiros, sobre os quais os guardas podiam exercer vinganças por conta das três semanas prévias de indignidades sofridas. Se resultado houve, as reformas de 1936 pioraram as condições dos prisioneiros dos campos de concentração, ao remover parte da corrupção e da frouxidão de seus guardiões. Não houve nenhuma mudança básica no pessoal administrativo dos campos. Na verdade, a maior parte dos comandantes infames dos novos campos durante a guerra saíram dos escalões administrativos de Dachau, Lichtenburg, Sachsenhausen (aberto em 1936), Esterwegen (devolvido para a SA pela segunda vez em 1937) e Sachsenburg (fechado em 1937).

Por outro lado, uma hierarquia de alto nível começou a se desenvolver em Oranienburg, com a formação de uma equipe dupla, uma para a economia dos campos e a outra para as tropas da Cabeça da Morte. A primeira fazia parte realmente do cada vez mais amplo império de Oswald Pohl, o chefe da Administração da SS, enquanto os últimos eram bem-sucedidos comandantes de unidades da SS Geral e das fileiras do *Verfügungstruppe*, da Escola de Candidatos a Oficiais, e das próprias unidades da Cabeça da Morte. Ao mesmo tempo que ainda predominava na SS a experiência na *Kampfjahre* nessa nova hierarquia, os homens dela não eram nem os desajustados que preponderavam nos próprios campos de concentração nem os combatentes de vanguarda e ideólogos que subiram como comandantes regionais da SS para se tornarem os Líderes Superiores das SS e da Polícia durante a guerra. Como burocracia gerencial, eram suficientemente cruéis no que dizia respeito aos interesses dos prisioneiros, mas tendiam a ser as contrapartes opacas dos homens da organização do sistema da SD.

De qualquer maneira, nenhuma das queixas nazistas realmente dizia respeito à humanidade e à justiça – a questão era controle, previsibilidade e entrelaçamento com outros aspectos da SS e do império nazista. Himmler não tinha o menor interesse na subordinação completa dos campos à supervisão de ninguém, salvo a sua própria, resistindo à tentativa de controle de Heydrich já em 1942. Desse modo, o sistema evoluiu de forma autônoma e visando, de alguma maneira, a reduzir a fricção com outras agências da SS e da polícia (mesmo que fosse parcial), e por se tornar mais racional, não em termos de punição ou reeducação, e sim em termos da exploração econômica dos prisioneiros.

A partir do início em Dachau, e logo introduzido em outros campos, havia um sistema interligado de oficinas para ajudar o equipamento das *Verfügungstruppe*. Pohl, o chefe do Escritório de Administração da SS, fora contratado no final de 1933 para ajudar no equipamento de uma força militar da SS, e muito antes de 1936 os prisioneiros dos campos de concentração já estavam empregados em equipes de construção em benefício dos alojamentos das *Verfügungstruppe*. Com a intensificação do planejamento econômico-militar na Alemanha, associado com a nomeação de Göring como chefe do Plano Quadrienal (outubro de 1936), o sistema de campos de concentração se focou mais sistematicamente em objetivos econômicos. Depois dos Jogos Olímpicos de 1936, o arrebatamento de força escrava em potencial para as oficinas dos campos começou entre os chamados "preguiçosos", "elementos antissociais", criminosos profissionais, pacifistas e religiosos sectários. Nessa mesma época Himmler anunciou para a *Wehrmacht* que planejava expandir seus batalhões de Cabeças da Morte, com efetivo de 3.500 homens, para 25 mil em trinta unidades montadas com os quadros formados das vinte e cinco *Hundertschaften* (Companhias de Guardas). Ao mesmo tempo que assegurava ao exército que essas forças existiam para aliviá-lo das preocupações com a frente doméstica, o treinamento militar incrementado das unidades de Cabeças da Morte, a movimentação de pessoal nas *Verfügungstruppe*, e a evolução de um sistema de suprimentos comum, baseado nas oficinas dos campos de concentração, antecipava em 1937 o esforço na guerra da *Waffen-SS* por direitos iguais aos da *Wehrmacht*. Apenas o tamanho diminuto das duas unidades combinadas (18 mil em janeiro de 1938) era tranquilizador. Com a construção do "campo de concentração moderno" em Buchenwald, no verão de 1937, Eicke realinhou as tropas de Cabeças da Morte em três regimentos, exatamente como as *Verfügungstruppe*, cada uma com seu próprio *Standort* (quartel-general): Oberbayern em Dachau, Brandemburgo em Sachsenhausen e Turíngia em Buchenwald. Em maio de 1937, Himmler começou um programa de treinamento de 1.250 recrutas durante seis meses, em companhias especiais dentro de cada batalhão, preliminar ao estabelecimento de batalhões regulares de reforço dos Cabeças da Morte.

VERFÜGUNGSTRUPPE (TROPAS DE SERVIÇO ESPECIAL)

O paralelismo de 1937 entre as formações dos Cabeças da Morte e as *Verfügungstruppe* se expressa não apenas em numerosas ordens nas quais as duas são aglomeradas (*VT und TV i. e., Verfügungstruppe und Totenkopfverbände*), mas também em um termo comum, *Sicherungsverbände* (Formações de Segurança). Pode-se dizer que esse paralelismo teve suas raízes na tentativa de separação, em 1933, entre as unidades armadas e aquarteladas (*bewaffnete SS, kasernierte SS*) para propósitos especiais, tornadas definitivas depois da purga de Röhm pela categoria contrária de *Allgemeine SS* (SS Geral) e completada em janeiro de 1940 pelo termo comum *Waffen-SS* (SS Armada). A linha de desenvolvimento, no entanto, não é tão direta. Ao mesmo tempo que há um período inicial de menor diferenciação em 1933, quando, por exemplo, *Sonderkommando* "*Sachen*" provavelmente serviam tanto como guardas do campo de concentração e como reserva armada para suprimir uma insurreição na "Saxônia Vermelha", a criação das *Wachtruppen* nos campos de concentração de modo bem separado das unidades de Emergência Política – e, ao contrário delas, incluídas na categoria de SS Geral (o que ainda era verdade até 1937) –, significando que as *Verfügungstruppe*, tal como ficaram conhecidas depois de dezembro de 1934, apareciam como unidade militar sem paralelo na história da Alemanha. Realmente, Sepp Dietrich, no dia 12 de outubro de 1933, descreveu a *Standarte* Adolf Hitler "como a exclusiva e única unidade especial ao lado do Exército". A futura *Leibstandarte* era única no sentido que seu comando era ao mesmo tempo o Comando do Setor Central Principal da SS Geral (*Oberabschnittsführer*), como por ser formada com dois batalhões, ou seis companhias. Entretanto, as novas *Hundertschaften* aquarteladas foram estabelecidas como a polícia aquartelada (*grüne Polizei*) da República de Weimar (ainda existindo como *Landespolizei* e prestes a serem absorvidas pela nova *Wehrmacht*) em unidades menores conhecidas como "centenas" para formar uma unidade de Emergência Política comandada por um major ou tenente-coronel da SS, que era responsável pelo Comando do Setor Principal da SS Geral, um general da SS. Mais ainda, enquanto a Prússia pagava pelo *Leibstandarte* com o orçamento da polícia (1934-36), e Württemberg, Baviera, Saxônia e Hamburgo faziam o mesmo por suas centenas de SS aquartelados, o Ministério do Interior do Reich compensava apenas a Prússia. Já antes da purga de Röhm, entretanto, o *SS-Amt*, no dia 5 de maio de 1934, ordenou distintivos para as unidades de Emergência Política, ainda que diferentes do *Leibstandarte*, que agora proporcionavam registro de 1 a 3 para esses *Standarten* e os designavam para o Setor Principal "Sul", "Oeste" e "Centro" – cada uma consistindo em três *Sturmbanne* de quatro *Stürme*. Em junho de 1934, Himmler ordenou que *Leibstandarte* abandonasse seus termos demasiadamente militares de *Kompanien und Batallione* pelos *Sturmbanne und Stürme* dos militares políticos. Por outro lado, os guardas dos campos de concentração retiveram o sistema das centenas até 1937.

De todas as unidades de Emergência Política, apenas a primeira dos três *Standarten* listados na ordem de maio de 1934 se desenvolveram como planejado, e isso apenas em parte por volta de dezembro de 1934, quando as *Verfügungstruppe* foram anunciadas. A unidade de Emergência Política de Munique havia sido formada por voluntários dos regimentos 1 e 34 da SS Geral, juntamente com o *Streifendienst* original. Um segundo batalhão foi formado em dezembro de 1934 com legionários austríacos no assim chamado Ponto de Reunião de Dachau, vinculados ao *Hilfswerklager* (Campo de Auxílio a Refugiados) de Dachau. No início não estava claro se os austríacos deveriam ser considerados como parte das *Verfügungstruppe*, e por muitos anos foram tratados pelas demais unidades como estrangeiros não confiáveis. Esse *SS-Standarte 1* (para se distinguir do *I Standarte* da SS Geral), foi aquartelado na mesma localização do notório campo de concentração de Dachau, por algum tempo compartilhando facilidades e pessoal com a *Wachtruppe*, que se tornaria a unidade dos Cabeças da Morte 1 – Alta Baviera.

A unidade de Emergência Política de Württemberg foi planejada para ser o *Standarte 2* e assim foi designada por um curto período, mas a interrupção da purga e as limitações sobre uma SS armada, impostas por uma ciumenta *Reichswehr*, assim como um Hitler cauteloso, levaram à redução do contingente de Ellwangen a menos de um batalhão, que foi administrado como terceiro batalhão da SS 1. O resto do III/SS 1 foi completado com austríacos adicionais da *Sammelstelle Dachau*. Numerosos jovens de Württemberg que se voluntariaram para a SS, assim como hanoverianos que se alistaram no natimorto SS-3 (Centro), foram designados, em vez disso, como guardas de campos de concentração, onde se distinguiram por sua decência humana até o ponto de serem postos detrás do arame farpado por conta disso (talvez magoados por não terem sido feitos soldados). Em vez dos planejados segundo e terceiro regimentos, três batalhões separados foram estabelecidos como *Standarte* 2: batalhão 1 em Hamburgo-Veddel; batalhão 2 em Arolsen, Waldeck; e batalhão 3 em Wolterdingen, perto de Soltau, em Hannover. A julgar pelas datas de nomeação dos comandantes de batalhão e companhias em ambos os *Standarten* (primavera de 1935), as unidades passaram muito tempo em "teste", provavelmente sem pouca ou nenhuma liderança militar e armamento inadequado. Por outro lado, o *Leibstandarte* aproveitou extensos treinamentos militares em um acampamento do exército antes da purga de Röhm, e uma ordem secreta de março de 1935 estabeleceu o treinamento de pessoal da SS por unidades do exército. No entanto, em julho de 1935, os regulamentos de treinamento escritos por Himmler eram ainda prometidos para setembro. Oficiais e graduados dos *Verfügungstruppe* receberam treinamento especializado, começando em setembro de 1935, em Döberitz, Wunsdorf e Halle (Escola de Comunicações do Exército).

Podemos recordar que Paul Hausser havia sido recrutado pela SS, em novembro de 1934, para supervisionar a construção da Escola de Candidatos a Oficiais, pois era intenção de Himmler se tornar o mais independente possível do treinamento do exército. O modelo das escolas, entretanto, era a *Kadettenanstalt* (Escola para Cadetes Adolescentes), do período pré-1914. De fato, a primeira Escola de Candidatos a Oficiais em Bad Tölz (Baviera), foi iniciada com quadros recrutados em vários regimentos na Alta Baviera, começando em abril de 1934, juntamente com as preparações para o campo de treinamento da SS Geral em Dachau. Seu primeiro comandante, Paul Lettow, era soldado profissional, que voltou ao exército em 1935. A primeira turma em Tölz foi dirigida pelo antigo comandante, e no começo de 1935 estava sob observação pelos quadros da segunda Escola de Candidatos a Oficiais reunidos por Hausser (Braunschweig). Os primeiros sessenta graduados em Tölz se tornaram segundos-tenentes em 20 de abril de 1935, dois deles permanecendo como quadros em Tölz e três indo para Braunschweig. Dezoito foram designados para o *Standarte 1*, dezesseis para o *Standarte 2* e quatro para o *Leibstandarte*. Entretanto, um ano depois, a SS 1 havia retido apenas nove, a SS 2, apenas oito, e o *Leibstandarte* apenas um. O maior ímã para os jovens oficiais era o Escritório Central da SD (treze), com outros sete indo para o RuSHa e sete para a equipe do *Reichsführer SS*. Dois foram para o *Standarte "Oberbayen"* dos Cabeças da Morte. Dos sessenta, vinte e sete já eram primeiros-tenentes em novembro de 1936. Uma segunda turma foi instalada em cada escola, sessenta e dois graduando-se em Bad Tölz e 142 em Braunschweig, em abril de 1936. Dali em diante houve turmas anuais até o início da guerra. Uma participação cada vez maior na Escola de Candidatos a Oficiais de membros das unidades dos Cabeças da Morte pode ser notada, com uma contínua e pesada retirada de jovens oficiais para o Escritório Principal de Berlim (mais da metade). Realmente, as *Verfügungstruppe* podem ter recebido apenas cerca de 200 oficiais recém-formados das duas Escolas de Candidatos a Oficiais no momento em que a guerra estalou. Teoricamente, a produção total de mais de 600, em abril de 1939, estava disponível como reserva. Em 1937, Himmler concebeu a ideia de designar os graduados para sucessivos turnos de serviço bianuais com a SS Geral, *Sicherheitspolizei*, e Tropas de Serviço Especial ou Cabeças da Morte. Apesar de não repetir a experiência com outras turmas, o grosso do pessoal de 1937 só voltou às unidades de combate durante a guerra.

Depois de inicialmente ser nomeado como comandante da Escola de Candidatos a Oficiais de Braunschweig, Hausser exerceu controle direto sobre as escolas, como inspetor das Escolas de Candidatos a Oficiais da SS, de agosto de 1935 até sua nomeação como inspetor das Tropas de Serviço Especial, em 1º de outubro de 1936. Durante esse período, quando Hausser também atuava como chefe do Escritório da Liderança, no Escritório Central da SS (maio de 1936-37), os comandantes das escolas estavam subordinados àquela repartição. Tölz foi comandada por um coronel da reserva da polícia durante três anos e depois, até o início da guerra, por um coronel da *Wehrmacht* "temporariamente" na reserva. Braunschweig também foi entregue a um coronel da *Reichswehr* de sessenta e cinco anos de idade, que estava na reserva desde 1924. Em 1937, Himmler entregou a inspetoria das Escolas de Candidatos a Oficiais (renomeadas como *Junkerschulen*) para Walter Schmitt, chefe do Escritório do Pessoal da SS, que também era encarregado da Escola de Oficiais da SS Geral (o antigo campo de treinamento em Dachau), assim como as escolas de motoristas e de cavalaria tanto para a SS Geral como para a *Waffen-SS*. Sem dúvida esse era um esforço da parte de Himmler para incrementar a integração do corpo de oficiais da SS como um todo. Outra razão pode ter sido o considerável remanejamento na grande equipe de treinamento das escolas. Ambas as escolas e seus produtos tenderam a ser objeto de queixas até bem avançados os anos de guerra.

Quando o *Standarte 2* alcançou aproximadamente a força do *Leibstandarte* e do *Standarte 1* (2.500), no outono de 1935, as três unidades foram mantidas por um ano inteiro. Uma troca de oficiais também aconteceu entre os regimentos, e até mesmo a redução de seu número absoluto, já que alguns foram para o exército ou enviados para a SS Geral. Um *Standarte* tinha que se virar com menos de cem oficiais, menos da metade dos que tinham experiência no front, apesar de a maioria ser de experimentados *Altkämpfer* que haviam ingressado na SS antes de 1933. Os graduados, que também eram geralmente homens com números bem baixos da SS, desempenhavam um grande papel no treinamento e na estrutura de comando. Por outro lado, os recrutas eram geralmente novos SS, não provenientes da SS Geral, e sim jovens entre dezessete e vinte e três anos de idade, muitas vezes até sem experiência prévia na Juventude Hitlerista. Em um período de amplo e continuado desemprego, o alistamento por quatro anos no que prometia ser uma tropa de elite, com possibilidades de promoção muito mais amplas que os limites tradicionais do exército alemão, não parecia nada mau. As comissões de seleção enfatizavam o tamanho e a musculatura em vez da educação e da ideologia. Os programas de treinamento ressaltavam pesadamente o treinamento básico de tropas com rifle e baioneta, de modo muito semelhante ao treinamento da AW de 1933-34, que oficiais e graduados conheciam de cor e que, de fato, seus comandantes regimentais e de batalhões haviam eles mesmos aplicado na *Reichswehr* e na SA. Realmente, a maioria dos comandantes de *Verfügungstruppe* provinham dos círculos mais suspeitos da SA e da *Reichswehr*, os que haviam acreditado o tempo todo na possibilidade de um "novo exército modelo" e que rejeitavam o idealismo do antigo exército alemão, embora repelissem a hegemonia do partido em assuntos militares.

Em 1936, ano em que os elementos da nova *Wehrmacht* entraram na zona desmilitarizada sem retaliação francesa e Himmler reforçou seu controle nas defesas do "campo de batalha interno da Alemanha", as *Verfügungstruppe* e os novos batalhões dos Cabeças da Morte podiam ser referidos conjuntamente nas ordens da SS como marcadamente diferentes da SS Geral. Planos para o aumento de seu poderio ainda podiam despertar preocupações nos quartéis militares mais ciumentos e conservadores, mas nessa época estava claro que, tal como a SA antes, a SS Geral perdia rapidamente qualquer alegação de prontidão para combate. A *Wehrmacht* parecia controlar sua própria casa como nunca antes, e as unidades armadas da SS tinham metralhadoras e morteiros, mas sem blindados e artilharia, e podiam ser expandidas com segurança para aliviar os comandantes dos *Wehrkreis* da necessidade de manter tropas em suas áreas por razões de segurança, em tempo de guerra. A reestruturação do sistema dos *Wehrkreis* e das áreas de corpos de exército que se seguiu à inclusão da Renânia na rede de defesa produziu modificações nos Setores Principais da SS, nos Setores da SD, e a realocação e expansão das instalações das *Verfügungstruppe* e dos batalhões dos Cabeças da Morte e de seus comandantes – os futuros Líderes Superiores da SS e da Polícia – como coordenadores de segurança e medidas de emergência nos respectivos distritos. Passo a passo, e com o progressivo enfraquecimento da resistência da *Wehrmacht*, as *Verfügungstruppe* e, em menor extensão, os batalhões dos Cabeças da Morte ganharam, em 1937, direitos comparáveis aos da *Wehrmacht* – preços de passagens reduzidos, privilégios postais, pensões e uso de armas de emergência. Mas as pensões levaram anos para serem implementadas, o direito de uso de armas em casa no caso de emergências ainda estava teoricamente sujeito às adjudicações convencionais dos tribunais alemães, até os anos da guerra.

As *Verfügungstruppe* dos meados dos anos 1930 estavam organizadas em um sistema triplo modificado dos três regimentos com três batalhões, com quatro companhias cada um, mas existem sinais de que um sistema quádruplo estava sendo contemplado. Por exemplo, a SS-1, renomeada como *SS-Standarte "Deutschland"*, acrescentou um quarto batalhão em Ellwangen em 1937, e um quarto regimento, formado com elementos do batalhão conhecido como "N" (por Nuremberg, mas que na verdade estava em Dachau), existia em 1936. Apesar de haver uma referência em 1938 a "SS VT Nürnberg", o quarto regimento parece haver sido adiado até o *Anschluss* e a formação do *SS-Standarte "Der Führer"*, na Áustria. Unidades de apoio para a divisão, sob a forma de um batalhão de sinais, estacionado inicialmente em Berlim-Adlershof e depois de 1937 em Unna, na Vestfália, um batalhão de "engenheiros" em Leisnig, e depois de 1937 em Dresden, e *Staffen* (equipes médicas) em nível de batalhão, liberaram as *Verfügungstruppe* tanto da organização da SS Geral com as mesmas funções, como dos correspondentes corpos do exército. Uma Escola de Candidatos e Oficiais para médicos tanto para as *Verfügungstruppe* como para as tropas de Cabeças da Morte foi iniciada em outubro de 1936.

Acima de tudo, um sistema de coordenação para as *Verfügungstruppe* foi iniciado em 1936, primeiro na primavera, com a formação da *Führungsstab der SS Verfügungstruppen*, significativamente construída com o mesmo pessoal administrativo que gerenciava a economia dos campos de concentração, e secundariamente, em outubro, com o desenvolvimento de uma espécie de estado-maior do inspetor das Tropas de Serviço Especial, logo substituindo o *Führungsstab*. Depois de alguns anos no corpo administrativo da equipe de inspetores, aquele grupo gravitou novamente de volta para a órbita dos campos de concentração durante a guerra, enquanto as figuras mais estritamente militares do Escritório Central da SS e do escritório do inspetor formaram o núcleo do *Führungshauptamt* das *Waffen-SS*. Tecnicamente, todo o pessoal, e o próprio Hausser, como chefe do Escritório da Liderança, ainda eram parte do Escritório Central da SS, mas, em vez de um ganho no controle centralizado (que pode ter sido o pretendido), o fracasso do Escritório Central da SS (August Heissmeyer) de abranger o lado militar das operações da SS de modo mais efetivo que o feito pelo império administrativo do chefe da Administração da SS levou à desintegração do *SS--Hauptamt*, já notado cima. Quando, em outubro de 1937, Hausser desistiu do seu posto de chefe do Escritório da Liderança para ser simplesmente um veterano da SS Geral, a posição reduziu a si mesma a responsabilidades de arrumação da casa para a SS Geral. Nessa ocasião o Escritório do Inspetor das Tropas de Serviço Especial alcançava mais de cinquenta oficiais, o núcleo de um estado-maior. Em 1938, com a reestruturação do Escritório de Recrutamento do Escritório Central da SS, sob Gottlob Berger, um dos mais competentes e cruéis do pessoal da antiga AW, destinado a ser um dos lugares-tenentes de Himmler durante a guerra, outra agência de gerenciamento semi-independente foi formada, que no futuro ajudaria a *Waffen-SS*. Desse modo, pouco a pouco, e camuflada no pano de fundo da SS Geral e da polícia, "cristalizou-se" uma SS armada como entidade separada. Ajudada por seu pequeno tamanho (12 mil membros em janeiro de 1938), e em sua natureza dividida – com Himmler atuando com sucesso como ponte –, a arma de combate da SS logo era capaz de emprego efetivo, no todo ou em parte, e, sobretudo, de crescimento maciço no interesse de engrandecimento da SS quando o desenho imperial de Hitler finalmente amadureceu.

ÁUSTRIA

A SS desempenhou um importante papel na preparação e execução de todas as conquistas alemãs, e a Áustria não foi exceção. De fato, a SS austríaca de Himmler teve um papel decisivo na execução das táticas de pressão de Hitler, e até mesmo deu início a algumas partes do esquema. A SS havia sido proeminente também em julho de 1934, como podemos lembrar. No entanto, naquela ocasião, existiam sérias dúvidas se a SS estaria ou não obedecendo a ordens de Hitler. A SS austríaca tampouco esteve imune à desordem nas fileiras do Nacional-Socialismo depois do fracasso do *putsch*. Muitos líderes proeminentes da SS foram presos e sentenciados a longas penas de prisão ou fugiram para a Alemanha em 1935. Entretanto, o fortalecimento da disciplina na SS alemã, os laços estreitos entre a SD e a SS, e a base há muito existente de Himmler junto à polícia bávara, com velhos laços com a Áustria, e o controle de Himmler sobre a fronteira austríaco-alemã, não apenas pelos Empregados Auxiliares de Fronteira (HIGA), como também por meio da *Grenzpolizei* (Polícia de Fronteira), tudo se combinava para lançar alguns leais oficiais da SS em cada estado austríaco para o centro da inevitável conspiração nazista.

Ao mesmo tempo que Hitler desautorizava ligações com os nazistas austríacos e realmente desaprovava as continuadas táticas insurgentes, consentia do fundo do coração na abordagem "*iceberg*" que se desenvolvia na Caríntia, onde um grupo de nazistas moderados procurava acomodar-se com o regime autoritário de Schuschnigg, ao mesmo tempo que uma rede ilegal se perpetuava por meio de disciplina estrita, principalmente com objetivos de comunicação. Pessoas respeitáveis, de classe média, podiam ser conquistadas para o trabalho na SD, primeiro na Caríntia e mais tarde em Viena e outros lugares, enquanto alguns dos caríntios e estírios mais aventureiros, da época dos corpos livres, eram recrutados para a SS, se já não estivessem nela. Alguns foram transferidos da SA, que, nessas regiões, teve muita exposição durante o *putsch*, ao contrário dos sediados em Viena e Linz. Por volta de 1936, Himmler já tinha suficiente controle da SS austríaca para garantir que seus membros não atuariam indisciplinadamente, um problema perene com os líderes austríacos do partido. O acordo com Schuschnigg, de 11 de julho de 1936, não apenas criou um sistema dual de ajuda financeira – legal e ilegal – para os pressionados nazistas austríacos, como também estabeleceu uma comissão mista, sob a presidência de Wilhelm Keppler, um homem de negócios que era a principal ligação de Göring com Himmler, e que se transformou em porta-voz secreto de Hitler junto aos nazistas austríacos. Já que o controle dos fundos para a Áustria permanecia em larga medida com o pessoal da SS, seja no sistema de auxílio, o *Hilfswerk*, seja por meio de Keppler – que tinha o posto de general da SS –, a facção desobediente do partido podia ser controlada, se não imediatamente, em questão de meses. Com o sistema de comunicações dos nazistas e do Reich nas mãos da SS-SD, também era impossível para o grupo dissidente conseguir ser ouvido por Göring ou Hitler. Por outro lado, a ideia de levar Schuschnigg até Berchtesgaden para ser intimidado, a revelação de seus planos de plebiscito a tempo de intervir contra isso, e até mesmo a iniciativa de capturar o poder na noite de 11 de março em Viena e nas capitais dos estados, podem ser rastreados até a SS. De fato, podem ser rastreados até um único homem da SS, o audaz Odilo Globocnik, ao qual Himmler outorgou a patente de coronel no dia seguinte.

Se é certamente verdade que Hitler não tinha um mapa feito para a anexação da Áustria e lhe faltavam inclusive planos convencionais para uma ocupação, a SS lhe proporcionou um instrumento preciso de subversão, sob a capa de legalidade, se é que efetivamente não lhe mostrou o caminho, passo a passo, até o sucesso. Göring e Himmler, atuando por meio de Heydrich, colaboraram de modo próximo no "enquadramento" de Blomberg e Fritsch no início de 1938, atendendo aos desejos de Hitler, tal como haviam feito em junho de 1934. O *Anschluss* austríaco iniciou-se com eles, capturando oportunidades apresentadas pela busca de Hitler de uma "cobertura" para sua purga na *Wehrmacht* e no Ministério das Relações Exteriores, e o desesperado e encenado apelo de Schuschnigg, aos vitoriosos de 1918, para que defendessem sua própria criação. A suavidade com a qual os alemães improvisaram a integração de unidades do exército, o *Leibstandarte* motorizado, os 40 mil Polícias da Ordem, o regimento *Oberbayen* dos Cabeças da Morte, e elementos dos regimentos *Germania* e *Deutschland* entre 7 e 15 de março contradiz a noção de que as rivalidades muito reais entre os serviços eram suficientemente fortes para perturbar a cooperação em situação de emergência. Realmente, cooperação entre as equipes e alguma forma de exercício devem ter precedido o primeiro teste real, mesmo que nenhuma prática de alerta em larga escala ou esquemas de mobilização pareçam ter existido. Himmler pode ter se surpreendido com a decisão objetiva de Hitler de intervir, pressionado por Göring, mas estava bem preparado para a intervenção, e sua equipe de inteligência proporcionou as circunstâncias para isso. Dentro da Áustria, cerca de 7.200 membros da SS (denominados *NS-Dienst*), sob o comando de Ernst Kaltenbrunner – um advogado implacável com um número SS bem baixo –, entraram em ação às 9 da noite de 11 de março, para ocupar edifícios públicos nas várias capitais estaduais, juntamente com contingentes ainda maiores da SA (*NS-Mannschaft*), já designados – apesar de ainda ilegalmente – como Polícia Auxiliar. Por volta da meia-noite, Kaltenbrunner havia se tornado ministro da Polícia, e às 2 da madrugada, quando Himmler chegou e removeu o não nazista ministro de Estado da Segurança, esse futuro líder superior da SS e da Polícia da Áustria (posteriormente "Danúbio") havia se tornado o primeiro de muitos procônsules da SS de um império nazista.

Depois de uma breve transição como o único distrito principal da SS, a Ostmark, ou Marca Oriental, foi dividida em duas Seções Principais, correspondentes aos *Gaue*, estes mesmos seguindo os antigos limites entre os estados. Os *Gauleiter* se tornaram, uniformemente, altos oficiais da SS, de maneira nenhuma um procedimento regular no passado, mas aqui indicando a importância aumentada de permanecer dentro do alcance do *Reichsführer SS*. Realmente, Globocnik – o novo coronel da SS que tanto havia feito para ajudar no *Anschluss* – se tornou por um tempo *Gauleiter* da região de Viena, até que seu envolvimento em abusos flagrantes de "arianização", juntamente com centenas de outros oficiais austríacos da SS, forçou sua remoção. A SS teve ainda que sofrer um pequeno revés na Áustria, no decorrer de 1938, já que Hitler colocou o controle nas mãos de um comissário do Reich para a Reunificação, Josef Bürckel, que era membro leal do partido e antigo *Gauleiter*. Apesar de ter aceito o posto de general da SS desde novembro de 1937, esse homem do partido rapidamente se dissociou da SS e do sistema policial, intimamente ligado como era com o aparato da liderança nazista local austríaca. Ele entrou em atrito com Keppler, outro general da SS, que era emissário de Göring (e de Hitler). Depois de conseguir criar embaraços para um bom número de figurões da SS em negócios escusos com judeus e receptadores de propriedades judaicas, Bürckel foi finalmente deposto, após cometer alguns erros políticos sérios durante a crise tchecoslovaca.

Desse modo, a SS pôde emergir na Áustria, em 1940, possivelmente sem cicatrizes e, de fato, muito fortalecida. Em vez de três *Standarten* da SS Geral, a Áustria podia se gabar de sete *Standarten*, com 17 mil homens. Mais importante ainda, já em abril de 1938, Himmler se dedicou a formar um *Verfügungstruppe* de três batalhões ("*Der Führer*"), com elementos em todos os estados, a partir de quadros de unidades enviadas para a marcha e a ocupação. Foi aberta uma terceira Escola de Candidatos a Oficiais em Klagenfurt. Mais ainda, um quarto regimento dos Cabeças da Morte (Ostmark) foi formado no antigo campo de concentração de Mauthausen, perto de Linz, e que logo se tornaria um dos mais mortíferos entre os da sua espécie. Depois de uma confusão conflitiva sobre os poderes relativos dos novos escritórios de inspetores da Polícia da Ordem e da Polícia de Segurança, *vis-à-vis* os líderes superiores da SS e da polícia, o sistema de tratar os precedentes como subordinados de mais alto nível com relação aos últimos passou a acontecer na prática, de modo que a Áustria quase nunca desfrutou do luxo nazista de objetivos cruzados em assuntos da polícia. Os policiais austríacos eram frequentemente nazistas de longa data, sobretudo em Viena e Graz, e muitos deles rapidamente se tornaram coronéis da SS, e até mesmo generais. Não foi necessária uma limpeza muito extensa na polícia austríaca, e a assimilação da SS dos corpos de oficiais de polícia no Reich procedeu sem nenhuma exceção notável nos antigos *Gaue* austríacos.

Muito antes da tomada da Áustria, a *Sicherheitshauptamt* havia desenvolvido extensos estudos sobre os judeus austríacos, já que era bem conhecido o fato de o antissemitismo de Hitler haver nascido ali. Desse modo, não foi realmente uma surpresa o fato de Adolf Eichmann ser enviado a Viena para continuar seus estudos especializados sobre a melhor maneira de eliminar os judeus do *Lebensraum* alemão. O que pareceu notável, é claro, foi a transição de Eichmann para os níveis de poder executivo no Escritório Central para a Emigração Judaica, que ele estabeleceu em Viena no dia 26 de agosto de 1938, sob ordens específicas do comissário do Reich para a Reunificação. Eichmann claramente não agia mais apenas por iniciativa própria, nem executava de forma específica uma política da SS, pois o mesmo comissário do Reich tornava as coisas difíceis para a SS, em virtude dos procedimentos desta na arianização contra esses mesmos judeus. Quando Göring (não Himmler) ordenou a formação do Escritório Central do Reich para a Emigração Judaica, em 24 de janeiro de 1939, como uma agência multiministerial, entretanto, esta foi confiada a Heydrich – que delegou esses poderes a Heinrich Müller, chefe da Gestapa. O escritório austríaco de Eichmann tornou-se, então, simplesmente uma filial, apesar de, mais uma vez, ser um esforço cooperativo de burocratas de numerosas agências. A direção da Gestapo nesse arranjo se tornaria a forma aceita para outros escritórios de imigração e deportação no período da guerra, no qual trabalhavam muitos oficiais, com ou sem o uniforme da SS.

TCHECOSLOVÁQUIA

O aparecimento público da SS ao lado da polícia e da *Wehrmacht* na Áustria provocou uma considerável especulação sobre o papel futuro da SS, especialmente em tempo de guerra. Hitler assinou, a 17 de agosto de 1938, o que pretendia ser uma decisão final sobre as relações entre esta, a polícia e a *Wehrmacht*. O fato de que aquilo não representou nada conclusivo, simplesmente apontando a direção para a qual Hitler desejava que a SS se desenvolvesse, não reduz sua importância. Apesar da autoria incerta, sabemos que Himmler a viu e fez algumas mudanças antes que Hitler a assinasse. A minuta foi escrita já em 3 de junho e foi vista pelo *SS-Hauptamt* em julho, antes que Hitler a assinasse. O documento foi marcado como *Geheime Kommandosache* ("Altamente Secreto") e por certo jamais foi amplamente conhecido, apesar de receber referências oficiais. Depois de breve introdução discutindo a ligação estreita entre a SS e a polícia, criada pelo decreto de 17 de junho de 1936, a ordem divide-se em quatro partes de tamanho desigual: (1) Geral (uma página), (2) As Unidades Armadas da SS (mais de sete páginas), (3) A SS Geral (uma página), (4) Regulações Executivas (uma página). A SS é descrita integralmente como organização política do partido e sem necessidade de armamentos; entretanto, as tarefas internas do *Reichsführer SS* e chefe da Polícia Alemã, e para uso móvel pelo exército em tempo de guerra, certas unidades da SS, enumeradas, ficam fora dessa caracterização. As unidades eram as *Verfügungstruppe*, as Escolas de Candidatos a Oficiais, as unidades dos Cabeças da Morte e os Reforços da Polícia dessa última (ainda não existentes). Em tempos de paz, Himmler tinha autoridade única sobre todos, apesar de ter que adquirir equipamentos militares da *Wehrmacht*. Sobre as *Verfügungstruppe*, estava escrito que não faziam parte nem da *Wehrmacht* nem da polícia, mas eram parte do NSDAP para uso exclusivo de Hitler. Tinha seu orçamento dentro do Ministério do Interior, sujeito à aprovação do *Oberkommando der Wehrmacht* (OKW). Segue-se uma enumeração dos elementos, com os acréscimos manuscritos de Himmler ao decreto original, mostrando que ele queria maximizar a motorização. Certas unidades especiais deviam ser acrescentadas para emprego interno (por exemplo, um pelotão de carros de combate blindados), e, em tempo de guerra, o conjunto das *Verfügungstruppe* deveria ser organizado como uma divisão da *Wehrmacht*. Em caso de mobilização, unidades de substituição usadas em tempo de paz para o treinamento dos chamados Reforços da Polícia das unidades dos Cabeças da Morte proporcionariam substituições para a divisão das *Verfügungstruppe*. Em caso de mobilização, Hitler determinaria quando e como passar as *Verfügungstruppe* para o exército (em cujo caso estipulou que, ainda assim, permaneceriam como tropas do partido), ou ainda poderia designá-las a Himmler para emergências internas. A única distinção que Hitler fez na descrição das unidades do Cabeças da Morte foi não referir que elas se destinassem exclusivamente para seu uso pessoal. Elas também eram caracterizadas como elementos do partido, não da polícia nem da *Wehrmacht*. É dito que seu propósito é a solução de problemas especiais de natureza policial, designados por ele. O serviço delas não cumpria os requisitos para o serviço militar. Depois de mobilização, elas formariam os quadros dos Reforços da Polícia, a serem previamente treinados nas novas unidades de substituição, com fundos obtidos da OKW pelo Ministério do Interior. Os deveres de guarda dos campos de concentração não deviam ser desempenhados pelos Reforços da Polícia (que se destinavam a propósitos de ocupação), e sim por membros da SS Geral com idade acima de trinta e cinco anos. Os Reforços da Polícia deveriam ser contados como tropas policiais. Em tempos de guerra, os membros da SS Geral eram "mobilizáveis" nos serviços armados tal como qualquer um, salvo as equipes dos Escritórios Principais, assim como o Setor Principal e equipes dos Setores deveriam ser transferidos "para tarefas de caráter policial". Regulamentos executivos para assuntos de polícia e compromissos internos podiam ser emitidos por Himmler, enquanto o OKW deveria emitir tais ordens em todas as demais condições de mobilização que afetassem as *Verfügungstruppe* e as unidades dos Cabeças da Morte.

Mesmo que a expansão da SS em linhas puramente militares pareça ter sido de novo limitada por Hitler com essa ordem, Himmler desenvolvia uma alternativa bem diferente para aumentar o poder da SS e sua influência no futuro império germânico. Aproveitando a vantagem da necessidade que Ribbentrop tinha de uma relação colaborativa com a SS para aumentar as vantagens de sua tropa no aristocrático Ministério das Relações Exteriores, Himmler conseguiu nomear uma certa quantidade de pessoas da equipe de Ribbentrop para patentes na SS e indicar Werner Lorenz, um antigo combatente da SS, como superior deles, para os objetivos da SS. Lorenz tinha suas raízes na região a leste do Elba, educação em uma *Kadettenanstalt* (Escola de Cadetes) e uma *entrée* na sociedade internacional, o que o tornava adequado para sua nomeação, em janeiro de 1937, tanto no partido, por intermédio de Hess, como por Ribbentrop, no Ministério das Relações Exteriores, como chefe do assim chamado *Volksdeutsche Mittelstelle* – o Escritório de Ligação com os Alemães Étnicos. Essa era uma típica operação *"iceberg"*, com poder nominal para dirigir associações interestatais e fundos para ajudar cidadãos de fala alemã em outras nações a manter seu "germanismo", financiar escolas alemãs e de fato influenciar os chamados grupos étnicos alemães para que apoiassem os ideais nazistas. Além disso, desde o começo, a VoMi – como logo passou a ser chamada a organização de Lorenz – se tornou um veículo para a penetração da SD nos grupos populares alemães no exterior, e realmente não demorou muito para que o segundo em comando na VoMi fosse Hermann Behrends, da SD. Em nenhum momento a VoMi se tornou oficialmente um ramo da SS, apesar de mais tarde muitos dos seus oficiais, ainda que não todos, usarem uniformes da SS ou da polícia. Sua principal vantagem para Himmler era proporcionar um substituto para o que ele naturalmente tivera na SS austríaca e na polícia – acesso a um aparelho alemão controlável. Himmler e a SS efetivamente assumiram influência e poder na Tchecoslováquia, na Polônia e nos Bálcãs nas costas de agentes do partido e do Ministério das Relações Exteriores, ajudados, é claro, pela oportuna designação de pessoal da SD, assim que possível. Mesmo não havendo conexão oficial do VoMi com a SS, até a nomeação de Himmler como comissário do Reich para o Fortalecimento da Pureza Étnica Alemã, em outubro de 1939, para executar a tarefa de realocação dos alemães étnicos, originalmente de responsabilidade da VoMi, na verdade, Himmler procurou, desde o começo de 1937, penetrar nos grupos étnicos alemães do Leste europeu, por meio de recrutadores da SS, de modo a expandir a influência da SS no que, já na época, considerava como territórios de realocação.

Logo depois dos austríacos, o grupo étnico mais fácil para os nazistas penetrarem eram os sudetos. Mesmo que ostensivamente Hitler tenha declarado guerra em função dos interesses dos alemães étnicos da Polônia, o partido e a SS não tiveram ali, antes de 1939, nem a metade do bom desempenho que tinham no segundo lar do Nacional-Socialismo – a Tchecoslováquia. Um Partido dos

Trabalhadores Alemães Nacional-Socialistas foi fundado ali em 15 de novembro de 1918. Tal como na Áustria, a variedade doméstica dos nazistas sudetos era difícil de controlar de Berlim. Entretanto, em comparação com os alemães étnicos da Polônia, divididos em sua tradição pela partição polonesa por religião e, mais recentemente, por numerosas rivalidades partidárias, os sudetos alemães eram uma frente poderosa e unida contra Praga e a tradição tcheca, e realmente valia a pena subvertê-los em favor da causa de Hitler. Atividades da SD e da *Abwehr* na região sudeta precederam o 30 de janeiro de 1939, tal como atividades do Reich nazista sob a forma de um *Bereitschaft* (Esquadrão de Alarme) dentro dos austro-fascistas do *Kameradschaftsbund*. O crescimento do *Sudetendeutsche Heimatfront* de Konrad Henlein foi ajudado por fundos da Liga para Germanização no Exterior (VDA), dominada pelos nazistas, antes do VoMi assumir em 1937. Nessa ocasião, a influência da SD no círculo próximo de Henlein proporcionou informações e controle por Himmler e Heydrich, se não do próprio Henlein, pelo menos de seu vice, Karl Hermann Frank, futuro líder superior da SS e da polícia em Praga. Havia tanto uma SA ilegal como uma SS ilegal, a primeira disfarçada como sociedade esportiva ou de ginástica, e a segunda em várias associações estudantis. Existe pouca dúvida de que Henlein, que exerce um controle fechado sobre a vasta maioria dos alemães étnicos na Tchecoslováquia, por meio de uma rede de organizações, além de seu Partido Alemão dos Sudetos, recebia ordens do VoMi, já em novembro de 1937.

Quando Hitler decidiu ampliar a atuação na Tchecoslováquia, imediatamente após o *Anschluss*, o VoMi esteve presente em cada passo da conspiração. Um *Sudetendeutscher Schutzdienst* (Serviço de Proteção aos Sudetos) foi abertamente criado a partir de formações da SA, obedecendo ao SA do Reich, com a assessoria de um ex-oficial da SA e da AW, agora na SS – Hans Jüttner, o futuro chefe do Estado-Maior geral de Himmler, o Führungshauptamt. Foram preparados planos para a tomada militar pela *Wehrmacht*, acompanhada de levantamentos do *Schutzdienst*, depois da abortada mobilização tcheca de 20 de maio, e existe evidência de que esses planos se estendiam até a Boêmia e a Morávia. Durante os conturbados meses do verão de 1938, enquanto toda a Europa tinha esperanças de paz, mas se preparava para a guerra, o quartel-general da Sipo-SD planejou os procedimentos policiais para a apreensão de propriedades e personalidades específicas na vanguarda da *Wehrmacht*. Dessa maneira, os primeiros *Einsatzkommandos* passaram a existir. Essas equipes policiais deveriam fazer contato com o pessoal da SS e agentes da SD nos Sudetos, que secretamente estavam organizados para assumir as funções da polícia, mesmo antes da chegada da *Wehrmacht*. A ligação entre a *Wehrmacht*, SS, VoMi e o Ministério do Exterior, Sipo-SD e *Abwehr*, era muito melhor ali que por ocasião do *Anschluss*. Realmente, a atmosfera de objetivo comum e concordância essencial – enfatizada pela outorga de várias patentes honorárias da SS no Ministério do Exterior e outras repartições estatais – a aceitação pela *Wehrmacht* de jovens *SS-Junker* (cadetes) e oficiais para serviço temporário com suas unidades, e o compartilhamento de segredos de espionagem entre Canaris e Heydrich, levaram a SS para mais perto da respeitabilidade do que jamais antes. Rivalidades e cotoveladas pelo primeiro lugar ainda estavam ali, mas amortecidas. A formulação conjunta, pela SS e pela *Wehrmacht*, do decreto de Hitler de 17 de agosto de 1938 ilustra de algum modo o grau de "toma lá dá cá" de ambos os lados, sob o ímpeto da crise que se aproximava.

Imediatamente após o decreto de 17 de agosto, o OKW ordenou a convocação dos reforços policiais especificados no decreto, a partir de listas proporcionadas pelos setores principais da SS, mas diante da resistência de estados-maiores sobrecarregados, os corpos de exército das áreas se recusaram a fazer o trabalho da SS no lugar dela. Portanto, o novo *Ergänzungsamt* (Escritório de Recrutamento da SS), comandado por Gottlob Berger, e os setores principais da SS tiveram que improvisar seus procedimentos em setembro. Um total de 12 mil membros da SS Geral foram mobilizados em 1º de outubro, além de 15 mil membros das *Verfügungstruppe* e de 8 mil homens dos batalhões dos Cabeças da Morte. Foi no dia 17 de setembro que o vice de Henlein, K. H. Frank, persuadiu Hitler a armar os *Sudetendeutscher Schutzdienst*, muitos dos quais haviam temporariamente transposto as fronteiras para a Silésia, Saxônia, Baviera e Áustria. O resultante *Sudetendeutsche Freikorps* consistia em 10 mil a 15 mil homens, em quatro *Gruppen* (divisões, a antiga unidade da SA), de quatro *Abschnitte* (setores, unidades atuais da SA e da SS, formados por vários *Standarten*). Um reforço de oficiais da SA, uniformes da SA e equipamentos de bivaque da SA foram improvisados rapidamente – com armamentos austríacos confiscados, e conselheiros do VoMi, SD e da *Abwehr*. A direção geral para essas tropas de quinta coluna veio do quartel general de Henlein no Schloss Donndorf, perto de Bayreuth, com conselhos de Hans Jüttner, da Inspetoria das *Verfügungstruppe* (Substituições), Canaris, da *Abwehr*, e de Gottlob Berger, como novo chefe do Escritório de Recrutamento da SS.

Incursões através da fronteira internacional, até envolvendo elementos da SA alemã, aconteceram em 22 de setembro, e em 25 de setembro a cidade de Asch havia sido tomada e transferida para dois Batalhões dos Cabeças da Morte de Dachau. No dia seguinte, Himmler anunciou que todos os elementos dos corpos livres atuariam sob a SS no evento da invasão, e apesar de isso ser contra as ordens do exército, jamais recebeu contraordem. De fato, enquanto unidades da *Verfügungstruppe* e dos Cabeças da Morte se mesclavam com divisões da *Wehrmacht*, o corpo livre foi engajado durante e após o 30 de setembro como unidades operacionais independentes sob a autoridade da Polícia da Ordem. Antes de sua dissolução, a 15 de outubro, uma disputa rápida por seus comandantes como novos oficiais da SS envenenou as relações entre os dois futuros chefes de Escritórios Centrais, Jüttner e Berger. Ambos provinham de experiências com a SA/AW e ambos eram construtores de impérios orientados para a expansão da SS armada. Jüttner teria que aceitar temporariamente a subordinação ao brusco recrutador da SS, durante a formação do *SS-Führungshauptamt* em

1939-40. A vendeta de Jüttner contra Berger no Escritório Central da SS iria durar toda a guerra, muito depois de a SA e os Sudetos terem deixado de ser importantes. Tanto Henlein como K. H. Frank aceitaram as folhas de carvalho de generais da SS, o antigo comandante da *Schutzdienst* se tornando o comandante da *Abschnitt* nos Sudetos. Não houve transferência maciça dos corpos livres para a SS, entretanto, e muitos se juntaram à SA.

Exceto no caso de Asch, as forças da SS entraram na Tchecoslováquia durante ou depois de 1º de outubro, sob a forma ou de *Verfügungstruppe* ou de regimentos dos Cabeças da Morte. Unidades militares regulares incorporadas a divisões da *Wehrmacht*, ou como equipes mistas da Polícia da Ordem, Gestapo e da SD (dois *Einsatztübe*, cada qual consistindo em cinco *Einsatzkommandos*). Esses últimos fizeram o "trabalho sujo" de prender (ou matar) suspeitos e inimigos em nome da segurança das tropas. Alguns dos homens da SS com menos de trinta e cinco anos e com treinamento militar prévio serviram como membros comuns da *Wehrmacht*, apesar de não haver mobilização geral. Não houve ocupação militar. A transferência para o controle civil no dia 10 de outubro significou a partida das divisões alemãs, e com elas os *Verfügungstruppe* e os regimentos dos Cabeças da Morte. O poder da SS e da Polícia foi assegurado pela instalação da Polícia da Ordem, Polícia Criminal e SD, assim como o quartel-general da Gestapo pelos *Einsatzkommandos*, segundo o planejado. A Polícia de Fronteira – parte da Gestapo desde o ano anterior – teve um papel central ao proporcionar destacamentos para os escritórios da Gestapo, e membros não pagos da SD do Reich (geralmente veteranos da SS), e os alemães sudetos (na maioria novos SS) proporcionaram muito do pessoal do novo SD setorial. Os *Einsatztübe* como tal foram dispersados depois que ficou claro que Hitler ainda não estava pronto para proceder à total liquidação da Tchecoslováquia. Os esforços da SD para assegurar sua liderança sobre as operações das equipes, que se expressou no fornecimento de seus comandantes, não foram totalmente bem-sucedidos *vis-à-vis* a Gestapo. Um decreto do Ministério do

Interior, de 11 de novembro, procurou proporcionar sanção estatal para as atividades da SD, de modo a melhorar a cooperação entre agências estatais com a SD. Seus agentes, portanto, não se tornaram funcionários do Estado. A inclusão da SD no Escritório Central de Segurança do Reich (RSHA), um ano depois, mostrou que as medidas de novembro de 1938 não eram suficientes. A abordagem por equipes para os "esquadrões de ação", entretanto, havia se comprovado, e os mesmos comandantes foram usados novamente na Polônia e na Rússia, ainda que não sob a autoridade da SD.

Com o *Amt III*, a *SD-Ausland* alcançou o máximo de sua influência naquele outono-inverno atarefado, em cooperação com a *Abwehr*, o Ministério de Relações Exteriores e o VoMi, ao criar as condições para a mexida seguinte de Hitler. Ninguém sabia, e muito menos Hitler, qual entre os muitos grupos étnicos alemães da Europa oriental ele iria necessitar em seguida. Para manter todas as opções abertas, eram necessários controles mais rígidos e melhor conhecimento das condições locais. Especialistas acadêmicos, homens de negócio, funcionários públicos e os próprios alemães étnicos foram recrutados pelo SD – e, incidentalmente, pela SS – em número crescente. Juntamente com o VoMi e a SD seguiam representantes do Escritório de Recrutamento da SS, pois os corpos livres dos sudetos aprovaram o modelo de combinar o trabalho de uma quinta coluna com futuros recrutamentos para a SS, não apenas para expansão da SS Geral como para legiões da SS armada, que de outra forma seria seriamente limitada pelo decreto de 17 de agosto. A penetração SS-SD nos estados bálticos, Polônia e Romênia teve bons progressos, mas Hitler sucumbiu à tentação de capitalizar a desorganização na Tchecoslováquia e a necessidade de responder ao desapontamento do resto das minorias alemãs ali, assim como à pressão eslovaca para apoio. Hitler possivelmente perdeu a oportunidade de fazer um ajuste bismarquiano na Europa, depois de Munique, em parte por causa das ambições da SS – Himmler, Heydrich e alguns dos altos oficiais da SS – de se engajar nas intrigas da política exterior e conseguir uma área de colonização na Europa central. Mas é claro que estavam alimentando as próprias concepções imperais de Hitler, nada bismarquianas.

A entrada de Himmler nos assuntos da política externa no caso austríaco havia fortalecido os laços da SS, não apenas com o aparelho de Ribbentrop no Ministério das Relações Exteriores, como também com os operadores de Göring no mundo das finanças. Agora ambos os cavalheiros tinham interesse disfarçado em dominar as movimentações da política externa de Hitler depois de Munique, quando ele mostrou mais independência do que convinha tanto ao ministro das Relações Exteriores quanto ao seu comandante da Luftwaffe. Desse modo, os dois estavam prontos para ajudar Himmler, e este, mais tarde, ficou feliz em poder entrar mais nos assuntos de política externa, no interesse da expansão da SS. Por meio do VoMi, Himmler começou a ter um papel mais direto na discussão dos problemas das relações exteriores, enquanto o segundo em comando no VoMi, Hermann Behrends, desenvolvia uma rede de informação e influência para além dos próprios grupos étnicos, junto aos correspondentes governos nativos e partidos de suas regiões. Heydrich também se envolveu de modo bem pessoal na intriga exterior, lançando os alicerces para a dominação alemã dos movimentos fascistas da Lituânia, Ucrânia, Eslováquia, Hungria, Romênia e Boêmia. Os agentes do *SD-Amt III* de Heydrich tinham a vantagem da cooperação com o pessoal de Göring e vice-versa, já que a penetração econômica na Europa oriental por intermédio de conspiradores fascistas antiocidentais e anticapitalistas minava com facilidade as conexões oficiais alemãs. Desse modo, as conexões do Grupo Étnico do VoMi e as conexões da SD com os partidos fascistas também corriam juntas, tanto em Berlim como no campo.

Na rabeira tanto do VoMi quanto da SD, frequentemente na forma de algum oficial superior da SS, o Escritório de Recrutamento da SS entrava nas capitais estrangeiras em busca de "material humano". A atração do Reich para os jovens alemães étnicos jamais foi tão grande quanto no final de 1938 e no começo de 1939. Quatro anos de serviço na guarda de elite de Himmler pareciam para muitos não ser um preço alto a pagar por um futuro de proeminência e influência, especialmente como alternativa a ser convocado por algum dos exércitos nativos como membro de uma minoria não universalmente admirada. Por último, mas não de menor importância, o Escritório Central do Reich para Raça e Colonização – finalmente libertado do peso da longa querela de Himmler com seu fundador, Darré, sobre o treinamento ideológico da SS – buscava novos mundos para conquistar para a colonização da SS, há muito desestimulada pelas compras de terras pela *Wehrmacht* e pelas necessidades da "batalha pela produção". O solo fértil da Boêmia-Morávia atraiu os olhares do chefe do Escritório de Colonização, von Gottberg, que chamou a atenção de Heydrich para as possibilidades de colonização ali. Agentes da SD fizeram um inventário cuidadoso das propriedades rurais e urbanas em mãos dos "inimigos da germanização", antes de 15 de março de 1939. Um esquema para expulsar toda a população eslava da Boêmia, a fim de abrir espaço para os alemães, foi achado nos arquivos da SD.

Os agentes de Heydrich e de Göring trabalharam tão limpamente, com a ajuda do Ministério das Relações Exteriores de Ribbentrop, que a própria natureza indecisa de Hitler não teve oportunidade de se manifestar. Seu instinto natural de abusar de um inimigo caído foi só o que bastou para evitar que agarrasse a oportunidade de tranquilizar a França e a Grã-Bretanha cultivando a Tchecoslováquia. Ajudado por relatórios tendenciosos de prefeitos tchecos e por planos antialemães supridos pelo Ministério das Relações Exteriores, SD e VoMi, Hitler caminhou com os conspiradores sem tomar uma decisão firme por conta própria até o último minuto – provavelmente em algum momento do dia 12 de março de 1939. Naquele dia, enquanto Wilhelm Keppler negociava em nome de Hitler com os separatistas eslovacos em Bratislava, uma semana depois da entrega de explosivos por agentes do *SD-Amt*, o VoMi organizou manifestações em Praga e Brno, usando estudantes da SS e comandos da SS vindos do Reich, tanto na Boêmia como na Eslováquia, para perpetrar atos de terror e provocação. Agentes especiais dentro do grupo étnico que desempenhava tarefas sob ordens da SD foram recebidos na SS nos dias seguintes. O exército tcheco se envolveu em escaramuças com duas diferentes formações paramilitares eslovacas e com o *Freiwillige Schutzstaffel* (Esquadrão Alemão de Guardas Voluntários) no dia 13 de março, todos sob ordens de fontes do VoMi, da SD e da *Abwehr*, de modo que as conversas de Hitler sobre a "pacificação" da Tchecoslováquia com forças da *Wehrmacht* pareciam infinitamente cínicas. Seu convite a Horty para que enviasse tropas húngaras para a Eslováquia e a Rutênia, naquela data, parece ser igualmente maquiavélico, a menos que ele realmente ainda estivesse no escuro sobre a extensão do complô. Nas primeiras horas do dia 15 de março, antes de viajar para Praga com Himmler, informou ao presidente tcheco, Hacha, que "algumas semanas antes ele realmente não sabia de coisa alguma sobre o assunto. Aquilo havia sido uma surpresa para ele". Talvez isso estivesse próximo da verdade. Mas ele deve ter sabido que o *Liebstandarte* mecanizado já havia entrado em Mährisch-Ostrau, "segundo o plano", como Göring assinalou, para manter os poloneses fora.

Três caminhões cheios de oficiais da SS tomaram o quartel-general da polícia em Praga na madrugada do dia 15 de março, e começaram imediatamente a trabalhar com a polícia voluntária de alemães-sudetos e colaboracionistas tchecos. Himmler ficou muito impressionado com a "alta qualidade" de muitos da polícia tcheca. Como em um passe de mágica, foram abertos quartéis-generais para a Gestapo e para a SD nas principais cidades. Em Bratislava, um surpreso Tiso foi confrontado pelo líder do Grupo Étnico Alemão e porta-voz do VoMi, acompanhado de um misterioso estranho – o vice-chefe do VoMi e veterano da SD – e ordenado a assinar um "acordo de proteção" no melhor estilo gângster. Forças da *Wehrmacht* entraram na Eslováquia, assim como na Boêmia e na Morávia, mas o governo civil começou imediatamente em todas as áreas. Não havia governo militar para interferir com a SS. As *Verfügungstruppe* parcialmente mecanizadas da SS funcionaram bem, pela primeira vez como parte de divisões blindadas da *Wehrmacht*. Em meados de abril, apenas o *Germania* permanecia em tarefas de ocupação, juntamente com um batalhão dos Cabeças da Morte. O resto já estava treinando febrilmente para a campanha polonesa, e a maior parte dos batalhões dos Cabeças da Morte estava ocupada treinando novos recrutas da Alemanha, da Áustria e voluntários dos grupos étnicos. A Polícia da Ordem, a Gestapo e a SD permaneceram, reforçadas com milhares de SS alemães-sudetos, coordenados, depois de 5 de maio, por um novo líder superior da SS e da polícia, K. H. Frank, ex-vice de Henlein e agora real ditador de Praga. O protetor da Boêmia-Morávia que ele representava não era mais que um testa de ferro e sem significado maior que o de Henlein, relegado à provincial Reichenberg. Também foram embora muitos do grupo do partido de Viena que haviam se combinado com Heydrich e Keppler, mas o *Bodenamt* (Escritório de Terras) de Praga, uma instalação da RuSHa, permaneceu como símbolo dos planos imperiais da SS. Para ele membros da SS do Reich acorreram às dúzias, como antes já haviam acorrido para Viena, atraídos pelo dinheiro fácil e pela oportunidade de "arianizar" propriedades abandonadas por clientes do novo Escritório de Emigração de Eichmann, em Praga, localizado no quartel-general da SS. A menos ambicionada Eslováquia não tinha um líder superior da SS e da polícia – simplesmente um adido policial, um agente da Sipo-SD, que coordenava prisões, deportações e confiscos, no interesse de Himmler e do Reich. Mas o Esquadrão de Guardas Voluntários permaneceu um reservatório não esquecido para a futura *Waffen-SS*.

NORDESTE

Um "espetáculo paralelo" envolvendo a SS Geral da Prússia Oriental, o VoMi do SD e outra mal camuflada SS de alemães étnicos – o *Memelländischer Ordnungsdienst* – terminou no dia 22 de março de 1939, quando o território Memel foi anexado "pacificamente" à Prússia Oriental, depois que a Lituânia foi forçada a concordar com um ultimato. A SS da Prússia Oriental manejou a tomada e a ocupação sem apelar ao uso de forças militares, já que havia muito tempo funcionava como ligação com o *Ordnungsdienst* (Serviço Regulatório), que estava sob domínio tão completo de Berlim que sua transferência como um corpo para o Setor da Prússia Oriental aconteceu no mesmo dia.

A SS de Danzig era uma das unidades mais antigas da SS na Alemanha, datando de 1926. Era desnecessário camuflar isso até mesmo antes do regime nazista começar na Cidade Livre em 1933. Na verdade, de 1937 em diante, a SS local controlava completamente a polícia e manejava a ligação com Heydrich e Daluege de modo tão completo que Danzig era praticamente parte do sistema da polícia e da SS. Apesar do *Gauleiter* Albert Forster ser um dos SS originais de 1925, não era simpático às ideias e ambições de Himmler. No entanto, seu segundo em comando, Arthur Greiser – futuro *Gauleiter* dos territórios poloneses anexados –, era bem positivo em relação à SS. Trabalhando ao lado de Himmler em uma tentativa de reforçar sua própria posição *vis-à-vis* com Forster, o presidente do Senado estava em uma boa situação para ajudar o ingresso em segredo de reforços da SS para a Cidade Livre em maio e junho de 1939, e estabelecer uma força de 4 mil homens como *Heimwehr* de Danzig, com quadros dos Cabeças da Morte. O Setor Principal da Prússia Oriental também estava diretamente envolvido com a *Wehrmacht* nos planos para a tomada de Danzig, já em abril de 1939. Forster não podia resistir diretamente à ingerência de Himmler em seu *Gau*, mas fazendo uso de seus próprios canais de influência, que fluíam por meio de agentes de Göring-Ribbentrop que Hitler usou para preparar cada uma de suas tomadas de território, Forster teve sucesso em passar por cima de seu vice e rival pró-SS no último minuto (23 de agosto de 1939). Entretanto, como as linhas da SS passavam também por esses agentes, Himmler sofreu simplesmente uma inconveniência ao ter que usar canais conspirativos e canais de controle complementares durante os meses críticos a seguir. Tanto as unidades da SS quanto as da SA apareceram na destruição passo a passo das poucas barreiras que ainda separavam Danzig do Reich, a 25 de agosto.

Himmler havia levado cerca de um ano para converter a SS Geral, uma organização essencialmente para tempos de paz, com suas unidades para emergências domésticas (Cabeças da Morte e *Verfügungstruppe*), e colocá-las em estado de guerra. Da época da Ordem do *Führer* de 17 de agosto de 1938, até a presente mobilização para a guerra na Polônia, uma atividade febril no Escritório Central de Berlim, e nos quartéis-generais dos Setores Principais supervisionados pelos líderes superiores da polícia e da SS, mudou a ênfase da SS Geral para suas unidades armadas e a polícia. Homens da SS Geral, com idade entre vinte e cinco e trinta e cinco anos, foram convocados, sob a ordem do Serviço de Emergência de Göring, no dia 15 de outubro de 1938, e treinados por quadros dos Cabeças da Morte na Vestfália e na Silésia, como Reforços dos Cabeças da Morte. Os que tinham mais de trinta e cinco anos também foram convocados para serviços de emergência, como civis, para guardas dos campos de concentração no período da guerra, tendo já servido períodos de experiência em 1939. Quando encontravam homens da SS Geral incapazes de servir nessas condições por razões de saúde ou por conta de seus negócios, Himmler ordenara que fossem dispensados da SS Geral, e mesmo homens acima de quarenta e cinco anos eram dispensados se houvessem sido recentemente transferidos de outros ramos, como a SA, ou resmungassem a respeito de suas designações. Não muitos desses últimos foram na verdade "convocados", mas eles frequentemente tinham mais trabalho a fazer porque o pessoal mais jovem a tempo completo da SS era convocado. Cerca de 10%, ou 30 mil homens, ficaram, portanto, disponíveis, a partir da SS Geral, para serviços na ocupação, além das formações armadas então existentes, que chegavam a 25 mil em setembro de 1939. A formação, sob o comando de Gottlob Berger, de um sistema de recrutamento unificado para a SS Geral, a *Waffen*-SS e a polícia, na primavera de 1939, produziu um aumento geral nos três serviços de cerca de 15 mil jovens para o ano calendário, a maioria das quais foi destinada aos novos batalhões em treinamento dos *Verfügungstruppe*

(*Ersatzbatallione*), formados depois do início da guerra. Vários milhares de seus membros eram provenientes dos grupos étnicos do estrangeiro, como voluntários, a maioria de formações da Juventude Hitlerista. Os esforços para aumentar os batalhões dos Cabeças da Morte propriamente esbarraram no alistamento por doze anos, não reconhecimento do serviço militar, e não cooperação da *Wehrmacht* nos esforços de recrutamento entre os soldados com doze anos de serviço e prestes a voltar à vida civil. A curto prazo essa experiência levou à expansão dos Regimentos de Reforço dos Cabeças da Morte, usando os batalhões originais como quadros. No longo prazo, a ligação dos guardas de campos de concentração e com as unidades dos Cabeças da Morte foi dissolvida. A experiência havia essencialmente fracassado.

Na última semana de agosto de 1939, os regimentos das *Verfügungstruppe* se uniram às unidades da *Wehrmacht* designadas, segundo o plano de mobilização, e os Reforços dos Cabeças da Morte se apresentaram no campo de Breslau para formarem os novos *Totenkopfstandarten* (Regimentos de Cabeças da Morte), os *Einsatzkommandos* da Sipo-SD iniciaram sua reunião com outras formações de ataque e as equipes de sabotagem e provocação da *Abwehr* e da *Sicherheitsdienst* assumiram seus lugares na fronteira polonesa, sinalizando seus aliados alemães étnicos. Enquanto isso, Himmler permaneceu ao lado de Hitler, pronto para uma mudança rápida de planos, nova emergência ou nova tarefa. Seu prestígio e o da SS nunca haviam estado tão altos com o *Führer*, mas estavam programados para crescer muito mais nos anos à frente, trazendo consigo vastos projetos e sofrimentos incalculáveis para milhões.

Cinco anos curtos haviam transcorrido desde a purga de Röhm. Durante esse tempo, a SS havia se feito indispensável para a ditadura do *Führer*. Para fora, ainda eram as figuras de espetáculo em seus uniformes negros, e a SS Geral se manteve no proscênio. Mas a realidade da Ordem de Himmler, para os que estavam "por dentro", parecia estar no aparelho policial – Gestapo, Kripo e SD. Poucos haviam percebido o potencial dos campos de concentração como recursos econômicos para libertar a SS da dependência do partido e do Estado – os campos pareciam ser parte do sistema de terror. Poucos poderiam ter imaginado as *Waffen*-SS como o quarto braço da *Wehrmacht* – e muito menos o próprio Alto-Comando. Fosse por causa da sua baixa opinião da capacidade militar da SS ou da crença em sua capacidade de provocar escassez de jovens para a SS, os líderes do exército alemão não temiam as *Waffen-SS* – apenas os dedos-duros da polícia e os integrantes do partido junto a Hitler. Mas outro aspecto da SS deve ter ficado evidente para muitos alemães por volta de 1939, aquilo que Albert Speer chamou de "infiltração", em seu último livro.

Por volta de 1939, Himmler havia realmente criado uma segunda SS de pessoal honorário. Para algumas pessoas ele talvez houvesse exagerado nisso. A outorga de patentes de "general" da SS no atacado para os dirigentes partidários poderia ter diluído seu valor. Mas a ampla escala de coronéis na burocracia governamental certamente indicava uma certa demanda do tempo e da atenção dos chefes de repartição e elaboradores de políticas. O mundo dos negócios parecia se deleitar com os postos de coronéis e majores da SS. Talvez muitos deles sentissem apenas satisfação por ter um uniforme de prestígio e um pouco de "influência" – talvez até mesmo um pouco de proteção. Realisticamente, ninguém – nem mesmo o *Reichsführer SS* – sabia com exatidão o grau de lealdade que esses membros honorários rendiam em termos de poder no partido, no Estado e na economia. As promoções rápidas na SS eram observadas pelos mais atentos – mas seria uma indicação para a SS da importância do sujeito em seu campo de trabalho ou nos serviços prestados? Ainda hoje é difícil dizer. No entanto, a impressão de ampla infiltração e influência da SS em incontáveis aspectos da vida podia ser percebido em 1939. Servia para impressionar, fosse ou não um autêntico poder. Enquanto em 1934 a SS havia simplesmente começado a alegar ter uma posição especial na sociedade alemã e no Estado, em 1939 isso parecia ter sido alcançado – se não ainda exatamente assim, mas prestes a acontecer.

É claro que a habilidade de atrair para si quadros com habilidades e competências provenientes de todos os estratos da vida alemã repousava, pelo menos em parte, em suas alegações intrínsecas de ser "uma comunidade de sangue juramentada", como uma comunidade de famílias. Mas a guerra daria à SS uma motivação externa – o desejo, por parte dos ambiciosos e hábeis, de ingressar no que parecia ser um sistema de poder e decisão na Alemanha. Ganhar a guerra e moldar o futuro exigia ser membro da SS.

1 – A cerimônia oficial em 1942 para marcar os 20 anos desde que a SA, sob a liderança de Hitler, "quebrou o Terror Vermelho em Coburgo". A marcha de 1922 era comemorada anualmente e, no décimo aniversário, o NSDAP instituiu um prêmio para os que haviam tomado parte nela – sua imagem pode ser vista diante da grande tapeçaria na direita da fotografia.

2 – O recém-formado *Stosstrupp Hitler*, em 1923.

3 – O *Deutscher Tag* em Nuremberg, 1923, precursor dos posteriores "Dia do Partido" na cidade histórica.

4 – *Freikorps Oberland* em uma parada nas ruas.

5 – Combatentes direitistas no *putsch* de 1923, com barricadas na rua. Heinrich Himmler porta a bandeira de guerra imperial.

6 – Hitler na prisão de Landsberg, depois do fracassado *putsch* de 1923.

7 – Uma das primeiras fotografias de homens da SS com seus uniformes negros.

8 – Atrás de Hitler, da esquerda para a direita, estão Adolf Huehenlein, *Korpsführer* do NSKK; Viktor Lutze, *Stabschef* da SA; e o *Reichsführer-SS* Heinrich Himmler.

9 – Adolf Hitler (direita), com a *Blutfahne* de novembro de 1923. Jakob Grimminger, portando a bandeira, ficou responsável por cuidar dela e a portar em todas as ocasiões oficiais.

10 – Uma demonstração do fervor do NSDAP por rituais e relíquias, essas bandeiras primitivas de 1923 desfilam aqui em 1933.

11 – O terceiro Dia do Partido em Nuremberg, 1929. De pé no estribo da Mercedes, ao lado de Hitler, está Franz Pfeffer von Salomon.

12 – *Reichsführer-SS* Heinrich Himmler (fila da frente, terceiro a partir da direita) com outros oficiais da SS, incluindo Kurt Daluege (fila da frente, terceiro a partir da esquerda) e Sepp Dietrich (fileira da frente, extrema direita).

13 – Braunschweig, 1931. Hitler mobiliza seu público, com proteção de pessoal tanto da SA como da SS.

14 – Hitler estuda um mapa rodoviário. Atrás dele estão Julius Schaub (esquerda) e Sepp Dietrich (centro), que era encarregado da segurança pessoal de Hitler.

15 – "Trabalhadores – Votem no soldado da linha de frente – Hitler!" Um cartaz de 1932.

16 e 17 – Essas fotos particulares, descobertas em um quartel da SS no final da guerra na Europa, mostram homens da SS Geral queimando bandeiras comunistas.

18 – Heinrich Himmler, fotografado ao observar manobras das Tropas de Assalto com Hitler.

19 – 5 de março de 1933 – primeiras colaborações entre a polícia e forças auxiliares nazistas.

20 – Líderes nazistas em sua primeira hora de triunfo, a 5 de março de 1933. A partir da esquerda: Röhm, Himmler e Daluege.

21 – A demonstração de Nuremberg de 1933. Uma poderosa demonstração de força pelas alas paramilitares do partido nazista.

22 – Fileiras de membros da SS Geral em uma demonstração em Nuremberg.

23 – Jovens batedores de tambor da *Hitlerjugend*, que a partir de 1933 incorporou o direitista *Jungstahlhelm*.

24 – O *Leibstandarte Adolf Hitler*, que atuava como guarda pessoal de Hitler.

25 – Sepp Dietrich (esquerda), com Wilhelm Brückner, ajudante pessoal de Hitler.

26 – Tropas da SS Geral saúdam Adolf Hitler e o general Karl Litzmann por ocasião do quinquagésimo oitavo aniversário do primeiro. Com seu juramento de lealdade pessoal, a SS desfrutava pelo menos da aparência de proximidade com o *Führer*.

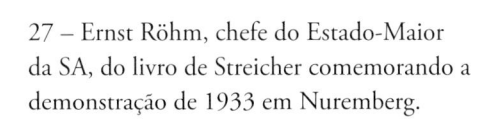

27 – Ernst Röhm, chefe do Estado-Maior da SA, do livro de Streicher comemorando a demonstração de 1933 em Nuremberg.

28 – Fileira após fileira da SS e da SA em Nuremberg, dando ideia da expansão que tiveram nos anos 1930.

29 – *SS-Obergruppenführer* Eicke, que assassinou Ernst Röhm, em 1934.

30 – Participantes e sobreviventes da purga de junho-julho, retratados em Nuremberg em novembro de 1934. Da esquerda para a direita: Göring (atrás), Lutze, Hitler, Hess e Himmler.

31 – Uma das primeiras fotografias da nova *Verfügungstruppe*, que gradualmente se tornou organizacionalmente diferente da SS Geral.

32 – Oficial da SS Reinhard Heydrich, em uniforme completo e pose de nazista leal.

33 – *Acima, à direita*. Uma das primeiras fotografias do regimento de Adolf Hitler, com a Cabeça da Morte proeminente em suas bandeiras.

34 – Usando aqui uniforme da SS, Alfred Naujocks era de fato parte do sistema amplo da Gestapo. É famoso por haver comandado a operação clandestina que usou tropas alemãs uniformizadas como poloneses atacando a estação de rádio em Gleiwitz, na fronteira polaco-alemã. Ao dar a Hitler a desculpa para invadir a Polônia, pode-se argumentar que esse foi o primeiro ato da II Guerra Mundial.

35 – Himmler discursando para oficiais da SS na Noruega. Os escandinavos estavam entre os primeiros não alemães a serem incorporados na estrutura da SS, em parte porque suas origens nórdicas podiam ser usadas para atender aos critérios do Escritório Central da Raça e Colonização.

36 – Um exemplo do uso da SS Geral no trabalho policial doméstico – aqui atuando no controle de multidão durante a celebração do aniversário de Hitler.

37 – Tropas da *Waffen-SS* avançando no Front Oriental.

38 – Uma cena do pré-guerra no campo de concentração de Oranienberg, nessa época povoado por presos políticos alemães e controlado pela SA.

39 – Um vagão cheio de cadáveres sintetiza a eficiência fria, gerencial, que veio a caracterizar os campos de concentração da SS, nos quais seres humanos eram vistos como recurso a ser explorado.

40 – *Waffen-SS* no Front Oriental. Com a *Waffen-SS* como parte da campanha militar na Rússia, e o sistema da SS e da polícia cruciais para o governo dos territórios ocupados, a SS estava envolvida em todas as etapas da expansão alemã para o leste.

41 – Graduados da *Waffen-SS* com prisioneiros russos.

42 – O comandante do Batalhão de Voluntários Finlandeses da *Waffen-SS* (direita), com o coronel Horn, agregado militar finlandês em Berlim.

43 – "Rapazes" da *Waffen-SS* no Front Oriental, membros de uma unidade *SS Panzergrenadier*.

44 – Oficiais da *Waffen-SS* posam com rifles. À direita está o *Sturmbannführer* Dorr, da divisão *"Wiking"*.

45 – Um graduado da SS com voluntários prestes a partir da Bélgica de trem, como membros da *Freiwilligen Legion Flandern* (Legião Nacional Flamenga).

46 – A luta pan-europeia contra o bolchevismo era um elemento ideológico crucial na cooperação das várias legiões nacionais que formavam uma estrutura paralela à SS formal.

47 – Tropas da *Légion Volontaires Français contre le Bolchevisme*, um dos muitos grupos europeus que colaboraram com a SS.

48 – Infantaria da *Waffen-SS* com arma antitanque.

7
OS ANOS DE TRÁGICA REALIZAÇÃO – 1939-45

Transcorreram apenas sete breves anos desde que a Alemanha, dividida por contendas civis, sucumbira diante de Hitler. Durante esses anos, a SS havia se transformado de uma milícia para lutas de rua em uma craque em formações militares e policiais de alto nível. Em tão pouco tempo, muito se havia alcançado. Inevitavelmente, quando a guerra chegou, aquele estado de emergência para o qual a SS havia sido planejada a fez mudar em quase tudo. Durante os anos transcorridos entre o antigo *Kampfjahre* e o novo, a SS havia, de certo modo, se preparado para a guerra, juntamente com a maior parte das demais instituições nazistas. Mas o imaginário de 1918 e 1932 circunscreveu Himmler e seus oficiais dentro de um círculo mais estreito que a guerra que tinham de travar. As experiências de 1918 e 1932 estavam ainda suficientemente frescas entre 1939 e 1945 para induzir ao erro homens embebidos na ideologia nazista com a convicção de que os principais perigos em tempo de guerra viriam de inimigos internos inveterados em vez do campo de batalha. Neutralizar os traidores teria sido o propósito principal e a glória da SS. Designada para o teatro de operações interno, a SS de Himmler achou difícil transcender o papel de policiais, carcereiros e carrascos. De fato, a destruição dos judeus representava a insistência na necessidade de haver um inimigo interno suficientemente grande para justificar a filosofia nazista. Além disso, o papel da SS como força de segurança nas áreas ocupadas da Europa preservava entre essas tropas a perspectiva estreita e punitiva de 1918 e 1932. Mesmo que Hitler não tivesse deixado a Alemanha com poucos amigos na Europa em 1939, era o destino da SS, por causa dos esforços de Himmler e Hitler de evitar que os povos submetidos repetissem o *Dolchstoss* (punhalada nas costas) de 1918, gerar ódio contra a Alemanha por toda a Europa.

No entanto, como Himmler gostava de dizer, a SS tinha seu lado "construtivo". A partir do romantismo da colonização baseada em "Sangue e Solo", a contribuição de Darré para a infância da SS nos anos de luta, Himmler iria improvisar um instrumento para o imperialismo alemão, uma agência da SS visando à recolocação dos alemães nos solos recém-conquistados, como fazendeiros e negociantes – como comissário do Reich para o Fortalecimento do Germanismo (RKFDV). A expulsão dos antigos residentes, executada com a crueldade e brutalidade característica da SS, aguçaria os problemas das formas alemãs de ocupação onde quer que Himmler localizasse suas colônias, provocando o acréscimo do movimento guerrilheiro, e aumentando a necessidade de políticas de retaliação policial com caráter cada vez mais militar. Desse modo, uma espécie de profecia autorrealizada passou a existir dentro do imperialismo nazista tal como praticado pela SS: acreditando que viviam em um mundo hobbesiano de inimigos, estimularam inimigos onde não havia nenhum. Em última instância, todos os administradores e policiais da SS tinham que se transformar em soldados das *Waffen--SS*, na medida em que uma Alemanha combatente tinha que se defender em todas as direções. Nas *Waffen-SS,* outro antigo tema nazista iria se preservar e reviver a ambição da SA de ultrapassar e substituir a *Wehrmacht* como uma *Volksheer*. A rebelião dos soldados em 20 de julho de 1944 não apenas parecia confirmar a imagem da punhalada nas costas de 1918, seu fracasso parecendo prever um resultado diferente que o de 1918 para a Alemanha sob a liderança nazista. Também ofereceu à SS, sob Himmler, a oportunidade de tirar proveito dos supostos erros de 1934. Entretanto, nessa ocasião, as *Waffen-SS* haviam se tornado muito mais e muito menos que o sonho dos veteranos dos corpos livres. Entre 1939 e 1945, os poucos regimentos de voluntários escolhidos haviam inchado para muitas divisões – primeiro com jovens alemães com passado na SS, logo com alemães étnicos do leste e do sul da Europa, e depois com europeus do norte, e mais tarde com povos aliados do sul e do leste da Europa, e, no final, já não mais com voluntários. O sonho de uma nova comunidade de soldados políticos, voluntários europeus para um programa de colonização no pós-guerra, que se estenderia até o Cáucaso, construindo um Grande Reich Alemão para Adolf Hitler, foi derrubado peça a peça no meio de uma caótica luta pelo poder entre os líderes nazistas, na qual Himmler também buscou desembaraçar a si e ao seu aparelho da derrota, usando a intriga e barganhas sem princípios.

A SS dos tempos de guerra durou quase seis anos, quase exatamente o mesmo que os *Aufbaujahre* (Anos de Construção), de julho de 1934 a agosto de 1939. Durante esses anos a SS mudou mais do que havia mudado desde a purga de Röhm e a tomada do poder. Tal como a SS das brigas de rua anteriores a 1933 estampou sua imagem na SS de 1933-34, também durante 1939-41, até o ataque à Rússia Soviética, a SS reteve a marca de 1938. Linhas de desenvolvimento que possibilitaram a Hitler efetuar o *Anschluss* e a absorção dos Sudetos com distúrbio mínimo no cenário alemão podiam ter continuado. Muitos dos novos traços das atividades da SS, tal como a RKFDV, poderiam emergir das suposições de 1938, com pouca relevância para a luta de vida ou morte que o Nacional--Socialismo havia iniciado.

Por volta de julho de 1941, entretanto, a SS entrou em nova e terrível fase de derramamento de sangue – na qual a premissa de Himmler que dizia que o homem da SS não temia derramar nem seu sangue nem o dos demais por sua causa se cumpriu com a dizimação das fileiras dos soldados políticos originais e a destruição dos judeus e comunistas em uma escala tão vasta que a própria SS não era capaz de controlar, transferindo parte da tarefa sangrenta para unidades da *Wehrmacht* e povos dominados. Na primavera de 1943, as ilusões insolúveis no planejamento anterior dos imperialistas da SS haviam dado passagem à sombria determinação de converter tudo e todos em seu sistema de guerra total. Para homens que podiam se lembrar de 1918 e 1932, os últimos anos da guerra pareciam ser a confirmação da verdade de seus piores temores e convicções mais profundas. Condições de emergência total pareciam justificar uma alteração dos valores nos quais novas instituições, novas lealdades e novos homens precisavam nascer. Nessa época a SS chegou perto de se tornar um contra-Estado, para além do partido e do Reich alemão, como jamais antes. Mas na verdade a SS jamais chegou a essa transformação, apesar de alguns indivíduos possivelmente a alcançarem. A SS era uma parte demasiado grande de todo o tecido do esforço de guerra alemão, parte enorme do empenho do Estado alemão. Esforços para penetrar e capturar cidadelas do sistema econômico e social alemão também fracassaram nessa ocasião, apesar de parecerem estar mais próximos de sucesso do que jamais antes. Em muitos aspectos, os anos de guerra representaram para a SS oportunidades de consumar seus propósitos mais almejados, e as maldades que perpetrou realmente foram a consumação trágica das ambições mais antigas de Himmler. No entanto, em outro sentido, os anos de guerra expuseram as ainda jovens e não experimentadas instituições nazistas a um golpe devastador, que elas não suportaram bem – mesmo antes que a derrota as varresse da face da Terra.

A SS E O SISTEMA POLICIAL

Em setembro de 1939, a SS e a polícia ainda eram duas entidades muito separadas. Apenas 3 mil agentes da Gestapo, do total de 20 mil, tinham patentes da SS. A proporção da SS na Kripo e na Orpo era ainda menor, apesar de considerável em números absolutos. Para se qualificar e receber as runas da SS, um policial tinha que ter se inscrito no NSDAP em 1933 (ou antes) – dificilmente uma base forte para devoção à Ordem de Himmler. Outras qualificações incluíam o abandono de afiliações religiosas, um "casamento em ordem" (divórcio e novo casamento estavam na linha de limite) e mais de um filho. Os dezesseis inspetores da Polícia da Ordem tinham longas carreiras policiais atrás de si, tornando secundárias suas patentes na SS. Eram oficialmente leais a Daluege e ao aparelho da Polícia da Ordem, em contradição com o sistema burocrático do Ministério do Interior. Indivíduos ambiciosos entre eles ainda podiam ocasionalmente escolher trabalhar mais de perto com o *Gauleiter* ou governador do Reich ou com a SS. Enquanto os dezesseis inspetores da Polícia de Segurança e da SD implicavam, por seus próprios títulos, em uma união mais firme entre a SS e a polícia, e incluíam vários e antigos oficiais convictos da SS dos dias de 1931-32, o grosso da Polícia de Segurança era de policiais profissionais que haviam ascendido por meio da cooperação com Heydrich. Exemplificavam os traços dos burocratas conscienciosos, desejosos de servir à causa nazista, e não tanto os de membros devotados da SS.

LÍDERES SUPERIORES DA SS E DA POLÍCIA

O verdadeiro foco da fusão da SS com a polícia era o dos Líderes Superiores da SS e da Polícia (HSSPF), em todos os casos um velho grupo combatente da SS, que era comandante do Setor Principal da SS Geral e, depois da mobilização, em emergências, o superior tático de ambos os ramos da polícia, por intermédio dos inspetores. Mas aqui também havia ambiguidade. Não apenas o sistema formal de administração do Ministério do Interior permaneceu depois da mobilização enquanto a declaração especial de emergência estava mantida, como havia incerteza sobre a natureza e o grau de subordinação dos Líderes Superiores da SS e da Polícia ao *Gauleiter*, como comissários de Defesa do Reich e como governadores do Reich. Himmler ordenou-lhes que se apresentassem para serviço a esse último (ou, em alguns casos, ao *Oberpräsidenten* prussiano) no dia 25 de agosto. Uma ordem emitida por Daluege, em nome de Himmler, no dia 11 de setembro, transferiu a autoridade ao *Gauleiter*, em sua capacidade como recém-criados comissários de Defesa do Reich, mas Himmler a cancelou no dia 16 de outubro, devolvendo-os à estrita cadeia de comando do Ministério do Interior. Desse modo, a pretensão do partido de reforçar o papel do *Gauleiter* foi deixado de lado, incidentalmente enfraquecendo o papel de Daluege como canal de comando independente e parceiro em negociações. Isso manteve os Líderes Superiores da SS e da Polícia dentro da burocracia administrativa do Estado. De fato, em seu decreto de 16 de outubro, Himmler usou até mesmo o termo "subordinado", esquecido nas ordens de 25 de agosto. Os comissários de Defesa do Reich poderiam simplesmente usar, de vez em quando, os Líderes Superiores da SS e da Polícia. O cuidado de Himmler manteve esses oficiais do alto escalão da SS fora das satrapias partidárias, até que ele mesmo assumiu o Ministério do Interior em 1943.

No conjunto, o destino desses velhos combatentes da SS não era confortável, mas, como Himmler poderia dizer, não era para isso que eles existiam. Estavam ali para representar o *Reichsführer SS* e chefe da Polícia Alemã no sentido mais completo da palavra. Nos anos seguintes, eles puderam reafirmar inúmeras vezes a unidade da SS e da polícia. Um sistema judicial unificado da SS e da polícia estava em planejamento, para ser aplicado em questão de meses, tornando os Líderes Superiores da SS e da Polícia magistrados-chefes para seus Setores Principais e para todas as unidades da SS e da polícia em sua jurisdição. Como comandantes dos Setores Principais da SS, estavam encarregados das admissões e promoções dentro da SS, e por intermédio da SS para a polícia. Por meio desse último canal podiam fortalecer a camaradagem e compreensões mútuas.

FORMAÇÃO DA RSHA

O cuidado de Himmler também é demonstrado pelo que fez e também pelo que não fez antes que a guerra irrompesse. Apesar de a criação de uma super-SS e do Escritório Central da Polícia ter sido proposta pelo Escritório Central da Orpo de Daluege em novembro de 1938, Himmler a rejeitou e nem mesmo incluiu este último Escritório Central no quartel-general consolidado da Gestapo e da SD para coordenação das atividades de segurança em período de guerra. Como chefe da Polícia Alemã, Himmler desejava ter um escritório grande e ostentoso, de modo que operava simultaneamente a partir da Unter den Linden, 74, o quartel-general de Daluege, e é claro, da Prinz Albrechtsstrasse, 8 – que, no dia 27 de setembro de 1939, se tornou o quartel-general da nova RSHA. Essa controvertida agência havia estado sob discussão pela maior parte de 1939. Certamente representava um passo adiante na integração da SS e da polícia, visto que a separação há muito existente entre o Escritório Central da SD e o Escritório Central de Segurança (Kripo e Gestapo) finalmente foi superado. Por outro lado, a questão de se a RSHA era uma agência estatal nunca foi resolvida, e o Ministério do Interior prosseguiu considerando Heydrich o novo chefe da RSHA e seu arquiteto como chefe da Sipo e da SD – designação que ele aceitou de fato no papel timbrado usado para correspondência externa. O timbre da RSHA ficou reservado para correspondências internas e com a SS. Quando se percebe que até mesmo a separação geográfica dos escritórios da SD, na Wilhelmstrasse, 102, foi mantida, pode-se rapidamente saltar para a conclusão de que essa temível nova agência era tão somente um tigre de papel.

Na discussão de 1939, uma das características principais era o problema do que fazer com a SD. A evolução do sistema da Gestapo em um executivo exclusivo, com a remoção da SD de todas as tarefas de investigação e o poder de prender, já em 1937, havia colocado a rede da SD na sombra, assim como seu Escritório Central, que deixava de ser um serviço verdadeiramente importante. Mais ainda, a despeito da ambição de servir como uma espécie de serviço secreto internacional da Alemanha, a panelinha de Heydrich foi relegada a um plano muito secundário pelo braço mais profissional do exército, a *Abwehr*. Desse modo, a SD foi deixada para a execução de atividades do tipo capa e espada da variedade mais antiga e malvada, tal como o falso ataque polonês pelo rádio transmissor de Gleiwitz; especulações vagas e fofocas de segunda mão sobre países inimigos e amistosos, nada melhores que o Escritório de Relações Exteriores de Rosenberg produzia; e o estudo e penetração das comunidades de alemães étnicos na Europa oriental. Sem desistir de suas antigas preocupações, Heydrich parece haver decidido impulsionar as duas últimas. O primeiro organograma da RSHA, pela qual Werner Best ainda foi o responsável, tinha um *Amt III, Inland-Abwehr*, e um *Amt VI, Ausland-Abwehr*. Mesmo que cada um desses reproduzisse as velhas *SD-Ableitungen II e III*, a mudança real ocorreu na fusão da *SD-Ableitung I* com os antigos elementos administrativos do Escritório Central da Sipo, na Prinz Albrechtsstrasse. Essa consolidação, apesar de não ser sua forma permanente devida em parte à iminente disputa entre Best e Heydrich, era necessária para as enormes novas tarefas designadas para a RSHA pela guerra. Deve ter sido uma artimanha de Heydrich prosseguir na reorganização enquanto o pessoal-chave estava ausente ou em tarefas temporárias na Polônia, onde as sempre cambiantes condições demandavam sua presença. Heydrich se encarregou pessoalmente de muitas dessas tarefas, passando por cima de Best e deslocando muitas das decisões de Himmler diretamente para as unidades da Sipo-SD no campo.

Já havíamos observado que no verão de 1938, na preparação para o conflito na Tchecoslováquia, a concepção de equipes especiais da Sipo-SD como unidades táticas havia sido desenvolvida. Na forma de equipes vinculadas aos regimentos invasores – tanto da SS como da *Wehrmacht* –, os chamados *Einsatzkommandos*, de composição mista, mas essencialmente dirigidos por pessoal da SD, detectavam os centros de oposição à ocupação nazista nos Sudetos e mais tarde na Boêmia-Morávia. Mobilidade e independência eram suas virtudes principais. Esses órgãos não tinham estrutura permanente, rapidamente deixando o lugar para as estruturas regulares da Orpo, Kripo, Gestapo e SS, no decorrer de poucos meses. Aqui percebemos uma função executiva para a SD, que realmente demandava um quartel-general centralizado e um escritório do tipo executivo. Dessa maneira, a RSHA devia sua existência em parte à necessidade de um centro de coordenação – na verdade direção – para a muito mais elaborada invasão da SS e da polícia na Polônia.

FORÇAS DE OCUPAÇÃO DA SS

Desde março de 1939, elementos da SS, especialmente aos *Verfügungstruppe* e os regimentos dos Cabeças da Morte, haviam sido empregados como forças de ocupação na Boêmia-Morávia, ao lado das unidades da *Wehrmacht* e, de alguma maneira, as substituindo. O esquema para lidar com a Polônia, em todo ou em parte, uma vez que fosse ocupada, era transferir as tarefas policiais para regimentos improvisados da SS (Cabeças da Morte), preparados para treinar quadros das unidades de substituição das *Verfügunstruppe* e dos regimentos originais dos Cabeças da Morte, que eram ligados ao pessoal da SS Geral convocado para emergências. Esses grupos seriam precedidos por uma ponta de lança de *Einsatzkommandos*, cuja tarefa era a de formar as assim chamadas Unidades de Autodefesa dos Alemães Étnicos, comandadas por oficiais da SS e graduadas, supridas e dirigidas pelo Escritório de Recrutamento do Escritório Central da SS. Desse modo, um sistema muito intrincado de ligações evoluiu por meio das instituições da SS, envolvendo: o Escritório Central da SS, cujo chefe, Heissmeyer, tornou-se no ano seguinte "inspetor-geral dos Reforços Policiais dos Cabeças da Morte"; regimentos dos Cabeças da Morte; o Escritório de Recrutamento da SS, cujo chefe fanfarrão, Berger, estava destinado a ser a nova cabeça do Escritório Central da SS por conta de seu eficiente trabalho de organizar o recrutamento e as unidades de Autodefesa; o Escritório Central da Orpo; e a RSHA, trabalhando por intermédio da rede da SD e em contato com o VoMi.

Sabemos que os *Einsatzkommandos* estavam organizados e prontos para cair sobre a Polônia já em agosto de 1939, pela correspondência de um deles com o Escritório Central da SD a respeito da política judaica. Por volta de 19-21 de setembro, Heydrich desdobrava planos e enviava instruções para essas unidades, que já estavam na Polônia, a respeito da concentração dos judeus poloneses em comunidades com mais de 500 pessoas, a prisão de intelectuais poloneses, e a desocupação de unidades residenciais (apartamentos) em Gdynia e Poznań para os primeiros alemães bálticos registrados pelo VoMi para "repatriação" da Letônia e da Estônia. Havia pelo menos meia dúzia dessas equipes operando em Bydgoszcz, Poznań, Radom, Łodż, Cracóvia e Katowice logo após a queda de cada cidade. Ao envolver rapidamente os homens de etnia alemã nas unidades de autodefesa, reduziam a carga das unidades da *Wehrmacht* e até mesmo liberavam seus próprios especialistas para o trabalho mortífero de prender os suspeitos de se oporem à Alemanha nazista. Nos seus calcanhares chegava a cada distrito um batalhão dos Reforços Policiais dos Cabeças da Morte, equipados com caminhões e armas leves. Esses batalhões haviam sido destacados de regimentos dos Cabeças da Morte recém-formados, muitas vezes com oficiais e graduados sem experiência e às vezes com pessoal da SS Geral sem outra formação que a lembrança dos conflitos de rua e dos primitivos programas de treinamento ideológico.

Foi a partir dessa onda inicial de *Einsatzkommandos*, unidades de autodefesa e batalhões dos Cabeças da Morte que a tradição de ocupação da SS começou com crueldade e sadismo gratuitos e assassinatos sem sentido. A *Wehrmacht* protestou junto a Hitler quanto a isso, sem resultado. A maioria dos soldados e oficiais ficava contente de ser afastada das tarefas de ocupação, no final de outubro e começo de novembro, ao serem substituídos por outros milhares de Reforços Policiais dos Cabeças da Morte, um regimento desses em cada distrito. Os batalhões da Polícia da Ordem também apareceram ao lado das unidades da SS, desempenhando as mesmas tarefas. Seu pessoal era retirado das guarnições regulares da Polícia do Reich, substituídas internamente por "reservas policiais" de idade avançada, muitas vezes da SS Geral. Com a nomeação de um líder superior da SS e da Polícia "Leste", a 4 de outubro de 1939 – ninguém menos que F. W. Krüger, o velho chefe da AW da SA e mais recentemente comandante dos Guardas de Fronteira e da Cavalaria da SS –, a estrutura permanente da polícia na Polônia começou a tomar forma.

Com a criação de outra entidade política separada do Reich, como o "Protetorado da Boêmia-Morávia", a ser conhecido como *General-Gouvernement Polen* (Governo-Geral da Polônia), Krüger se viu como comandante da SS e da polícia em uma "terra de ninguém" colonial, lixeira para poloneses e judeus dos territórios poloneses contíguos ao Reich e do próprio Reich. Decepando territórios poloneses anteriores às fronteiras do Reich em 1937, alguns dos quais haviam pertencido à Alemanha antes de 1919, Hitler expandiu antigas províncias, como a Prússia Oriental e a Alta e a Baixa Silésia. A porção norte do corredor polonês, ele reconstituiu como "Danzig-Prússia Ocidental", enquanto no sul recriou o distrito de Posen, como era previamente à I Guerra Mundial, que logo se expandiu para incluir o distrito industrial de Łódź, rebatizado de Litzmannstadt. Enquanto esses dois últimos *Gaue*, como passaram a ser chamados, também ganharam novos Líderes Superiores da SS e da Polícia, as antigas regiões caíram sob o comando de Líderes Superiores da SS e da Polícia em Königsberg e Breslau. Um *Gau* separado da Alta Silésia e um líder superior da SS e da Polícia em Katowice (Kattowitz) veio mais tarde, em janeiro de 1941. O líder superior da SS e da Polícia "Leste" se viu confrontando o poderoso Hans Frank, assim chamado governador--geral. Em vez de inspetores das Polícias da Ordem e da Segurança, Himmler instalou *Befehlshaber* (oficiais comandantes) para cada serviço, um *Führer* (comandante independente) para as unidades de autodefesa, e *Kommandeure* (comandantes) do distrito de polícia em Varsóvia, Radom e Cracóvia (mais tarde também em Lublin). Frank considerava esses policiais como estritamente ligados a ele, continuando a luta aberta anteriormente no Reich entre os *Gauleiter* e os Líderes Superiores da SS e da Polícia e seus inspetores.

Nos outros antigos territórios poloneses anexados ao Reich, havia meramente dois inspetores das Polícias da Ordem e da Segurança, mas desde que os novos *Gauleiter* e governadores do Reich ainda não haviam experimentado burocracias administrativas – apenas aventureiros do partido e um certo número de oficiais do Reich foram transferidos a eles no espírito de "já vão tarde!" –, os Líderes Superiores da SS e da Polícia e os inspetores rapidamente se tornaram tão decisivos quanto os *Gauleiter*. Em Danzig-Prússia Ocidental, o *Gauleiter* Albert Forster se opôs a Himmler sempre que pôde, e Himmler incentivou seus representantes a ignorá-lo o máximo que pudessem. Em Posen (mais tarde Wartheland), o *Gauleiter* concordou com Himmler e foi mais esperto na manutenção de um pouco de sua independência. Os Líderes Superiores da SS e da Polícia procuraram, em todos os antigos territórios poloneses, maximizar seus poderes com base nas condições de emergência, o que certamente prevaleceu na ocasião em que se estabeleciam governos civis compostos amplamente de "aproveitadores" vindos do velho Reich e com minúsculas minorias alemãs enfrentando maiorias polonesas mal-humoradas e famintas.

A operação de recolocação estava em pleno desenvolvimento já em novembro e dezembro, aumentando o caos. Os Reforços da Polícia dos Cabeças da Morte foram usados extensivamente para expulsar famílias de seus lares e abrir espaços para alemães, não apenas do Báltico e dos territórios orientais poloneses cedidos à URSS, mas também vindos do Reich, que desfilavam agora como gerentes de propriedades agrárias, agentes de negócios e burocratas do partido. A brutalidade dessas unidades da SS não se diferenciava quando agiam contra as famílias polonesas que expulsavam ou contra os patriotas poloneses, que haviam se oposto à Alemanha antes de setembro de 1939, ou contra os judeus locais ou deportados que forçavam a entrar em batalhões de trabalho. Tendo surgido a partir de quadros substitutos dos regimentos originais dos Cabeças da Morte que guardavam os campos de concentração – para onde muitos dos incontroláveis arruaceiros foram enviados porque tinham dificuldades em se adaptar às suas unidades originais –, essas forças de ocupação da SS de 1939 e 1940 foram o último vestígio degenerado do *élan* dos velhos combatentes de rua, com um tanto da bestialidade dos campos de concentração acrescentada. De fato, havia uma considerável sobreposição e intercâmbio entre a administração dos regimentos de Reforço dos Cabeças da Morte e o sistema de campos de concentração no inverno e na primavera de 1940. Nenhum desses aspectos da SS tinha ainda a aparência da fria burocracia dos assassinatos em massa de 1942-43. Ao mesmo tempo que alguns dos membros dos Reforços Policiais dos Cabeças da Morte prosseguiam nesse "trabalho mais rigoroso", a maioria estava destinada a morrer como soldados comuns nas *Waffen-SS* ou em atividades policiais antiguerrilhas. Os dezesseis regimentos dos Cabeças da Morte não sobreviveram como tropas de ocupação para além de 1940, apesar de alguns haverem sido brevemente empregados na Noruega, Dinamarca e Holanda.

CAMPOS DE CONCENTRAÇÃO

Os três regimentos originais dos Cabeças da Morte só foram retirados do serviço de guarda dos campos de concentração quando suficientes substituições foram providas pela SS Geral. Aproximadamente 6 mil homens da SS entre vinte e sete e quarenta anos foram convocados (serviço de emergência para civis) para serviços de guarda nos campos de concentração, durante o inverno de 1939-40 na *SS-Totenkopf--(Wach-)Sturmbanne (KL Verstärkung)*. Essas últimas unidades, com força de batalhões e com quadros de homens deixados para trás dos regimentos dos Cabeças da Morte que partiam, assumiram os campos de concentração em Dachau, Sachsenhausen, Buchenwald,

Mauthausen, Ravensbrück e Flossenburg no começo da primavera de 1940, diretamente subordinados ao inspetor dos Campos de Concentração, agora Richard Glücks. Os regimentos originais dos Cabeças da Morte, por sua vez, formaram a "Divisão" dos Cabeças da Morte da nova *Waffen-SS*, sob seu antigo comandante, "Papa" Eicke, dali em diante deixando de ter qualquer coisa com os campos de concentração.

A transferência de Eicke do quartel-general de Oranienburg do inspetor dos Campos de Concentração simplesmente removeu da administração uma fonte de interferência irracional e vistosa ideologia. Glücks, seu vice anterior e sucessor, governava as várias centenas de *SS-Altkämpfer* nas equipes dos campos de concentração com a mesma rigidez estrita e incompreensível, não buscando nem a reabilitação nem a exploração econômica dos prisioneiros. Pouco esforço foi feito para educar os novos recrutas. Não havia muita ambição demonstrada pelos velhos SS a respeito do sistema de campos de concentração. O impressionante crescimento durante os anos da guerra foi imposto a eles pela visão punitiva e suspeita de Himmler e Hitler, e pela descoberta feita por Oswald Pohl, o esperto e muito agressivo chefe da Administração da SS, de que os campos de concentração podiam ser usados para pagar muitas das despesas da SS. Essa noção chegou primeiro a alguns membros inteligentes do pessoal administrativo em Oranienburg, ali emprestados pelo Escritório Central da SS para Administração e Economia (VWHA); passaram-se vários anos antes que isso fosse preponderante no planejamento dos campos de concentração.

Os primeiros novos campos de concentração eram improvisações quase ilegais nos recém-conquistados territórios poloneses ou em áreas contíguas da retaguarda na Alemanha. Os Líderes Superiores da SS e da Polícia ou seus vices, os inspetores ou comandantes da Sipo-SD, estabeleceram campos para as pessoas que prendiam em massa, e arranjaram guardas da SS Geral ou dos Reforços Policiais dos Cabeças da Morte. Em dezembro de 1939, Himmler começou a inquirir sobre o potencial e capacidades dos novos campos de concentração e a ordenar a transferência oficial desses campos "selvagens" para o sistema regular, sob o inspetor dos Campos de Concentração. Auschwitz começou por essa época, tal como os complexos de campos de Stutthof e Lublin, posteriormente usados para a destruição em massa dos judeus. O experimento em "eutanásia" em Kulmhof (Chelmno) também se enquadra nesse estágio primitivo, quase não oficial, do desenvolvimento dos campos de concentração. O mesmo vale para o Campo Hinzert, um *SS-Sonderlager* (campo especial).

Os inovadores e operadores do período de guerra não eram o pessoal regular do antigo sistema KL (campos de concentração), mas uma nova onda de oficiais da SS Geral e graduados diante de um ambiente totalmente novo, e determinados a "abrir seu caminho na marra", na velha tradição do espírito agressivo da guerra civil (*Draufgängertum*). Quando Himmler ordenou a integração dos dois sistemas de campos, os administradores de Oranienburg mandaram alguns membros do pessoal do velho Reich para observar os novos campos. Mais pessoal da equipe do velho sistema de campos de concentração foi convocado em 1940 e 1941 para estabelecer campos de concentração adicionais no Reich, obedecendo a ordens de Himmler: Natzweiler, Neuengamme e Gross-Rosen. Esses campos logo começaram também a mostrar a influência racionalizada do Escritório Central da SS para Administração e Economia, tal como Auschwitz.

O processo de transferir administradores de campos de concentração mais velhos e experientes e o estabelecimento de campos cada vez maiores tendeu a criar, em todos os campos, uma atmosfera de frustração e incompetência, que foi percebida pelos prisioneiros. Mesmo sem uma política oficial de matar prisioneiros ou fazê-los trabalhar até a morte, a pura novidade dos campos ou de seu pessoal – ou das tarefas colocadas diante deles –, unida aos deslocamentos da guerra e às ocupações recentes, tornaram todos os campos de concentração nazistas igualmente horrendos, derrotando o desejo do próprio Himmler de que os campos tivessem uma graduação em terror e implicação. A política de transferências regulares do pessoal, planejada pelo menos em parte para reduzir a corrupção e manter um alto grau de disciplina, espalhou as piores características do velho tipo de SS truculento e aumentou a crueldade fronteiriça de Lublin e Auschwitz. Desse modo, uma espécie de denominador comum se desenvolveu entre as poucas centenas de oficiais e homens que permaneceram na administração dos campos, já que a preferência por permanecer implicava desinteresse em ir para o front, com um ingrediente adicional de crueldade na determinação de se tornarem indispensáveis no esforço produtivo dos campos.

Desse modo, entre os 35 mil que, em última instância, serviram como guardas de campos de concentração, pelo menos 10 mil não haviam sido membros da SS em nenhum momento. Além do mais, as unidades da *Waffen-SS* destacaram pessoal em serviço temporário para servir como guardas já no começo de 1940, e pessoal ferido da *Waffen-SS* servia como guardas no período final da guerra. Durante os anos 1940-45, certamente não havia um tipo único de guarda de campo de concentração, apesar de a equipe inicial SS ter obtido sucesso em pôr seu selo em muitos deles. Uma ironia adicional que confunde ainda mais a questão é a política iniciada em 1940, de alistar os administradores dos campos, e mais tarde o pessoal da guarda, na *Waffen-SS* para evitar que fossem convocados para a *Wehrmacht*. Mesmo que parte desse pessoal efetivamente servisse no front, não era possível para Himmler prosseguir em sua política de rotação maciça, nem mesmo dos altos oficiais, por meio de todos os ramos de atividade da SS. Uma vez absorvidos no sistema em crescimento rápido, os SS dos campos de concentração tendiam a permanecer ali, e do mesmo modo apenas uma fração da *Waffen-SS* teve algum contato oficial com os campos de concentração.

Portanto, a frase "campo de concentração SS" pode ser justificada como expressão de uma tendência comum, mesmo nos anos da guerra, mais distinta que, digamos, "SS Geral" no período pré-guerra, ou mesmo "*Waffen-SS*" depois de 1941. Entretanto, as diferenças funcionais e organizacionais persistiram entre: 1) o pessoal economicamente orientado da VWHA; 2) as duas ondas de administradores de campos (1934 e 1939), que se fundiram em uma terceira onda envolvida nas "fábricas de morte" depois de 1941; e 3) os guardas, que variaram dos mais antigos homens da SS Geral, jovens recrutas da *Waffen-SS* – incluindo alemães étnicos e outros europeus orientais –, pessoal da SA e do partido que se escondia do front ou estava sendo disciplinado, e soldados alemães comuns. Dentro do corpo de oficiais da SS em rápida expansão dos últimos anos da guerra (1941-45), o primeiro grupo ocupa o lugar mais proeminente em termos de patente e importância, se não em números. Mesmo o segundo grupo é notável por seu pequeno tamanho no que concerne aos oficiais; mas entre os capitães e majores incluía uma proporção muito alta dos primeiros pioneiros de 1930-31, cujas capacidades limitadas e vícios os adequavam bem à cumplicidade com o mal e nada mais, apesar de isso ser o suficiente para os propósitos de Himmler. A despeito de seu tamanho relativamente grande, o pessoal de guarda de 1939-1945 tinha poucos oficiais, e esses eram de patente baixa (primeiros e segundos-tenentes), muitas vezes da safra pós-1933. Em grande medida sem ter nem mesmo a ideologia dos administradores – e certamente sem a educação e as capacidades dos economistas –, os guardas eram policiais sem treinamento confrontados com tarefas que iam além de sua capacidade, mesmo em termos da SS. Muitos de seus crimes se deram por conta da ignorância, medo, corrupção e o mau exemplo estabelecido pelos administradores dos campos.

O pessoal dos campos pré-guerra estava bem adaptado aos propósitos de punição e busca de vingança dos nazistas que erigiram os campos em primeiro lugar, mas cada vez mais, depois de 1939, duas pressões poderosas e bem diferentes lhes foram impostas: o esforço de capitalizar sobre a força de trabalho dos prisioneiros e o impulso para destruir os judeus, e depois deles outras categorias da humanidade. Ambos os traços eram conhecidos do pessoal mais antigo, mas ambos haviam sido incidentais. O trabalho antes da guerra frequentemente era ridículo. Se fosse prático, limitava-se às vantagens do próprio campo. As matanças eram frequentemente acidentais, ou, pelo menos, resultado de impulsos aleatórios de vontades individuais. Então, organizações de fora do sistema dos campos de concentração, a VWHA e a RSHA, começaram a demandar dos campos de concentração SS – privados de seu líder carismático, Eicke, e da maioria de seus corpos de guarda profissionais – façanhas de produção e destruição humana, que eram intrinsecamente contraditórias. Não é surpresa que o caos e a degradação disso resultaram em algo previamente inimaginável. No entanto, a eficiência relativa da produção dos campos de concentração nos anos finais, ligada à eficiência absoluta das operações de assassinato, implicava alcançar um nível de cooperação e flexibilidade do pessoal variado, que é simplesmente horrível de ser contemplada.

A imaginação e as habilidades de engenharia dos "altos escalões" suplementavam a mentalidade literal e o destemor dos carniceiros humanos. Realmente, a chegada desses últimos ao ambiente dos primeiros (Hoess e Eichmann) assinalou a finalização do processo de integração e identificação dos tipos de SS de modo mais efetivo que os da SD e da Gestapo, ou dos Líderes Superiores da SS e da Polícia e dos generais da *Waffen-SS*. Entretanto, antes que isso ocorresse, vários sistemas agudamente diferentes passaram a existir para manejar, separar e transportar seres humanos como se fossem simples peças de material. Que a despersonalização tivesse efeito em seus perpetradores é simbolizado pela prática de tatuar os números dos prisioneiros em seus braços e com a prática de tatuar os sovacos dos *Waffen-SS* com seus tipos sanguíneos. Mas aqui também existiam diferenciações: não existe registro de que os altos oficiais da SS, mesmo da *Waffen-SS*, tivessem que se submeter a essa indignidade.

A burocracia gerencial de Oranienburg, interessada na exploração econômica do trabalho nos campos de concentração com objetivos de construção – especialmente das infindáveis *Kasernen* (casernas), e de blocos de apartamentos e casas de fazenda – fez com que os campos de concentração de Flossenburg, Mauthausen, e mais tarde de Natzweiler e Gross-Rosen, fossem construídos dentro ou perto de pedreiras, a ideia original por trás de Dachau. Já pródiga na montagem de companhias semiestatais, financiadas com fundos da SS e do partido, e com empréstimos conseguidos de entidades privadas (os grandes D-bancos), os economistas da SS criaram companhias adicionais (*a Deutsche Erd- und Steinwerke* e a *Deustsche Ausrüstungswerke*) para a produção de tijolos e blocos de pedra de construção, e para a produção e distribuição de alimentos, vestuário e móveis para a SS, a polícia e os novos colonizadores. As diretorias dessas companhias eram compostas por nada menos que altos oficiais do Escritório Central de Administração e Economia (VWHA), que recebiam permissão para aportar até mesmo um pouco de seu capital, parte do qual já haviam acumulado por meio de outros empreendimentos da SS, especialmente a venda de terras.

Esses homens não podem ser descritos nem como ideologicamente motivados nem como desajustados da depressão, mas apenas como empreendedores implacáveis que, com o olhar bem aguçado para oportunidades de lucrar com a exploração do trabalho dos campos de concentração, foram forçados a compartilhar essas oportunidades com a SS. Começaram muito antes da guerra e já eram fortes em 1938-39, mas realmente não se tornaram tubarões de grandes empresas até que as conquistas de 1940-42 lhes proporcionaram milhões de vidas humanas com que jogar, e a justificação patriótica para expansão do sistema de campos de concentração da SS para espremer o máximo das vítimas da Alemanha, começando pelos judeus. Com a construção de inúmeros "campos subsidiários" sempre que os judeus estivessem concentrados em guetos, e sempre que um empreendimento econômico "inimigo" pudesse ser convertido para o esforço de guerra, com prisioneiros dos campos de concentração e mesmo com prisioneiros de guerra (primeiro poloneses, mais tarde russos e, em certa medida, até mesmo prisioneiros de guerra franceses), os homens do VWHA compeliram o inspetor dos Campos de Concentração a desenvolver novas unidades de administração e de guardas.

Não é de admirar que o velho chefe da equipe de Eicke, Richard Glücks – sem imaginação, sem energia, se não mesmo preguiçoso –, considerasse que esses homens estavam se metendo em "seus negócios", regulamentando os novos campos que, de qualquer maneira, jamais haviam sido adequadamente integrados ao antigo sistema. Mas Heydrich se irritou muito mais que Glücks diante da interferência dos asseclas do chefe da Administração no que era assunto de segurança do Estado. No entanto, mesmo depois da formação da RSHA, Himmler não colocaria o sistema de campos de concentração ali, preferindo em vez disso transferir a Inspetoria dos Campos de Concentração e Tropas de Guarda para o recém-modelado Escritório Central de Liderança (FHA) da *Waffen-SS*. Já que esse órgão não se importava em interferir nesse domínio, o efeito real foi forçar Heydrich a abrir combate com Oswald Pohl, o chefe da Administração, e seu oponente nada insignificante, em uma área agora duplamente consagrada à defesa nacional. Depois de escaramuças inconclusivas já em 1939, as linhas de batalha foram estabelecidas em 1940, em termos de processos por desfalque de *SS Wirtschafter* (gerentes econômicos), na Áustria, nos Sudetos e na Boêmia-Morávia. Antes do embate alcançar muitos escalões superiores, um compromisso de trabalho foi estabelecido em 1941, baseado em um balanceamento de forças. As conquistas alemãs traziam enormes possibilidades para confisco de propriedades produtivas, especialmente em mãos de judeus e de inimigos.

A RSHA era a agência apropriada para tomar essas propriedades, mas não para administrá-las. Heydrich portanto estava na posição de poder recompensar seus amigos com pedaços de propriedades e punir seus inimigos retirando deles os ganhos mal amanhados, mas apenas em cooperação com o Escritório Central de Administração e Economia (VWHA). Juntos, poderiam proteger os interesses da SS e do Reich (sempre alegadamente coincidentes) contra indivíduos e firmas gananciosos e desonestos. A formação, em julho de 1940, de uma companhia holding da SS, a *Deutsche Wirtschaftsbetrieb*, para capitalizar e supervisionar as companhias subsidiárias representou a mudança para um gerenciamento de negócios como o demandado por Heydrich, apesar de efetivamente os pequenos abusos e desonestidades de oficiais e homens da SS terem sido então erigidos em um sistema sancionado de pilhagem e escravidão.

No final de 1940, a RSHA pressionava a administração dos campos de concentração para receber mais prisioneiros, incluindo judeus, e trabalhava de modo coordenado com a VWHA para aumentar os campos e apoderar-se da matéria-prima bruta a ser processada neles. É verdade que, dentro do sistema, ainda existiam desacordos: o *Judenreferat* não gostava do sistema de seleção que preservava judeus para o trabalho; os regulamentos de segurança impediam o uso de prisioneiros políticos como capatazes, de modo que criminosos ineficientes e corruptos tinham que ser usados; infindáveis relatórios e investigações solicitados pela RSHA absorviam tempo que poderia ser usado em trabalho produtivo. No entanto, os campos de concentração haviam atingido, em 1941, um nível de produtividade tal que, com gerenciamento semelhante ao de empresas e investimento adicional em materiais escassos, pessoal da SS razoavelmente capaz, e alimentação para o crescente número de prisioneiros, podiam ser vistos como os nervos do esforço de guerra nazista. Assim, correu o rumor de que Fritz Sauckel, como plenipotenciário para a Mobilização do Trabalho, poderia reclamar para si a capacidade produtiva dos campos de concentração já no começo de 1942, e para impedir isso Himmler finalmente integrou o sistema de campos de concentração em um novo e consolidado Escritório Central do Reich e da SS, o renomeado e reconstituído WVHA (Escritório Central de Administração e Economia).

Enquanto em 1939 a formulação dos poderes do chefe da Administração ainda concebia duas esferas – uma esfera estatal para a polícia e a SS armada (Escritório Central do Orçamento), e uma esfera da SS e do partido (VWHA) – a reorganização de 1º de fevereiro de 1942 claramente combina as duas e coloca os campos de concentração como *Amtsgruppe D* dentro de uma administração econômica unificada para a polícia, a *Waffen-SS* e a SS Geral.

Desse modo o sistema dos campos foi trazido integralmente para um relacionamento com os gerentes de negócios e o pessoal de suprimento de todos os três sistemas. Um objetivo de autossuficiência para esses três sistemas interligados podia agora ser constituído como guichê de trocas com o resto do Estado e do partido nazistas, e especialmente com a *Wehrmacht* – todos felizes em obter uma parcela maior do que a polícia e a SS podiam produzir com recursos escassos. Não é necessário dizer que essa futura independência econômica da SS (que jamais foi realmente alcançada) podia se tornar uma arma perigosa nas mãos de homens desleais a Hitler e, no entanto, dada a lealdade de Himmler (até abril de 1945), era uma verdadeira ajuda para este, *vis-à-vis* o exército, os negócios alemães e mesmo a burocracia estatal.

Foi assim, portanto, que Hitler se recusou a deixar Sauckel intervir no potencial produtivo dos campos de concentração, de modo que estes permaneceram totalmente como instalações da SS, até o final. Por outro lado, as necessidades de mão de obra para a indústria alemã eram cada vez mais satisfeitas pela construção de anexos dos campos de concentração perto de fábricas, e a troca da força de trabalho dos campos de concentração por duras negociações de parte da produção para atender aos propósitos da polícia e da SS. Pertencer à SS Geral e contribuir por intermédio dos *Freundeskreis* (amigos de negócios de Himmler) aumentavam as chances de um empreendedor conseguir esse pessoal, mas algumas das melhores negociações foram feitas por homens de negócios fora da área de influência de Himmler. Se a SS não se tornou economicamente autossuficiente mesmo em 1943 e 1944, a despeito até mesmo de maiores investimentos no sistema de campos, financiados pelos bancos alemães, isso se deu não por conta de oposição de Hitler, mas sim de pontos de estrangulamento derivados de outras fontes, e em parte mesmo de questões de caráter estritamente técnico. Sem dúvida, a sobrevivência formal dos objetivos punitivos e destrutivos dentro do sistema de campos, além da rigidez institucional informal descrita por Hoess (patifarias, estupidez, sadismo), desempenharam um grande papel em manter a SS e a polícia dependentes em última instância da *Wehrmacht*, de agências governamentais e do tesoureiro do partido, Franz Xavier Schwarz, e das grandes empresas alemãs. Matar os judeus, matar de fome os prisioneiros de guerra russos e "por trabalhar até a morte" pessoas condenadas por traição eram um luxo que a SS mal conseguia sustentar. No entanto, a visão de que essas três operações podiam gerar dividendos diretos para o esforço de guerra não estava restrito à SS.

A SOLUÇÃO FINAL

Não existe uma história satisfatória desse eufemismo pavoroso – "A Solução Final da Questão Judaica". Talvez date dos anos 1880, com vários objetivos propostos. Hitler havia "profetizado" que o judaísmo mundial não emergiria de uma guerra mundial que ele "os acusava" de fomentar já em 1939. Göring ordenou a Heydrich que "resolvesse finalmente a questão judaica", em 1941. O termo se espalhou depois do ataque à URSS.

A destruição das comunidades judaicas europeias e de seus membros havia sido uma operação para conseguir dinheiro, desde sua concepção na Alemanha, em 1933. Embora a SS não tenha iniciado a "Solução Final da Questão Judaica", nem sido seu principal beneficiário, a SS, em todos os seus ramos, assumiu um papel consciente no processo e buscou enriquecer a si mesma coletivamente e a seus membros a partir daí. Era impossível manter na Alemanha um monopólio em atividade tão popular e recompensadora como roubar dos judeus. Entretanto, como Himmler assinalou, o resto da Alemanha e até mesmo a maior parte do partido ficou feliz em deixar a matança por conta da SS. Apesar de haver se engajado em todas as formas oficiais e não oficiais de roubo inventada por outros, restou para a SS roubar de suas vítimas os sapatos, roupa íntima e as obturações de ouro. O fato de que até mesmo isso tivesse que ser compartilhado com o Ministério das Finanças do Reich realça o profundo envolvimento de setores não SS da vida pública alemã na crueldade suprema da *Endlösung* (Solução Final).

Ao mesmo tempo que pode ser adequado dizer que a destruição física dos judeus estava implícita no conjunto da filosofia de Hitler, a matança dos judeus da Alemanha e da Europa não era objetivo explícito da liderança da SS (ou do partido nazista) até os anos da guerra. Evidentemente, o assassinato individual de judeus era herança do *Kampfzeit*, concentrada na SA e transmitida para a SS glorificada como militarismo político – inquebrantável vontade de cometer crimes, mesmo os reconhecidos como tais, sob o comando das autoridades superiores. A partir de 1933, quando ajudaram "na manutenção da ordem", no boicote de 1º de abril, até o dia 8 de novembro de 1938, quando foram mobilizados para continuar sem limites o *pogrom* iniciado por outros, e fazer que isso fosse pago com o aprisionamento dos judeus ricos para cobrar resgate, a SS aprendeu a ser designada para fazer o trabalho sujo da liderança nazista. Quando isso se burocratizou e se diferenciou, a SS atribuiu seu antissemitismo a especialistas, e como geralmente é o caso com especialistas, estes eram voluntários. Muito mais importante a esse respeito é que pessoas como Adolf Eichmann ou Reinhard Heydrich – combinando razões psicológicas pessoais com uma ambição oportunista – aceitaram, se não se apresentaram como voluntários na responsabilidade para solucionar a questão judaica de uma ou outra maneira. Desse modo, o chefe da Polícia de Segurança e o Serviço de Segurança (Sipo-SD), em particular a Gestapo como *Amt* IV da RSHA, sob Müller, se tornou a agência competente para assuntos judaicos ainda antes de julho de 1941, data oficial da designação de Heydrich, por Göring, para "resolver a Questão Judaica". Enquanto Heydrich e mais tarde Eichmann tomaram a iniciativa de recolocação e assassinato dos judeus, eram continuamente instigados e mesmo rivalizados por outras agências do governo e do partido. E o menor dos motivos envolvidos nessa iniciativa não foi o roubo da riqueza judaica.

A Áustria, os Sudetos, a Boêmia-Morávia e a Polônia foram sucessivamente submetidos à rapina organizada e desorganizada, com os judeus como primeiras e mais indefesas vítimas. Cada passo do caminho testemunhou Heydrich e "Gestapo Müller" apertando os controles que evitavam a "arianização selvagem", até mesmo pelos homens da SS, e canalizando o processo de confisco segundo divisão previamente combinada dos despojos. Quando os alemães alcançaram a França e os Países Baixos, o saque dos judeus e sua deportação haviam se transformado em grande arte, apesar de aqui e ali haver uma sensação de tentativas e experiências, por causa da ilusão nazista de um iminente tratado de paz com a França e a Inglaterra. A mudança real para a matança em massa veio com a decisão de destruir os judeus da União Soviética no processo da invasão, uma certeza pelo inverno de 1940-41. Agora a experiência com os *Einsatzgruppen* na Polônia, com os centros de emigração de Eichmann em Viena, Praga e Berlim, com as operações de matança em Chelmno e com a rápida expansão dos campos de concentração para exploração de trabalho escravo podiam se combinar sob a liderança do *Amt IV* da RSHA. A aprovação verbal de Hitler parece ser certa nesse momento, mas não devemos ter a concepção de um plano mestre ou de um mentor, mesmo Heydrich, e muito menos Eichmann. A tarefa foi principalmente a de coordenar iniciativas de muitas agências da SS e de fora dela, e ocasionalmente proporcionar iniciativa quando havia relutância envolvida.

A relutância tinha, é claro, um componente moral, especialmente nos casos que envolviam brutalidade e morte. Desse modo, houve a advertência regular de que os alemães não deveriam fazer a matança, apesar de se esperar que os alemães transmitissem as ordens e, naturalmente, organizassem a coisa. Daí que a criação de um sistema SS complexo e ramificado, da RSHA e dos Líderes Superiores da Polícia até o enquadramento militar de esquadras e pelotões, tanto na antiga SS Geral como na nova *Waffen-SS*, tornou possível a expectativa de que mesmo ordens criminosas seriam transmitidas de forma impecável e imaginativamente cumpridas, ou pelo menos não sabotadas, consciente ou inconscientemente, por homens em uma perturbação desesperada de suas consciências. Mas até mesmo a Polícia da Ordem, tão escassamente penetrada numericamente pela SS, havia sido de modo efetivo cooptada e coordenada, pelos altos escalões, para que fosse também usada, alternando com unidades da SS, para o propósito horripilante de arrastar velhos, mulheres e crianças, para sua execução pelos "estrangeiros" equipados e uniformizados como policiais. Até mesmo a *Wehrmacht*, com a pele grossa pela observação das brutalidades dos Cabeças da Morte e da Sipo-SD na Polônia, desistiu de protestar e conscientemente entregou judeus e comissários, assim como guerrilheiros, para serem destruídos pela SS.

É claro que uma boa parte da relutância não tinha nada a ver com a consciência. A intervenção de Himmler, no outono de 1941, contra a resistência do prefeito de Litzmannstadt (Łódź) em receber "temporariamente" mais judeus em seu gueto, foi necessária por uma situação puramente administrativa. Heydrich esperava mudar a área de concentração dos judeus dos territórios poloneses anexados para a "Reserva Judaica" no distrito de Lublin, tardiamente anexado ao Governo-Geral em troca da Lituânia. Entretanto, Hans Frank teve sucesso em terminar com o "despejo" ilimitado de judeus ali, que começara em outubro de 1939. Assim se tornou necessário, afinal de contas, enfiar mais 20 mil judeus em 2 mil edifícios, que já estavam inchados com 144 mil pessoas. À parte o alto índice de mortes em tais circunstâncias, Heydrich desejava que a estadia deles ali fosse temporária, pois estava empenhado em converter a "eutanásia" experimental que se fazia em Chelmno e em outros lugares do Reich (Hadamar, Grafeneck, etc.) em campos de assassinato em massa, não apenas no distrito de Lublin, como também em Auschwitz, e na parte ocupada da União Soviética (Riga e Minsk). No entanto, estranhamente, o gueto de Litzmannstadt lentamente se tornou popular junto aos administradores alemães, tal como posteriormente centros de trabalho judaicos na Alta Silésia e em Minsk encontraram seus "protetores" alemães. A razão não é difícil de entender: lucros para todos incluindo a SS, menos para os judeus.

Havia sido Adolf Eichmann que forçara os judeus adicionais em Litzmannstadt, e foi ele quem, em 1943, continuou insistindo na liquidação do gueto de lá, contra os desejos do exército, homens de negócio, dirigentes do partido e até mesmo ramos da SS. Sua sobrevivência até 1944, como a de outros lucrativos empreendimentos da SS que empregavam judeus, revela a eficiência e não a ineficiência da SS. O desejo de algumas agências particulares da SS de "poupar seus judeus" indefinidamente não evitou a rápida liquidação do resto dos judeus e, em última instância, o apoio de Hitler e Himmler a Eichmann resultou na remoção desses últimos remanescentes, geralmente depois de sua substituição por outras reservas de trabalhadores-escravos, ou o desaparecimento de matérias-primas e combustíveis, que em última instância fazia o trabalho deles ser lucrativo. Desse modo, uma rede emaranhada de culpa e responsabilidade se tecia dentro da própria SS, a respeito da destruição dos judeus europeus, pouco diferente da intrincada posição de incontáveis membros do governo e da indústria. Centenas de milhares que conscientemente exploravam a desesperada luta pela vida de outros seres humanos, para obter lucros, resistiram às importunações de Adolf Eichmann até o fim, com a consciência leve. Muitos membros da SS tinham protegido judeus, tal como outros alemães – até mesmo alguns que não eram lucrativos, exceto em termos de apaziguamento de consciência. Entretanto, o sistema da SS tornava essas práticas "inócuas", já que no longo prazo a vasta maioria desses judeus certamente morreria.

As "fábricas da morte" eram basicamente as mesmas em Chelmno ("uma operação pequena"), em Auschwitz-Birkenau (a maior), e na rede de campos em Belzec, Maidanek, Sobibor e Treblinka, no Governo-Geral. Os traços comuns eram o procedimento "linha de montagem", uma operação de separação, que por algum tempo salvou os fisicamente capazes de ambos os sexos para fazer o trabalho efetivo de destruição, e uma operação de resgate (*Aktion* Reinhardt) para recolher a última peça usável de roupas, pentes, dentaduras, cabelos e obturações de ouro das vítimas. A coordenação era superimposta em estabelecimentos bem diferentes, mesmo conduzidas por diferentes partes da SS e certamente por oficiais SS com experiências variadas. Era viabilizada por planejadores e administradores da SS WVHA. As habilidades envolvidas eram as de contadores e economistas. Ao mesmo tempo que essas pessoas tinham que supervisionar o passo a passo das operações, podiam deixar a execução e o trabalho sujo para oficiais e homens do *Amtsgruppe D*. Muitas dessas pessoas também podiam ser vistas como "especialistas" na solução de problemas no local referentes às matanças, com a típica rivalidade dos qualificados sobre métodos alternativos (monóxido de carbono *versus* cianureto de hidrogênio).

Entretanto eles também tinham experiências variadas. Eram discerníveis (1) *Altkämpfer*, (2) jovens intelectuais, (3) técnicos no sentido estrito – da polícia ou com experiência de negócios – e (4) tipos do submundo. Posto que o serviço nesse grupo exclusivo (não foram identificados mais que cem oficiais) era em certo grau um tipo de sentença, assim como julgamento, não é surpresa que tantos deles tenham terminado também nos cárceres. A SS e os tribunais da polícia desse modo proporcionaram uma espécie de álibi para os oficiais SS "decentes", mesmo durante a era nazista, destruindo os destruidores, embora evidentemente não por seus crimes principais, mas sim por roubo.

Naturalmente havia mais oficiais e homens da SS envolvidos na guarda das fábricas da morte que na sua operação, e realmente muitos dos piores excessos foram cometidos por esses guardas. De fato, foram precisamente os mesmos tipos de excessos que ocorreram em campos de concentração desde 1933, apesar de poucos desses guardas serem *Altkämpfer* de 1933. Não era o tipo de homens da SS que era decisivo, mas sim a situação que os burocratas da SS criaram nos campos que tornava possível esses excessos. Realmente, os excessos eram mais "normais" que o próprio fato das fábricas.

A equipe de "especialistas em emigração" de Eichmann, da RSHA *Amt IV-B-4,* viajou pela Europa em 1942, 1943 e 1944 recrutando o apoio de oficiais da SS e da polícia de alto e baixo escalões para rastrear os judeus da França, Holanda, Bélgica, Itália, Grécia, Eslováquia e Hungria, e depois despachá-los para as fábricas da morte. Foi apenas por conta dessa extensa rede de autoridades cooperativas que doze homens puderam articular a destruição de 1 milhão de pessoas. No entanto, é vital para nossa compreensão da SS entender que as equipes de Eichmann não foram necessárias para a destruição dos judeus da Iugoslávia, da Romênia e da União Soviética, que jamais viram uma das fábricas da morte manejadas pela WVHA. Esses judeus morreram nas mãos dos SD-*Einsatzgruppen,* cuja organização e gerenciamento estavam em mãos completamente diferentes, apesar de a linha de autoridade ser traçada de volta para a RSHA e Reinhard Heydrich.

O modelo para "operações móveis de matança" dos batalhões assassinos adidos à *Wehrmacht* alemã na Rússia repousava em equipes *ad hoc* usadas nas invasões dos Sudetos, da Boêmia-Morávia e da Polônia. Serviço temporário e uma mistura de elementos da Gestapo, SD, Orpo, Kripo e *Waffen-SS* caracterizavam as equipes com força de batalhão reunidas para a Operação Barbarossa. Nos níveis mais altos, em posições de comando, eram colocados homens que deviam provar sua lealdade absoluta e confiabilidade a Himmler e Heydrich. Muitos deles eram acadêmicos e profissionais com interesse "idealista" na ideologia da SS, no bolchevismo, na "questão judaica" e na Rússia. Acima desses, encarregados do planejamento e ligação com a *Wehrmacht,* estavam os oficiais da RSHA (IV--A-I). Os de patente mais baixa eram geralmente policiais. Não há evidências de que fossem especialmente selecionados; o mais provável é que seus superiores quisessem livrar-se deles. Assim, não é surpreendente que uma atmosfera de desleixo, de determinação para provar simplesmente o quão cruéis e desumanos poderiam ser, permeava esses grupos. Enquanto a matança era abafada no sistema das fábricas de morte, parcialmente para torná-la mais fácil, os carniceiros dos *Einsatzgruppen* "se exibiam", criando problemas para os comandantes do exército alemão que desejavam continuar na ignorância e manter suas tropas "inocentes". Não demorou muito para que os *Einsatzgruppen* recebessem ordens de empregar não alemães como matadores, procedimento extensivamente usado na Iugoslávia e na Romênia.

A BUROCRACIA DE OCUPAÇÃO DA SS

O que tornou possível a alguns poucos assassinos desumanos como Hoess e sabujos humanos como Eichmann se enredar com outro tipo de carniceiro nos *Einsatzgruppen*, e destruir eficientemente sem perturbar o próprio sistema do qual se nutriam? A resposta em parte repousa na evolução do quadro de referência da polícia e da SS que lhes proporcionava diretivas e os escudava de conflitos e olhares inquisidores do resto da burocracia. A ausência de um Escritório Central da SS e da polícia fez-se sentir nos fracassos da coordenação, mas o fato de que Himmler, uma espécie de aranha universal, sentasse no centro de todos os sistemas equipados com uma equipe de eficientes intrometidos em sua Equipe Pessoal compensava a rivalidade intrínseca da RSHA com o Escritório Central da Orpo. Himmler era suficientemente esperto para permitir que Daluege lidasse com o aumento crescente da SS e do sistema policial em 1939 e 1940, de modo que nem Heydrich tinha controle sobre tudo. Depois da mudança de Heydrich para Praga, em setembro de 1941, os dois escritórios foram mais capazes de trabalhar juntos em base rotineira, um procedimento realçado pelo desenvolvimento de duas dúzias de generais da polícia que eram efetivamente generais da polícia e da SS em ambas as equipes e nos níveis de comando de campo.

A extensão das responsabilidades de ocupação em 1940 e ainda mais em 1941, até que grandes trechos da Europa estivessem subjugados às regras da polícia e da SS – incorporadas nos generais que eram ao mesmo tempo da polícia e da SS como Líderes

Superiores da SS e da Polícia (HSSPF) –, efetivamente criou a oportunidade pela qual Himmler e a SS haviam trabalhado desde antes de 1933. Uma rede universal de influência e controle deveria se erigir, na qual as responsabilidades da polícia e o crescimento da SS podiam acontecer, coroadas pela posição dos Líderes Superiores da SS e da Polícia, o mais alto e honroso comando de campo nos dois sistemas – o prêmio que era buscado tanto pelos *Altkämpfer* como pelos novatos. Essa posição estava, desde sua raiz no Reich em 1938-39, ligada à noção de condições de emergência, e sua evolução para além do Reich, onde os padrões normais de governo, segurança e direitos individuais estavam suspensos, foi ao mesmo tempo rápida e frutífera.

Se os Líderes Superiores da SS e da Polícia tinham mais poderes nos territórios poloneses recém-anexados que seus irmãos no velho Reich, a posição do líder superior da SS e da Polícia no Protetorado da Boêmia-Morávia e no Governo-Geral era vastamente mais influente ainda. No último caso foi ressaltado pela criação, em 1940, do *SS-und Polizeiführer* a partir dos comandantes em nível de *Distrikt*, pois não havia posição comparável, totalmente integrada, no Reich. Mas seria nos países ocupados, especialmente na Rússia, que o sistema poderia florescer considerando a menor competição com a burocracia oficial do Reich e em coordenação estreita com as funções defensivas e de colonização da SS, tal como previsto por Himmler e Darré em 1932. Foi na Rússia que alguns dos mais antigos oficiais da SS se tornaram generais da polícia e da SS, responsáveis pela: defesa militar em suas regiões, não apenas contra os guerrilheiros, mas até mesmo contra incursões das forças armadas soviéticas; realocações e expulsões em suas regiões para criar áreas de colonização para os alemães étnicos; o estabelecimento das organizações da SS e recrutamento; e por último, mas não menos importante, pela ordem e produtividade do território ocupado e do populacho submetido. Verdadeiros sátrapas, como nos tempos antigos, combinados com a noção do militarismo político da luta nazista pelo poder, esse segmento dos mais altos corpos de oficiais da SS é o que representa de modo mais integral o ideal na direção que Himmler e seus conselheiros mais próximos procuravam alcançar. Mais balanceados e ativamente engajados que os generais de escritório da SS, ou os soldados puros das *Waffen-SS*, aguentaram o maior peso de culpa pela implementação total dos propósitos nazistas na Europa em guerra.

Dificilmente pode ser considerado um acidente o fato de o desenvolvimento e amadurecimento completo do corpo de oficiais da SS ter ocorrido na aventura imperialista de 1941-42 no leste, em paralelo com a fase militar e com o extermínio dos judeus, baseada na vocação de militares políticos da SS, mas essencialmente diferente dos dois. O militarismo político da SS na Rússia nesse período efetivamente envolve uma tomada fundamental de terras, na linguagem de Carl Schmitt, seguida por uma pacificação do *imperium* e a reconstrução do espírito dos conquistadores. Adicionalmente, os altos oficiais da SS designados para a Rússia não chegaram lá como agentes do governo alemão simplesmente como carrascos e policiais para outras agências decisórias. Eles próprios supostamente eram os portadores da cultura em formação, os rivais e oponentes de concepções errôneas de administração e colonização. A história da ocupação alemã na Rússia se entrelaça desse modo não apenas com a brutalidade e as atrocidades da SS, mas também com a batalha corrente travada de alto a baixo na hierarquia da SS e da polícia com o Ministério dos Territórios Orientais de Rosenberg e outras agências do Reich. Era da maior importância que a SS fosse responsável pelo policiamento dos territórios ocupados, mas uma "simples" agência policial dentro do governo alemão não poderia ter tido sucesso em agir de modo independente em tantas áreas. Muito mais coordenado que seus rivais, o sistema era, entretanto, novo demais, ambicioso demais, envolvido demais em ilusões para ter sequer a metade do sucesso que teve na destruição. No entanto, como sistema para explorar a terra e os recursos laborais das áreas conquistadas, enquanto tomava esses recursos para si e seus colaboradores, a SS e a polícia de 1941-42 avançaram muito além dos amadores da SA de 1933--34. Talvez não tenham avançado o suficiente, pois as aberrações de arrogância e furor tão característicos da SA perseguiram alguns dos mais proeminentes dos generais *SS-Altkämpfer*.

A SS e a polícia haviam sido mantidas em seus lugares nos bastidores, nas políticas de ocupação da Alemanha na Noruega, Dinamarca, Holanda, Bélgica e França. A reputação maligna que seguia os Reforços dos Cabeças da Morte e os Sipo-SD--*Einsatzkommandos* do leste fizeram que o exército, o Ministério do Exterior e os dirigentes do partido fossem cautelosos para deixar Himmler com as mãos livres em 1940. Adicionalmente, enquanto Hitler reiterava sua própria posição contra a proliferação militar da SS, enfatizando precisamente o futuro papel policial da SS no pós--guerra, Himmler começou a implementar seu velho sonho de uma aristocracia germânica de sangue e solo selecionada entre soldados voluntários da Europa do norte. Consequentemente, o próprio Himmler não desejava soltar unidades dos Cabeças da Morte na Noruega, Dinamarca e Holanda. Temporariamente estacionados ali, alguns batalhões eram preparados para o combate regular e deixaram em paz o populacho. Sipo-SD-*Einsatzkommandos* fizeram uma breve aparição na Noruega e depois desapareceram. A Dinamarca e a Holanda passaram imediatamente para a administração regular da polícia, enquanto a Bélgica e o Norte da França, sob governo militar, praticamente excluem o sistema Sipo-SD, pelo menos por algum tempo. Apesar de haver sido nomeados Líderes Superiores da Polícia e da SS para a Noruega e Holanda, suas mãos parecem estar atadas pelos poderosos *Reichskommissars* de orientação partidária, e pela política de Hitler de cortejar os países nórdicos, da qual Himmler dificilmente poderia discordar. Um tratamento separado para a Alsácia e a Lorena também determinou que os Líderes Superiores da SS e da Polícia em Estrasburgo e Metz (também responsável pelo Saar) fizessem constar sua presença, mas ambos foram ofuscados pelos *Gauleiter* do Antigo Reich, que exerceram autoridade sobre as províncias francesas, em acréscimo a seus antigos *Gaue*.

Himmler estava profundamente resolvido, com a aprovação total de Hitler, a aplicar as medidas repressivas mais cruéis nas etapas iniciais de ocupação dos territórios soviéticos. Em *Mein Kampf*, Hitler havia esboçado precisamente a combinação de despovoamento e reassentamento para a Rússia que Himmler contemplava. Em março de 1941, Himmler pôde reunir um grupo pré-selecionado de generais e coronéis da SS em Wewelsburg – o "castelo" da SS em Paderborn, na Vestfália, usado como salão do conselho para os futuros "cavaleiros do solo e do sangue" – e iniciá-los em seus futuros deveres como Líderes Superiores da Polícia e da SS, ou naqueles de seus subordinados Líderes da Polícia e da SS (no modelo do Governo-Geral). Um dos participantes, Bach-Zelewski, testemunhou que Himmler falou sobre a eliminação de milhões de eslavos e judeus para abrir espaço para a colonização alemã. Em abril de 1941, Himmler nomeou todos os Líderes Superiores da SS e da Polícia dentro e fora do Reich como generais da SS e também como generais da polícia, com dragonas da polícia e uniformes de campo cinzentos.

Assim, uma instituição poderosa amadureceu, e o caminho estava preparado para coordenar e proteger as ações mais ousadas e repreensíveis da intervenção no Leste ou da sabotagem do Estado ou da sociedade alemãs. Por suas mãos deveriam passar todos os fios, tanto de informação como de controle, da rede de Himmler, que tratassem das questões políticas, incluindo as relações com o partido – especialmente com os *Gauleiter* –, o exército, a burocracia estatal e as figuras de liderança do mundo profissional e de negócios da Alemanha. Por meio de sua posição como comandante do Setor Principal da SS Geral, que mantinha seu caráter e significado como uma comunidade da SS, tanto dentro do partido nazista como para além deste, na sociedade civil geral até 1943 ou 1944, tinha acesso a canais de influência e informação de importância estratégica para a SS. Por meio do controle de inúmeras forças auxiliares – como a *Technische Nothilfe* e os vigilantes das estações antiaéreas, além de todas as unidades armadas da SS não transferidas para a autoridade do OKW (Batalhões de Substituição e Treinamento) – que tinham formações de emergência, independentemente do controle do partido. Adicionalmente, seu comando virtual sobre todas as forças policiais por meio dos inspetores da Sipo e da Orpo (comandantes da Sipo e da Orpo fora do Reich) dava à SS uma chance razoável mesmo contra a *Wehrmacht*, em uma disputa política.

Dentro do Reich sua importância repousava principalmente em proporcionar a Hitler centros de poder alternativos e cadeias de comando para além dos *Gauleiter* e comandantes militares dos corpos de área. Em certo sentido, a SS se tornou mesmo intendente do sistema estatal, excessivamente imposta ao resto da velha burocracia e dos novos homens do partido. Iria gradualmente passar por cima de boa parte da burocracia do Estado, enquanto suas relações com os grupos do partido dependiam da personalidade do *Gauleiter* e de sua própria natureza. Alguns deles rapidamente se entrelaçaram com o tecido de favores mútuos do partido e suas antipatias, e foram removidos por Himmler. Diferentemente dos *Gauleiter*, os quais Hitler podia remover mas não movimentar, os Líderes Superiores da SS e da Polícia – como os comandantes de corpos de exército, do qual eram cópia – pelo menos ideal e teoricamente estavam disponíveis para muitos tipos diferentes de tarefas. Apenas raramente seu poder e influência repousavam em laços locais e, quando era assim, Himmler em geral os transferia para longe de seus terrenos familiares, mesmo que não fossem completamente preparados para as novas tarefas.

A nomeação por Himmler para um dos altos postos da SS e da polícia fora do Reich representava um prêmio ao dinamismo e crueldade. Apenas seis ou sete *Altkämpfer* dos originais Líderes Superiores da SS e do Reich permaneceram em seus postos durante a guerra, o restante foi "promovido" para proconsulados imperiais na Rússia, nos Bálcãs, ou no oeste. Os que permaneceram atrás (um deles morreu em um ataque aéreo) ou eram dinâmicos e inquietos em demasia para trabalhar com a *Wehrmacht* ou um tanto entendiados e sem imaginação. Outros nove ou dez designados para altos comandos da SS e da polícia no interior do Reich eram da geração mais nova que a dos oficiais da SS pré 1933, em grande medida em ascensão depois de aprendizagens mais ou menos distintas; alguns foram colocados "no gelo" depois de algum fracasso. Três generais da polícia figuraram nas patentes do front interno dos Líderes Superiores da SS e da Polícia no período da guerra, um sexto do total.

Uma boa parcela do poder no front interno, entretanto, permanecia com os policiais profissionais, pois as patentes dos inspetores da Polícia de Segurança e da Polícia da Ordem também foram limpas de seus *SS-Altkämpfer*, transferidos para o exterior e substituídos por uma nova geração de juristas (*Kriminalräte*) e burocratas da polícia com posto nominal na SS, promovidos por intermédio da Gestapo e dos comandos regionais da SD. Essas últimas posições, preenchidas durante a guerra por homens com postos assimilados pela SS, de capitão a tenente-coronel, se tornaram cada vez mais detentores de posições-chaves na hierarquia unificada da polícia e da SS, apelando menos à agressividade e crueldade e mais ao trabalho duro sistemático e sensibilidade. Apesar de esses homens, em seus trinta e quarenta anos, não terem participado das confusões do *Kampfzeit* ou participado das infindáveis listas de membros da SS Geral depois que os nazistas tomaram o poder, a SS ainda era seu bilhete para o sucesso, porque sua expansão durante a guerra convocou seus superiores para distantes frentes de combate e lhes ofereceu também o sonho do poder. Muitos deles realmente participaram de tarefas na ocupação anteriores a 1945, e mais caíram em combate como oficiais das *Waffen-SS*. Repressão, tortura, todos os males do estado policial também estavam em seu poder, ensinados por seus superiores *Altkämpfer* para se verem como soldados em uma permanente guerra civil contra um inimigo implacável, e acharam justificação nas batalhas reais travadas na Rússia e em seu próprio e adequado compromisso. Entretanto, faltava a eles a autojustificativa em seu próprio passado, que desempenhava um papel tão grande nos homens da geração de Himmler. O que compartilhavam com seus mentores eram grandes ambições e um desejo de satisfazer isso no corpo dos fracos e indefesos. Em parte, pelo fato de a guerra terminar antes que muitos deles chegassem a altas posições e, e em parte, porque realmente não eram nazistas por convicção, essa geração não teve prole. Os mais jovens sobreviventes das *Waffen-SS*, mesmo que afrontados e marginalizados na Alemanha do pós-guerra, são, no entanto, capazes de se identificar com as tradições da SS de um modo que jamais foi possível para o segmento da polícia. No entanto, o militarismo político estava muito mais incorporado nos oficiais da polícia e da SS do que nos "soldados puros" das posteriores *Waffen-SS*.

Himmler e Heydrich tiveram que lutar para abrir caminho na Rússia tanto contra outros nazistas como contra os russos, mas dessa vez a *Wehrmacht* estava ao seu lado, por muitas das mesmas razões que conspiravam com eles em 1934 – os soldados não queriam se sujar com o sangue de civis. A *Wehrmacht* tinha muito que fazer para simplesmente conquistar os soviéticos e não havia como destacar tropas para os trabalhos da repressão. As unidades de combate da SS eram até bem recebidas. As desdenhadas e odiadas unidades policiais da Polônia e da Boêmia eram suficientemente boas para manter sob controle um rebelde interior russo. Ainda assim foi necessária uma negociação dura para manter os comandos assassinos na área de frente dos combates para agarrar os comissários e judeus antes que sumissem, mas finalmente os comandantes da *Wehrmacht* perceberam que reservariam seus homens para os combates e preferiram ficar fora de um assunto pantanoso. Os russos puderam então reservar seu ódio para a SS. Rosenberg e, por detrás dele, Bormann, Göring e Goebbels – e às vezes mesmo Hitler – seriam os maiores obstáculos para o poder absoluto da SS no leste.

Em nenhum outro lugar a política de Hitler (de dividir para conquistar dentro de suas próprias forças) ficava mais evidente como uma ação contra o mal, que prejudicava a todos, como na Rússia. Ao mesmo tempo que é demasiado dizer que Hitler derrotou a si mesmo na Rússia, já que Stálin, o Exército Vermelho e o povo russo certamente fizeram grande diferença, a determinação de Hitler de não permitir que nenhuma parte de seu sistema de poder tivesse liberdade de ação completa certamente enfraqueceu a conquista do leste pela Alemanha. Liberdade para matar os russos foi facilmente conquistada pela SS, mas mesmo que esta tivesse a habilidade e a organização para explorar o vasto reservatório de mão de obra e dos recursos da Rússia ocupada, teria que devotar metade de sua energia e habilidades lutando contra outros alemães pela sua parte. Tal como sucedeu, a SS mostrou-se estar mais aquém do necessário para a abrangência da operação, de modo que o pessoal capacitado teve que ser muito estendido – até que o velho Reich tivesse sido drenado de seus quadros da SS e da polícia mesmo antes do clímax da fase militar em 1943-45, quando tantos da SS foram obrigados a vestir o uniforme do exército ou da *Waffen-SS*.

No curto prazo, entretanto, especialmente em 1942-43, a SS foi capaz de aproveitar a vantagem da predileção pela desorganização de Hitler. Já na Iugoslávia e na Grécia em 1941, agarrou poderes adicionais de polícia porque a autoridade ali estava tão amplamente difusa pela repartição excessiva, com rivalidades civis e militares, e principalmente pela falta de ideias claras sobre essas terras novas e distantes, a começar por Hitler e incluindo muitos nazistas. Apesar de Hitler e Rosenberg certamente terem ideias fixas sobre a Rússia, o esquema de Hitler de outorgar ampla autoridade aos subordinados nominais de Rosenberg – os *Reichskommissars* – e a insistência do exército em controlar as áreas da frente por razões logísticas significou que os maquinadores conspiratórios da SS, de Himmler para baixo, passando por Heydrich e pelo Chefe da Administração (Pohl) e pelo chefe do Escritório Central da SS (Berger), acharam amplas oportunidades para cavoucar seus espaços dentro de centros muito estratégicos. Isso aconteceu a despeito de os chefes desses centros na verdade se oporem à expansão da SS e à sua filosofia brutal de um leste sub-humano. Os planejadores políticos da SS, trabalhando internamente, quebraram a oposição a atos gratuitos dos Líderes Superiores da SS e da Polícia em busca de um império da

SS. Quase a cada ano havia um avanço adicional. Em 1941, depois de meses de esforço cuidadoso para limitar os poderes de Himmler na Rússia ao nível em que já tinha em outros lugares, Hitler cortou o nó górdio no dia 16 de julho, outorgando à SS autoridade para agir "sob sua própria responsabilidade" na manutenção da ordem ali. Em agosto de 1942, Hitler autorizou a SS a desenvolver operações militares nas áreas de retaguarda, especialmente contra guerrilheiros. Pelo verão de 1943, Gottlob Berger, o ágil chefe do Escritório Central da SS, persuadiu Rosenberg a colocá-lo como responsável pelas operações no Ministério Oriental, onde podia sabotar qualquer resistência remanescente à exploração pela SS da área rural e de sua carga humana. Em setembro de 1944, depois do golpe de 20 de julho e na expectativa da reconquista, Himmler patrocinou o Exército de Libertação Russo, de Vlassow, e toda uma série de governos fantoches no exílio para um *cordon sanitaire* da Estônia até a Ucrânia. A SS fazia política externa por todos os lados, mas é claro que já era tarde demais.

A Rússia foi o túmulo de algo entre 2 e 3 milhões de oficiais e homens da SS. A maioria morreu, armas na mão, como soldados na *Waffen-SS* ou no exército. Um grupo muito menor de oficiais e homens da SS constituiria as forças repressivas que muito fizeram para despertar o ódio à Alemanha nas aldeias e cidades da União Soviética. Um número de cerca de 10 mil homens, incluindo os *Einsatzgruppen*, é suficientemente amplo para incluir as unidades antiguerrilha da SS, a administração dos campos de concentração em Riga, Kaunas e Minsk; a rede de agentes da Polícia da Ordem da Sipo-SD; os administradores SS de fazendas, minas e fábricas; e as equipes dos Líderes Superiores da SS e da Polícia. Menos de 2 mil oficiais da SS estavam envolvidos, mesmo se incluirmos os que comandavam unidades não SS da polícia, tanto alemã como estrangeira – e muitos desses oficiais deveriam se qualificar como membros "nominais" da SS. Na verdade, algumas centenas de oficiais com a patente de major para cima foram os instrumentos mortais pelos quais se provocou tanta devastação. Dos horripilantes assassinatos em massa de 1941 à execução rotineira de reféns e prisioneiros de guerra, da liquidação total de todos os vivos em aldeias "guerrilheiras" ao sequestro de centenas de trabalhadores escravos, da pilhagem sistemática dos tesouros artísticos e museus soviéticos à destruição brutal de todas as instalações produtivas e dos que viviam ali – os oficiais gestores nos corpos da SS se deixaram representar por uma fração de seus membros. Mas essa fração, por seu treinamento, seleção e a visão implacável da guerra, ficou maldita como o demônio encarnado.

Uma elaborada diferenciação marcou inicialmente as políticas de ocupação da SS. O próprio Heydrich buscou seguir uma rota diferenciada *vis-à-vis* os tchecos que a usada em relação aos poloneses. Os sérvios foram reprimidos sem piedade, enquanto os ucranianos da Galícia foram "liberados" pelos administradores da SS em Lemberg (Lvov). Além da distinção subjacente entre os povos do leste e do oeste, que deu aos franceses direitos diante da SS e das autoridades policiais, as terras nórdicas como a Holanda, Dinamarca e Noruega foram especialmente favorecidas. Depois, é claro, havia também a distinção entre povos aliados como os eslovacos, húngaros, croatas, finlandeses, italianos, romenos e búlgaros, e grupos conquistados, como os gregos, albaneses, estonianos, letões, lituanos e os povos de origem turca do interior da Rússia. Teorias raciais e a evolução das práticas de recrutamento para as *Waffen-SS* conflitavam, e a consequência disso era já familiar para os nazistas: sem modificar as teorias, mas simplesmente ignorando-as, os regulamentos eram afrouxados para abrir espaço para mais recrutas estrangeiros, e com eles vinha o relaxamento da diferenciação negativa para seus parentes e até mesmo para suas comunidades de origem. Ao mesmo tempo, entretanto, exibições espasmódicas de resistência se multiplicavam nas áreas favorecidas no ocidente. O decreto *Nacht und Nebel* (Noite e Neblina), com sua resposta ultrapunitiva a qualquer ataque a alemães em áreas ocupadas, ajudou a reduzir o nível de tratamento dos europeus ocidentais e nórdicos pela SS e policiais até um denominador comum com o dos povos orientais.

Naturalmente, foi se instalando um círculo vicioso de retaliação pelos grupos de resistência, de modo que em 1942 o número de Líderes Superiores da SS e da Polícia com poderes tirânicos estava em crescimento, não apenas no ocidente, como também nos Bálcãs. Himmler também teve que aumentar seu número em antigas áreas austríacas, às quais os antigos territórios iugoslavos (eslovenos) haviam sido anexados. Um sistema cauteloso de ocultação parcial em áreas nominalmente independentes levou à suspensão do título de HSSPF na Albânia, Grécia, Eslováquia, Croácia, Hungria e Bélgica até o final de 1944. Apesar de designados como plenipotenciários do *Reichsführer SS* e chefe da polícia alemã, importantes generais da SS e da polícia eram obviamente poderosos canais da influência alemã. Facilitaram a implementação da Solução Final de Eichmann nessas áreas. Existem exemplos de uma patente mais alta da SS e da polícia criada em 1944: *Höchste* (supremo) líder da SS e da Polícia. No primeiro caso, a posição foi designada para Hans Prätzmann, um dos mais antigos e mortalmente sérios dos jovens *Altkämpfer*, que foi colocado como responsável por todo o Sul da Rússia na fase de terra arrasada da evacuação daquela área. A segunda vez que o título foi usado foi na Itália, durante a bem-sucedida resistência aos invasores aliados e a formação da República de Salò. O posto foi para o próprio comandante do estado-maior de Himmler, Karl Wolff, indicação de que era uma nomeação política e não militar.

A posição subordinada dos Líderes da SS e da Polícia foi introduzida na França e na Noruega em 1944, mostrando que Himmler finalmente estava determinado a consolidar os dois braços, mesmo com o risco de perturbar as relações com a *Wehrmacht* e o populacho submetido. Esses postos foram entregues em grande medida a produtos da carreira policial. A era em que os *SS-Altkämpfer* podiam ser "recompensados" com postos policiais importantes já havia terminado há muito. Realmente, na medida em que transcorriam os anos de guerra, a sequência de crises havia oferecido tantos desafios e triagens do pessoal da SS e da polícia que até mesmo o processo de seleção dos anos de crescimento depois de 1934 se tornara irrelevante. Os *Altkämpfer* que haviam sido promovidos a postos de proeminência nos anos de 1930 já eram poucos em 1939, e certamente foram reforçados pela adição de um número considerável de homens provenientes da SS Geral no transcorrer da guerra, selecionados pelas habilidades demonstradas nos anos 1930.

Mas a preponderância do oficialato responsável pelas atividades policiais da SS durante a guerra, e especialmente a geração em ascensão de novos talentos com idade inferior a quarenta anos, não era produto da SS Geral e suas vicissitudes. Os números, é claro, não contam toda a história. A fermentação dos veteranos generais da SS, especialmente a de alguns milhares de lutadores e assassinos fanáticos e competentes do período pré-1933, foi decisiva na imposição de distorções e no constrangimento de outras centenas de milhares que passaram pelo sistema policial. A influência do doutrinamento formal, sob a forma de programas de treinamento e materiais publicados como "*Der Untermensch*" ("O Sub-humano"), certamente teve de assumir um segundo lugar, no poder de um sistema totalitário, para criar um meio ambiente de terror e desprezo pela vida humana no qual até mesmo os moderadamente saudáveis tinham que se adaptar à injustiça como fato consumado, e os neuróticos e associais estavam em seu elemento.

O SISTEMA RKFDV

Um exemplo particularmente ilustrativo de ajuste e racionalização ocorreu no caso de vários milhares de oficiais e graduados da SS que integravam a equipe das agências governamentais coletivamente conhecidas como "Comissário do Reich para o Fortalecimento do Germanismo" (RKFDV). Himmler havia inventado para si mesmo o título grandioso de comissário do Reich para o Fortalecimento do Germanismo em outubro de 1939, quando ganhou de Hitler autoridade para supervisionar e implementar a recolocação dos alemães étnicos "resgatados do bolchevismo" nos Estados bálticos e na Polônia oriental. Himmler gostava de dizer que tinha seu lado bom e seu lado mau, e que, se os deveres policiais eram seu lado mau, então a criação do novo *Lebensraum* alemão no leste era o lado bom. Assim, o próprio Himmler criou para esses oficiais e homens da SS, que usava para esse propósito, um álibi muito especial – uma interpretação defensiva de suas atividades, essencialmente de natureza policial, que se estendia até mesmo para a remoção desses povos menos afortunados de seus lares e fazendas, a rejeição de grupos "racialmente inferiores" para futuras áreas de colonização, e o rapto de crianças "racialmente superiores" de seus pais.

Hitler começou dando a tarefa de recolocação para a agência bastarda da Seção de Relações Exteriores do Partido, o VoMi, o Escritório de Ligação para os Alemães Étnicos, mas Himmler facilmente retirou as rédeas das mãos de Werner Lorens, o coronel da SS encarregado, em função da penetração de agentes da SD de Heydrich no VoMi. O artifício de Himmler junto a Hitler foi precisamente a necessidade de supervisão policial, e inseriu Heydrich decisivamente nas operações dentro dos recém-ocupados territórios poloneses, para abrir espaço para os novos colonos. O VoMi manteve responsabilidades subordinadas de organização para "trazê-los de volta vivos" e para cuidar deles e alimentá-los em campo enquanto aguardavam recolocação. Antes de 1939, a rede do Escritório de Ligação estava apenas levemente salpicada de pessoal da SS, geralmente dando expediente duplo como agentes da SD. Entretanto, já por ocasião da crise dos sudetos, tornou-se aparente a necessidade de contatos mais extensos da SS, para colocar em movimento a SS ainda em fase inexperiente. O VoMi, portanto, desenvolveu uma ala com SS e outra sem SS em 1939, mas um número cada vez maior de empregados e dirigentes se uniu à SS.

A chegada ao *Altreich* (o Reich propriamente dito) de muitos refugiados alemães da Polônia, mesmo antes do início da guerra, deu lugar para a inovação organizacional do Escritório de Ligação, com ramos em cada *Gau* partidário responsável pelos respectivos campos. Naturalmente, a cooperação mais estreita com os quartéis-generais regionais da Sipo-SD passou a ser obrigatória, de modo que os escritórios regionais do VoMi necessitavam de oficiais da SS para deixar seu funcionamento mais expeditivo, e de preferência oficiais da SD. O VoMi desenvolveu equipes para se dirigir às novas áreas conquistadas (Iugoslávia, Rússia) para avaliar e assinalar os alemães étnicos e tipos nórdicos, inclusive filhos de guerrilheiros, para recolocação. Naturalmente, precisavam, ou pelo menos desejavam, uniformes de campo cinzentos, fosse da polícia ou fosse da *Waffen-SS*. Consequentemente, o VoMi veio a se tornar um dos constituintes do sistema RKFDV depois de meados de 1941, e a parte SS do VoMi foi organizada em um Escritório Central (*Hauptamt* VoMi). O componente SD gradualmente se tornou menos importante na medida em que canais de inteligência melhores se abriram para a *SD-Ausland* (RSHA *Amt VI*), apesar de o próprio VoMi permanecer como um importante canal de abastecimento para Himmler e posteriormente para Kaltenbrunner, o sucessor de Heydrich. Correta ou falsamente, o pessoal do VoMi passou a ser visto como "a SS" e como fanáticos intrigantes.

Na reorganização da *Sicherheitsdienst* que acompanhou a formação da RSHA, um Setor Principal III-ES (Colonização do Germanismo) foi formado no *Amt III* (*SD-Inland*), encabeçado por Hans Ehlich, um coronel da SS especializado em problemas de nacionalidade. Daí em diante seu escritório recebeu de Heydrich a tarefa de supervisionar o processamento dos colonos potenciais em elaborados "centros de emigração" (*Einwanderungs-Zentralstellen*, EWZ). O primeiro desses foi localizado em Gdynia (ou Gotenhafen), mudando-se depois para Poznań (Posen), em novembro de 1939. No entanto o mais ativo estava localizado em Łódź (ou Litzmannstadt) com filiais em Berlim, Stettin, Cracóvia e mais tarde também em Paris. A equipe dos centros se constituía principalmente de não SS, e em grande medida nem mesmo policiais, mas, em vez disso, escriturários do governo e burocratas representando os ministérios relevantes, como os do Interior,

Transportes, Alimentação e Agricultura, Trabalho, Finanças, Economia e Saúde. Estavam todos, entretanto, subordinados à RSHA em suas tarefas imediatas, juntamente com o escritório de registro da Polícia da Ordem, com uma equipe do Escritório da Raça e Colonização a cargo dos exames raciais das famílias dos colonos, médicos da SS Geral (mais tarde da *Waffen-SS*), e recrutadores da *Waffen-SS*. Os administradores desses centros eram oficiais do sistema da Sipo-SD, cujo trabalho era manter o fluxo sem sobressaltos dos colonos. Um grau de intervenção no processo de tomada de decisões era inevitável como resultado das poderosas conexões *vis-à-vis* o pessoal não SS e mesmo com os examinadores do RuSHa.

Uma integração ainda mais direta das atividades do RKFDV com o sistema Sipo-SD acontecia nos Centros de Recrutamento (UWZ), estabelecidos na primavera de 1940 expressamente para o processamento das famílias polonesas despejadas. Apesar de aí também existirem problemas de separação de pessoas para "germanização" e para receberem no final a cidadania do Reich mediante o uso de exames raciais e outras verificações, a operação era conduzida quase inteiramente pela Polícia da Segurança e da Ordem, com equipes da RuSHa convocadas em vez de terem postos fixos. Todo envolvimento de agência não SS era evitado, os poucos "re-germanizados" chegavam de volta ao Reich, onde a Polícia de Segurança era responsável por processar seus casos pelas agências relevantes, incluindo representantes do VoMi e do RKFDV. Os chefes dos UWZ eram, é claro, oficiais da Sipo-SD, que se reportavam diretamente aos inspetores de suas regiões, mas em ligação estreita com os administradores VoMi dos campos e representantes do RKFDV em seus *Gaue*. Na medida em que a guerra reduziu o número de oficiais e homens da RuSHa disponíveis para a seleção racial, a UWZ chegou a empregar uma separação precária dos expelidos para uma eventual regermanização, trabalho escravo na Alemanha, ou despacho para o Governo-Geral. Em outras palavras, os mesmos tipos de procedimentos usados na operação de Eichmann se arrastaram para o manejo dos eslavos, e de fato os administradores da EWZ e UWZ acabavam aterrissando regularmente nos *Einsaztgruppen* e nos *Sonderkommandos* de Eichmann. A operação do RKFDV não era mais hermeticamente selada como o "lado bom" de Himmler que as *Waffen-SS* de suas atividades genocidas.

Por outro lado, era possível para o pessoal da RuSHa culpar Heydrich, e mais tarde Kaltenbrunner, pelas execuções e outros sofrimentos resultantes de seus veredictos negativos das pessoas, já que estavam fazendo simplesmente uma avaliação "científica" de alguns poloneses acusados de ter intercurso sexual com uma mulher alemã, ou de algum judeu que se infiltrasse dentro de um transporte para o Reich com trabalhadores ucranianos. Ao mesmo tempo que usavam e tinham perfeita consciência do termo *Sonderbehandlung* (tratamento especial: morte) em certos casos de "inferioridade racial", os examinadores da RuSHa eram amplamente poupados do contexto sombrio de suas atividades. Realmente, a RuSHa do período da guerra devotou apenas uma pequena parte de seu tempo para tal trabalho, apesar de a quantidade ter aumentado consideravelmente. O crescimento absoluto de oficiais da RuSHa não se manteve paralelo com o enorme incremento da SS, por causa da expansão de seus ramos militar e policial, todos os quais exigiam exames raciais para admissão na SS. Centenas de oficiais e graduados da SS Geral tiveram que ser recrutados para postos na RuSHa em 1940-41, e receberam apenas um breve e inadequado "treinamento antropológico". Ideologia grotesca, biologia simplificada eram enfiadas no treinamento básico de seis semanas – com o resultado de, mais tarde, veredictos positivos e negativos resultarem mais do impulso de fatores externos, como a necessidade de mais recrutas para a *Waffen-SS* ou o desejo da Polícia de Segurança de se ver livre de um caso. A maior parte dos examinadores eram homens de patente relativamente baixa comparados com os oficiais da *Waffen-SS* ou da Sipo-SD, em cujos feudos os exames raciais eram apenas uma complicação adicional.

Muitos dos oficiais de maior patente e mais velhos da RuSHa tinham pouco a ver com esses casos de rotina, fossem "maus" (condenação à morte como sub-humanos) ou "bons" (admissão na *Waffen-SS* – para muitos também uma condenação à morte). A tarefa dos coronéis da RuSHa, e de muitos dos oficiais mais jovens e espertos, era imaginar esquemas para a volta da RuSHa à proeminência como agência de colonização na Rússia, depois do período de eclipse em função da pendenga de Himmler com Darré – em parte provocada por Himmler achar que o treinamento conferido pela RuSHa à SS era demasiadamente "intelectual e impraticável". Desse modo, a RuSHa foi instrumental no desenvolvimento dos planos de colonização para a Rússia, implicando a aquisição de grandes fazendas coletivas para ser estabelecidas como campos de treinamento para os veteranos feridos da *Waffen-SS*, sem passado como fazendeiros. A RuSHa também ganhou para si o direito de selecionar e supervisionar a designação de todos os homens da SS para posições de gerenciamento agrícola, abaixo dos administradores econômicos da WVHA, mesmo quando permaneciam na *Waffen--SS* e também estivessem subordinados a Pohl, o ciumento chefe da Administração. No final das contas, no inverno de 1942-43 aconteceu uma falência total do índice de exames raciais, como resultado de forçar em demasia um sistema já sobrecarregado. Novos recrutas e milhares de colonos não podiam ser processados enquanto os chefões da RuSHa e oficiais inferiores viajavam pela Rússia inspecionando locais de colonização. Himmler perdeu a paciência e demitiu o chefe em exercício do Escritório Central de Raça e Colonização, Hofmann – o terceiro homem a ocupar o posto desde 1938. Richard Hildebrandt, um de seus mais confiáveis e cruéis Líderes Superiores da SS e da Polícia, ganhou o posto, tendo como vice um alto oficial da Sipo-SD. Deveriam reduzir a burocracia, parar com a tentativa de construir um império e manter tudo em ordem até a guerra acabar.

Uma nova e enorme tarefa foi transferida para a RuSHa ou, melhor dizendo, para o Setor Central dos oficiais da RuSHa: o cuidado com as famílias das baixas na *Waffen-SS*. Havia várias razões pelas quais Himmler escolheu a RuSHa para a tarefa. A RuSHa tradicionalmente era responsável em relação aos SS *Sippen* (clãs), que se refletia no *Sippenamt*. Mesmo existindo separadamente um Escritório de Manutenção e Bem-Estar da SS e, é claro, o *Lebensborn*, os dois logo se tornaram burocracias técnicas que necessitavam de um canal regional para a frente doméstica da SS, por meio do ainda existente, embora esqueletizado, SS Geral-*Standarten*. Para esse objetivo, os *SS Pflegestellen* (centros de cuidado) foram estabelecidos em cada quartel-general da SS, chefiados por um ferido da *Waffen--SS*, responsável diante do Setor Central dos oficiais da RuSHa. Por intermédio desses minúsculos escritórios de previdência passavam as tragédias maiores e menores das viúvas e órfãos da SS, além dos SS feridos buscando pensão e fazenda no leste, a mãe cujo quarto filho havia sido convocado, e garotas solteiras grávidas.

As diretivas de procedimentos do *Lebensborn*, do Escritório de Manutenção e Bem-Estar e de outros Escritórios Centrais da SS eram canalizadas pela RuSHa para esses centros de cuidado, juntamente com os regulamentos dos ministérios do Reich, e a implementação era deixada a cargo de um oficial inferior da *Waffen--SS* encarregado, talvez com a assistência de algumas pessoas acima da idade da SS Geral e, nos casos delicados, do comandante regimental. Himmler foi obrigado várias vezes a insistir que esse último deveria notificar pessoalmente os pais e esposas dos filhos e maridos mortos. Inevitavelmente, as tragédias e incongruências da guerra provocavam erros e tratamento inadequado por parte do pessoal do "bem-estar", inexperiente e mal treinado, mas, misturadas com queixas e recriminações, os arquivos desses escritórios continham muitas cartas de gratidão profunda e fé simples. No momento em que alguns dos homens da SS estavam matando inocentes, outros socorriam e consolavam. Certamente essas posições na frente interna não eram resultado de escolhas pessoais, apesar de um elemento de preferência parecer estar associado ao tipo de homem que insistia em regressar para junto de seus camaradas na frente. Com o aumento dos bombardeios aliados nas cidades alemãs em 1942 e 1943, não havia muita esperança de segurança e surgiu muito mais horror em casa. Por outro lado, a colaboração estreita da RuSHa e dos centros de cuidado com a SD, e provavelmente também com a Gestapo, derramava uma luz fantasmagórica mesmo nesse papel "decente". Os procedimentos da SD eram basicamente no recolhimento de informações, mas a "advertência" da Gestapo era um método regular de pressão durante os anos finais da guerra caso as viúvas e pais se queixassem em demasia de serem maltratados. Os campos de concentração nunca estavam longe de um escritório da SS.

Ameaças de punição por espalhar boatos tinham que ser cada vez mais severas na medida em que a guerra progredia; entre eles havia a história persistente das "casas de criação" da SS, associadas com um conhecimento pela metade sobre o *Lebensborn*. Uma moça que escreveu a Himmler para saber mais sobre isso foi enviada para um campo de concentração, apesar de não haver nem sombra de provas de que tais locais jamais existissem. Já vimos que o *Lebensborn* expandiu muito seu sistema de casas de acolhimento depois de 1937, e o confisco de propriedades judaicas pela Gestapo na Áustria serviu de base para sua expansão ali. Similarmente, o *Lebensborn* entrou na Polônia com os *Einsatzkommandos* para ajudar os alemães étnicos, e incidentalmente para confiscar depósitos inteiros de suprimentos. A multiplicação dessas casas em lugares distantes como a Noruega e a Holanda, no Governo-Geral (da Polônia) e na Rússia pode ter sido um encorajamento indireto para os homens da SS praticarem indulgências sexuais com a população local, mas as casas eram estritamente para mulheres grávidas. Admissão nelas envolvia uma verificação policial e de saúde detalhada, com avaliação racial formalmente incluída, mesmo que nem sempre feita por um "especialista", de modo que a SS não patrocinava nenhuma ligação. As equipes das casas fora do Reich nem sempre eram parte oficial do *Lebensborn*, e o quartel-general dessa organização, em Munique, não era realmente capaz de controlar todos os lugares que levavam esse nome. Essas casas também, sendo dirigidas pelo partido nazista, podem ter fechado os olhos para gravidez ilegítima em casos para os quais a SS poderia franzir a cara – mas não eram bordéis.

À parte a operação de uma dúzia ou mais de casas de acolhimento oficiais, o *Lebensborn* cresceu e se transformou em grande agência de adoção. Começando com a colocação de crianças ilegítimas nascidas de mulheres e moças alemãs, em grande medida, nas famílias de oficiais da SS, o *Lebensborn* logo se empenhou em passar um pente fino nos orfanatos da Polônia ocupada e de outros países em busca de crianças "germânicas" com menos de sete anos. O segredo usado para proteger mães solteiras rapidamente passou, por meio das conexões da SS com a polícia, para a troca de nomes e alteração dos registros que escondia de seus parentes os destinos dessas crianças. As crianças eram bem tratadas, mesmo que algumas delas tivessem que ser ensinadas a falar alemão. Em 1943 foram feitas mudanças legais para fazer que a SS, agindo por intermédio do *Lebensborn*, fosse nomeada guardiã dessas crianças durante o período de adaptação até a adoção final, e foi outorgado aos centros de cuidado da SS o direito de atuar como *Jugendämter* (Escritórios de Proteção dos Jovens), em vez das repartições estatais regulares. Dessa maneira, a SS podia excluir o estado de todos os inquéritos sobre casos duvidosos, em todas as etapas do processo. Foi dada às sedes do *Lebensborn* uma espécie de status fictício de escritórios regulares do Estado, como filiais do Ministério do Interior (*Amt L*), de modo que as identidades dessas crianças pudessem ser falsificadas sem interferências.

Lebensborn se tornou também uma imensa operação financeira, impondo taxas a todos os oficiais empregados na SS na razão inversa de sua progênie, e administrando seus próprios seguros de saúde e morte por conta de seus encargos. Quando Himmler estende as responsabilidades do *Lebensborn* ao cuidado de filhos selecionados de guerrilheiros, mesmo dos que haviam sido fuzilados ou internados em campos de concentração, sobrecarregou seu pessoal com tarefas bem distantes de sua missão inicial para que tivessem sucesso. As crianças da Eslovênia, da Ucrânia e da Boêmia (por exemplo, de Lídice) frequentemente com muito mais que sete anos, tinham consciência do que acontecera e sentiam-se infelizes. As famílias dos SS não as desejavam. Dessa maneira, uma responsabilidade maior para o *Lebensborn* surgiu: supervisão e mesmo operação de orfanatos ou escolas internas nas quais indesejados e crianças "valiosas" que não tinham casas eram colocados. Nessas, como em tantas das atividades do *Lebensborn*, a maior parte era conduzida por mulheres, apesar de oficiais da SS manterem a responsabilidade formal. As funções do *Lebensborn* certamente eram de caridade, do começo ao fim, embora seus principais responsáveis soubessem claramente que cooperavam com outros SS que de fato haviam sequestrado muitas dessas crianças, ou mesmo assassinado seus pais. Dirigentes do *Lebensborn* buscaram aumentar seu "império" e lutaram contra o desmembramento dos procedimentos originais para mãos fora da SS, de modo que suas alegações de profunda inocência e desgosto por ter que assumir o cuidado de crianças não alemãs mais velhas "por engano" e por conta de "excessivo zelo administrativo" soam ocas. Já que eram gerentes de negócios e advogados, em vez de assistentes sociais, as crianças eram provavelmente meros incidentes.

Falando de modo estrito, nenhum dos grupos procedentes de pessoal da polícia e da SS tinham deveres limitados ao RKFDV. No coração desse projeto imperialista, mas nem sempre "por dentro" do esquema completo tal como Himmler o foi desenvolvendo, estava a equipe do escritório (*Dienststelle*) na Kurfürstendamm, estabelecido por Ulrich Greifelt, um coronel da SS que Himmler usou como ligação com o Escritório do Plano Quadrienal de Göring. Esse quartel-general, conhecido a partir de junho de 1941 como Escritório Central da Equipe, para que tivesse pé de igualdade com outros Escritórios Principais da SS, era Autoridade Suprema do Reich, assim como Escritório Central da SS. Seu pessoal era uma mistura judiciosa de oficiais profissionais da SS (embora nem sempre *Altkämpfer*), com experiência na administração da SS desde 1933, incluindo advogados e economistas sem laços prévios com a SS. Esses últimos logo foram "assimilados" a patentes da SS, sem encargos significativos para além do RKFDV, enquanto os primeiros ganharam altas patentes da polícia. Começando de modo relativamente débil *vis-à-vis* os Líderes Superiores da SS e da Polícia e do Escritório Central da Polícia, o Escritório do RKFDV ganhou proeminência no auge do fervor e entusiasmo pela colonização em 1942, jogando de lado antigas cidadelas da SS como a RuSHa, e desafiando os planificadores da Sipo-SD por hegemonia. Sua força repousava no controle de propriedades territoriais no leste, em colaboração com as instalações de Göring, e em uma rede de pessoal executivo nas áreas de colonização designadas por Berlim e capazes de oferecer aos Líderes Superiores da SS e da Polícia um poder adicional sobre suas áreas rurais, em troca de apoio policial na etapa de evacuações e início da colonização. Mais completamente desenvolvida no "*gaue* de colonização" de Danzig-Prússia Oriental, Wartheland, Prússia Ocidental e Alta Silésia, eles penetraram com sucesso nas áreas fronteiriças eslovenas, mas não foram efetivos no Governo Geral, nos estados bálticos, na Ucrânia e na Alsácia-Lorena – onde poderosos Líderes Superiores da SS e da Polícia e *Gauleiter* atuaram sem consultar os "planificadores". Nem Himmler e nem mesmo Heydrich jamais foram capazes de estabelecer um mapa ou um plano mestre das colônias imperialistas nem estabelecer a autoridade central em um dos Escritórios Centrais da SS, e muito menos nessa criação *ad hoc* de 1939.

A improvisação era muitas vezes a principal virtude dos burocratas médios da SS, e os do RKFDV tinham que ser bons improvisadores. Os enfeites ideológicos de "sangue e solo" eram menos importantes que a simples fé nas habilidades dos alemães étnicos, na vitória da Alemanha na guerra, em Hitler e na SS como conjunto. Depois desse saber técnico, a imaginação e a energia tornaram os jovens oficiais do RKFDV no campo uma espécie de Corpos da Paz nazistas. A concentração ingênua na ajuda aos novos colonos para que estabelecessem seus lares e criassem raízes podia obscurecer para muitos os laços íntimos com a expulsão genocida de judeus e poloneses. Os homens no campo tinham de ver essa conexão de modo mais vívido, mas também tinham a compensação do conhecimento direto de seus "bons" esforços. Os superiores, que pilotavam escrivaninhas, podiam fingir uma cegueira feliz no que dizia respeito ao desperdício de vidas humanas, mesmo de vidas alemãs, adquirida enquanto esses funcionários trabalhavam na ilusão de construir um Grande Reich da Nação Germânica.

A WAFFEN-SS

Uma das mais vigorosas agências de planejamento da SS a respeito desse último tema não era parte do RKFDV: o *Germanische Leitstelle* (Escritório da Orientação Germânica), fundado em março de 1941 pelo antigo chefe do escritório de recrutamento para a *Waffen-SS* e chefe do Escritório Central durante o período da guerra, Gottlob Berger. Não foi apenas sua energia infindável que deu ao Escritório de Orientação Germânica importância e prestígio. Essa organização de apenas quarenta homens, nominalmente dentro do Escritório Central da SS, se tornou a menina dos olhos de Himmler porque combinou suas preocupações nórdicas com o propósito primário de encontrar novos recrutas para a *Waffen-SS*. Longe de conseguir facilmente as coisas, Himmler teve uma longa disputa com a *Wehrmacht* para obter recrutas para mais de uma divisão de combate da SS durante a guerra. A pessoa que conseguiu finalmente uma abertura no inverno e primavera de 1941-42 foi Berger, o novo chefe do Escritório Central da SS desde agosto de 1940. O chefe anterior do Escritório Central da SS, August Heissmeyer – depois de um ano medíocre como encarregado dos Reforços dos Cabeças da Morte, sobre os quais tinha pouco controle efetivo –, foi nomeado líder superior da SS e da Polícia para a área de Berlim, e a "vassoura nova" do vigoroso chefe do recrutamento da SS logo varreu para longe muitos que apenas esquentavam a cadeira desde 1930 no Escritório Central. Sua pompa e seus ataques de temperamento viraram a burocracia tranquila do Escritório Central de cabeça para baixo. Negociações ineficazes que havia meses se arrastavam com os escritórios da *Wehrmacht* foram aceleradas e, em meio a grande barulho e fumaça, a *Waffen-SS* ganhou novos recrutas na medida em que a Operação Barbarossa tomava forma no outono de 1940.

Inicialmente enfraquecida por sua perda para um posto de comando de combate de seu chefe, Paul Hausser, a antiga Inspetoria das Tropas de Serviço Especial em Oranienburg gravitou de volta para o Escritório Central da SS em Berlim, tal como o *Kommando (Kommando-Amt) der Waffen-SS*. Mas as habilidades e especialidades dos oficiais de estado-maior da antiga inspetoria ameaçavam ser dissipados sob as mãos cruas e descuidadas de Berger no Escritório de Recrutamento, de modo que Himmler – nunca alguém que deixasse qualquer escritório da SS se tornar forte demais – promoveu Hans Jüttner, o chefe do *Kommando-Amt*, para encabeçar o independente Escritório da Liderança em agosto de 1940, praticamente um estado-maior da SS para treinamento militar e operações. Dessa maneira, por volta de 1941, o Escritório Central revitalizado se libertou, muito contra a vontade de seu ambicioso novo chefe, da sobrecarga de responsabilidades da política militar imediata e treinamento dos substitutos. Em vez disso, o Escritório Central pôde se dedicar a fazer da SS uma verdadeira ordem germânica e europeia ao descobrir novas fontes de recrutamentos – primeiro entre o grupo de jovens da Alemanha rural; em segundo lugar, entre os alemães "étnicos" que regressavam de áreas cedidas por Hitler aos comunistas, e entre outros grupos étnicos alemães nos Bálcás e Europa oriental e, por fim, ainda que igualmente vitais, entre os holandeses, belgas, noruegueses, dinamarqueses e finlandeses.

Vimos que mesmo antes da guerra estourar, Himmler ligava os procedimentos de recrutamento da *Waffen-SS* à penetração nos grupos de alemães étnicos. Em 1939, o futuro chefe do Escritório Principal estava atraindo alemães étnicos da Estônia, Schleswig Norte, Romênia e Eslováquia. O casamento de sua filha com Andreas Schmidt, um chefe nazista na Romênia, facilitou o arrasto de mais de 1 mil voluntários alemães étnicos da Transilvânia, em fevereiro de 1940. Depois do início da guerra, sua rede de Unidades de Autodefesa Alemãs localizava jovens capazes e voluntários para treinamento no Reich logo que a situação local se estabilizava. Uma grande desvantagem, entretanto, era a falta de unidades regulares de recrutamento e treinamento de substitutos especiais para pessoal com especificidades linguísticas e culturais diferentes das dos alemães do Reich. O novo chefe do Escritório Central teve que lutar não apenas contra o desgosto dos governos estrangeiros em liberar aquele contingente de pessoas cuja morte seria algo certo; contra dirigentes ciumentos do partido, até mesmo funcionários do VoMi que não gostaram de ver seus melhores jovens serem levados como oficiais de treinamento da *Waffen-SS*; e também contra o estado-maior do novo Escritório Central da Liderança, que, por sua vez, não apreciava as adaptações feitas para os recrutas alemães étnicos. Já que a *Wehrmacht* embromava na cooperação com Himmler para arrastar os alemães do Reich, a SS teria que se virar com os alemães étnicos como mão de obra. A conquista dos Países Baixos, Dinamarca e Noruega foi o que realmente abriu a possibilidade de existência de uma *Kampfgemeinschaft* (Comunidade de Combate) germânico-europeia, que poderia justificar uma organização especial e treinamento específico para os não alemães. Mesmo assim, foi só quando Barbarossa se agigantou no horizonte que as altas patentes militares tanto dentro quanto fora da SS permitiram que o Escritório da Orientação Germânica fosse autorizado.

Ao mesmo tempo que Himmler mencionava orgulhosamente os vinte voluntários germânicos na *Verfügunstruppe,* em uma conferência dos generais da SS em 8 de novembro de 1938, e seu número chegava a cem antes da campanha de 1940 no oeste, esse pingo de entusiastas era sem importância comparado ao grande problema de recrutamento para a *Waffen-SS*. Desde o verão de 1938, Himmler estava determinado a quebrar o limite de uma divisão imposto às suas forças, com o objetivo de se preparar para a tarefa dupla de policiar o front interno e manejar as responsabilidades pela ocupação, tal como previsto pela diretiva de Hitler de 17 de agosto de 1938. Suas táticas, e a de seu principal recrutador, eram as de conspiradores. Ao criar tantos tipos diferentes de unidades quanto possível, podiam usar diferentes fontes de pessoal e também ocultar o índice de crescimento da força. Desse modo, a SS reteve a diferenciação entre o *Leibstandarte* Adolf Hitler (LSAH) motorizado, e a *Verfügungstruppe*, depois que essa última também se tornou motorizada em 1939. O primeiro manteve suas exigências especiais de altura e o direito de ser integralmente empregado, quando a *Verfügungstruppe* se tornou uma divisão no inverno de 1939-40. O LSAH podia ser empregado no oeste como regimento de reforço, enquanto a *Vefügungsdivision* podia ser canibalizada para formar outra divisão SS, a "Quinta", ou Divisão "*Wiking*".

Himmler converteu os três regimentos originais dos Cabeças da Morte em uma divisão durante o outono e inverno de 1939-40, e ainda acrescentou um regimento da polícia, com 150 mil de seus mais jovens membros oficiais e graduados da Polícia da Ordem. Ainda mais, nos Reforços dos Cabeças da Morte, que organizou em doze regimentos durante a campanha polonesa – inchando seu efetivo para 50 mil ou 60 mil em junho de 1940 –, ele dispunha ainda de uma força da SS Geral, comandada por oficiais *Altkämpfer* das unidades originais dos Cabeças da Morte, supostamente uma polícia de ocupação, mas com conscritos sujeitos a transferência para a *Waffen-SS*. Introduzia agora alemães étnicos, não cidadãos, e portanto não sujeitos à lei de conscrição alemã, como um sexto regimento.

Evidentemente o problema de Himmler, em 1940, era que, ao mesmo tempo que conseguira furtivamente incorporar mais voluntários na *Waffen-SS* sob os narizes de Hitler e von Brauchitsch, ele arriscava também destruir a unidade que havia evoluído na SS antes de 1939. O termo "*Waffen-SS*", que ele mesmo havia cunhado naquele inverno de 1939-40, representa um subterfúgio mais que óbvio para lidar com os ciúmes do OKH em relação a qualquer tentativa de aumentar a *Verfügungstruppe*. Abarcava os 75 mil homens da *Verfügungstruppe*, as tropas dos Cabeça da Morte – ambas com alistamentos de doze anos de duração na divisão dos Cabeças da Morte – e homens do serviço de emergência, convocados pelo tempo considerado necessário para os Reforços Policiais. Mas seu carisma, remetido ao tema mais antigo que a SS compartilhava com o movimento nazista – *Frontgemeinschaft* (a Comunidade dos Soldados do front) –, teve sucesso em abrir uma ponte no buraco existente entre novos e velhos, alemães do Reich e alemães étnicos, nazistas fanáticos e patriotas comuns, e em última instância com os soldados que Himmler recrutou da Noruega e Holanda, Romênia e Croácia, Estônia e Turquestão.

As pesadas baixas das unidades da SS na campanha polonesa não eram segredo. Isso não tornou mais fácil a campanha da SS para atrair voluntários mais velhos ou militantes mais idosos do partido, mas Himmler conseguiu converter o sangue derramado em um distintivo de honra para as amplamente proclamadas *Waffen-SS*. O simples direito de recrutar sua própria SS Geral pelo tempo necessário como "reforços policiais" podia então ser combinado com a reivindicação de uma pequena parcela da juventude alemã, rapazes entre dezoito e vinte e dois anos, como parte de um carisma de sangue. O OKH relutantemente aprovou em princípio o direito da *Waffen-SS* de ter *Ersatz-Bataillone* (batalhões de substituição) tal como o exército alemão. Isso significava que, se Himmler e o chefe do Escritório Central da SS pudessem encontrar os homens, poderiam canalizá-los para onde desejassem. A separação estrita entre as unidades dos Cabeças da Morte para ações não militares e as *Verfügungstruppe* para o front foi minada em 1940, antes mesmo da destruição das linhas organizacionais. Desse modo, o OKH deu à *Waffen-SS* uma parcela do precioso direito de ser parte da *Wehrmacht*, retendo qualificações meramente formais que excluíam as unidades dos Cabeça da Morte *per se*. Himmler continuaria recrutando seus "reforços policiais" dentro da SS Geral, até mesmo retendo a designação de Cabeças da Morte no decorrer da maior parte de 1940, mas os conscritos eram reunidos com os voluntários para os novos batalhões de substituição e dali para novas unidades da *Waffen-SS*.

Uma vez que a concepção da *Waffen-SS* se enraizou na mente de Hitler, e os canais de recrutamento e substituição foram estabelecidos, Himmler pôde prosseguir na formação de unidades de voluntários estrangeiros. Apesar de haver assegurado a von Brauchitsch, no dia 6 de abril de 1940, que não seriam formadas novas unidades, dez dias depois Himmler escreveu a Hitler declarando que unidades de voluntários dos países germânicos seriam constituídas. No dia 20 de abril obteve a aprovação de Hitler para um *VT-Standarte "Nordland"* constituído por voluntários dinamarqueses e noruegueses, e em 25 de maio Hitler aprovou o *Standarte "Westland"*. Uma quinta divisão da *Waffen-SS* (*"Wiking"*) pôde ser extraída da *Verfügungsdivision*, ao canalizar mais recrutas alemães do Reich e étnicos para os quadros de substituição da *Verfügungsdivision*, de modo que o caminho estava pavimentado para conseguir um terceiro regimento para a *"Wiking"*. Entretanto, a ofensiva alemã no leste, tal como a campanha polonesa, dizimou as fileiras da *Waffen-SS*, especialmente entre os oficiais. As unidades haviam conseguido, em geral, impressionar seus superiores da *Wehrmacht*, de modo que haveria pouca resistência às substituições; essas eram necessárias com rapidez e em quantidade se a SS tivesse que cumprir suas ambições de chegar a dez por cento da *Wehrmacht* do tempo de paz, que antes havia sido aspiração da SA. Com a força em tempo de paz da *Wehrmacht* de sessenta e duas divisões, isso significava seis divisões, ou cerca de 125 mil soldados combatentes. Armamento pesado e veículos também estavam bem abaixo do necessário, mesmo incluindo a pilhagem da Tchecoslováquia e da Polônia, à qual a SS teve acesso privilegiado.

    Uma ansiedade adicional dos altos círculos da SS mostrou-se sem sentido: a de que Hitler desmobilizaria, removendo de um só golpe os 60 mil homens da SS Geral, convocados para o tempo que durasse a guerra. De fato, houve um certo grau de desmobilização em base individual de homens acima de trinta e cinco anos, e três dos regimentos dos Cabeças da Morte foram realmente desativados como consequência. Mas a Barbarossa era suficientemente proeminente nos altos escalões da SS e da *Wehrmacht,* em agosto, para mudar a balança mais uma vez no sentido da cooperação, terminando com uma etapa de subterfúgio de ambas as partes, na qual a SS claramente havia sido a mais bem-sucedida. As observações de Hitler, a 6 de agosto de 1940, circuladas pelo OKH em 1941, definem o novo equilíbrio: uma *Waffen-SS* em tempo de guerra chegando de "cinco a dez por cento" da força da *Wehrmacht* em tempo de paz, para se tornar a futura *Staatstruppenpolizei* (Tropas Policiais Estatais Aquarteladas) do Grande Reich Alemão, aliviando a *Wehrmach* do oneroso dever de proteger a segurança interna. Incidentalmente, também era designado o *Leibstandarte* para que se tornasse uma brigada (logo teria o porte de uma divisão).

Não há razão para supor que essas observações representassem outra coisa senão a visão do próprio Himmler sobre o futuro de seus soldados políticos. Mesmo que Hitler não houvesse dado proeminência suficiente aos deveres de ocupação da *Staatstruppenpolizei*, Himmler decidiu assim o fazer em um discurso proferido em Metz em setembro de 1940. Enfatizando o mal inerente do esnobismo organizacional da SS, ele enfaticamente se referiu às ações da SS na Polônia – expulsões, matanças, a colonização com os alemães étnicos do exterior, a guarda dos campos de trabalho dos judeus – como não menos importantes que as façanhas do *Leibstandarte*. Foram retratados como privilégios para um homem da SS servir como soldado do front e a necessidade de que a SS derramasse seu sangue para ganhar o direito de desempenhar as tarefas necessárias, embora jamais mencionáveis, das quais a maioria dos alemães se esquivava. Simbólico desse manto de honradez com que a *Waffen-SS* podia encobrir os crimes da SS foi a inclusão formal de todas as partes do sistema dos campos de concentração dentro da *Waffen-SS*. Na realidade, a dissolução da inspeção especial dos Reforços dos Cabeças da Morte no momento da formação do Escritório Central da Liderança (agosto de 1940), juntamente com a transferência da Inspetoria dos Campos de Concentração para esse último, significava muito pouco além do reconhecimento de que a distinção entre *Verfügungstruppe* e as tropas dos Cabeças da Morte havia finalmente terminado.

O Escritório da Orientação Germânica teve um prelúdio bem modesto ao estabelecer, no final de 1940, um campo especial de treinamento em Sennheim, na Alsácia ocupada, para proporcionar condicionamento físico e ideológico para recrutas da SS não alemães. Por esse meio, Gottlog Berger, o chefe do Escritório Central da SS, esperava circundar as objeções já familiares dos comandantes militares, de que os alemães étnicos do leste europeu, dinamarqueses, noruegueses, holandeses e flamengos simplesmente não estavam prontos para inclusão em unidades alemãs regulares. Uma experiência particularmente pobre com os regimentos *"Nordland"* e *"Westland"* parece haver motivado Himmler a aprovar esse tratamento especial, e um aumento do fluxo de voluntários do sudeste da Europa, depois da chegada das forças alemãs à Hungria e à Romênia, tornou ainda mais necessário prepará-los física e psicologicamente para compartilhar o destino dos alemães do Reich na SS. Sob protestos do VoMi, o novo chefe do Escritório Central foi capaz de construir uma rede elaborada de filiais especializadas para cuidar das famílias dos voluntários, supervisionar os grupos étnicos para garantir o recrutamento, e moldar os recrutas no decorrer de linhas distintas daquelas estabelecidas pelo VoMi com anuência dos líderes locais.

Para coordenar as atividades do Sennheim-Lager com os do pessoal de campo nos Bálcãs e nos países nórdicos, Himmler autorizou a criação de um novo "Escritório Seis" dentro do reorganizado Escritório Central da SS, no começo de 1941. Nos meses seguintes, prévios ao ataque à União Soviética, esse escritório proliferou em três Seções Principais: Liderança dos Alemães Étnicos, Recrutamento dos Alemães Étnicos e Educação Étnica Germânica. Seu título oficial era Escritório de Orientação dos Voluntários Germânicos, mas a forma abreviada de Escritório de Orientação Germânica tornou-se quase imediatamente corrente. Das subseções regionais do escritório, seis incluíam o leste, o sudeste e o sul da Europa. Mesmo que alguns dos planos no papel prevendo "filiais no exterior" devam ser tomados com um grão de sal, existem boas evidências de que Himmler apoiava seu ambicioso subordinado em seus esquemas de penetrar mesmo nas estruturas de poder do partido e do Ministério das Relações Exteriores, tais como o VoMi e a *Auslands-Organisation* (AO), onde a SS já tinha apoiadores.

Como Hitler, Himmler era um conspirador completo, que acreditava profundamente que as lutas pelo poder, mesmo dentro de suas fileiras, podiam ser produtivas enquanto ele tivesse conhecimento disso. Os chefes do VoMi e da AO não tinham comprovado suficiente empreendedorismo, no entanto ele não tentou removê-los ou destruí-los. Deixou seu novo chefe do Escritório Central, Berger, passar por cima deles, tal como havia feito com seu antigo superior, Heissmeyer – o anterior e ineficaz chefe do Escritório Central da SS. Himmler, dessa maneira, criou um rival mesmo para a liderança do RKFDV, pois a política para os alemães étnicos estava tão intimamente ligada aos problemas de mão de obra que demasiado sucesso no recrutamento para a *Waffen-SS* podia de fato prejudicar os esforços de colonização. E foi exatamente isso que aconteceu, mas, é claro, ganhar a guerra em 1943-44 era muito mais crítico que os objetivos do RKFDV.

Em 1941, entretanto, a necessidade de mais soldados para a *Waffen-SS* criou novas oportunidades para a construção do império da SS, em vez de reduzi-las. Em uma competição, pelo menos parcial, com o recrutamento de substituições para os regimentos *"Nordland"* e *"Westland"* da *Waffen-SS,* as legiões nacionais foram iniciadas na Dinamarca, Noruega, Holanda e Flandres. Enquanto aqueles recrutavam diretamente por intermédio dos canais da SS e, portanto, eram tratados como *Waffen-SS* (não se tornavam automaticamente membros da SS Geral), esses últimos simplesmente tinham comandantes e graduados da SS, pelo menos alguns dos quais eram seus compatriotas. Não havia uma legião nacional *per ser* na Bélgica porque os nazistas queriam encorajar apenas os que falavam flamengo. Mais tarde, entretanto, os falantes de francês (valões) também ganhariam sua própria legião. O recrutamento se dava por meio dos partidos nazistas nativos. Era inevitável que surgisse fricção mesmo dentro da própria estrutura da SS, pois o Escritório de Orientação Germânica rapidamente "passou para a clandestinidade", por assim dizer, de modo que não apenas a população local como também os Líderes Superiores da SS e da Polícia estavam no escuro a respeito das fontes de fundos, informantes, e do propósito de intrigas complicadas. Himmler interveio esporadicamente e apenas o suficiente para conter as amarguras de alguns dos mais antigos e leais generais da SS nos comandos regionais. Claramente ele apostava mais alto – a oportunidade de ajudar a fazer a política exterior alemã.

O pessoal de Heydrich evidentemente vigiava bem de perto os políticos nativos usados pelo Escritório de Orientação Germânica, mas os operativos de Berger mantiveram seu trabalho bem oculto. O sistema da RSHA certamente não era favorável a esse novo construtor de império e seus seguidores, no entanto as próprias ambições de Heydrich no exterior e seu apoio básico à estratégia de Himmler ditavam um padrão cauteloso de enfraquecimento ou de remoção de indivíduos altamente colocados que se expunham, mesmo oficiais da SS, ao mesmo tempo permitindo que esse império crescesse. O implacável vigor do recrutador-chefe de Himmler renderia dividendos nos anos críticos de 1943-44, quando muitas centenas de milhares de soldados SS fluíram pelos canais que ele criara em 1941. As vantagens a curto prazo, tal como medidas em soldados, eram mais modestas.

A CAMPANHA RUSSA

O efetivo da *Waffen-SS,* no dia 22 de junho de 1941, era de 160.405, com uma força de combate de 95.868. Noventa por cento desses homens eram alemães, ainda em grande medida do próprio Reich. Os alemães étnicos eram consideravelmente mais bem representados nas suas unidades de substituição e formações de campo não sob o exército, e sim sob o *Kommandostab Reichsführer SS,* no novo Escritório Central da Liderança. Durante o período de máximo engajamento e antes de pesadas baixas serem reportadas (setembro de 1941), o efetivo da *Waffen-SS* cresceu para 172.000 homens, com as forças adicionais quase todas engajadas. Ainda eram unidades de alemães do Reich salpicadas com alemães étnicos: a Primeira e a Segunda Brigadas de Infantaria SS, a Brigada de Cavalaria da SS, o *Kampfgruppe Nord* (Grupo de Combate Norte) e o antigo Nono Regimento dos Cabeças da Morte que havia servido na Noruega em 1940. De fato, esse novo elemento de combate foi formado a partir de um minúsculo quadro dos Cabeças da Morte, os jovens dos Reforços Policiais e alemães étnicos. As legiões estrangeiras não entraram em combate até novembro de 1941, a maioria na Segunda Brigada de Infantaria SS em Leningrado.

Ao discutir as deficiências dessas unidades mais tarde, Himmler observaria que a "cobertura de oficiais" para muitas delas, e de fato para toda a SS de combate, era débil. No entanto, no verão e no outono de 1941 o corpo de oficiais da SS estava em sua melhor condição. Um influxo de sangue novo vindo da polícia, oficiais de *Wehrmacht*, funcionários do partido e do Estado, e jovens médicos, advogados e líderes da juventude capacitados, assim como a promoção rápida de milhares de jovens da SS nas fileiras da SS Geral, havia aumentado o número total de oficiais para quase 20 mil – dos quais cerca de 5 mil tinham comissões na *Waffen-SS*. De muitas maneiras, esses últimos eram a nata da nata, juntamente com outros da elite do aparato da RSHA (talvez 5.000). Logo a sangria na Rússia destruiria essa nata, cuja substituição incrementaria o corpo de oficiais e o conjunto da SS muito além do tamanho de 1941, até que ambos mal tivessem semelhança com o corpo do pré-guerra.

Uma quantidade três vezes maior de dossiês de oficiais da SS (61.438) sobreviveu à guerra em relação ao número de oficiais em 1941. O maior volume do que restou não era de expelidos da SS Geral nos anos 1930, ou da primeira renovação de antes de 1933, e sim comissões de guerra na *Waffen-SS*, outorgadas entre 1942 e 1945. Dezenas de milhares de oficiais foram assim acrescidos ao corpo potencial, cujos laços com a SS de antes da guerra eram tênues ou não existentes. Na verdade, a afiliação ao partido era significativamente mais baixa nesse grupo que nos primeiros 20 mil. Dentro de um grupo de aproximadamente 5 mil oficiais da *Waffen-SS,* em meados de 1941, estavam não apenas o produto da *SS-Junkerschulen* (Escola de Candidatos a Oficiais) desde 1934, como também a elite autonomeada dos oficiais profissionais dos anos 1930 – *Verfügungstruppe*, tropas dos Cabeças da Morte, e o batalhão de comandantes regimentais das unidades da SS Geral que se apresentaram como voluntários para serviço nos Reforços Policiais em 1938. A dizimação já tinha colhido muitos na Polônia. As baixas foram proporcionalmente mais leves na França e na campanha dos Bálcãs, no entanto havia aumentado o número absoluto de perdas de líderes experientes e dedicados da SS.

O pródigo desperdício de seu corpo de oficiais promovido por Himmler na Rússia, depois das experiências de outras campanhas, deve ser traçado até suas próprias convicções sobre as tremendas vantagens que os sobreviventes teriam por haver contribuído na sangria como a "nova geração do front", e também seu desejo de impressionar Hitler, *vis-à-vis* o corpo de oficiais do exército e dos *Führerkorps* do partido. Levando em consideração o próprio caráter de Hitler e o das duas elites rivais de lideranças, a política de Himmler não era irracional, pois os riscos envolvidos fazem parte do carisma da SS. Era essencial, entretanto, que uma quantidade suficiente do fermento do corpo de oficiais dos anos 1930 sobrevivesse para produzir uma colheita no pós-guerra com qualidades similares às da primeira geração do front, que havia construído a SS. Ainda bastante possível em 1942, esse processo necessário tornou-se cada vez mais atenuado em 1943 e 1944; mesmo os sistemas da polícia e dos campos de concentração foi inundado com oficiais de fora da SS, apesar de sua liderança preservar melhor a si mesma, enquanto fornecia muito da ideologia do militarismo político para uma consciência vazia e burocrática do dever.

Na *Waffen-SS*, a ideia germânica se fundiu em 1942 com um conceito pan-europeu de antibolchevismo, que sobreviveu à guerra, em grande medida por meio da comunidade dos soldados do front da *Waffen-SS*. Mas os portadores desse conceito tinham pouco em comum com a burocracia administrativa da SS que predominou na polícia, no sistema do RKFDV e no Escritório Central, incluindo o Escritório Central da Liderança que supostamente dirigia a *Waffen-SS*. Realmente, como o Escritório de Orientação Germânica preservou ainda uma boa parte do espírito amador do pré-guerra, e mesmo da SS pré-1933, ainda foi capaz de inovar e crescer com as tarefas da guerra, desse modo estabelecendo uma ponte entre o militarismo político da SA, de cujas fileiras viera seu fundador, e os *Landsknecht* de 1945 e depois.

O sucesso em quebrar a resistência de Hitler e do OKH para aumentar a *Waffen-SS*, no inverno de 1941-42, em parte por causa da "agressividade" demonstrada, significou o estalar de uma luta ferrenha entre o Escritório Central da SS e o Escritório Central da Liderança sobre o gerenciamento desse enorme incremento. Ao mesmo tempo que o intrépido chefe do Escritório Central da SS reclamava para si todo o crédito por esse sucesso, quase não havia dúvidas de que o crescimento de 1941 de um verdadeiro estado-maior da SS, constituído de militares profissionais, para os quais a organização de novas unidades, seu treinamento, gerenciamento e alocação de pessoal, era uma rotina que dava segurança aos profissionais da *Wehrmacht* – e talvez também a Hitler. As origens na SA desse quartel-general, de seu chefe para baixo, pareciam constituir garantia ampla de que ele não era reacionário. Mas o antigo dilema da SA deveria se repetir nas querelas internas do alto escalão da *Waffen-SS*. Um *élan* revolucionário era difícil de manter em consonância com a eficiência militar, e uma imitação bem próxima das estruturas militares tradicionais logo viciou as virtudes especiais de uma guarda de elite. Essas disputas reverberavam no corpo de oficiais de combate em termos de títulos, saudações, uniformes, condecorações e – muito mais importante – da não cooperação com outros ramos da SS, como os Líderes Superiores da SS e da Polícia.

O Escritório Central da Liderança capturou a SS Geral, por estranho que isso possa parecer – a principal função do que ainda restava dessa estrutura em 1942 era o treinamento pré e pós serviço militar e o cuidado dos dependentes. Fora do Reich, entretanto, o Escritório de Orientação Germânica mantinha sua liderança no cuidado e desenvolvimento da nova SS e capturou posições estratégicas originalmente mantidas pelo Escritório Central da Liderança, tais como o Escritório de Censura do *Feldpostprüfstelle* da SS (Sistema Postal Militar), pelo qual poderia montar uma forte resistência contra qualquer prática que parecesse adversária aos sucessos de recrutamento em áreas não germânicas. Himmler e Hitler mostravam um interesse ávido nessa operação de inteligência, que foi mantida totalmente separada da RSHA.

No entanto, o Escritório Central da Liderança manejou para manter um padrão de *Waffen-SS Standortkommandanturen* (Postos de Comando) dentro do Reich e dos comandantes no exterior da *Waffen-SS*, nominalmente subordinados aos Líderes Superiores da SS e da Polícia – na verdade seus colaboradores e aliados próximos –, que frequentemente podiam "congelar" um delegado do chefe do Escritório Central (Berger) que fosse inclinado a aumentar o papel do Escritório de Orientação Germânica. A criação, em 1942, de um sistema de Previdência e Manutenção da *Waffen-SS* separado tanto do sistema estatal como da antiga rede da SS, assinalava outra tentativa da SS de operar para além do partido e do Estado, mas era também o resultado de rivalidades internas dentro do próprio sistema da SS. Não tardou muito para que essa eclusa estratégica de troca de favores e recompensas fosse retirada do Escritório Central e realocada no Escritório Central da Raça e Colonização, onde foi removida do controle de ambos os chefes ciumentos.

Em 1942, quando Himmler brincou com a penetração do império dilapidado de Rosenberg, mandando o inventor do Escritório de Orientação Germânica para ser o vice de Rosenberg, considerou entregar o Escritório Central a Richard Hildebrandt, outro agressivo general da SS e líder superior da SS e da Polícia, mas em vez disso manteve em seu posto o chefe do Escritório Central da SS, e usou o outro general da SS para desemaranhar os negócios confusos no Sul da Rússia, onde Erich Koch ultrapassava a SS em implacável barbaridade. Não foi acidental, então, que Hildebrandt se tornasse também o novo chefe da RuSHa, já que essa se tornara responsável pela colonização pós-guerra com veteranos da SS, e começara a estabelecer enormes fazendas coletivas manejadas pela SS para treinar pessoal e suprir as tropas com alimentos. Toda essa operação saiu fora tanto do Escritório Central da SS como do Escritório da Liderança, tal como aconteceu com as operações antiguerrilhas.

CAMPANHAS ANTIGUERRILHAS DA SS

Mesmo que Himmler tivesse subestimado a extensão e a firmeza dos movimentos guerrilheiros, havia determinado inicialmente que seu controle fosse feito pelo Reforços Policiais dos Cabeças da Morte. Quando essas unidades provaram ser ineficazes na Polônia e na Noruega, ele as substituiu por um extenso sistema de formações da polícia, inicialmente usando reservas da polícia do Reich e, mais tarde, voluntários do Báltico e dos Bálcãs ainda não considerados elegíveis para a SS. Suplementou esses batalhões da polícia (mais tarde regimentos de polícia) com força de treinamento e substituição da *Waffen-SS*, sob controle dos Líderes Superiores da SS e da Polícia, depois de 1940. Entretanto, em 1942, estava evidente que na Rússia e na Iugoslávia o uso dessas unidades pelos Líderes Superiores da SS e da Polícia não era suficiente para impedir o crescimento das áreas controladas pelos guerrilheiros. A cooperação entre o HSSPF, o Escritório Central da Liderança e o quartel-general da Polícia da Ordem era débil.

Então, Himmler criou outro sistema de comando elaborado, sob um dos mais velhos generais da SS, Erich von dem Bach--Zelewski, antigo líder superior da SS e da Polícia tanto no Reich como mais tarde na Rússia. Dessa vez, Himmler arranjou – talvez por força de necessidade – que o plenipotenciário para a Guerra Antiguerrilha não tivesse tropas permanentes, mas usasse tropas da *Waffen-SS* e formações da polícia em uma base *ad hoc*. Operacionalmente, entretanto, esse novo comando estava livre até mesmo do controle da *Wehrmacht*. Uma série de campanhas em 1942 e 1943 foi conduzida de modo tão brutal e cruel que nada foi deixado vivo em zonas vitais de comunicação.

Tal como no caso das unidades da *Waffen-SS* e da polícia temporariamente designadas para os Sipo-SD-*Einsatzgruppen*, era demandado que o pessoal cometesse atos criminosos, e esses atos aconteciam rotineiramente. No entanto, as unidades de tropas designadas não haviam sido projetadas com esse objetivo, e poucos dentre o pessoal consideravam que tais atos fizessem parte de seu serviço. Seria tremendamente difícil, senão impossível, estabelecer a participação em atos específicos por unidades específicas, já que o giro delas era provavelmente maior do que se pretendia. Himmler claramente preferia que essas operações não pesassem na consciência de suas melhores tropas, ou que chegassem ao conhecimento da população alemã. Ainda assim, apesar de a rotação ser uma prática regular, tinha seus limites. Triste é constatar que aparentemente era fácil para muitos alemães dentro e fora da SS – na *Wehrmacht*, no Estado e em setores do partido – ver e olhar para o outro lado, agradecidos por não serem os que praticavam aquilo. Um número crescente de oficiais e unidades da SS, entretanto, tinha que ser envolvido nesses "esforços de pacificação", de modo que em 1944 foi quebrada a divisão entre *Bandenbeckämpfung* (medidas antiguerrilhas) e outras tarefas. Unidades da *Wehrmacht* foram cada vez mais envolvidas a partir de 1943, e desse modo o status especial das unidades do Escritório Central da Liderança fora do OKH desapareceu.

EVOLUÇÃO DAS DIVISÕES DA WAFFEN-SS

Os russos devastaram tanto a *Waffen-SS* durante os meses de inverno de 1941-42 que a reconstrução total de todas as unidades foi necessária. Em preparação para a ofensiva "final" do verão de 1942, Himmler e seu Escritório Central da Liderança injetaram homens em oito divisões de campo, quatro das quais receberam batalhões de tanques de modo a se tornarem infantaria mecanizada. O *Leibstandarte* Adolf Hitler finalmente alcançou o efetivo de divisão como I SS *Panzergrenadiere* (Primeira Divisão de Infantaria Mecanizada), mas sua exigência exclusiva de 1,72 m de altura teve que ser abandonada. Sepp Dietrich, seu garboso comandante, e uma pequena porção de oficiais pré-1939 foram deixados nela para prosseguir com a tradição "aristocrática". É claro, nem todos os demais foram mortos – alguns haviam sido transferidos já em 1941 para suplementar quadros em outras unidades, especialmente as formadas a partir dos Reforços dos Cabeças da Morte. *"Das Reich"*, formada a partir do regimento *"Deutschland"* e *"Der Führer"*, da antiga *Verfügungsdivision*, já havia adicionado um regimento de Reforços dos Cabeças da Morte em 1941 (o 11º regimento Cabeças da Morte, renomeado simplesmente como 11º Regimento de Infantaria). Agora, a Segunda Divisão SS da Infantaria Mecanizada, *"Das Reich"*, ganhou Georg Keppler como seu comandante no dia do Ano-Novo de 1942, quando Paul Hausser foi removido de volta ao Escritório Central da Liderança para tarefas de estado-maior. Keppler perpetuou o que Hausser havia estabelecido como firme tradição no corpo de oficiais das *Verfügungstruppe* dos anos 1930 – uma forte orientação para as tradições da *Reichswehr* e um ressentimento antipartido.

Por outro lado, a divisão dos Cabeças da Morte com Eicke, seu intrépido comandante nazista, que odiava medalhões militares, ainda consistia, em junho de 1941, de seus três regimentos originais criados em 1937, ainda que sem suas designações regionais. Seu espírito despreocupado e sua versátil bravura militar contrastavam favoravelmente com divisões do exército, segundo especialistas militares não SS. Um desfavorecimento inicial associado a suas origens com os campos de concentração, refletido na escassez de condecorações depois da campanha ocidental, foi revertido em 1941--42, de modo que o corpo de oficiais divisional tinha um invejável recorde de condecorações, mas também de perdas. Himmler teve que escrever duramente a Eicke por não querer trocar seus antigos comandantes regimentais por "medalhões" das *Verfügungstruppe*, e o segundo regimento teve que ser canibalizado para preservar os outros dois regimentos já em julho de 1941. Vinculados a eles durante a esgotante campanha de inverno no extremo norte estava o *Freikorps Danmark*, uma legião dinamarquesa comandada por oficiais da *Waffen-SS*, e o Novo Regimento Reforçado dos Cabeças da Morte, renomeado como *"Thule"*, por seu valoroso papel no Norte da Finlândia.

A Quarta Divisão de Polícia – extraoficialmente uma divisão da *Waffen-SS* desde abril de 1941, oficialmente em fevereiro de 1942, e publicamente em setembro de 1942 – languidescia em comparativa obscuridade com seus antiquados veículos puxados a cavalo e seu sistema de substituições estritamente policial (ao contrário da política oficial proclamada por Himmler). Teve a distinção de ser a primeira das divisões da SS a ter seu comandante, Arthur Mülverstedt, da safra de generais da polícia de 1938, morto em ação. Em função de seu caráter, só pôde ser usada no cerco a Leningrado, sem chegar a ganhar a *Ritterkreuze* por seu corpo de oficiais da polícia.

A divisão *"Wiking"* e seu comandante, Felix Steiner, era uma favorita especial do Escritório de Orientação Germânica e de seu chefe pela óbvia razão de que o grosso, se não todos, os voluntários germânicos estavam nos regimentos divisionais *"Westland"* e *"Nordland"*. Seu terceiro regimento fizera parte das *Verfügungstruppe*: SS-Standarte 2, *"Germania"* original. Com o caráter forte de seu comandante divisional, que fora transferido da *Wehrmacht* para o antigo AW, em dezembro de 1933, e subido por meio das *Verfügungstruppe* desde sua concepção, a "Divisão Germânica" adquiriu um marcado espírito de independência militar e mesmo de insubordinação, que deu a Himmler muitos ataques estomacais e provocou algumas de suas mais coléricas explosões. Afinal, ali estava um corpo de oficiais de militares políticos por excelência – e nos seus cassinos de oficiais "nem mesmo o *Reichsführer SS* era poupado".

Já que em 1941 existia um contraste nítido entre oficiais e graduados de baixa classe média dos quadros alemães, e oficiais e soldados de alta classe média da Escandinávia e dos Países Baixos, a insatisfação nórdica tornou óbvio que as substituições de oficiais para essa divisão deveriam vir de dentro em vez de serem transferidos de outras unidades alemãs. Himmler relutou muito em aceitar essa separação, tal como o Escritório Principal da Liderança, enquanto Steiner e Berger – com as conexões germânicas desse último – pressionavam por comissões no campo e nomeações da Escola de Candidatos a Oficiais. Himmler sucumbiu apenas no inverno de 1942-43, depois que deserções e manifestações públicas nos países originais desses voluntários deixaram claro o perigo de tratar essa elite como soldados de segunda classe. Os voluntários acabavam se dirigindo para legiões nacionais, e a divisão *"Wiking"* conseguia suas substituições onde estas estivessem disponíveis, incluindo *"Reichsdeutsche"* e *"Volksdeutsche"*.

A "Sexta" ou "Nortista" (*"Nord"*) divisão teve um mau começo. Estabelecida no outono de 1940 como um grupo de combate motorizado de montanha do Sexto e do Sétimo Regimentos de Reforços Policiais dos Cabeças da Morte, essas tropas foram colocadas sob comando do exército na Noruega já em 4 de novembro de 1940, onde receberam pouco treinamento e muitas tarefas de guarda. Os soldados eram quase todos da SS Geral, convocados pela lei de serviço militar de emergência, de 1938. Oficiais e graduados eram quase todos escolhidos entre os regimentos dos Cabeças da Morte originais, anteriores à constituição das divisões de combate, e das *Verfügungstruppe*. Atirados ao combate depois de uma marcha de 965 quilômetros, cruzando a Lapônia, o grupo de combate entrou em colapso, seus comandantes de companhia e batalhões perderam o controle de suas unidades, e os dois comandantes regimentais, ambos ex-oficiais da polícia, tiveram que ser dispensados. Karl Demelhuber, o comandante do grupo de combate, que assumira o posto apenas alguns dias antes da batalha, era veterano das *Verfügungstruppe*, e mais tarde demonstraria grande competência militar, mas teve que ser removido de volta para o Escritório Central da Liderança.

Em agosto de 1941, Himmler persuadiu o comandante do grupo de combate do exército a recompor a unidade, que havia sido distribuída em batalhões, e, com um corpo de oficiais completamente novo de veteranos das *Verfügungstruppe* roubados de outras unidades, a *Gebirgs-Division "Nord"* foi criada. Inicialmente recebeu como espinha dorsal seu terceiro regimento, o mais bem treinado Novo Regimento dos Cabeças da Morte, e teve bom desempenho na Finlândia. Quando o novo regimento foi removido para se unir à divisão dos Cabeças da Morte como *Standarte "Thule"*, a Sexta Divisão de Montanha da SS se tornou uma unidade rápida e ligeira (*Jäger*), com reputação de ser especialista no norte.

A formação da Sétima Divisão Voluntária de Montanha "Prince Eugene" lança luz adicional sobre as táticas de improvisação, para não dizer conspiratórias, de Himmler e seus recrutadores. Imediatamente após a ocupação da Iugoslávia, no distrito de governo militar da Sérvia, os alemães étnicos que estavam concentrados em uma área chamada Banat foram dirigidos para formar as familiares unidades de autodefesa que se tornaram uma marca da SS, e mais especialmente da penetração do Escritório Central da SS. Depois de selecionar voluntários autênticos para a *Waffen-SS*, pelas Comissões de Recrutamento, Himmler simplesmente ordenou que os alemães étnicos da Sérvia se sujeitassem ao serviço militar compulsório. Já que o Banat sérvio havia feito parte do Império Austro-Húngaro, Himmler apelou para o subterfúgio ridículo de que ainda estavam sujeitos ao "ordenamento tirolês do *Landsturm* de 1782". A despeito de objeções sérias do VoMi e do Ministério das Relações Exteriores, as unidades de autodefesa se tornaram fonte de quadros para uma nova divisão de montanha constituída inteiramente com alemães étnicos. Seu propósito era o combate antiguerrilha, e seu teatro deveria ser os Bálcãs, tal como revela o nome de seu primeiro comandante, Arthur Phleps, um K.u.K. (austro-húngaro) e romeno veterano do exército. Recrutada e engajada do modo que aconteceu, não é surpresa que a divisão ganhasse uma horrenda reputação por sua crueldade.

A Oitava Divisão de Himmler, "Florian Geyer", unidade de cavalaria, começou com dois regimentos dos Reforços Policiais da Cavalaria dos Cabeças da Morte, estabelecidos na Polônia logo no começo de 1940. Como brigada de cavalaria da SS, foram atirados na Rússia no meio do inverno. O que sobrou na primavera de 1942 virou quadro para a nova divisão. Os alemães étnicos crescentemente substituíam os alemães do Reich da SS Geral nos elegantes *Reiterstandarten* (regimentos de cavalaria). Os alemães étnicos, especialmente os da Hungria e Romênia, também preponderavam como substituições nas duas brigadas de infantaria da SS, formadas a partir de regimentos dos Reforços Policiais dos Cabeças da Morte. Himmler e seus recrutadores apelaram para os truques mais cruéis nesses territórios nominalmente independentes, contra o conselho do Ministério das Relações Exteriores e os protestos do VoMi e do Escritório Principal da Liderança. Diziam aos homens que iriam para o Reich para um breve treinamento esportivo, ou contratados como agricultores. Os que percebiam o truque e se escondiam tinham suas casas destruídas pelos Grupos Étnicos dirigidos pelo partido. O governo húngaro também retaliou ao desnaturalizar os "voluntários" e suas famílias. Não é de admirar que os oficiais alemães do Reich, em vez desses, tentassem conseguir adolescentes de dezessete e dezoito anos, recém-saídos da Juventude Hitlerista. Sua experiência inicial com pequenas legiões estrangeiras na segunda brigada (Noruega, Países Baixos e Flandres) também não foi impressionante. Ao contrário dos voluntários ocidentais para a *Waffen-SS*, esses legionários eram os membros mais jovens dos partidos fascistas cujos olhares se voltavam constantemente para seu país, onde lutas violentas e mortais prosseguiam entre todas as facções colaboracionistas.

A *Waffen-SS* tinha um efetivo de 222 mil homens no início das campanhas de verão de 1942, dos quais aproximadamente 90 mil foram recrutados em 1941 ou depois. Algo entre 30 mil e 40 mil desses novos recrutas eram alemães étnicos, com cerca de 10 mil voluntários ocidentais adicionais. Todos os demais eram jovens alemães nascidos entre 1921 e 1924, canalizados para a *Waffen-SS* por meio da Juventude Hitlerista. Ainda eram voluntários, muitos com extensa doutrinação política, mas depois de fevereiro de 1942 a aprovação dos pais não era mais necessária, abrindo a possibilidade de pressão intensa sobre a classe dos que tinham dezessete anos (classe de 1925). O apelo de se unir a uma formação militar de primeira categoria, especialmente aprovada pelo partido e pelo *Führer*, tinha que ser balanceado com o triste conhecimento das perdas da SS. A SD relatou, que do inverno de 1941-42 em diante, a população alemã também considerava a *Waffen-SS* como capaz de ser usada contra outras formações alemãs ou em outras capacidades (guerra antiguerrilha). A recusa dos pais era de importância crítica, já que a SS tentava recrutar os garotos antes que pudessem ser recrutados pela *Wehrmacht*. Alguns desses rapazes foram recrutados quando ainda estavam no *Reichsarbeitdienst* (Serviço Laboral), longe de casa e sem chance de serem influenciados por pais ou religiosos. Mais adiante, essa tática se tornaria o método favorito dos recrutadores da SS. Na primavera de 1942, entretanto, Hitler ainda exerce uma influência moderadora, como pode ser visto nas observações sobre a necessidade de manter a *Waffen-SS* como guarda de elite, limitando o recrutamento. Aludiu explicitamente às pesadas baixas como empenho de coragem, como se contestasse implicações de liderança incompetente.

Uma incompetência maior, a de Hitler e de seus conselheiros militares profissionais, logo obscureceu qualquer questionamento sobre a competência técnica da SS. Com pouquíssimo tempo para descansar das esgotadoras operações defensivas para as quais as divisões móveis da SS não estavam especialmente preparadas, estas foram lançadas na ofensiva de julho de 1942 sob tensão e sem treinamento operacional em qualquer unidade maior que a de companhia. Depois de breves triunfos, em parte devidos às mudanças das táticas soviéticas de sacrificar grandes unidades em ações de contenção para a extensa retirada para o Volga e o Cáucaso, as divisões da SS começaram a sangrar até a morte em ataques infrutíferos, juntamente com o resto do exército alemão.

Mas as baixas da SS não haviam nem começado quando Himmler passou a faturar com elas e com a fé de Hitler na SS. Era ainda 15 de julho de 1942 quando os examinadores da *Waffen-SS* principiaram a aplicar os padrões mais baixos da *Wehrmacht* aos novos "voluntários". Em grande medida por deferência a Hitler e porque apenas ele podia forçar mudanças na *Wehrmacht*, os jovens alemães do Reich ainda tinham que se apresentar como voluntários para a SS por mais um ano. Especialmente para as substituições de oficiais e especialistas, a luta por voluntários continuou quente e pesada.

A superestrutura da SS Geral em 1942 ainda estava em grande medida intacta, e até mesmo se expandiu para incluir não apenas os territórios anexados (Setores Centrais "Vístula", "Warthe" e "Westmark"), como também os países ocupados (Setores Centrais "Norte" e "Noroeste" para a Noruega e Países Baixos; "Ostland" e "Ukraine" para a União Soviética). Essa superestrutura, menos o nível intermediário ou de setor, continuou a desempenhar um papel importante no recrutamento por meio das ligações e propaganda nos campos de treinamento pré-militar, unidades agrícolas e de serviço laboral, e nas patrulhas de segurança da Juventude Hitlerista. Podia também apelar para o pessoal mais velho, até que em 1944-45 se tornou tão vazio que já não funcionava mais.

DIVISÕES BLINDADAS DA SS E DO EXÉRCITO

No outono de 1942, no meio dos pesados combates que levaram à Batalha de Stalingrado, Hitler concedeu a Himmler permissão para fazer a Primeira, Segunda, Terceira e Quinta divisões *SS Panzer* (blindados), e motorizar a Quarta ou Divisão Policial. Também aprovou a criação de uma superestrutura para os corpos da *SS Panzer*. Parece não haver autorizado a formação de mais divisões da SS, ainda mantendo o conceito de elite com o qual as formações de *Panzer* eram bem consistentes. O corpo *SS Panzer* era um tributo à lealdade da SS; e já havia passado o momento em que o exército e o próprio Hitler temiam concentrar demasiado poder e *élan* sob um comando da SS. Instrumento poderoso nas mãos de um comandante competente, o corpo *SS Panzer* do *Leibstandarte "Das Reich"* e dos Cabeças da Morte foi construído no calor do combate em volta de Cracóvia em janeiro e fevereiro de 1943. Leve em pessoal e *panzers*, porém, ele comprovou a vantagem de grandes unidades operacionais da SS e tornou a última contraofensiva alemã de sucesso, na frente oriental de Cracóvia, em um triunfo da SS. No entanto, a Quinta, ou divisão *"Wiking"*, só conseguiu seus tanques depois de transcorrido mais um ano, e a divisão da polícia só se tornou infantaria blindada em 1944.

 A explicação para isso não precisa ser buscada longe: o triunfo da SS em Cracóvia proporcionou a Himmler a justificativa de que precisava para compelir a *Wehrmacht* a deixar que criasse mais divisões da SS. Mais três divisões blindadas da SS passaram a existir na primavera de 1943, a Nona SS ou *"Hohenstaufen"*, a Décima SS ou *"Frundsberg"*, e a Décima Segunda SS *"Hitlerjugend"*. Na verdade, a Décima Divisão SS se formou com os remanescentes da Primeira Brigada SS, enquanto a primeira das novas divisões de infantarias blindadas foi montada a partir da Segunda Brigada SS (II.SS). A Nona SS e a Décima Segunda SS, no entanto, eram construções recentes, com um *SS-Führerkorps* exclusivamente com a geração mais nova da *Junkerschulen*. Essas novas divisões eram constituídas essencialmente de pessoal novato, de voluntários do Reich, com idade entre dezessete e dezenove anos, produtos por excelência do sistema educacional nazista (haviam chegado à puberdade entre 1936 e 1938). Os recrutadores da SS os consideraram ideais para as tropas *Panzer*. Muitas vezes mais patrióticos e saudáveis do que bem-educados, e geralmente sem nenhum contato prévio com a SS Geral, eram de uma fornada bem diferente dos voluntários alemães étnicos ou germânicos.

Discursando em outubro de 1943 em Poznań, Himmler declarou que já em dezembro de 1942 Hitler ordenara que fossem montadas duas divisões adicionais da SS na França até meados de fevereiro de 1943, para enfrentar uma invasão aliada. Foi-lhe prometido um contingente de até 27 mil membros da classe de 1925 dos campos do Serviço Laboral do Reich, apesar de apenas 15 mil se tornarem *Waffen-SS* em fevereiro. A noção de blindados nasceu até mais tarde, é claro, tornada factível pelo afrouxamento das condições de oferta de suprimentos de armas para a SS em 1943, em troca do aumento do uso da força de trabalho dos campos de concentração para produção de guerra. É típica desses últimos momentos de crescimento da SS a preservação de uma espécie de caráter de elite (blindados), que fora improvisada pelas necessidades externas de Hitler e da *Wehrmacht* (temor da invasão aliada), e levada para além da autorização original (de duas divisões de infantaria para três blindadas e uma de infantaria blindada ou *Panzergrenadiere*), recebendo "nova roupagem" que aumentava ainda mais a caótica multiplicidade da SS. Cada uma dessas unidades veio a se tornar de alto nível, respeitada por seus camaradas de armas da *Wehrmacht* e pelos inimigos. Ainda não havia a sensação de "raspar o fundo do barril". Por outro lado, os esforços para transformar esses jovens em militares políticos eram necessariamente mínimos.

QUATRO OUTROS CORPOS DE *PANZER*

Um fator adicional na formação dessas unidades foi a nova doutrina militar, absorvida por Hitler e Himmler a partir de seus comandantes de unidades, do valor e mesmo da necessidade de corpos de *Panzer* como unidades operacionais relativamente independentes. O Primeiro e o Segundo Corpos de *Panzer*, sob Sepp Dietrich e Paul

Hausser, foram constituídos como um par de divisões *Panzer*. O terceiro corpo de *Panzer* foi designado para executar a ambição do comandante da *"Wiking"* de chefiar tropas germânicas, ainda que com apenas uma divisão blindada, a própria *"Wiking"*. A nova Décima Primeira Divisão *Panzergrenadier "Nordland"*, composta pelas legiões dinamarquesa, norueguesa, flamenga e valona, o regimento reformado *"Nordland"*, e o *SS-Freiwillige* (Voluntários) *Panzergrenadierbrigade "Nederland"*, proporcionaram a infantaria motorizada. Himmler chegou até a prever, em outubro de 1943, dois corpos blindados adicionais. As novas Nona e Décima Divisões Blindadas não tinham nem recebido todo o seu armamento, mas ele planejava integrar em cada uma delas uma nova divisão de infantaria em janeiro de 1944, a *"Reichsführer SS"* e a *"Götz von Berlichingen"* (números 16 e 17 da SS).

Para esse propósito, Himmler contava com a classe de 1926 do Reich, parte da qual já havia sido recrutada naquele mesmo mês. Nesse caso, o único critério sobrevivente da SS era o de altura: 1,66 m para os que tivessem menos de vinte anos. Essa redução na exigência de altura, de 1,68 m, era aplicada desde janeiro de 1943, partindo do princípio de que os rapazes ainda não haviam alcançado sua altura máxima. O recrutamento de jovens para a *Waffen-SS* havia começado sem fanfarras na primavera de 1943, com a barreira levantada no nível dos *Wehrkreis* responsáveis pelo procedimento de convocação. Esse pessoal, tal como na verdade a vasta maioria dos alemães étnicos e voluntários dos países do leste discutidos abaixo, eram, estritamente falando, SS "nominais". Tinham números SS especiais, ou nenhum, enquanto o pessoal da SS Geral – incluindo os de dezoito anos de idade que se apresentaram como voluntários e os membros germânicos que não estavam nem na *Waffen--SS* – continuou recebendo carteiras de identidade da SS da série #400.000 até 1945.

Desse modo, apesar de a "vitória" da SS sobre a *Wehrmacht* ser, naquelas alturas, bastante vazia, já que esses recrutas dificilmente podiam ser caracterizados como algum tipo de elite, a SS Geral vista como uma futura elite em potencial pairava amplamente sobre o futuro da Alemanha no evento de uma paz negociada ou de uma vitória alemã. De fato, Himmler previa entre vinte e trinta divisões da SS em armas no momento do armistício, e dali em diante ele convocaria classes anuais para serviço na *Waffen-SS* na fronteira militar, uma reserva da SS. Desse modo, a SS Geral sempre seria o produto orgulhoso da sobrevivência dos mais aptos e sempre teria uma "tradição de front". No entremeio, a SS conseguiu uma amplitude de escolha ainda maior para sua futura elite, pois teria acesso ao conjunto da classe de 1926 e não apenas àqueles alcançados pelos recrutadores da SS.

UMA SS EUROPEIA?

O termo "SS Europeia" aparece pela primeira vez na conversa de Himmler com seu massagista, Felix Kersten, no dia 6 de março de 1943 – apesar de o termo "voluntários europeus" aparecer antes, especialmente em 1942. A mudança na ênfase de uma SS Germânica – pois os dois conceitos continuaram lado a lado desde 1941 – corresponde ao desenvolvimento, em 1943, de unidades da *Waffen-SS* que definitivamente não alegavam ser nórdicas. Quando lembramos a evolução gradual do Escritório de Orientação Germânica e, com isso, a noção de uma "Comunidade de Armas" como base para uma união política depois da guerra, fica claro como o tema racial e mesmo a SS Geral como veículo de unidade podia ser eclipsado, ainda que não eliminado, das mentes de Heinrich Himmler e seus auxiliares mais próximos.

Himmler chegou a aludir, em Poznań, em outubro de 1943, à formação de um quinto e um sexto corpos de exércitos da SS, nenhum deles blindado – composto no primeiro caso pela antiga Sétima Divisão de Montanha da SS (todos alemães étnicos) e a Divisão de Montanha bósnia e, no segundo, de uma brigada letã (já existente) e uma futura divisão letã. No pano de fundo dessas unidades já figurava havia mais de um ano o amargo fracionamento dentro da SS e indecisão por parte de Himmler.

HIMMLER E SEUS "GENERAIS"

Himmler sempre necessitou de conselheiros práticos com planos realistas, por conta de sua tendência a substituir seus desejos por realidades factuais e de sua mente de gafanhoto, que concebia milhares de esquemas apenas para simplesmente esquecer-se deles em seguida. Ele parece ter perdido Heydrich antes mesmo que este morresse em junho de 1942, em função de suspeitas e rivalidades mútuas. Três ou quatro homens menos capazes assumiram o lugar de Heydrich, de modo que Himmler não teve mais a certeza que decorre de um único planejador no leme. Desde o final de 1942 ele continuava tendo encontros desapontadores com seus *Gruppenführer*. Em palavras simples, Himmler podia "lavar a louça suja" – dizer verdades duras – "mas não aguentava que fizessem isso com ele". O resultado foi a busca de objetivos não realistas, e mesmo inconsistentes, em vez de abrir mão de algo que lhe renderia mais poder. Os caminhos de menor resistência eram escolhidos, sem que ele percebesse com clareza que os homens que sobreviveram como seus conselheiros tinham sucesso em enganá-lo apenas para aumentar seu próprio poder e "mostrar resultados". Individualmente, essas pessoas, chefes do Escritório Central da SS, do Escritório da Liderança da SS, do Escritório Central de Segurança do Reich e do Escritório Central de Administração Econômica, eram duros e espertos. Mas, jogados uns contra os outros, seus espíritos práticos se desgastavam na promoção de seus próprios setores, muitas vezes a curto prazo. As legiões estrangeiras da SS foram um produto típico do "realismo decidido" da SS enlouquecida. Nem todas foram um fracasso em termos militares, mas custaram alto preço para a SS.

Transgressões ao evangelho nazista-SS da pureza genética vieram de várias direções, mas, em última análise, a força da necessidade estava por trás de todas as quebras. Já em 1939, a polícia tcheca foi usada no "Protetorado" da Boêmia-Morávia como um aspecto do governo indireto, evidentemente com a aprovação de Himmler e Heydrich, se não por iniciativa deles. Na Polônia, se acreditou que o "governo direto" fosse necessário, mediante o uso dos Reforços Policiais dos Cabeças da Morte e dos batalhões de polícia alemães. As consequências horríveis levaram Hitler e Himmler a moderar essa política na Escandinávia e nas regiões ocidentais ocupadas, por meio do uso extenso da polícia nativa. Os planos iniciais para a Rússia, entretanto, sugerem a intenção de seguir o padrão polonês e enfatizar unidades de polícia alemã e escalões de retaguarda da *Waffen-SS*, em vez dos quase inúteis Reforços dos Cabeças da Morte. Na prática, no entanto, a Rússia foi o teatro onde aconteceu o uso mais extenso de unidades da polícia nativa. O segundo teatro foi os Bálcãs. Em ambos os casos, o problema de mão de obra em justaposição com dificuldades técnicas para controlar vastos territórios cheios de guerrilheiros com tropas alemãs de segunda classe levou tanto Himmler como a *Wehrmacht* a empregar forças nativas. Na verdade, a SS ficou atrás da *Wehrmacht* em 1941-42 no que diz respeito à disposição de usar tal pessoal, e em parte foi por causa da competição com a *Werhrmacht* pelo poder nessas regiões e pelo prestígio junto a Hitler que Himmler teve que ceder às sugestões improvisadas de seu próprio estado-maior da SS e permitir, ainda que de má vontade, o uso de unidades policiais ucranianas, russas, lituanas, etc.

Quando lembramos o ideal dos futuros *Staatsschutzkorps* (Corpos para a Proteção do Estado) da SS e da polícia, não é difícil perceber os perigos de permitir esses cavalos de troia. Entretanto, a racionalização empregada por Heydrich e Himmler em relação aos tchecos foi primeiro aplicada com os povos nórdicos do Báltico, finlandeses, estonianos, letões – no qual um processo de peneira, envolvendo o serviço ou sendo submetidas a testes, poderia no final tornar algumas parcelas dessas populações passíveis de assimilação. Com uma escora débil de teoria racial e história – e um elemento de vontade de colaborar por parte de certos segmentos dessas populações –, a analogia da formação de elite na prática da formação da SS na Alemanha e, subsequentemente, na Escandinávia e nos países ocidentais ajudou os planificadores da SS em 1943 e 1944 a convencer Himmler, Hitler e a eles mesmos de que ainda operavam de modo consistente. Apenas quando sua inconsistência se tornou visível para todos, no final de 1944, eles aceitaram o fato de eles mesmos terem eliminado o conceito de elite da SS nesse processo – a SS se tornando, na mente de alemães e não alemães, simplesmente outra parte das forças alemãs, e para muitos a parte maligna.

LEGIÕES ESTRANGEIRAS DA SS

Portanto, o Escritório Central da SS se moveu, imperceptivelmente, da criação e uso da polícia e de unidades antiguerrilhas especiais separadas da *Waffen-SS,* para a criação de unidades da *Waffen--SS* para uso especial em áreas com presença de guerrilheiros (a unidade bósnia, mais tarde divisão da *SS 13 "Handschar"*). A noção de converter uma unidade de polícia, depois de ser colocada em teste, em uma unidade da *Waffen-SS* já estava presente no desenvolvimento da Quarta Divisão da Polícia. Similarmente, a designação de status *Waffen-SS* "nominal" a formações policiais guardando os campos de concentração (cada vez mais com alemães étnicos e mesmo não alemães) para conveniências de pagamento, assistência social, racionamento e privacidade da espionagem pela *Wehrmacht*, havia iniciado um precedente pronto a ser usado em unidades como os bósnios, que não era possível intitular "germânicos" nem com o maior esforço de imaginação. A técnica de usar quadros da *Waffen-SS* foi aperfeiçoada pelo Escritório Central da Liderança não apenas para lidar com os jovens recrutas alemães, como também para os alemães étnicos depois de 1940. Desse modo, já estavam à mão muitas das formas e padrões a partir dos quais os técnicos de Himmler, muito mais que ele pessoalmente, improvisaram divisão após divisão para que ele "presenteasse" Hitler. Ele nem ousou dizer a Hitler, em 1945, precisamente quem eram os membros das trinta e oito divisões da SS, nem mencionar os batalhões búlgaros e romenos, as legiões indianas, turcomanas e transcaucasianas, e as três formações de Cavalaria Cossaca.

Para obter a *Waffen-SS-ist-Stärke* (efetivo atual) de 330 mil homens em 1943, o Escritório Central da SS teve que acrescentar tantos homens quantos os que compunham a *Waffen-SS* em sua totalidade, em setembro de 1941 (172 mil) – estimando as perdas durante o inverno de 1942-43 conservadoramente em cerca de 60 mil. Desse modo, um inchaço do pessoal do Reich tinha que acontecer em 1943. Os alemães étnicos da Hungria e dos Bálcãs, assim como os realocados de 1939-41, retirados de suas novas fazendas polonesas e dos campos do VoMi, chegavam a mais de 40 mil. Os voluntários ocidentais, em grande parte da Holanda e da Bélgica, somavam outros 40 mil ou mais. Letões, estonianos e bósnios já sob armas em unidades da *Waffen-SS* devem ter totalizado pelo menos 40 mil – tudo isso assimilados a novas adições do Reich de cerca de 50 mil homens.

UM NOVO CORPO DE OFICIAIS DA SS?

O corpo de oficiais disponível na *Waffen-SS* para dirigir e treinar esse conjunto heterogêneo consistia quase integralmente em pessoal do Reich, 10.702 em 1º de julho de 1943. Desses, apenas 4.145 eram designados como oficiais de carreira ou profissionais, 1 mil dos quais tinham patente acima de capitão. Esses últimos eram de fato a elite militar da SA. Um ano depois, um quarto desses oficiais havia tombado, com as perdas de oficiais profissionais e de comissionados no campo em proporção não muito menor que a dos oficiais da reserva. Desse modo, o número de 5.102 oficiais profissionais da *Waffen-SS,* em 1º de julho de 1944, significou uma adição de algo em torno de 2 mil novos oficiais, incluindo os comissionados em campo. Essa "elite militar" comandando a SS Europeia de 1944 estava, então, longe de ser congruente com o corpo de oficiais da SS do final dos anos 1930. Antigos oficiais da *Wehrmacht* e da polícia estavam ombro a ombro nas conferências dos altos oficiais com a geração mais nova das *Verfügungstruppe* e das tropas dos Cabeças da Morte dos anos 1930, nessa época apenas graduados, no melhor dos casos, e que passaram pelas *Junkerschulen* ou não tinham nenhum treinamento especial. Nem suas façanhas nem os crimes cometidos por meio de suas unidades podem ser traçados diretamente à *Kampfzeit*.

Realmente, mais generais do corpo de oficiais da SS Geral nos anos 1930 estiveram na *Wehrmacht* do que na *Waffen-SS*, e a maioria desses eram oficiais da reserva. É provavelmente verdadeiro que seus deveres de treinamento e responsabilidades de comando junto às unidades de substituição e retaguarda fossem o veículo real para a transmissão dos valores e técnicas do *Kampfzeit* a milhares de recrutas da *Waffen-SS*. O militarismo político, em termos dos antigos valores, sobrevivia nos campos de treinamento e guarnições, nas reservas de substitutos e em unidades infames de serviço especial como o *SS-Bataillone z.b.V. der Waffen-SS*, a brigada "Kaminski" e a brigada "Dirlewanger". Os mais novos corpos de oficiais ou tinham uma concepção do militarismo político associado com a imagética de uma "camaradagem em armas" germânica ou europeia, ou realmente não tinham nenhuma. De fato, o *Nur-Soldaten* (apenas soldados) preponderava na *Waffen-SS*. A traição de Himmler à SA de Röhm vingou-se a si mesma sobre a SS, com os "refugiados" da AW de 1935 se tornando os principais criminosos ao se despirem do político. Poderia ter acontecido de outra maneira? Essa seria a possível elite da SA, e quando a SS de Himmler se transformou em uma "loja de departamentos na qual qualquer um ou qualquer coisa poderia ser achada" – como a SA de 1934 – os *Nur-Soldaten* reconheciam um meio familiar e agiam de acordo. Eles recuaram para a "imigração interna" do front.

Por volta do outono e inverno de 1943, o "front", agora na Itália assim como na Rússia e nos Bálcãs, estendia-se para muito além da principal linha de batalha (*Hauptkampflinie*, HKL). Os guerrilheiros e as infiltrações tornavam a "retaguarda" um termo praticamente sem significado. As condições da *Kampfzeit*, ou guerra civil, voltavam, e para essas os *Nur-Soldaten* estavam mal equipados. A imigração interna era difícil de ser praticada por um período de tempo extenso. No entanto, um oficial da SS determinado podia agora chegar à frente com muito mais facilidade, já que era mais difícil para Himmler ou para os chefes do Escritório Central segurar esses homens diante das incandescentes necessidades do campo de batalha. Mais cedo ou mais tarde esses homens eram abatidos, eliminando seletivamente uma parte vital da *Waffen-SS*. Os registros de oficiais para todo o ano de 1944 são evidências mudas e trágicas do desaparecimento dos *Nur-Soldaten* e da sobrevivência dos militaristas políticos. Naturalmente, o front cada vez mais profundo cobrou seu preço nas unidades especiais de retaguarda, formações policiais e operações de defesa antiguerrilha mais próximas de casa, no Governo-Geral e nos fundões da Eslovênia. Ainda assim, quando os bombardeios pesados "criaram um campo de batalha interno na Alemanha", para o qual, afinal, a SS havia sido desenvolvida, o front interno ainda era mais seguro e recompensador em promoções nos anos 1943 e 1944.

Dessa maneira, a natureza da SS e de seu incipiente corpo de oficiais foi contraditória até o final, e havia uma alienação crescente de suas forças de combate dos objetivos de seus líderes militares políticos. Sua massa de exércitos de mercenários estrangeiros e *Landsknechte* tinha mais em comum com os *Nur-Soldaten* que os dirigiam do que com os chefes do Escritório Central e os SS honorários do Reich Alemão, cujos lucros e prestígio estavam cada vez mais vinculados à vitória para o império de Himmler. A tarefa no front interno de sufocar a revolução popular e repelir *putsche* exigia um tipo de homem muito diferente e, por sua própria natureza, esses homens estavam mais bem equipados para sobreviver mesmo à derrota.

Mesmo no papel, a aquisição por Himmler do título de ministro do Interior do Reich, em agosto de 1943, e de comandante-geral do Exército Interior de Reserva, depois do fiasco de 20 de julho de 1944, contribuíram notavelmente pouco para o antigo sonho de fusão do partido e do Estado, SS e polícia, em um militarismo político – Corpos de Segurança do Estado. A maldição da SA de

1933 e 1934 perseguia a SS dez anos mais tarde. Sobrecarregada de oportunistas, lotada de posições administrativas, dependente e, portanto, temerosa de suas forças de combate, e sobretudo com falta de autodisciplina e limites estabelecidos para a ambição e envolvimento, a SS de 1943 até 1945 fracassou no "teste" como instituição operacional. A despeito de esforços abortivos de último minuto por parte de indivíduos, e até mesmo de Himmler, a SS fracassou em se consolidar. O esforço para transcender seu próprio passado, as deficiências do Estado e do partido aos quais estava ligada quase contra a sua vontade e as fúnebres realidades da derrota incondicional simplesmente destroçaram a SS.

DESENLACE

Por ocasião da invasão aliada no oeste, a *Gesamt-SS* (o conjunto da SS) havia alcançado seu tamanho máximo – 800 mil homens, sem contar as unidades policiais estritas de todos os tipos e mercenários estrangeiros subsidiários, como as divisões cossacas. Pelo menos 1 milhão de homens caíram como *Waffen-SS*. Mais do que esse tanto da SS Geral servia com a *Wehrmacht*, mas não houve registro em separado de baixas da SS no exército, marinha ou unidades aéreas. Alguns esforços para manter contato com o pessoal da SS Geral servindo na *Wehrmacht* continuou em 1944, por meio de boletins de informações dos escritórios de Berlim e dos comandantes regionais. Como já se notou, a notificação e o cuidado das necessidades espirituais e físicas dos sobreviventes supostamente deveriam se estender às baixas da SS Geral na *Wehrmacht*. Entretanto, esses deveres já eram negligenciados em 1942. Nos anos posteriores, quando as bombas destruíram os escritórios de Berlim, espalhando os registros e o pessoal pela Alemanha, e os funcionários locais e regionais foram reduzidos ao esqueleto, as baixas da SS Geral nem eram mais contabilizadas, a menos que algum soldado ferido ou de licença aparecesse por lá. Esses indivíduos eram rapidamente acolhidos por frenéticos administradores do front interno, o status de antigo SS Geral do soldado dando a uma ou outra agência ligada com a SS ou com a polícia o direito de cuidar dele. Muitas vezes eram acrescentados à *Waffen-SS* precisamente para mantê-los no front interno em vez de permitir seu regresso à unidade da *Wehrmacht*.

 · A SS Geral era parcialmente administrada por esses homens severamente feridos, assim como por aqueles temporariamente retornados ao serviço da SS Geral, provenientes da *Stamm-Einheiten* (reservas da SS para os acima de 45 anos de idade). Os 64 mil homens da SS Geral que não estavam na *Wehrmacht, Organisation Todt, Technische Nothilfe,* RSHA, ou outra organização da qual se poderia ser convocado eram de fato, em grande parte, membros das reservas da SS, uma espécie de vestígio do *Altkämpfertum*. Que Himmler estivesse muito interessado em preservar esses remanescentes e longe de abandonar o conceito da SS Geral é demonstrado pela pletora de ordens emitidas por ele em 1943, 1944 e mesmo em 1945, com o propósito exclusivo de definir alguma característica dela ou fazer mudanças certamente sem significado em uma estrutura moribunda. É difícil evitar a conclusão de que a SS Geral se encaminhava para o esquecimento político, juntamente com a SA, e pelas mesmas razões.

Himmler não gostava da verdade de que todo o seu aparelho de poder real estava, no final das contas, dentro do setor estatal: a polícia, RKFDV e a *Waffen-SS*. A SS Geral havia sido o veículo para levá-lo para dentro, e não para fora, do aparelho estatal. O que restava desse veículo era o mero *esprit de corps*, o espírito da SS, transmitido do *Altkämpfer* para a *Waffen-SS* e os mais jovens administradores dos Escritórios Centrais. Talvez ainda viável, na concepção germânica – com sua alegação de transcender o sistema de Estado germânico –, como o *esprit de corps* de uma SS Europeia, o reino de Himmler era então nada mais que uma "camaradagem de armas", antibolchevismo não sofisticado e uma *Landsknechtülan* que lutava para não morrer.

Espalhados pelo Reich e por seu império encolhido estavam os fragmentos do futuro Corpo de Segurança do Estado, na forma de muitas centenas de unidades separadas da *Waffen-SS*, de tamanho e complexidade que variava de corpo de exército blindado a companhias em trânsito; quartéis-generais da polícia de Segurança e da Ordem, assim como regimentos de polícia, batalhões e centenas; instalações dos Superiores da SS e da Polícia com RKFDV, SD e postos de comando de retaguarda da *Waffen-SS*; e uma dúzia ou mais de Escritórios Centrais, cada um já dividido entre locações em Berlim e no interior. A coordenação dessa hidra de muitas cabeças devia acontecer na equipe pessoal do *Reichsführer SS* e do chefe da Polícia Alemã. Entretanto, qualquer coordenação que acontecesse era em grande medida trabalho dos ajudantes dos Escritórios Centrais e de Rudolf Brandt, o subchefe da Equipe Pessoal. Karl Wolff, chefe nominal dessa organização – que não era páreo para os "sátrapas rivais" que disputavam os ouvidos de Himmler –, não foi por falta de vontade que havia deixado a "Bizantina" Berlim para virar líder superior da SS e da Polícia na Itália, em 1943. Seu vice, Brandt, era um anônimo afável com talento para se dar bem com todo mundo, especialmente com outros ajudantes cujos horizontes não eram mais amplos que seus armários de arquivo. A essa última fornada de burocratas da SS a posteridade deve a *Schriftgutverwaltung* (Administração dos Registros), que preservou os "arquivos de Himmler" tão ricos de fatos dos anos de 1943-45.

A coordenação sob a forma de *Gremium* ou conselho consultivo dos chefes dos Escritórios Centrais, Líderes Superiores da SS e da Polícia, altos comandantes militares e similares, pairou sobre planos e projetos dos homens ao redor de Himmler. Mas o próprio *Reichsführer SS* só poderia falar de uma Távola Redonda Arturiana "depois da guerra", e reunir 150 ou mais *Gruppenführer* para digerir seus pronunciamentos desconexos em vez de responder. Modelando a si mesmo a partir de Hitler, Heinrich Himmler negou à SS a oportunidade de depô-lo e, desse modo, a chance de coalescer o suficiente no topo para evitar ser destroçada pelos golpes sucessivos que o Reich de Hitler experimentava.

Quando quebrou, a SS e seu corpo de oficiais fragmentaram-se pelas linhas de classe e clivagem regional que nunca haviam sido efetivamente seladas: os soldados da SS se uniram a soldados não SS, burocratas da SS com burocratas não SS, fanáticos da SS com fanáticos não SS, e oportunistas da SS com oportunistas não SS. Os militares políticos da SS que ainda estavam vivos em 1944-45 não tinham o suficiente em comum que transcendesse essas fraturas, especialmente porque lhes faltava um líder. Himmler permitiu a si mesmo ser envolvido dentro do aparelho de Estado, primeiro por meio da polícia e do Ministério do Interior, reformando a justiça alemã, para praticamente extingui-la; depois, na arena militar, brincando de ser general, desprezando o potencial militar de suas tropas – pensando apenas em 1918, e determinado a massacrar centenas de milhares de pessoas em vez de ceder território. A alta qualidade de muitas das divisões da SS e corpos blindados contribuiu muito para o prolongamento da guerra que deveria ser lutada até "cinco minutos depois da meia-noite", na frase clássica de Goebbels. Mas Goebbels e Himmler não tinham força de vontade suficiente para depor Hitler e unir o que restava de seus respectivos sistemas de poder para preservar a Alemanha dentro das fronteiras de 1939, objetivo da vasta maioria dos alemães que lutavam, e da própria Resistência.

Mesmo que esse objetivo não fosse alcançável, nem os aliados nem os alemães, em 1944, duvidavam da capacidade do Reich de protelar a derrota por um ou dois anos, infligindo terríveis baixas em ambos os lados. Assim, Himmler teria algo com que barganhar quando descobriu as linhas dos laços da *Abwehr* e da Resistência com os Aliados, apenas para disparar os conspiradores a uma ação precipitada no dia 20 de julho por causa das prisões que se tornaram necessárias por sua inépcia. A SS havia sido fundada para evitar precisamente esse tipo de contrarrevolução contra Hitler e o partido; a fantasia de 1918 muitas vezes teve papel no fortalecimento da mão de Himmler sobre a polícia e a *Waffen-SS*. No entanto, quando a já muito temida punhalada nas costas aconteceu, seu efeito principal foi interromper o débil esforço de Himmler de moldar a própria SS no papel de junta contrarrevolucionária. A RSHA mal foi eficiente para evitar que outros elementos da SS colaborassem com a Resistência e com a espionagem estrangeira – inclusive Himmler e seu antigo ajudante-chefe –, mas não pôde evitar a morte de Hitler.

No período posterior à conspiração – que lembrava a atmosfera do verão e outono de 1934, quando SA e SS purgaram seus camaradas, em uma ansiedade nervosa ao pensar que poderiam ser os próximos – a liderança da SS ajudou na purga de camaradas na área de negócios, burocracia e militar, com emoções mistas, até com o coração pesado, acreditando que os vitoriosos dessa vez seriam Goebbels e Bormann. Em vez da reafirmação da unidade da SS naquele outono, as purgas provocaram novas divisões nos Escritórios Centrais. Em vez de se manter unido, o Corpo de Segurança do Estado se fragmentou em intrigas rivais, com Himmler encabeçando a matilha.

Enquanto alguns líderes militares da SS, burocratas e policiais contribuíram para a bestialidade dos esforços alemães para manter na guerra a Finlândia, Hungria, Eslováquia e Romênia, outros, com Himmler na cabeça, buscaram trocar vidas de judeus e outros "materiais dispensáveis" por caminhões, comida, passaportes, tempo e boas consciências. Himmler havia se intrometido na política exterior por muito tempo e, no entanto, não existia uma política externa uniforme da SS na Itália, nos Bálcãs, na Escandinávia, ou no ocidente. Eichmann se queixava de haver conseguido melhor cooperação do Ministério de Relações Exteriores do que dos Líderes Superiores da SS e da Polícia. Esses, por sua vez, conduziam suas próprias guerras com o Ministério das Relações Exteriores, o Alto-Comando e os Escritórios Centrais da SS, cada vez mais manejados por tenentes e capitães da SS – os ajudantes determinados a afundar com o navio. Poucos Líderes Superiores da SS e da Polícia morreram calçando suas botas, preferindo salvar suas peles colaborando com os invasores. Entretanto, oficiais da *Waffen-SS* foram proeminentes nos tribunais ilegais, enforcando desertores do exército e fuzilando civis que falassem em rendição.

É desnecessário dizer que não houve nada coerente quanto aos estertores da morte da *Waffen-SS*. Com um efetivo, no papel, de quase 500 mil homens, a despeito das perdas que totalizavam 300 mil, as unidades esfarrapadas da Luftwaffe sem aviões e marinheiros, os garotos de dezesseis e dezessete anos, anêmicos, de compleição endurecida, os confusos e assustados europeus orientais com apenas meia dúzia de palavras em um alemão gaguejante, os encardidos e cansados *Kampfgruppen* de trinta ou quarenta veteranos de demasiadas campanhas de inverno – essa *Waffen-SS* já não era um corpo de elite de militares políticos. Bravura e autossacrifício cresceram rapidamente em algumas unidades, sob comandantes que aprenderam a liderar – alguns nos *Kampfjahre,* outros nas *Junkerschulen,* e muitos mais nos campos de batalha. Crueldade e sadismo, destruição inútil e pilhagem se multiplicaram em outras unidades cujos líderes muitas vezes estavam na lista negra de Himmler por embriaguez, incompetência no serviço, corrupção e covardia. Os dois tipos de oficiais da SS tinham suas contrapartes multiplicadas na *Wehrmacht.* Era simplesmente o caso de "quando eram bons, eram muito bons; quando eram maus, eram horrendos". O Sexto Exército *Panzer* na ofensiva das Ardenas era simplesmente uma formação militar alemã moderadamente equipada; e mesmo as formações ardilosas de motoristas de jipe que falavam inglês americano, chefiadas por Skorzeny, só preservaram o *élan* de seus pais nos corpos livres. Não eram militares políticos. O muito temido Reduto Alpino, com suas intrépidas divisões da SS, foi um embuste, que Himmler e Goebbels perpetraram com a ajuda de Göring. Mas, no final, as unidades da SS mais duras na luta foram mastigadas e cuspidas em Budapeste, nos Estados bálticos e em Berlim, de modo que Himmler percebeu que era melhor migrar para o sul, terreno indefensável com belas paisagens. Em estranho contraste com o hino da corporação, *"Wenn alle untreu werden"* ("Se todos se tornarem desleais"), Himmler, seu líder supremo da SS e da Polícia na Itália, vários comandantes de corpos de exército e um sortido grupo de comandantes de divisões, numerosos Líderes Superiores da SS e da Polícia, e inumeráveis agentes da Sipo-SD, barganharam com os aliados por uma paz negociada – não para a Alemanha, mas para seu próprio grupelho. A SS deixara de existir.

8
CONCLUSÃO: POR TRÁS DA MÁSCARA DO DOMÍNIO

Tanto acadêmicos quanto não acadêmicos também já tiveram seu dia de caça avaliando a SS nazista. Agora, passada mais de uma geração, os homens de uniformes negros foram pesados na balança e considerados devedores. O fato inegável de que sua atividade mais decisiva foi a maquinaria da morte que destruiu tantos milhões de indefesos e inofensivos judeus, homens, mulheres e crianças, levou à monolítica condenação e generalização unânime sobre "a SS". E não podemos e não devemos reverter essa condenação do sistema e dos homens que o dirigiram. No entanto, parece que nossas últimas observações devem se voltar para a compreensão profunda das forças e mecanismos que tornaram possível essa "trágica realização" das fantasias teatrais de Hitler e Himmler. Considerada nessa tentativa está a necessidade de diferenciação entre aqueles homens vestidos de negro, um regresso ao contexto social e econômico da Alemanha e da Europa referido no começo, e algumas perspectivas sobre nossos próprios temas com nossos próprios sonhos e ilusões.

Não devemos esquecer que a história da SS é fundamentalmente parte da história do movimento Nacional-Socialista e que esse movimento durou apenas vinte e sete anos. Por um lado, tanto a SS como os nazistas passaram por um desenvolvimento muito rápido, mudando e crescendo com tanta rapidez que generalizações para períodos menores, até de uma década, parecem inadequadas. Por outro lado, o conjunto da evolução foi truncado pela desintegração total causada pela maciça derrota militar, a repartição de sua base geográfica e a proscrição sistemática de qualquer escrito e atividade política de caráter Nacional-Socialista. Processos de mudança, seja por adaptação seja por decadência interna, foram, portanto, cortados de modo absoluto. O conjunto da trajetória da experiência da SS, do pensamento da SS e dos planos da SS podem ser seguidos por menos de um quarto de século, o que, mesmo para a vida dos seres humanos, não é um período muito longo. Em nosso século caleidoscópico, os vinte e um anos, 1925--45, da *Schutzstafell* correm o risco de ser tomados fora do contexto, isolados e rarefeitos em uma espécie de épico – ainda que do mal, para a maioria dos observadores – e incorretamente usado como lição. Sem dúvida que existem lições na história da SS, mas temos que tomar cuidado para aprendê-las a partir da teimosa realidade, não de imagens e do teatro.

"A SS" era qualquer coisa, menos monolítica. Apesar de às vezes ser apresentada como tal durante seu tempo de existência, e de modo excessivo após isso, a SS era mais frequentemente manipulada para aparecer como coisas diferentes para públicos diferentes. A máscara do domínio foi simplesmente uma dessas manipulações, apesar de repousar em algumas características da Ordem. Mas a substância da SS mudou – tanto que é tentador dizer que jamais foi realmente um fenômeno específico. Ainda assim, pelo menos no início dos anos 1930, na mente e nas mãos de Heinrich Himmler, a SS desenvolveu uma continuidade. Um tanto dessa continuidade veio da visão que ele compartilhava com Hitler e com inumeráveis alemães: o desejo de que, em 1918, houvesse homens fortes com autoridade que pudessem liquidar os soldados e marinheiros rebelados e seus apoiadores civis, reagrupando as forças armadas alemãs, e lutar "até cinco minutos depois da meia-noite" – e desse modo garantir uma paz mais em consonância com a postura da Alemanha na Europa, especialmente na Europa Oriental. A ilusão de 1914, de que a vitória podia ser uma questão de vontade, e de que as instituições alemãs possuíam a flexibilidade interna que lhes permitia resistir a qualquer coisa que seus inimigos combinados pudessem lançar contra elas, era um dogma da direita nacionalista. Mas a ideia de criar instituições alemãs mais popularmente baseadas e um grupo de militares políticos para defender essas instituições foi a contribuição própria de Hitler, mesmo tendo sido inicialmente as Tropas de Assalto, e não a SS, que Hitler tivesse concebido originalmente para esse papel.

Outra parte da continuidade veio da necessidade intrínseca, em um movimento belicoso e violento, de não apenas ter guardas para a sede, mas ainda mais ter um corpo de valentões dedicados e que pudesse ser convocado para fazer quase "qualquer coisa". Isso também era concepção do próprio Hitler, não via nenhuma utilidade em utopias liberais como a de John Stuart Mill, para quem a verdade e o bom senso podiam travar o combate usando apenas a palavra e a lógica. A guerra, as revoluções e o meio político europeu do pós-guerra, tudo contribuía para qualificar de mentira a expectativa de regresso às condições de antes de 1914. De qualquer modo, Hitler reconheceu a falsidade e a superficialidade da tradição cavalheiresca e intelectual da política na Alemanha. Mais uma vez, a versão original desses valentões foi a SA, que deveria dar segurança aos comícios, proteger os oradores, espancar os oponentes – e, muito literalmente, cometer qualquer crime imaginável sob as ordens do *Führer*. Hitler, não Himmler, já havia designado uma guarda para a sede e depois uma *Stosstrupp* em 1923, e em 1925 a SS foi criada nem tanto para ser uma substituição da SA, mas como unidades de Serviço Especial, mais uma vez antecipando Himmler.

No entanto, Heinrich Himmler definitivamente marcou com seu próprio entusiasmo a "SS permanente" em dois aspectos: o papel de bisbilhoteiros dentro do partido e na vida alemã, de alto a baixo, e na tarefa de ser uma futura reserva genética para o povo alemão. Aqui percebemos Hitler no fundo do palco. Ao mesmo tempo que cedeu às tendências detetivescas de Himmler, era contra o caráter de Hitler dar a qualquer nazista o monopólio de qualquer coisa – Himmler construiu, a partir de uma simples potencialidade para a polícia, um instrumento tão mortífero que quase todos os seus rivais foram intimidados até perder a existência. Goebbels e Bormann mantiveram seus próprios sistemas, mas não brigavam abertamente com a SS. Hitler desviou o poder investigativo de Himmler ao recrutar Ernst Kaltenbrunner, da RSHA, para vigiar Himmler. É duvidoso que Hitler tenha realmente levado a sério a reserva genética da SS. No entanto, o apoio geral dos nazistas para a eugenia, "pureza racial" e perspectivas biológicas ("Sangue e Solo", aperfeiçoamento corporal, religião da natureza) ajudou a fazer a versão peculiar do racismo da SS parecer muito apropriada.

A SS então refletia a visão de mundo de Adolf Hitler, não apenas por serem seus vassalos juramentados em um sentido feudal, como evoluindo, sob a mão de Heinrich Himmler, em um Corpo de Segurança do Estado – um corpo de guardiões do Estado dispostos e capazes de cumprir qualquer tarefa, abominável ou repugnante, sob as ordens de seu líder. A SS se transformou, nas mãos de Himmler, em uma rede de influências, espiões e de irmandade (a despeito do ódio alegado da SS por todas as irmandades), cada uma das quais se sobrepondo a outras. Esse aspecto da SS não refletia Hitler. Refletia Himmler – e, mais que Himmler, a antimoderna burguesia da Alemanha do pós-Guerra Mundial. Na visão de mundo desta, o fracasso da Alemanha para vencer a I Guerra Mundial, o descaminho da revolução alemã, a depressão e as próprias carreiras ameaçadas dos membros da SS implicavam necessariamente imperfeição do século XX. Para esses homens, como para Himmler, a "podridão" estava por todo lado, e imaginavam conspiração e inimigos da Alemanha, seus modos e ideias, em cada classe social. Haviam ensinado a eles que a obediência e a diligência eram tudo, mas aprenderam que, na guerra e nos negócios, na política e nas relações humanas, era preciso mais. O "mais" foi percebido como uma mistura de espírito voluntário e lealdade personalizada, implacável autoconhecimento e o mais duro autorrebaixamento. Na fantasia de uma futura comunidade biológica de clãs, Himmler e sua geração cederam a uma reversão de seus medos de serem inadequados e degenerados. Como "comunidade juramentada de homens superiores", os voluntários da SS imaginaram que haviam sido cooptados pelo mais autêntico carrasco de Adolf Hitler para serem os ancestrais de uma Alemanha melhor que projetavam para o futuro. A sociedade inalcançável, justa e moral, que fracassou em emergir em 1918 – ou mesmo depois de 1933 –, podia ser algo que carregavam nas suas genitálias! Os impulsos destrutivos e ódios nascidos de suas vidas frustradas foram canalizados para fora e para longe dos que estavam perto e eram queridos, e dirigidos para o estrangeiro, o estranho e aqueles símbolos do despertar da dúvida – os judeus e o clero católico. O anticlericalismo foi quase tão forte na SS quanto o racismo, mas essa tendência era também apenas parcialmente hitlerista. A SS foi mantida no cabresto *vis-à-vis* a igreja, mas só até certo ponto.

O mobiliário mental de Himmler e seus cúmplices era o mundo da mitologia folclórica requentada que os alemães bem-educados consideravam ligeiramente ridículo. O Nacional-Socialismo em si mesmo não era realmente um conjunto de ideias, e sim um conjunto de atitudes e aspirações, cobrindo o que os cientistas políticos gostam de chamar de sentimentos primordiais – como medo, ressentimento, inveja e raiva. Na sua primeira versão (1919--23), o Nacional-Socialismo era relativamente ingênuo e honesto – e desesperadamente imaturo. Seus soldados políticos eram soldados ou, se não, eram jovens que pensavam que a vida militar consistia em quebrar cabeças, e a política em gritar e vaiar. Depois de sua refundação, o Nacional-Socialismo assumiu os adornos da sofisticação da classe média, na forma de um Goebbels, dos Strasser, ou mesmo de Hermann Rauschning. No entanto, slogans espertos, caricaturas, cartazes e panfletos eram apenas meios para um único fim, a urna eleitoral e a maioria eleitoral. A esse respeito os nazistas estavam em seu elemento, pois seus objetivos finais e sua visão de mundo fundamental estavam bem escondidos com esse uso das armas do inimigo. Foi nesse jogo duplo que começou a SS – dificilmente maior que as *Stosstrupps* locais, mas com a diferença de que escolhia homens do partido e podia ser carimbada com a pseudossuperioridade da "Raça Superior". Os melhores dos nazistas deviam, portanto, ser racialmente superiores – se não de forma integral pelas características exteriores, pelo menos por seu comportamento, porte e atitude. Era praticamente inevitável que tal grupo achasse Himmler, devoto da formação da raça humana e da arqueologia nórdica, um detetive amador e desejoso de ser oficial. Era um bom burocrata, pelo menos durante muitos anos – apesar de, em última instância, ser a própria antítese do ordenamento e da rotina. Himmler tinha as habilidades necessárias para organizar as primitivas unidades da SS em um sistema unificado de segurança do partido de um modo objetivo, admirado por Hitler e muitos outros chefões. No entanto era, ou parecia ser, relativamente inofensivo como homem ou pensador. Sua predileção por uma certa quantidade de baboseiras raciais, índices cefálicos e aprovação dos casamentos para seus homens, não parecia importar muito.

Poucos de nós somos suficientemente sábios para inventar novas instituições. Os alemães tentaram, e sua tentativa foi muito bem-intencionada. A quebra de seu sistema eleitoral levou tempo para ser registrada e, quando quebrou, os tremores beneficiaram os nazistas. A estratégia nazista como tal era tosca e contribuiu para o caos geral, sem necessariamente favorecer o objetivo nazista de tomada do poder, porque eles não sabiam para onde se voltar para conseguir apoio nas eleições. De modo gradual foram montando uma coalizão razoavelmente forte de eleitores vindos do campo, das pequenas cidades, dos confortáveis (mas assustados) subúrbios e entre os desempregados desorganizados. Mas eram frustrados pela dureza das instituições recém-criadas, notavelmente a presidência e a chancelaria. Para passar a perna nessas instituições, ocupadas por seres humanos não muito inteligentes, os nazistas tiveram sucesso em assustar o mundo financeiro e dos negócios com imagens exageradas de um *Götterdämmerung* da propriedade privada durante uma sangrenta guerra civil com os comunistas. Dessa maneira, a direita nacionalista foi persuadida pelos seus apoiadores financeiros a deixar os nazistas fingirem que haviam praticado uma tomada do poder, a famosa manobra de "domesticação", que deu aos nazistas a oportunidade de efetivamente tomar o poder por etapas, a partir de dentro. Para essa estratégia, os nazistas estavam realmente bem preparados, mas aqui também a crueza e a indisciplina do movimento ameaçavam abrir o jogo antes da vitória. Foi a SS que manteve o jogo aberto, quando Röhm e a SA ficaram impacientes.

A SS que fez parte da conspiração para destruir Röhm e seus altos auxiliares já tinha alguns dos traços do Corpo de Segurança do Estado, em cuja direção Himmler estava levando suas *Stosstrupps* unificadas desde o começo dos anos 1930. A partir do intuito de representar apenas grupos locais para proteger oradores e espionar os vaivéns do partido, a SS se transformava em uma força de ataque em 1931-32, e se pensava suficientemente dura para combater um golpe comunista ou tomar o poder para os nazistas depois de alguma grande vitória eleitoral. Suas unidades muitas vezes eram apenas Tropas de Assalto ligeiramente mais respeitáveis (e mais confiáveis). Alguns de seus membros tinham mau comportamento, segundo os padrões nazistas, mas outros podiam ser usados para "limpar os bolsões" da "Stennes SA", em 1931. Na efetiva tomada de poder, o papel da SS foi absorvente: espremer a esponja das classes profissionais e de negócios, os burocratas e acadêmicos, a polícia e os juristas assustados com o banditismo das Tropas de Assalto, mas ainda assim ansiosos para subir e aderir à banda mais provavelmente vencedora. Essa absorção havia começado pelo menos dois anos antes e era parte da estratégia do NSDAP de criar sua versão das "organizações do front" esquerdistas, conhecidas pelos nazistas como "auxiliares". Em 1933, esse processo proporcionou à SS acesso a dinheiro, influência e poder – sem confrontos e sem sangue ruim. Nesse aspecto, parecia o próprio partido, que absorveu muitas vezes seu peso com organizações preexistentes. Mas, ao contrário do partido, pelo menos durante os anos de paz, a SS não inchou com companheiros de viagem. A SA, por outro lado, havia inchado rapidamente em 1932, se não antes, e em 1933 se tornou uma monstruosidade ao adicionar o *Stahlhelm*. No entanto, sua liderança preferia o estilo de confronto, desafio e insulto. Se homens da SS regularmente se uniam aos da SA para quebrar cabeças, destruir casas e bebedeiras, também não se vangloriavam disso – não discursavam para a imprensa nem desafiavam editores para brigas de rua. Eram mantidos em silêncio, e poucos eram punidos.

Mas, sobretudo, Himmler havia criado sistematicamente um aparato estatal para si mesmo nas unidades da polícia secreta dos *Länder*, encimando o edifício com a Gestapo prussiana. Essa rede estava, em princípio, destacada das autoridades da administração local e se unia exclusivamente na pessoa de Himmler. Desse modo, os traços feudais do *Führerstaat* (que seria reproduzido e ramificado de 1933 a 1945) apareceram bem cedo no que diz respeito à polícia secreta. Pode também ser notado aqui que a SS – em especial a SD – era essencialmente pontos de crescimento, centros organizadores, grupos de pressão, ou facilitadores de ingresso. As unidades da polícia não se tornaram SS, nem a SS se tornou a polícia secreta. Entretanto, o controle sobre a Gestapo e outras polícias políticas secretas fez a rivalidade com a SA, ao menos deixando Himmler em pé de igualdade.

A purga de Röhm não pode ser divorciada da intimidação da direita alemã ao mesmo tempo, e a esse respeito a capacidade da SS de poder ser usada contra todos os inimigos designados deve ser enfatizada. Por algum tempo a SS podia parecer um refúgio e um ponto de reunião para as classes superiores, a Cultura e a Propriedade, e até mesmo uma Fronda em potencial – existem evidências de que a resistência direitista ainda pensava assim em 1943. Cometiam um erro mortal, e isso já era verdade em 1934. Aqui deve figurar o nome de Heydrich, posto que, ao mesmo tempo que sabemos que sempre foi leal a Himmler e certamente nunca o intimidou ou coagiu, tinha o cérebro e a imaginação que faltavam à maioria dos oficiais da SS de 1933. Especificamente, ajudou Himmler a "incriminar" Röhm e outros líderes da SA, o que era altamente necessário diante da ambivalência de Hitler sobre liquidá-los. Mais uma vez, o aparelho policial disponível a Himmler para liquidar a SA era parcialmente fruto do trabalho de Heydrich. Aqui, entretanto, devemos mencionar também Kurt Daluege e Sepp Dietrich. Daluege foi o canal pelo qual Himmler desenvolveu suas conexões com Hermann Göring, muito importante para ganhar a Gestapo na Prússia – apesar de que, sem Heydrich, Himmler poderia ser passado para trás por Daluege, que estava ali primeiro. Göring era coconspirador com Himmler contra Röhm, e na verdade, sem Göring, uma iniciativa de Himmler contra Röhm, mesmo apoiada por Heydrich, seria impensável em 1934. Assim, Daluege foi o laço que uniu Himmler e Göring. Por outro lado, foi Sepp Dietrich, a quem Himmler delegou as funções da *Stosstrupp* em Bad Wiessee, que usou o embrionário *Leibstandarte* para fazer o trabalho sujo da noite das "Facas Longas". Os três homens, Heydrich, Daluege e Dietrich, eram os que faziam acontecer em uma corporação que se orgulhava do espírito devotado. Mas nenhum deles contribuiu com nenhuma ideia para a SS.

Foi Richard Walter Darré que enriqueceu a SS para além do misticismo agrário do Sangue e Solo de Himmler. Não foi Darré sozinho, e sim ele e seu grupo de românticos agrícolas jovens e de meia-idade, com seu racismo biológico e confiança na procriação seletiva dos seres humanos, que proporcionaram à SS, de 1931 em diante – especialmente depois de 1933 –, uma racionalidade pseudocientífica para o exclusivismo da SS, suas ambições elitistas e penetração no campo imobiliário. Apesar de Darré se tornar cada vez mais preocupado com as políticas de curto prazo planejadas para preparar a Alemanha para a guerra, sua equipe, seus amigos e seus discípulos continuariam a proporcionar à SS a pátina da ciência, pelo menos para os alemães comuns, inclusive os membros do partido. Mesmo a Fundação da Herança Ancestral, com seus laços acadêmicos separados e seus próprios e ambiciosos batalhadores e projetistas, jamais conseguiria substituir ou apagar o impacto decisivo que Darré havia tido por meio da RuSHa. Ainda que o foco formal da Fundação da Herança Ancestral fossem os ancestrais e isso pudesse sugerir um enriquecimento histórico frutífero para a ideologia da SS, do nazismo e da Alemanha, Walter Wüst e Wolfram Sievers escolheram perseguir os fogos fátuos de Himmler e bajulá-lo no campo da medicina militar (as experiências com prisioneiros de campos de concentração). Nem o trabalho de Günther d'Alquen como editor do *Corporação Negra* teve alguma substância. Essa publicação permaneceu como uma sombra do *Reichsführer* SS, a despeito de esforços aparentes para expressar as aspirações de uma geração intelectual mais jovem. Talvez as ideias de Otto Ohlendorf e seus amigos, a respeito de um sistema econômico centralizado e planejado para substituir o capitalismo egoísta e alegadamente sem planejamento das grandes empresas, merecessem ser classificadas tanto como teoricamente interessantes e de possível importância se a SS houvesse sobrevivido à guerra em um Estado nazista. O problema é que Himmler era um tanto poderoso em demasia, tanto na SS como no Estado nazista, e suas esquisitices e seu julgamento abafavam o desenvolvimento sistemático e consistente de uma agenda intelectual para a SS. Ohlendorf foi julgado e executado por haver comandado uma unidade assassina na URSS – uma de suas ocupações secundárias.

Muitas vezes se chama a atenção para o fato de que os sistemas totalitários, não importa quão ineficientes e desajeitados sejam nas áreas relacionadas com o cuidado das necessidades humanas, são bastante eficazes na repressão e na guerra. Nessas últimas áreas, o nome de Theodor Eicke se destaca por suas contribuições para os "sucessos" da SS. Pois foi Eicke que tornou os campos de concentração da SS no horror que foram, reduzindo as oportunidades de autoproteção dos prisioneiros e planejando um sistema de brutalização dos guardas que o comunismo totalitário jamais conseguiu ultrapassar. Campos de prisioneiros nos Bálcãs,

América Latina, China e Japão, sem mencionar as *chain-gangs* dos Estados Unidos e outras improvisações desumanizadoras, são todos eles demonstrações de que sistemas humanos de tortura e destruição de personalidades são universais. Ainda assim, a SS foi marcada para sempre, por intermédio de Eicke, com um estilo de desumanização envolvendo os perpetradores assim como as vítimas. Esse estilo foi transferido para os regimentos do tempo da guerra dos Cabeças da Morte e pelos chamados "reforços policiais" que eram treinados como substitutos de divisões regulares, acabou chegando ao campo. Seria equivocado, é claro, "pôr a culpa toda em Eicke". No entanto, foi Eicke especificamente que ganhou o apelido de "Papa Eicke", que foi usado por sua divisão dos Cabeças da Morte até sua morte, em 1943. Por que isso? Talvez seu estilo único de apelo primitivo às emoções, sua violência cara a cara e sua aparente falta de discriminação nas punições e recompensas (evocando assim o estereótipo alemão da figura paterna) fossem congruentes com a imaturidade do tipo de voluntários atraídos para a SS. Esse não é um argumento para um tipo especial de personalidade alemã, mas em vez disso um comentário sobre o aparato que a tomada de poder pelos nazistas havia tornado possível, para o qual a SS proporcionava o material bruto. Como tantos outros generais da *Waffen-SS*, Eicke abundava em coragem e agressividade. "Cuidava" da sua unidade quando se tratava de roubar de outras (mesmo da SS) e se recusava a transferir pessoal para estas, mas sacrificava arbitrariamente seus homens para o Moloc das batalhas. Transformou-se, com sua morte, em uma lenda da *Waffen-SS* que sobreviveu à guerra e na qual suas façanhas nos campos de concentração, ao que parecem, foram esquecidas.

Oswald Pohl também contribuiu para a realidade da SS no império de trabalho escravo nos campos de concentração da época da guerra. Albert Speer insistia que o conjunto do empreendimento era uma operação terrivelmente ineficiente; no entanto, mesmo em sua última obra, ele deixa claro que a Alemanha precisava e usou os desgraçados homens e mulheres para sua produção de guerra. Como Eicke, Pohl não era um homem de horizontes mentais amplos. Mas, também como Eicke, era empreendedor. De fato, sua equipe – parcialmente de administradores dos campos, administradores de negócios da SS Geral e funcionários administrativos – sabia como construir fortuna pessoal a partir das atividades econômicas da SS, e isso de modo legalizado e sem disfarces pelos padrões então prevalentes. Sua apropriação da força de trabalho humana em proveito próprio combinou-se com o roubo (exploração) do trabalho para vantagem da SS, acima e além do Reich. A "arianização" dificilmente foi monopólio da polícia e da SS, e quando privadamente feita com abuso, às vezes era punida. No entanto, a lucratividade da Solução Final – tanto para o pessoal individual quanto para a SS em geral – é importante para a compreensão da relação íntima entre a disposição da SS de "fazer tudo pelo *Führer*" e a probabilidade da recompensa material. Realmente, o conjunto da integração dos campos de concentração com o mundo da indústria e das finanças, a cooperação de tantos ramos da burocracia não SS com a destruição dos judeus europeus nos leva mais perto de um dos segredos do sucesso da SS. Mesmo antes da tomada do poder na Alemanha, a SS se apresentava como estando de alguma forma próxima da sede do poder, de fato como detentores desse poder "sob ordens". Uma vez os nazis tendo alcançado o poder total, a SS se tornou identificada com sua imposição. Seus modos de silenciosa reserva eram diretamente opostos ao clamor barulhento das Tropas de Assalto por sua parte nos despojos. No entanto a SS ganhou sua parte, e deixou que o mundo profissional e de negócios soubesse que a cooperação com o *Reichsführer SS* era no mínimo um penhor de segurança contra o assédio e, potencialmente, uma conexão que valia dinheiro. O uso judicioso da recompensa e da punição fez o resto. Seria demasiadamente simplista dizer que a SS era a Máfia ou mesmo uma conspiração para meter a mão nos despojos da economia alemã, compartilhando-os com membros mais cooperativos das classes dominantes. A SS demorou bastante para desenvolver seus métodos de extorsão, e talvez, se Ohlendorf e a geração mais jovem de economistas da SS chegassem em algum momento ao topo desse império, sua segunda tomada do poder poderia ser parecida aos métodos empregados por Stálin para destruir oponentes potenciais. O nazismo foi um episódio truncado no qual a economia de guerra total teve curta duração. É um erro tomar como determinante uma única tendência ou fase desse caleidoscópio.

Já observamos que Himmler gostava de dizer que tinha um lado bom e um ruim. Ulrich Greifelt de RKFDV e Adolf Eichmann da RSHA – cada um deles se destaca pela banalidade de um lado de Himmler e dos engenheiros sociais tecnocratas que o serviam. Nem Greifelt nem Eichmann moldaram a SS. Ao contrário, foram moldados por suas experiências e a oportunidade que esta lhes deu de resolver problemas técnicos nos quais seres humanos eram matéria de números. Mas os problemas e as soluções se tornaram diferentes dos encontrados na exploração do trabalho dos campos de prisioneiros e mesmo da arianização, cada um dos quais encontrou seu nicho ecológico na voraz economia nazista. O esforço para coletar, "avaliar" e realocar muitas centenas de milhares de alemães "valiosos" em tempo de guerra – localizando-os em casas, lojas e fazendas de poloneses e franceses deslocados –, além da mobilização de transportes escassos para levar os judeus para os campos, enquanto munição e substituições esperavam os trens, exigia da SS e da polícia métodos que prejudicavam diretamente o esforço de guerra, muitas vezes contra as intenções do partido e certamente dos militares, e custavam à SS dinheiro e pessoal. No caso de Greifelt, o sujeito coordenava uma vasta rede de subordinados e semelhantes sem muito ego pessoal ou esforço para crescer. No caso de Eichmann, foi outro homem que inchou de orgulho, apesar de ser apenas tenente-coronel, por conta de sua habilidade em "conseguir que as coisas fossem feitas" diante de todos os obstáculos. Ambos eram engenheiros sociais. Cada um deles é concebível fora da SS – mesmo fora da Alemanha, tome-se o exemplo do Vietnã e dos Estados Unidos –, mas a SS criou para eles, e para milhares como Greifelt e Eichmann, um campo de operações no qual o poder estava disponível em quantidades normalmente não acessíveis a essas personalidades limitadas.

O papel de *"Wölfchen"* ("Lobinho"), Karl Wolff, na modelagem da SS é coisa completamente diferente. O chefe da Equipe Pessoal do *Reichsführer* SS ilustra o aspecto bizantino de todo o edifício nacional-socialista. Mais que qualquer um dos chefes do Escritório Central da SS, com exceção de Gottlob Berger – cujo papel nunca foi determinado pelo posto –, Karl Wolff gerenciava a SS. E fazia isso não por meio de decretos ou mudanças organizacionais. Fazia isso por intermédio das comunicações ou da interrupção das comunicações. Himmler, como Hitler e a maioria dos líderes do Nacional-Socialismo, compreendeu fundamentalmente que as estruturas burocráticas regulares eram camisas de força. Portanto, praticava uma "anarquia totalitária" ao exercer os privilégios da espontaneidade disponíveis aos poderosos. Mas Himmler evoluiu para se tornar um indivíduo altamente burocrático, de modo que, quando se aproximava dos quarenta anos, já havia criado agências repressoras bem sistemáticas, assim como cadeias de comando estruturadas de cima a baixo na polícia e nos militares (*Leibstandarte* e *Verfügungstruppe*), e gradualmente se apoiou na Equipe Pessoal para peneirar e escolher os problemas da SS para ele. Desse modo, assuntos que deveriam ir direto para o Escritório Pessoal, o Escritório Central da SS ou mesmo o Escritório Central da Raça e Colonização acabavam nas mãos de Karl Wolff, que se tornou uma espécie de "agência de correio da SS" – encaminhando e reencaminhando perguntas e sugestões, queixas e boatos. Wolff posava como "amigo de todos", e de fato não era malicioso, ainda que certamente autoengrandecedor e desonesto. Na época da guerra, pessoas de fora da SS sabiam de seu papel crítico e também que o próprio Himmler consultava Wolff com frequência, resultando deste se tornar muito mais que uma "agência de correio". Passou a ser uma espécie de *eminence grise*, crítico afável e ocasionalmente sardônico das fraquezas e insuficiências dos grandes e dos quase grandes. Para muitos, ele parecia ser o "amigo na corte" – e para muitos um inimigo perigoso. Não é fácil descrever o que ele fez para a SS: ajudou a tornar ainda menos racional o sistema de comando e de política do que o projeto básico de Himmler – mas, de fato, fazia essencialmente o que Himmler desejava. Amaciava e tirava as arestas das facetas mais ásperas das reações e do temperamento do *Reichsführer*, dessa maneira tendendo a encorajar os altos escalões a pensar que "podiam se livrar" com qualquer coisa que desejassem fazer. É claro que ele animava Himmler e fazia grandes esforços para ajudá-lo a satisfazer seus caprichos e desejos mais fantásticos.

A criação da *Waffen-SS* evidentemente não pode ser creditada a uma única pessoa. Bernd Wegner argumentou que Himmler planejou, desde 1934, criar uma alternativa para a tradição do *Nur-Soldaten* da *Reichswehr* sob a forma de quadros para um futuro exército Nacional-Socialista. Mesmo persuasiva, a tese de Wegner repousa sobre evidências circunstanciais. A formação de um trio – depois quarteto de regimentos de alto nível – pode ser altamente creditada, em 1939, a Sepp Dietrich, Paul Hausser, Hans Jüttner e várias dúzias de outros oficiais, dos quais muitos haviam ingressado na SS depois de 1933, frequentemente com experiência no exército alemão na pré-Guerra ou na República de Weimar. O trabalho das equipes das *Junkerschullen* antes de 1940 também deve ser mencionado como formador de um tipo de oficial militar respeitado e valorizado para além das fileiras da *Waffen-SS*. Ao mesmo tempo que o treinamento dos recrutas da *Waffen-SS* talvez fosse análogo ao dos *Marines* dos EUA, a ignomínia e desumanização características dos batalhões de Guarda e dos regimentos dos Cabeças da Morte não devem ser atribuídas a esses comandantes. Há pouca dúvida, entretanto, de que as unidades da *Waffen-SS* foram planejadas e treinadas para uso contra "traidores" – como no caso de 30 de junho de 1934 – e contra uma insurreição na Alemanha, fosse da direita fosse da esquerda. Desse modo, o princípio da obediência absoluta e lealdade perfeita, ainda que não elevada à perversão de ser empregada contra prisioneiros indefesos, foi preparado ideológica e moralmente. O reconhecimento do que Sepp Dietrich esperava que seus homens fizessem no momento da purga de Röhm não poderia ser omitido na educação das *Verfügungstruppe*. Ainda assim, essa crueldade parece ser de ordem diferente daquela dos campos, e como historiadores devemos ter o cuidado de sustentar que as intenções e práticas de 1934-37 não estavam todas fundidas, como realmente passaram a estar após 1939. Que assim o fizessem pode ser prontamente atribuído a Himmler, à "natureza" da SS, ao Nacional--Socialismo, ou às demandas da guerra, e todos esses fatores têm sua parte na culpa. É menos certo que algo chamado "mentalidade SS" deva ser acrescentado, fabricado a partir da determinação de não deixar que ninguém se opusesse ao *Führer* ou à vitória alemã, doutrinação continuada com a importância da obediência e do orgulho da unidade. Himmler gradualmente fundiu as unidades dos Cabeças da Morte, os Reforços da Polícia treinados por elas, e os regimentos de elite do *Verfügungstruppe*, não sistematicamente, como parte de uma política, mas sim por improvisação. Pode parecer que a *Waffen-SS* jamais nasceu, como Topsy na *Cabana do Pai Tomás*, e simplesmente cresceu.

O "Todo-Poderoso Gottlob" – Gottlob Berger, recrutador da SS, chefe do Escritório de Orientação Germânica, último chefe do Escritório Central da SS – certamente não concordaria que a *Waffen-SS* "simplesmente cresceu". Para Berger, o cuidado e a nutrição da nascente instituição era trabalho de vinte e quatro horas. Ele realmente não entra em cena senão em 1938, um momento em que a probabilidade da guerra com severas baixas já se tornava urgente para Himmler. Foi também um momento altamente delicado para a *Waffen-SS*, pois a mobilização soletrava o domínio da *Wehrmacht*. De fato, as unidades da *Waffen-SS* deveriam passar à disposição do exército em tempo de guerra. Berger não apenas foi instrumental no desenvolvimento e na coordenação das unidades de Autodefesa dos Alemães Étnicos na Tchecoslováquia e na Polônia (que se colocavam fora da *Waffen-SS* propriamente dita e também não sujeitas ao controle pelo exército), como também o recrutador-chefe assentou os alicerces para uma "SS Nórdica" antes de os nazistas terem conquistado qualquer território na Europa Ocidental. Berger, portanto, inquestionavelmente moldou o futuro da SS em tempo de guerra, tanto no uso de não cidadãos como recrutas, mas também na concepção de uma SS Europeia. Berger foi o principal agitador por uma SS multiétnica a partir de 1942, e nenhum outro líder da SS chegou perto dele na responsabilidade por esse traço final da *Waffen-SS*.

Aqui mais uma vez nos deparamos com o assunto intrincado da imanência de uma SS Europeia dentro da ideologia e da fabricação da "Ordem". O Nacional-Socialismo tinha uma relação de amor e ódio com tudo o que era estrangeiro, talvez a exasperação de uma forma de insegurança não limitada aos alemães. O admirador estrangeiro dos nazistas era muito apreciado, mas geralmente descontado. O fascismo italiano, ainda que teoricamente "irmão de armas", era frequentemente ridicularizado. Admiração verdadeira parece haver existido pelos "espécimes nórdicos" entre os escandinavos, e certamente pela aristocracia inglesa. Existe pouco na evolução da SS que nos prepare para uma SS Europeia, que parece ser a improvisação que geralmente tem sido pintada. Ainda assim... havia o apelo intrínseco da elite racial, a doutrina fundamental do "sangue bom" espalhado pela Europa e a SS como uma irmandade "acima das classes" antibolchevique. Pareceria que no sonho Nacional-Socialista da "Ordem" – certamente não uma invenção de Himmler – repousa, meio oculto, meio revelado, o potencial de um ponto de mobilização não apenas pan-Alemanha (ou pangermânico) e sim pan-europeu, para a antiga contenda elitista de tantas tradições. A partir desse ponto de vista, podemos nos inclinar para perguntar não como Berger e Himmler puderam chegar a um ideal de uma SS Europeia, e sim que traços da SS Alemã enviesaram por esse caminho.

A resposta é que, acima de tudo, a instituição não estava madura. O peso de assimilar os alemães étnicos no Reich como um todo, sem mencionar dentro do partido e da SS, requeria tempo. É claro, o calor da guerra fez algo por esse amálgama, mas o reverso também era verdadeiro: a guerra gerou suspeitas e ciúmes que muito facilmente podiam ser descarregados contra todos os que não fossem cem por cento alemães. O treinamento e o espírito da SS não eram particularmente bem desenhados para a assimilação, mesmo que "ordens estritas" a exigissem. O caso dos recrutas nórdicos parece haver sido duplamente complicado pelas dificuldades de língua e suas expectativas de autonomia. Ao contrário dos alemães étnicos, os nórdicos "conseguiram o que queriam" de certa maneira, ou pelo menos levaram uma SS que não admitia compromissos a se comprometer. Depois de experimentar com um sistema dual de unidades regulares (dirigidas por alemães) e legiões estrangeiras, a *Waffen-SS* desenvolveu divisões comandadas por alemães, mas linguística e culturalmente homogêneas, que em 1943 podia ser aplicada a outros que não os grupos nórdicos. Muito dessa experimentação e adaptação foi engendrado por Gottlieb Berger, que compartilhava com Himmler a desonestidade e a intriga necessárias para extrair esses homens de seus empregos no Reich, de seus lares ou da *Wehrmacht*.

A expansão da SS feita por Berger e Himmler, e mais especialmente sua internacionalização, foi por certo oportunista na medida em que criaram um sistema militar não elitista. Poderia ser justificado dentro da tradição da SS como uma extensão da elite, ideia racial de todas as sociedades europeias. Provavelmente a ideia de uma "camaradagem em armas" de toda a Europa Ocidental, com ou sem a cruzada antibolchevique, pode ser vista como consistente com a pacificação dessa região concomitante com o esperado armistício com a Inglaterra. Não existe aqui nenhuma contradição necessária com o quadro de um futuro exército Nacional-Socialista sendo criado para substituir os *Nur-Soldaten* que fizeram a maior parte da luta. Os reforços racial-ideológicos vindos da Europa Ocidental poderiam ser aliados nessa ambição. Entretanto, o fatídico ataque à URSS, mais improvisação do que realização da fantasia de Adolf Hitler, condenou a SS, tal como condenou o Nacional-Socialismo.

É provavelmente um erro buscar por alguma razão profunda ou maquiavélica para que Himmler se voltasse cada vez mais para a quantidade entre 1939 e 1942: ele era um crente verdadeiro de seu *Führer*. Mesmo que Hitler não necessitasse das quantidades que Himmler lhe proporcionou antes de 1941, isso não era uma antecipação. Em 1941 esses números não eram o suficiente, de modo que Himmler, com ajuda de Berger, conseguiu mais – muito mais –, mesmo a custo temporário da "ideia da SS" de consistência. Afinal de contas, o uniforme da *Waffen-SS* não suplantava a carteira de identidade de membro emitida por Munique. Ou, podemos perguntar, suplantava? Certamente não na mente de Himmler – mesmo em 1944.

Ficou para os milhares de oficiais da *Waffen-SS* de 1941-45 moldar os aspectos militares do corpo. Em grande medida homens entre trinta e cinquenta anos, frequentemente, mas nem sempre, eram nazistas, alguns, mas não todos, veteranos das lutas de rua de 1930-32, e uma grande maioria fazendo o que sempre desejou – comandando homens em uma "guerra pela Alemanha". Denominadores comuns além desses são poucos e espalhados. Muitos eram impacientes com Himmler, a quem viam como "contra militares", e tinham pouco uso para a educação racial ou histórica que o Escritório Central da SS ainda proporcionava em 1944. Deram à *Waffen-SS* a reputação de "brigada de fogo" para seções ameaçadas do front, sua "parcela" de covardes e vira-casacas na adversidade era menor que os demais, e trabalhavam muito bem com unidades e oficiais não SS. Tiveram, também, mais que os demais, sua parcela de "últimos defensores" que conduziam seus homens para mortes inúteis e executavam civis que acenavam com bandeiras brancas.

Ao analisar o que a SS "foi" e no que se tornou, é criticamente importante especificar os períodos de tempo e os pontos de vista. Observar primeiro a SS de dentro, e do centro para fora, por assim dizer – a concepção que Himmler tinha da SS evoluiu certamente entre 1929 e 1945. Na *Kampfzeit* (antes de 1933), seu pequeno tamanho e preferência para uma relativa qualidade entre os leais ao partido – que afinal de contas eram eles mesmos voluntários nas condições de uma escolha política bem ampla – fazia da SS, para Himmler, algo como uma tropa particular. Tropa que ele esperava moldar, espremer e afinar como um instrumento de poder para Hitler, para o partido e para suas próprias ideias – especialmente como incorporação de uma futura elite racial. Gradualmente, a partir de 1933, quando ele começa a participar do poder estatal, é atraído para se tornar o policial do Reich, mas não antes de haver usado a SS para construir essa posição estatal de tal maneira a reter forças de reserva em vários ramos da SS – e mesmo poder de ataque – e, igualmente importante, refúgios contra o exercício do poder estatal em oposição a ele, na forma dos campos de concentração, a Gestapo, a SD e mesmo a SS Geral. É duvidoso que algum desses ou todos esses instrumentos pudessem realmente garanti-lo contra Hitler, caso o *Führer* se voltasse contra ele. De fato, poderiam nem conseguir proteger o *Führer* contra um golpe militar determinado, como se mostrou em 1944. Entretanto, nenhuma das duas situações perturbou a evolução do edifício no tempo de paz, de modo que, em 1938, a visão de Himmler da SS e da estrutura da polícia cada vez mais parece ser a nova classe de instituições nascidas no Nacional-Socialismo, além do partido e do Estado, uma *Führer*-instituição. Himmler, entretanto, continuava a nutrir e desenvolver a SS como uma comunidade de famílias, ainda com o patrimônio genético na mente – apesar de já ser claro, diante das quantidades envolvidas, que ele pensava em termos do corpo de oficiais, mais especificamente dos altos oficiais (*Standartenführer*, coronéis e mais acima).

Quando os anos de guerra chegaram e se multiplicaram, Himmler ficava cada vez mais desalentado com sua concepção da SS, pois apesar de a guerra haver proporcionado oportunidades maravilhosas para a expansão internacional e a "sangria" que ele considerava necessária para justificar a existência de uma tropa com tais reinvindicações de elite, sentia que a SS escapava de seu controle. Muitas vezes falou com satisfação do instrumento que empunhava contra os inimigos internos do "movimento" e tinha orgulho de ter na SS e na polícia um verdadeiro instrumento capaz de fazer o trabalho sujo desprezado por todos os demais na Alemanha – assassinar os judeus. No entanto estava sempre temeroso de que "1918" voltasse mais uma vez e de que a SS não estivesse suficientemente unida ou fosse suficientemente desprendida. Pelo sistema da SD, na verdade por meio de toda a rede de contatos que ele tinha no mundo dos negócios – a *Wehrmacht*, a academia e a mídia –, já em 1942 estava bem ciente de que dependia do *Führer*, das forças armadas, da SS e da polícia para evitar um colapso interno. Queixava-se de que a *Waffen-SS*, que ele permitiu eclipsar tudo, exceto a polícia em seu sistema, seguia seu próprio caminho, que seu corpo de oficiais se tornava *Nur-Soldaten*. Ainda assim, estava enfeitiçado pelo potencial de poder, e seguia todas as pistas da política internacional – ora usando o subterfúgio da SS, ora a polícia e, inevitavelmente, a *Waffen-SS*. Como ministro do Interior, e mais ainda como comandante do Exército Interno e dos Corpos de Exército, Himmler mostrou que havia derivado seu próprio projeto para a SS e para além de sua própria engenhosidade ao adaptá-la à sua nova posição e à sua constituição-*Führer*. Mas, naquela conjuntura (1943 e 1944), aquele "meio mito" e "meia aspiração" já mostravam sinais de quebras sob o peso da derrota. Mais estranho ainda, em 1945, Himmler achava que seus poderes de polícia seriam atraentes para os vitoriosos, apesar de sem dúvida ainda imaginar que uma cruzada antibolchevique "cinco minutos depois da meia-noite" teria alguma utilidade para o que restava de sua "SS Europeia". Pode até ter guardado na manga sua experiência como conspirador na primeira SS para usar no pós-guerra. Seu suicídio permanece enigmático. A mesma incerteza e ambiguidade que aparentemente estavam atrás de suas dores de estômago persistiram nas últimas horas de seu cativeiro. Escolheu se disfarçar como membro da Polícia Militar (uma categoria sujeita à detenção), e depois voluntariamente se identificou como Heinrich Himmler e só mordeu a cápsula de cianeto quando teve certeza de que iria perder.

Entre os *Altkämpfer* (aqueles que haviam se afiliado antes de 1933), a visão da SS mudou segundo o grau de ajustamento de cada um às mudanças de demandas. Para os muitos "perdedores", que tiveram que se consolar com a posição de tenentes sem pagamento, em 1933 e 1934, e aposentados em 1935 com empregos de vigilantes noturnos de fábricas ou fiscais de trânsito, a SS se tornara outra parte do ingrato "Domínio dos Chefões". Para alguns que conseguiram bons empregos civis e "conexões" por intermédio da SS depois de 1934, a SS permaneceu sobretudo uma fraternidade, que às vezes tomava muito tempo e fazia demandas inconvenientes, como abandonar sua igreja. Muitos desses se tornaram oficiais da reserva ou graduados da *Wehrmacht* e tiveram pouco ou nada a ver com a SS. Mas outros subiram degrau por degrau nos negócios e nas patentes da SS, dos empregos estatais ou da hierarquia do partido, e ajustaram suas visões oficiais e não oficiais da SS segundo isso. Havia um espectro amplo de lealdade ao ideal himmleriano: lealdade oficial mínima significava responder positivamente às solicitações do quartel-general da SS, não simplesmente a Himmler pessoalmente – pagando as numerosas extorsões exigidas (e que continuavam subindo) e sendo "ativo". Isso significava mais que o comparecimento às reuniões mensais: significava usar uniforme, comparecer nas ocasiões apropriadas e fazer discursos, tirar a família e parentes da igreja, casar-se e ter filhos. Visões não oficiais dos *Altkämpfer* de sucesso que não ganhavam a vida como oficiais da SS variavam de uma profunda dedicação pessoal a Himmler, à "Ideia", e à SS, demonstrados por irrestrita atividade voluntária e serviços perigosos na Alemanha e no front, uso impiedoso das amizades dentro da SS, do uniforme, posição e ideologia para um grosseiro proveito pessoal. Quando a guerra chegou, mais e mais membros da SS experimentaram o momento da verdade, quando a conversa sobre sacrifícios e os paralelos com o *Kampfzeit* se tornaram bem reais e imediatos. Em 1943 e 1944, Gottlob Berger ainda desencavava posições confortáveis na retaguarda para alguns desses tipos, pois ele e outros ainda os preservavam para o benefício do poder e da influência da SS em 1945.

No núcleo central da SS, entre 1933 e 1945, havia alguns milhares de *Altkämpfer* com posições remuneradas. Já por volta de 1939 seu número estava diluído pelo pessoal que havia se alistado em 1933 ou mais tarde, especialmente nos campos militar e da polícia. Na medida em que os anos de guerra continuaram, mais e mais posições passaram para homens que haviam sido da SA ou que nem eram membros do partido antes de 1933. Mas é esse primeiro grupo de *Altkämpfer* que deveria ter sido o fermento que resultou na unidade da SS em 1937, 1940 e 1942, e várias centenas, talvez até 500, assim o foram. No entanto, não eram o suficiente: os outros *Altkämpfer* remunerados sucumbiram ao "mal", que Himmler identificava na fragmentação da SS em soldados, policiais, médicos, advogados, administradores e, pior de todos, os "burocratas da SS". É duvidoso se mesmo os possíveis 500 compartilhavam todo o sonho da SS, mas mostraram por sua evolução que compreenderam que essa deveria se tornar uma SS e polícia para resistir ao destino da SA e talvez do partido, assim como se tornar um adjunto em um Estado Guilhermino reconstituído. Não tratavam a polícia apenas como um aparelho do Estado, mas como combatentes pelas medidas do Nacional-Socialismo, não importa quais fossem. Similarmente, como soldados, não reconheciam os direitos dos civis, dos prisioneiros de guerra, dos neutros ou do clero. Vitória a qualquer preço, a rejeição virtual do cálculo de custos em sangue e material – eram essas as atitudes da minoria dos comandantes *Altkämpfer*. Mais uma vez, como elaboradores de políticas e administradores regionais, esse tipo de Antigos Combatentes pensava primeiro na SS, por fim e sempre em comparação com os interesses dos civis, do partido ou da burocracia estatal. Tais homens eram uma pedra no sapato de muitos outros nazistas, e com sua crueldade muitas vezes pareciam estar, e às vezes estavam, menos interessados nos propósitos da Alemanha (significando com isso os do povo alemão) do que nos da SS. Entretanto, havia três ou quatro vezes mais altos líderes da SS com números abaixo dos 200 mil que não se enquadravam nessas características terríveis – não, mais que isso, malditas. E, é claro, os que se uniram em 1933, 1934 e depois incluíam homens com muitos desses traços cruéis, apesar de raramente na amplitude e profundidade necessárias para ultrapassar suas missões como policiais, soldados, administradores, médicos, advogados e assim por diante.

De modo que para sumarizar as visões da SS de dentro e do alto, e que não eram o ideal de Himmler: entre 1929 e 1933 a SS era uma "causa" que pagava e prometia pagar ainda melhor. Suas doutrinas e seus métodos eram todos dirigidos para serem tomados literalmente e internalizados como um catecismo. Como companheiros, os membros da SS eram em sua maioria bons sujeitos, melhores que os da SA, muito melhores que os chamados camaradas do partido... e por aí seguia a litania. Nos primeiros anos após a tomada do poder, os *Altkämpfer* em posições remuneradas resmungavam sobre os recém-chegados que conseguiam melhores posições na SS, enquanto estes resmungavam sobre a incompetência da "madeira morta". Havia entretanto muitas esperanças na expansão e recompensas justas pelo trabalho duro e pela devoção à SS em vez da família, um emprego na indústria privada, ou uma posição no serviço civil. Esse tipo de pessoal da administração da SS podia ser sempre confiável quando era preciso exibir o uniforme, lutar por seus "direitos" e "honra" em todas as ocasiões concebíveis, e, depois de um pouco de queixa, pegar a família e se mudar para uma nova cidade, quando ordenados a isso por conta dos interesses de cobertura geográfica da SS.

Os anos de 1936 a 1938 realmente trouxeram bons empregos e prestígio para esses oficiais da SS (e trouxeram alguns recém-chegados também para as patentes de oficiais, ainda que não fossem tantos quanto antes, ou como aconteceu depois do início da guerra). Agora começavam a se diferenciar um do outro, especialistas de muitos tipos – apesar de que, como vimos, tenderem a pensar como soldados, policiais, administradores de negócios e administradores em geral, médicos, advogados, etc. As promoções começaram a se relacionar mais de perto com sua especialização, assim como com relacionamentos dentro de seus próprios grupos, fossem eles tópicos fossem regionais. A SS "começou a parecer uma loja de departamentos". Apareceram os primeiros sinais de rivalidade de um subgrupo em relação a outro. A intriga, sempre presente, passou a ser ocupação de tempo integral para alguns. Parecia que a intriga era necessária para que as coisas fossem feitas com alguns superiores – talvez com Heinrich Himmler. Na medida em que os sinais da guerra se multiplicaram e parte do pessoal remunerado começou a abandonar o barco, melhores empregos se abriram mais para o restante. Alguns começaram a pensar em termos de impérios no exterior e a usar intrigas internacionais para lançar os alicerces para coisas ainda maiores a vir. Himmler favorecia tais atividades.

Finalmente, esse grupo experimentou o derramamento de sangue na guerra, primeiro em uma proporção suportável. Posteriormente, as perdas no front, na Europa ocupada e na Alemanha bombardeada começaram a tornar muito exposta a posição de oficial da SS. Esses homens não desertaram da SS. Como policiais, como soldados, como administradores, mataram, torturaram, roubaram e operaram, projetaram e construíram, inspecionaram, investigaram. Muitos eram realmente altruístas, mas muitos eram venais. Simplesmente davam duro na guerra e na devastação, sem pensar muito, exceto em sobreviver, conseguir uma licença, uma promoção, um aumento na remuneração, e em viver um pouco. Raramente batalhavam pelo futuro da SS – como Himmler – e raramente se perguntavam se a SS havia se perdido em algum momento antes da guerra – como faziam alguns dos *Altkämpfer* que permaneceram crentes fiéis. Eram críticos de Himmler por este assumir coisas demais, mas também eram muito mais críticos quando não se tratava apenas de Himmler – do partido, da *Wehrmacht*, de outros ramos da SS – mas não do *Führer*. (Naturalmente, registros escritos mostrariam isso apenas se pertencessem a alguém que posteriormente entrasse em desgraça. Acredito que *Altkämpfers* duvidassem em particular do *Führer* – sabemos que outros do mesmo nível fizeram isso.) O essencial sobre eles é sua falta de *leitmotiv* a qualquer momento para além de fazer o trabalho que tinham diante de si sem muita imaginação. É duvidoso que se possa dizer que tivessem uma visão geral da SS durante os anos da guerra. Caso isso acontecesse, essa visão seria muito colorida por seus próprios interesses e pelos dos respectivos ramos de serviço.

O que, então, podemos dizer das visões sobre a SS e sua importância desde fora de suas próprias fileiras? Aqui também devemos distinguir entre amigos, inimigos, vítimas e observadores desinteressados. Nos anos de luta, Hitler e a liderança do partido em Munique tinham um lugar suave em seus corações para com Himmler e seus subordinados. Gostavam da SS pela facilidade de gerenciá-la. Mas a viam apenas como uma entre muitas organizações do partido. Himmler não conseguia o que queria com muita frequência – nem tanto quanto os comandantes da SA. Chefes partidários locais e regionais tinham laços mais estreitos, relacionamentos mais intensos de gostar e detestar, na maioria dos casos de caráter pessoal. Muitos, mas não todos, preferiam a SS à SA, mais uma vez porque a SS era descartável. Antes de 1933 a SS certamente não era nem temida nem tratada com luvas de pelica. Era junto aos radicais da SA que os homens da SS eram detestados, como dedos-duros e espiões. No entanto muitos da SA apenas consideravam a SS como outro ramo de seu próprio serviço, a ser devidamente xingado, invejado e talvez, ocasionalmente, combatido, mas não em especial respeitado – ou odiado. A esquerda alemã escarnecia da SS por suas pretensões *petit bourgeois*, seus (enormemente exagerados) apoiadores capitalistas e manipuladores, e a ausência de trabalhadores de verdade em suas fileiras. Ao contrário da SA – que os comunistas provocavam, e até mesmo o SPD reconhecia que tinha trabalhadores –, a SS era considerada como monoliticamente classe média. Era um erro, mas o trabalhador com consciência de classe estava realmente fora de lugar na SS, o que não se poderia dizer da SA pré-1933. Os trabalhadores e outras vítimas da SS antes de 1933 dificilmente a distinguiam da SA. Salvo pela "SA de Stennes", suas vítimas no movimento dificilmente os distinguiam de outros espiões e intrigantes do partido. Observadores desinteressados (nós mesmos) deveriam acrescentar que a SS era amplamente subestimada e não temida antes de 1933. Seu impacto na vida alemã era pequeno, certamente comparado com os propagandistas do partido e a violência de massa da SA. No entanto, dentro do movimento e como uma atração para os potenciais médicos, advogados, funcionários públicos, escritores, acadêmicos e polícia, a SS ainda em fase de surgimento de 1929-33 proporcionava reservas de forças contra a dissidência e a desorganização. Ainda assim, se o partido fosse a pique ou ameaçasse ter esse destino, a SS nem poderia tê-lo salvo nem sobreviveria a seu desaparecimento. Na melhor das hipóteses poderia ter oferecido a um naufragado Hitler um núcleo a partir do qual pudesse começar tudo novamente.

Vagarosamente, entre avanços e calmarias, Hitler começou a ver Himmler e sua SS como peças úteis para dar o xeque-mate em Röhm. Mas Hitler deixava a natureza tomar seu curso sem interferir. Göring parece ter dado a Himmler a força para assumir riscos sobre as intenções de Hitler, mas na verdade Hitler evidentemente decidiu deixar o que acontecia nas mãos da SS. Daí em diante, o resto da liderança do partido e suas direções regionais tomaram a SS com admiração e respeito, ainda que o ódio espalhado pela SA deva também ter existido no partido. A SD, Heydrich e o aparelho de Estado (Gestapo e campos de concentração, tal como vistos pelo lado partidário) eram argumentos poderosos junto a líderes do partido que não gostavam de Himmler ou da SS. A SS podia se tornar o bicho-papão para assustar outros. Os funcionários públicos, juízes, acadêmicos e escritores hesitavam em criticar os métodos ilegais da SS, apesar de alguns resistirem "legalmente" por algum tempo (anos, em alguns casos). Agora as vítimas conheciam seus atormentadores, e é dessa era (1935-39) que surgiu a imagem monolítica dos fanáticos de casacos negros. Na verdade, a SS ainda era amplamente confundida com a Gestapo, e os antifascistas em geral tomavam o sistema da SS e da polícia como completamente unificado e integrado com a ideia Nacional-Socialista do partido--Estado muito antes de isso ser verdade. Em nosso julgamento, o período 1933-36 deveria ser visto como extremamente experimental para a SS, período de experimentações e erros. Seu impacto no movimento nazista era mais uma vez fortalecer Hitler diante das forças populares que haviam tornado possível sua ascensão ao poder. Quanto ao impacto na Alemanha, o poder da SS gradualmente fortaleceu a si mesmo por volta de 1936, na ordem política e social, de tal modo que poucos processos poderiam acontecer sem a vigilância e a intervenção da SS. Já que esses efeitos eram amplamente negativos, o impacto era espasmódico e emperrado em relação a uma aceitação de fora, mas para esse período seria um erro magnificar ou reificar um Grande Irmão totalitário, em vez da mentalidade policial essencialmente sem imaginação e repressiva que era a realidade da SS e da polícia depois de 1936. Havia espaço para resistência criativa e inteligente, no entanto o ânimo do povo alemão não prometia muito apoio para tal resistência – e a SS teve pouco a ver com esse ânimo.

 Enquanto a Alemanha se preparava para a guerra a partir de 1937, Hitler e os nazistas valorizavam a SS como segurança contra a resistência interna. Hitler cautelosamente proporcionou a Himmler os meios para estabelecer forças de ataque para a segurança interna, assim como para fazer a limpeza depois da tomada de um território. A ideia do Corpo de Segurança do Estado parecia recomendar a si mesma diante de uma liderança relutante do exército e, tal como em 1934, Hitler arranjou para ser surpreendido com as revelações a respeito de von Blomberg e von Fritsch providenciadas por Heydrich. Por então os líderes do exército podiam temer e detestar a SS – muito como seus antigos inimigos, os líderes da SA de 1934 –, ainda que alguns conspiradores anti-Hitler imaginassem a SS como aliada contra so partido. As vítimas do Corpo de Segurança do Estado na Áustria, nos Sudetos e na Boêmia encontraram um instrumento polido e maquiavélico que, do seu ponto de vista, era uma agência do Reich – e de Hitler –, e era mesmo. O fato de estar forrando seu próprio ninho com a expropriação de propriedades e estabelecendo os alicerces para um domínio imperial próprio raramente era percebido. Mas observadores podem registrar que agora a SS funcionava com todos os seus cilindros, genuinamente preparando o Reich para uma conquista imperial, dando a Hitler a margem de segurança doméstica que ele necessitava para fazer o Pacto com Stálin e começar o que era conhecido como uma guerra impopular. A SS de 1939 fazia precisamente o que havia sido criada para fazer – e um pouco mais, a respeito de suas próprias ambições imperiais, que se levantavam de sua pletora de técnicos e sonhadores.

Hitler foi vagaroso em compreender a utilidade militar da *Waffen-SS*, e o exército ainda mais vagaroso. O exército estava preocupado com o comportamento da SS na Polônia ocupada, e em menor extensão nos Bálcãs. Hitler, por sua vez, aprovava completamente e "compreendia" as razões do terror da SS. Existem todas as razões para acreditar que ele mesmo ordenou isso. Similarmente, deu *carte blanche* a Himmler na retaguarda da Barbarossa, pois queria que o Corpo de Segurança do Estado matasse e torturasse. Com relação à Solução Final, existe apenas uma sombra de dúvida. É provável que Göring houvesse arranjado as coisas com Heydrich, tal como fizera em 1934 e 1938, de modo que o *Führer* pudesse, apenas com a falta de direções, alcançar seus objetivos com "as mãos limpas". A lenta improvisação da operação de matança e a intrincada colaboração abrem espaço para a mentira de uma conspiração interna dentro da SS, de um mal segmentado dentro do mal. Ao contrário, foi uma tarefa confiada aos homens de casacos negros, totalmente consistente com sua imagem cultivada pelo menos desde 1933, dentro do partido e da sociedade alemã. A máscara do mal que a SS passou a usar nessa época foi desejada para ela por todos os que conheciam o caso. Os próprios indivíduos podem não ter sentido ou agido como possuídos, mas as atribuições de perversão total para os perpetradores – incorretas como foram então ou agora – revelam o quanto os observadores têm que se distanciar de tais comportamentos. O conjunto da SS não fez a matança, mas o conjunto da SS sabia disso, e poucos podiam ficar de lado quando chamados a participar. À parte o assassinato de judeus, o povo alemão como um todo conhecia a SS como os carrascos mortais da Europa Oriental, e os guardiães da lei e da ordem na Europa Ocidental. Seus membros eram inevitavelmente vistos como "diferentes de nós mesmos". E isso a despeito da realidade de que poucos mostravam tais diferenças. Para suas vítimas, a SS de 1941-45 era tudo o que a palavra "fanático" pode conter, indiferenciados e imperdoáveis. Para o soldado russo, "SS" significava sem quartel dos dois lados. Durante a batalha do Bulge, interrogadores americanos dos prisioneiros de guerra tinham que ir até o posto de comando das companhias buscar os prisioneiros da SS, pois os GI os espancavam tanto que se tornavam inúteis. Os prisioneiros eram muito temidos, e rapidamente (e de modo incorreto) eram identificados como espiões e infiltrados. Alguns deles foram executados. Os soldados da *Waffen-SS*, em 1944 e 1945, tinham a reputação de cometer ultrajes contra civis em todos os fronts. Alguns efetivamente faziam isso, embora a maioria não.

Dessa maneira, a SS do período da guerra se transformou em um álibi para toda uma nação. A verdadeira SS era muito mais multiforme – ainda que sujeita ao poder total de uma ditadura –, de modos especiais não igual, mas geralmente, aplicáveis aos homens da *Wehrmacht*, funcionários públicos e alemães comuns. Os homens da SS juravam obedecer, estavam organizados em unidades facilmente operáveis que todos esperavam que fossem cruéis e terríveis. Quanto ao Holocausto, a SS merece toda a culpa que recebeu, ainda que não a culpa exclusiva que às vezes lhe é atribuída. A *Waffen-SS* sem dúvida prolongou a guerra, deu aos nazistas um tempo que não sabiam como usar – talvez o tempo comprado com tantas mortes fosse desperdiçado de qualquer maneira, pois nada poderia ter comprado tempo suficiente para os nazistas. Mas isso não foi algo que os homens da SS podiam decidir então. Era a tragédia deles o fato de terem previamente rendido suas escolhas para mestres como Hitler e Himmler. Aprendizes de feiticeiros, se viram dentro das ruínas da cozinha do feiticeiro – a Alemanha.

GLOSSÁRIO

Abteilung – Significa tanto seção como batalhão. Uma *Sport-Abteilung* era a "Seção Esportiva" de um local do partido; uma *Sturm-Abteilung*, por outro lado, era assim chamada para lembrar um "Batalhão de Choque" usado apara conduzir um ataque a trincheiras ou manter um setor em perigo. Uma *SA Hundertschaft* (centena) se tornava batalhão quando ultrapassava (em 1922) essa denominação numérica. Cada batalhão supostamente era composto por quatro companhias, e quatro batalhões integravam um *Standarte* (regimento).

Reichswehr Negra – Refere-se a unidades como à que Heinrich Himmler pertenceu brevemente em setembro-outubro de 1923. Eram montadas ilegalmente pela *Reichswehr* para ajudar a resistir a incursões francesas, polonesas ou outras na época da ocupação do Ruhr, para esmagar levantes comunistas ou liquidar com vários esquemas de secessão. Foram desautorizadas em 1924, mas muitas delas continuaram existindo como ligas de combate, especialmente dentro do *Frontbann*.

Milícia Cidadã – Milícia local de classe média com alguns membros de força policial paramilitar, formada por uma ordem do Ministério do Interior da Prússia (*Einwohnerwehr*) e a liderança soldadesca. Seu pessoal geralmente dormia em lares dos Voluntários

Temporários e não se deslocava para longe das comunidades de seus próprios voluntários de emergência (*Zeitfreiwilligen*). Funcionavam como guardas e auxiliares dos corpos livres.

Ligas de Defesa ou de Combate – Substituíram em alguma medida os Corpos Livres em 1923, apesar de frequentemente estarem compostas por veteranos de unidades dos Corpos Livres. Seus membros eram extensamente recrutados dos antigos *Einwohnerwehr* e dos *Zeitfreiwilligen*. De legalidade duvidosa, eram especialmente abundantes na Baviera, que frequentemente desprezava a República e a Entente.

Partido da Pátria – Organização fundada em 1917 pelo Alto--Comando Alemão para mobilizar a opinião pública por trás do prolongamento da guerra para obtenção de ganhos imperialistas. Consistia em membros de grupos radicais de direita como os Pan--Alemães, Antissemitas e grupos de superpatriotas desorganizados anteriormente.

Feldjägerkorps – Formação de choque da SA, dissolvida em 1935 e incorporada à polícia.

Feme – Outra instituição histórica ressuscitada (em alemão *"Fehme"* ou *"Vehme"*), era um processo popular de linchamento na Idade Média, aplicado nos anos 1920 por clubes secretos que agiam como gângsteres, contra a esquerda política e democratas liberais declarados. Provavelmente o mais infame desses clubes foi a OC (Organização Consul).

Movimentos conservadores-patrióticos e populares (*Völkisch und vaterländisch*) – Opostos à República e a tudo o que ela representava (particularmente a Revolução).

Freikorps (**Corpos Livres**) – Unidades militares e paramilitares privadas, empregadas pelo regime provisório da Alemanha em 1919 para lutar contra a esquerda revolucionária e os insurgentes poloneses. O termo relembra unidades similares criadas para combater Napoleão em 1813.

Frontbann – Uma confederação frouxa de diferentes ligas de combate, que mantiveram suas identidades individuais no decorrer de 1924 e 1925. Organizadas e dirigidas por Röhm para substituir as Tropas de Assalto.

Gau – Regiões do partido nazista dirigidas por um líder partidário (*Gauleiter*).

Liga Alemã-Folclórica de Proteção e Desafio (*Deutschvölkischer Schutz-und Trutzbund*) – Fundada em 1919 com o apoio explícito da Liga Pangermânica, essa organização antissemita se especializou em publicação de propaganda e manifestações dentro do movimento popular na Alemanha urbana e nas cidades pequenas. A tradição "folclórica" (populista) datava dos anos 1880 entre os artesãos e pequenos negociantes ultrapassados pela industrialização e urbanização. O sistema de *Gauleiter* regionais da *Schutz- und Trutzbund* foi copiado pelos nazistas, e alguns dos *Gauleiter* nazistas vieram da *Schutz- und Trutzbund* (Joseph Grohë, Ludolf Haase, Martin Mutschmann).

Jungdeutscher Orden Tannenbergbund* e *Blücherbund – Esses "clubes" direitistas eram mais ou menos conspiradores, mais ou menos armados, e floresceram na Alemanha urbana entre os jovens de origem burguesa, tanto da geração do front como entre os mais jovens. Seus objetivos políticos eram oposição à cooperação com os vitoriosos, oposição à República e hostilidade ao marxismo. Não eram estritamente ligas de combate, e tendiam a ser baseados localmente, com interesses na política local.

Kampfzeit/Kampfjahre – Anos de luta, pré-1933.

Landsknechte – Os *Landsknechte* originais ("servos da nação", ou lansquenetes) eram soldados mercenários dos séculos XVI e XVII, romantizados pelo movimento da Juventude Alemã antes e depois da I Guerra Mundial, desse modo retomando a imagem das Guerras de Libertação (1813), das Guerras Camponesas e da Guerra dos Trinta Anos para borrar as realidades dos corpos livres antibolcheviques.

Nacional-Bolchevismo – Primeiro apareceu em 1923, durante a ocupação do Ruhr. Personagens dos Corpos Livres, como Leo Schlageter, combinavam o chauvinismo com convicções militaristas e uma admiração não marxista em relação a organizações revolucionárias leninistas e seus slogans. A segunda onda apareceu no Norte agrícola e entre a Defesa do Reich. Mais tarde alguns se uniram ao Partido Comunista.

Oberleitung* ou *OL – Alto-Comando do Esquadrão de Guardas (*Oberleitung der Schutzstaffel der NSDAP*. Note-se o uso singular de *Schutzstaffel* aqui). O termo militar não colou. O termo *Schutzstaffel* do NSDAP seria tecnicamente preservado, mas raramente usado.

Organisation Rossbach* e *Schilljugend – A *Organisation Rossbach* era uma liga de combate, enquanto a *Schilljugend* era um contingente de jovens organizado por Heines em bases locais. As duas unidades eram notórias pela homossexualidade e por usarem camisas marrons que haviam sido fabricadas para as tropas coloniais alemãs, adquiridas nas lojas do antigo exército imperial.

Reichsbanner – Liga de defesa ou combate da Social-Democracia.

Reichkreigsflagge – Organização terrorista de Ernest Röhm. O termo é propriamente definido como "Bandeira de Guerra do Reich".

***Reichswehr* (Defesa do Reich)** – A chamada *Reichswehr* provisória foi estabelecida pela Assembleia Nacional Alemã no dia 6 de março de 1919. Operava a partir dos Comandos-Gerais dos corpos de exército de área do antigo Exército Imperial.

Roter Frontkämpferbund – A Liga dos Soldados da Frente Vermelha foi fundada para competir entre os veteranos com a *Reichsbanner* dos Social-Democratas e com o *Stahlhelm* dos nacionalistas. Oficialmente ilegal desde 1930, a "Frente Vermelha" era tão parte do cenário urbano da Alemanha durante a depressão quanto a SA. Seu slogan era "Matem os fascistas!".

***Scharführer* (líder SS de um *Gau*)** – O termo *Schar* foi outro empréstimo romântico do movimento da juventude do pré-guerras, que o tomou da literatura medieval. A SS usava também *Gauführer*, e chegou a empregar *SS-Gauleitung*. Mais tarde a SS adotou o termo da SA, *Gruppenführer* (líder de grupo), mas por volta dessa época (1932), tais comandos não eram mais congruentes com o *Gaue*.

***Stosstrupp* (Tropa de Choque)** – Termo que, como *Sturm--Abteilung*, carregava o *ethos* de elite das trincheiras. Refere--se a pequenas unidades de "choque" ou ataques. O termo foi empregado na Alemanha depois da guerra por unidades de segurança violentas usadas por grupos políticos, e não era exclusivo do movimento de Hitler.

***Stosstrupp Hitler* (Tropa de Choque Hitler)** – O serviço de guarda-costas ampliado de Hitler em 1932, que se tornou o padrão histórico a partir do qual a SS foi modelada.

Sicherheitsdienst – O Serviço de Segurança da SS estabelecido por Reinhard Heydrich em 1931, como organização de inteligência do partido nazista.

Sippenamt – Escritório do parentesco.

***Räterepublik* (República Soviética)** – Ditadura comunista de pouca duração estabelecida na Baviera de 7 de abril a 2 de maio de 1919. Confinada principalmente a Munique, a mal organizada e dirigida "ditadura" certamente tinha semelhanças com a Comuna de Paris, inclusive na execução de reféns. Foi seguida pelo muito mais sanguinário "terror branco", na mesma tradição paralela.

Stabswache – Guarda do quartel-general.

***Staffelführer* (líder de esquadrão)** – A única "patente de oficial da SS" até 1930, quando a SS introduziu *Stürme* e *Sturmbanne* (companhias e batalhões, como a SA). Como a SA, a SS preferia o termo "*Führer*" (líder), desenvolvido no movimento da juventude alemã do pré-guerra, a *Offizier*, uma palavra estrangeira emprestada.

***Stahlhelm* (Capacete de Aço), também conhecido como *Bund der Frontkämpfer* (Liga dos Soldados do Front)** – Essa organização dos veteranos foi fundada no dia de Natal de 1918, mantendo as cores imperiais (negro-branco-vermelho) como símbolo de sua rejeição à República e sua bandeira negro-vermelho--dourada. Os membros do *Stahlhelm* ajudaram na *Grenzschutz Ost* (Defesa da Fronteira "Leste"), unidades paramilitares que defendiam a fronteira oriental da Alemanha contra irregulares poloneses.

Standarte – Regimento.
Sturmbanne – Batalhão.
Stürme – Unidades do tamanho de companhias.
Völkischer Beobachter – O jornal do NSDAP.
Volksheer – Exército do povo.
***Waffen-SS* (SS Armada)** – O termo foi usado depois de 1939 para se referir às antigas *Verfügungstruppe* (Tropas de Serviço Especial), forças militares aquarteladas, em contraste com a SS Geral, paramilitar, e em grande medida se exibindo e desfilando apenas em paradas. A *Waffen-SS* lutou ao lado da *Wehrmacht* de 1939 em diante.

Wehrmacht – As forças armadas do exército alemão (*Heer*), marinha (*Kriegsmarine*), e força aérea (*Luftwaffe*).

LISTA DE ABREVIAÇÕES

a.M. – *am Main* – Sobre o Meno (rio).
AO – *Auslands-Organisation der NSDAP* – Organização do Partido Nazista para os alemães que viviam no exterior.
AW – *Ausbildungswesen* das Tropas de Assalto, 1933-34. – Organização de treinamento militar.
DAF – *Deutsche Arbeits-Front* – Frente de Trabalho Alemã.
DAL – *Dienstaltersliste der Schutzstaffel* – Lista dos Oficiais da SS por patente.
DAP – *Deutsche Arbeiter-Partei* – Partido do Trabalho Alemão original, do qual surgiu o NSDAP, em 1920.
DNVP – *Deutsch-Nationale Volkspartei* – Partido Nacionalista Alemão.
FHA – *Führungshauptamt* – Escritório Central da Liderança da SS.
FM – *Fördernde Mitglieder* – "Membros" apoiadores ou simpatizantes da SS.
Gestapa – *Geheime Staats-Polizei-Amt* – Quartel-General da Polícia Secreta do Estado (em Berlim; origem da Gestapo).
Gestapo – *Geheime Staats-Polizei* – Polícia Política Secreta do Estado.

GISASS – *General-Inspekteur der SA und SS* – Inspetor combinado da SA e da SS (1930-32).
GmbH – *Gesellschaft mit begrenzter Haftung* – Empresa de Responsabilidade Limitada – Ltda.
GRUSA – *SA Grundbefehl* – Ordem Fundamental da SA.
HIGA – *Hilfsgrenzangestellten* – Empregados auxiliares da Fronteira.
HSSPF – *Höhere SS- und Polizei-Führer* – Líder superior da SS e da Polícia.
I-C – Serviço de Inteligência ou oficial de Inteligência no exército alemão, Tropas de Assalto (SA) ou SS.
IMT – *Inernational Military Tribunal* – Julgamento dos crimes de Guerra diante do Tribunal Internacional em Nuremberg.
KL – *Konzentrations-Lager* – Campos de concentração.
KPD – *Kommunistische Partei Deutschlands* – Partido Comunista Alemão.
Kripo – *Kriminalpolizei* – Divisão de investigação criminal.
Lt. a.D. – *Leutnant ausser Dienst* – Tenente, reformado.
MUL – *Mannschaftsuntersuchungsliste* – Questionário de mobilização.
Napola – *National-Politische Lehranstalt* – Escola Estatal de Estudos Políticos.
NCO – Graduados (cabos, sargentos, suboficiais).
NSBO – *Nationalsozialistische Betriebszellen-Organisation* – Célula de fábrica nazista.
NS – *National-Sozialistisch* – Nacional-socialista, nazista.
NSDAP – *Nationalsozialistisch Deutsche Arbeiter-Partei* – Partido Nacional-Socialista (Nazista) dos Trabalhadores Alemães.
NS-Dienst – *Nationalsozialistischer Dienst* – Tropas de Assalto camufladas (SA) nos Sudetos.
NSK – *Nationalsozialistische Korrespondenz* – Serviço de Imprensa nazista.
NSKK – *Nationalsozialistische Kraftfahrer-Korps* – Corpo motorizado (automóveis) nazista.

NS-*Mannschaft* – *Nationalsozialistische Mannschaft* – SS camuflada nos Sudetos.

OC – *Organisation Consul* – Banda secreta de assassinos (terroristas).

OKH – *Oberkommando des Heeres* – Comando Supremo do Exército Alemão.

OKW – *Oberkommando der Wehrmacht* – Comando Supremo da *Wehrmacht* alemã.

Orgesch – *Organisation Escherich* – Grupo clandestino que resistia ao cumprimento do tratado de Versalhes.

Orpo – *Ordnungspolizei* – "Polícia da Ordem", polícia regular ou de serviço geral.

OSAF – *Oberster Sturm-Abteilung Führer* – Comandante supremo das Tropas de Assalto.

OT – *Ordnertruppe* – "Policiais".

PI-Dienst – *Presse- und Informations-Dienst* – Serviço de Imprensa e Relações Públicas.

PO – *Politische Organisation* – "Organização Política", quadros para mobilização de ativistas políticos (NSDAP).

RAD – *Reichsarbeitsdienst* – Serviço Nacional do Trabalho.

RGB – *Reichsgesetzblatt* – Gazeta Legal do Reich.

RKFDV – *Reichs-Kommissar für die Festigung Deutschen Volkstums* – Comissário do Reich pelo Fortalecimento do Germanismo.

RMBliV – *Ministerialblatt des Reichs- und Preussischen Ministerium des Inneren* – Gazeta Ministerial do Reich e do Ministério do Interior Prussiano.

RSHA – *Reichssicherheitshauptamt* – Escritório Central de Segurança do Reich.

RuS – *Rasse und Siedlung* – Raça e colonização.

RuSHa – *Rasse- und Siedlungs-Hauptamt* – Escritório Central da Raça e Colonização da SS.

SA – *Sturm-Abteilung* – Tropa(s) de Assalto.

SABE – *Sturm-Abteilung Befehl* – Ordem para a Tropa de Assalto (do Comando Supremo da SA).

SD – *Sicherheitsdienst* – Serviço de Segurança (unidade secreta de Inteligência da SS).
SGV – *Schriftgutverwaltung des persönlichen Stabes, Reichsführer SS* – Gerência dos Registros da Equipe, *Reichsführer* da SS.
Sipo – *Sicherheitspolizei* – "Polícia de Segurança": polícia de investigação para assuntos criminais e políticos.
SS – *Schutzstaffel* – Esquadrão de Guardas.
TV – *Totenkopfverbände* – Unidades dos Cabeças da Morte.
TWC – Julgamento dos criminosos de guerra diante do Tribunal de Nuremberg.
Uschla – *Untersuchungs- und Schlichtungs- Ausschuss* – Comitê de Investigação e Conciliação (do NSDAP).
VDA – *Verein für Deutsche Kultur beziehungen im Ausland* – Sociedade da Germanidade no Exterior.
VJHZ – *"Vierteljahrshefte für Zeitgeschichte"*
VoMi – *Volksdeutsche Mittelstellte* – Escritório de Ligação para os Alemães Étnicos.
VT – *Verfügungstruppe* – Tropas de Serviço Especial (VT) (da SS).
VVV – *Vereinigte Vaterländische Verbände* – Ligas Patrióticas Unidas (da Baviera).
VWHA – *Verwaltungs- und Wirtschafts-Hauptamt* – Escritório Central da Administração e Economia (da SS).
WVHA – *Wirtschafts- und Verwaltungs-Hauptamt* – Escritório Central para Economia e Administração (reorganização do VWHA).
z.b.V. – *zur besonderen Verwendung* – Em missão especial; serviço temporário.

ÍNDICE REMISSIVO

Ahnenerbe (Fundação da Herança Ancestral) 166
Alemanha 8-11, 16-18, 22-25, 28-29, 32-33, 35, 46, 49, 52, 57, 59, 61, 65, 72, 74-77, 79-80, 85, 88-89, 94-95, 100, 112, 125, 134, 140, 152, 171, 174-175, 178, 187, 193-194, 199, 202, 219-220, 224-227, 232, 234-236, 238, 243, 247-248, 257-258, 261-263, 269, 276, 278, 303, 305, 309-310, 316-317, 319-321, 325-*329*, 331, 333, 335, 337-339, 341, 344, 347
"Além do Partido e do Estado" (conceito da SS como) 94, 106, 228, 290, 336
Alemães étnicos (*Volksdeutsche*) 184, 221, 231, 273, 300, 334
  nas chamadas "unidades de autodefesa" 215, 279, 296, 335
  na Waffen-SS 216, 219, 226, 241, 278, 297, 305
Altkämpfer (Antigos combatentes) 86, 91, 173, 180, 238, 252, 255, 257, 259-260, 265-266, 275, 280, 311, 338-342
Antissemitismo 121, 206, 248

Atividades de Reassentamento 226-227, 235-236, 248-249, 255-256, *257-259*
Auschwitz, complexo do campo de concentração
Anschluss 201
  fracasso do putsch de 25 de julho de 1934 152
  nazistas em 27, 210
  SA e SS em 142, 152, 154
  Áustria 20, 136, 139, 189, 195, 212, 249, 274
AW, Ausbildungswesen (treinamento militar) 112-113, 116, 126, 128, 133, 138-139, 141, 146-147, 199, 202, 211, 213, 294, 308

Bach-Zelewski, Erich von dem 258, 292
Bad Wiesse, investida contra os oficiais da SA, 30 de junho de 1934 142-143, 325
Baviera 11, 18, 20, 22, 24, 29-30, 41-42, 48, 50, 53, 55, 70, 101-102, 105, 136, 141, 152-153, 195-197, 213
  primeiro crescimento do movimento nazista na 27, 42, 70

tensões com o Reich 29, 101, 104
Berger, Gottlob 202, 212-213, 221, 263, *277, 332*, 338
Berlim, nazistas em 20, 27, 37, 39, 61, 64, 80, 87, 107, 111, 121, 139, 163, 168, 171, 197, 210, 216, 315
Boxheim, conspiração de 1932 80, 183
Brigadas de Infantaria da Waffen-SS 287-288, 296-297

Cabeças da Morte, tropas (*Totenkopfverbä*nde) 97, 117, 157, 161, 163, 190-194, 198-201, 206, 208-209, 213-214, 219-222, 233-234, 236-238, 257, 277, 280-283, 287-288, 291, 307, 327, 331-332
Campos de concentração, sistema de 117, 263, 283, 288, 329
   autonomia do sistema 188, 192
   como unidades de produção econômica 200, 222, 238, 248, 300
   função destrutiva do 239, 245, 327
   guardas para 102, 156, 160, 174, 208, 252, 305
Casamento, aprovação para 79-80, 84-85, 155-156, 228-230, 324-325
Cerimônia da bandeira 45
Cervejaria, putsch da 35, 41, 101, 130-131, 143
Tchecoslováquia 173, 211, 282
   ataque à 210, 213, 232, 282
   Heydrich em Praga, setembro de 1941 254
   políticas de ocupação 173, 210, 217
Coburgo, Marcha para 22
Comissário do Reich pelo Fortalecimento do Germanismo (RKFDV) 226-227, 266, 268-270, 275-277, 285, 289, *311, 329*
Comunistas 27, 32-33, 59, 67, 77, 86, 88, 92, 97, 99, 100-102, 105, 110, 183, 228, 278, 323, 326, 342
Conspiração de 20 de julho de 1944 226-227, 263-264, 309-311, 313-314

Corpo de Segurança do Estado (*Staatsschutzkorps*) 313-314, 321-322, 324-325, 346-347
Corpos Livres (*Freikorps*) 16-17, 19-27, 29, 31-32, 36, 39, 41, 49, 52-53, 57, 61, 68, 71, 80, 82, 92, 102, 111, 113, 151, 173, 179-180, 203, 213-215, 227, 294, 315

Dachau, campo de concentração 106, 117, 144, 200, 213, 236, 242
Daluege, Kurt 52, 70-72, 75, 77-78, 83, 85, 99, 104-106, 118, 129-130, 136, 143, 145, 163, 175-181, 183, 187, 220, 229-231, 254, 325
   chefe da Orpo 175, 177, 228, 230
   importância original para a SS em Berlim 52, 69
   ligação entre Himmler e Göring 84, 104, 118, 182, 187, 228, 326
   rivalidade com Himmler e Heydrich 69, 77, 82-83, 104, 220, 253, 326
Darré, Richard Walter 170-172, 185
   chefe do Escritório da Raça 158, 325
   contribuição para a ideologia da SS 10, 75, 78, 118, 167, 217, 226, 255, 325
   disputa com Himmler 170, 172, 217, 271
Decreto de 17 de agosto de 1938 sobre o papel e deveres da SS 207, 212, 215, 221, 279
Dienstalterslisten (posto e antiguidade dos oficiais da SS) 182
Dietrich, Sepp 55, 70, 74-75, 83, 116-117, 130, 135, 143-145, 183, 194, 293, 301, 325, 331-332

Eichmann, Adolf 206, 248, 251, 329-330
   carreira 183, 206, 219
   papel na "Solução Final" 206, 242, 265, 269
Eicke, Theodor 12, 141, 156, 326

comandante da Divisão dos Cabeças da Morte da Waffen-SS 238, 293, 327
comandante das tropas dos Cabeças da Morte 157, 193
comandante do campo de concentração de Dachau 141, 145, 156
Einsatzgruppen e *Einsatzkommandos* (unidades de assassinato) 253, 257, 269, 292
na Polônia 221, 249, 273
na URSS 263
Equipe Pessoal do Reichsführer-SS 172-173, 253-255, 312-313, 331-332
Escritório Central da Liderança (FHA, *Führungshauptamt*) 297-299, 304-305
criação do 243-244, 277-279, 282-284
funções 306-308
rivalidade com o Escritório Central da SS 279-280, 288-289
Escritório Central da Segurança do Reich (RSHA) 180-184, 215-216, 268-270, 289-291, 304-305, 311-314, 321-322, 330-331
Escritório Central da SS 291-292, 296-297, 304-308, 336-337
criação, estrutura e funções 158-159, 167-168, 172-173, 176-177, 190-192, 197-198, 201-202, 232-234, 238-239, 305-306
desintegração em vários escritórios 1937-9 244-246
revitalização sob Gottlob Berger 1940 213-215, 268-270
Escritório da Orientação Germânica (*Germanische Leitstelle*) 276-277, 279, 293, 303, 333
Escritório de Göring para o Plano Quadrienal 166, 193, 275
Escritório de Segurança da SS 159-160, 215-216
Escritório de Serviço Social da SS 170-171, 172-173

Escritório Racial, Escritório Central da Raça e Colonização (RuSHa) 79-80, 132-134, 159-160, 162-163, 178-180, 185-187, 190-192, 197-198, 216-217, 218-220, 275-276, 326-327, 331-332
Escritórios da SS para o Bem-Estar Familiar 170-172
"Estado da SS" 94-96, 99-100, 122-123
Estatísticas da SS 50-52, 66-68, 76-77, *79-82, 98*-99, 152-154, 198-200, 204-205, 287-288, 300-301, 306-311, 340-342
Ethos da SS como guarda-costas 25, 39, 73, 115, 128
Exército, Alemanha (também *Reichswehr* e *Wehrmacht*) 8, 17, 19, 23-26, 28-30, 32, 37, 49-50, *54-55,* 61, 84-86, 88, 95, 101-102, 106, 108, 110-115, 117, 120, 126-127, 131-132, 135, 138-139, 143-147, 149-150, 156, 159-160, 161, 176, 184, 193, 195, 198-200, 204, 207-208, 211-214, 217-218, 220, 222-223, 226, 228, 232-234, 240, 246-247, 250, 253, 259, 261, 265, 277, 279, 281-283, 287, 289, 292-294, 298-302, 305, 331
antigos oficiais servindo na Waffen-SS 159, 198, 262
indiferença eventual à brutalidade da SS 250, 252, 292
interesse econômico na produção dos campos de concentração 245
mudança de atitude em relação à Waffen-SS 223, 254, 346
objeções iniciais aos Cabeças da Morte e ao comportamento do SD na Polônia 208, 214-215, 221, 256
resistência às unidades armadas da SS 138, 141, 150, 196, 222, 277
SS Geral servindo no 49, 53, 85, 113, 161, 197, 333
uso pioneiro de tropas estrangeiras 279, 306

ÍNDICE REMISSIVO 361

zonas de defesa (*Wehrkreise*) 126, 132

"Fábricas da Morte" 251-253
Fascistas, movimentos
  na Europa ocidental 24, 80, 211, 297, 334
  na Europa oriental 19
Feldhernhalle
  juramento da SS, 1925 e anualmente 41, 131
  local do martírio nazista 1923 31, 41
"Frente Vermelha" (*Roter Frontkämpferbund*) 59, 97, 127
Frontbann 32, 36-39, 41, 43, 46, 52

Garde (a SS na tradição dos "Guardas") 74
Gaue 42, 48, 55, 56, 60, 64, 78, 119, 187, 220, 235, 257, 267, 269, 276
Gauleiter 40, 43-45, 48, 50, 52-53, 55-56, 60, 66-67, 71, 83, 87, 94-95, 102, 104-105, 110, 128, 144, 188-189, 205, 220, 229-230, 236, 257-259, 276
Geração do front 8, 52, 112, 288
"Germanização" 211, 217, 269
Gestapa/Gestapo 107, 115, 130, 135-137, 151, 157, 173, 176, 180-183, 189-190, 207, 214, 218-219, 222, 228, 231, 233, 242, 248, 253, 260, 273, 324-325, 336, 343-344, 355
Globocnik, Odilo 204
Glücks, Richard 238, 244
Goebbels, Paul Josef 45-46, 52, 54, 61-62, 71, 87, 99, 101, 108-109, 128, 141, 151, 261, 313-315, 320-321
Gottberg, Curt von, 169-170, 173-175, 217
Governo Geral (da Polônia) 235, 255, 258, 269, 273, 276, 309
Greifelt, Ulrich 275, 329-330
Grupos folclóricos na Europa oriental 19, 21, 42, 49, 57, 278, 284, 297, 322
Guerra antiguerrilha 292, 298

Göring, Hermann 23, 25, 27-28, 67, 69, 84-85, 87, 97-101, 104, 109, 111, 114-115, 117, 128-131, 135, 143-145, 151, 165-166, 172, 181, 188, 193, 203-205, 207, 216-218, 220-221, 247-248, 261, 275-276, 315, 325, 343, 345

Harzburg Front ou encontro 77, 81
Hausser, Paul 156, 160, 197, 201, 293, 302, 331
Heissmeyer, August 285
Hess, Rudolf 23, 47, 55, 88, 94, 101, 131, 138, 141, 153, 209
Heydrich, Reinhard 99, 104, 112, 118, 135, 175, 183, 187, 192, 207, 243, 264, 268, 276, 285, 346
  e Himmler 83, 105, 118, 127, 130, 204, 211, 261, 262, 325, 344
  estabelecimento e desenvolvimento da inteligência da SS 73, 77, 129, 212
  intrigas na política exterior 219, 234
  papel na purga de Röhm 117, 127, 130
  papel na "Solução Final" 252, 269
  recebe o Escritório Central de Inteligência do Ministério do Interior, 1936 158, 185, 244, 253, 267
  rivalidade com Daluege, Eicke, Pohl, 118, 180, 220, 243
Hildebrand, Richard 271, 291
Himmler, Heinrich 10, 26, 54, 62, 70, 74, 80, 82, 94, 96, 99, 122, 135, 189, 201, 222, 235, 247, 264, 296
  ideia da SS como "fundo genético" 75, 78, 121, 179, 256, 304, 322, 336
  início da carreira no partido 30, 42, 46, 48, 63
  lealdade a Hitler 26, 55, 72, 86, 130, 221, 245, 335
  mentalidade e personalidade 49, 74, 163, 284, 295
  Ministro do Interior do Reich, 1943 309

papel inicial na SS 48, 49
relação com os altos oficiais da
  Waffen-SS 101, 140, 161, 173,
  271, 285
sonho do Grande Reich Alemão
  283, 340
Távola Redonda para os "cavaleiros"
  da SS 312
Hindenburg, Paul 11, 88, 102, 141-142,
  149
Hitler, Adolf 18-19, 38-40, 47-49,
  68-69, 80-81, 96-98, 102-104,
  106, 108-109, 111-112, 137-138,
  178-180, 238-239, 251,
  266-268, 292-293, 326-327,
  331-332, 335,337
  aprisionamento 37-38
  atividade putschista e atitude
    posterior aos putsche 30-31,
    47-49, 80-81
  ações contra Stennes 62
  e Röhm 17-18, 27-29, 30-31, 40-41,
    62-64, 66-68, 94-96, 127-129,
    131-132
  trauma de 1918 da derrota e
    revolução 8-9, 18-19, 31-32
Holanda, a SS na 285
Homossexualidade 68-69, 136-138, 140-
  142, 159-160

Infiltração como estratégia nazista 17-18,
  77-79, 109-111, 223-224
Inspetorias da SS 62-64, 68-69, 156-158,
  197-198, 187, 277-279, 282-284
Instituições alemãs 9, 151, 319

Judeus, política 234-235
Judeus 10-11, 30-31, 50-52, 55-57,
  76-77, 79-80, 108-109, 125-126,
  131-132, 137-138, 145-146, 155-
  156, 225-226, 227-228, 257-259,
  261-263, 270, 273-277, 282-284,
  313-314, 318-319, 322-324, 329-
  331, 337-339
Juramento a Hitler da SS 41-42, 114-
  115, 155-156

Juventude Hitlerista 112-113, 189-190,
  198-200, 222-223, 300-301
Jüttner, Hans 211, 213, 278, 331

Kaltenbrunner, Ernst 204-205, 268, 270,
  320
Kampfjahre, Kampfzeit (era anterior a
  1933) 106-109, 151-152, 192-194,
  225-226, 247-248, 260-261, 308-
  309, 314-316
Koch, Erich 52, 291
Kripo, Polícia Criminal, CID 129-130,
  135-137, 181-182, 213-215, 222-
  224, 228-230, 252-253
Krüger, Friedrich Wilhelm 71, 112-113,
  118, 138, 146, 235

Landsknechte (vagabundos) 22, 33, 89,
  309
Lebensborn 171-172, 272-275
Legiões Nacionais da Waffen-SS 215-
  216, 297-299, 301-302, 335-336
Leibstandarte Adolf Hitler 146-147, 155-
  156, 195-196, 204-205, 217-218,
  279-280, 282-284, 292-293, 300-
  301, 326-327, 331-332
Lenda da punhalada nas costas de 1918
  ("*Dolchstoss*") 150, 187, 226, 313
Ligas de Combate ou Defesa 16, 33, 49,
  60, 68, 107
Lorenz, Werner 209-210
Lublin, complexo do campo de
  concentração 235-236, 249-251
Ludendorff 11, 28-29, 35-38
Lutze, Viktor 41, 45, 60, 66, 146
Länder (estados) 35-36, 99-102, 111-
  112, 137-138, 151-152, 156-158,
  175-178, 180-181, 325-326
Líderes da Polícia e da SS (SSPF, *SS-und-
  Polizei Führer*) 192-194, 200-201,
  210-212, 238-239, 249-251, 255-
  256, 270-272, 286-287, 289-292,
  312-313, 314-316
Líderes superiores da SS e da Polícia
  (HSSPF) 186-188, 200, 206, 229,
  230, 235-236, 238, 242, 255, 257-

ÍNDICE REMISSIVO **363**

260, 262-263, 265, 271, 276, 286, 290-291, 312, 314, 316
burocracias da ocupação 230-231, 238-239, 263-264, 276-277, 291-292
como foco da fusão da SS e da polícia 187-188, 220-222, 228-230
encobrimento e conflitos 235-236, 264-265, 286-287, 289-291
origens 177-178, 185-187

Militares Políticos 9-10, 15-16, 25-26, 37-38, 46-47, 52-53, 59-60, 66-68, 72-73, 76-77, 82-83, 88-89, *94-96*, 106, 115-117, *151-152*, 163-164, 178-180, 184-185, 195-196, 247-*248, 260-261, 282*-284, 288-289, 295-296, 301-302, 312-316, 319-324
Milícia Cidadã 19
Ministério do Interior 98, 102, 118, 157, 174, 175, 187, 313
"Minha honra é minha lealdade" (fivela do cinto) 72
Munique, quartel-general 16-17, 40-43, 52-53, 55-57, 65-66, 77-79, 81-82, 127-129, 273-275, 343-345

Nacional Bolcheviques 17-18, 57-58, 77-81
Nacionalista, Partido (DNVP – Partido Nacional do Povo Alemão) 32-33, 37-38, 100-101
Nazista, Partido (NSDAP) 12-13, 22-23, 27-29, 35-37, 57-58, 77-79, 84-85, 118-120, 137-138, 142-143, 152-154, 208-209, 228-230, 247-248, 257-259, 273-275, 279-280, 325-326
"Noite das Facas Longas" (30 de junho de 1934) 325
"Noite e Neblina", decreto de 1942 264
Noruega, a SS na 236-238, 273-275, 291-292, 295-296

Ofensiva das Ardenas 315

Oficiais e corpo de oficiais da SS 7-8, 10-11, 41-42, 46-47, 49-50, 52-53, 66-68, 93-94, 104-106, 142-143, 145-146, 150-151, 192-194, 208-209, 225-226, 244-246, 263-264, 279-280, 314-316, 326-327, 332-334, 342-343
Ohlendorf, Otto 12, 183-184, 326, 329
Orpo (Polícia da ordem) 162-163, 175-178, 180-182, 213-215, 218-220, 249-251, 263-264, 268-270, 280-281, 291-292, 311-312

Panzer, unidades da Waffen-SS 292-293, 300-302, 315
Pfeffer von Salomon, Franz 40-41, 45-46, 49, 55, 57-58, 60-63, 69
Pohl, Oswald 160, 165-166, 170, 192-193, 238, 244, 262, 271, 327-328
Polícia Auxiliar 98, 101, 105, 127, 156, 204
abolição 128
aparecimento 97, 100
atividades 96, 99, 115
Política agrícola do partido nazista 78, 119, 122
Prätzmann, Hans 203
Prússia 9, 16-17, 20, 23, 43, 52-53, 61, 65, 74, 76, 82, 97-98, 100, 102, 104-105, 114-115, 117-118, 128-131, 136-137, 142, 144-145, 158, 174-176, 178, 180-182, 195, 219-220, 230, 235-236, 276, 324-325
Purga da SA (depois de 30 de junho de 1934) 59-60, 158-159, 162-163, 188-189, 204-205, 222-223, 227-228, 313-314, 325-326, 332-334

Racismo, versão da SS do 75, 78, 325
Reichsführer-SS (título) 45-46, 54, 62, 66, 70, 197, 205, 208, 223, 230, 286, 295, 302, 326, 328
Reichsfürer-SS e Chefe da Polícia Alemã (título) 162-163, 176-177, 208, 230, 264-265, 312-313
Revolução "Nacional" (ou Conservadora) de 1933 125

Röhm, Ernst 17-22, 24-25, 36, 38, 41,
  44, 46, 50, 55, 63, 66-72, 79, 83-85,
  87-88, 95-96, 99, 101, 103, 105-
  106, 109, 111-115, 126-127, 129,
  131-132, 134-135, 139-147, 149,
  151-155, 158, 162, 189, 194-196,
  222, 227, 308, 323-325, 332, 343

Sangue e Solo, ideologia 122, 226, 257,
  276, 320, 325
Schellenberg, Walter 185
Sequestro de crianças "racialmente
  valiosas" 266-268, 275-276
Serviço de Emergência, decreto de 15 de
  outubro de 1938 220-221, 236-237,
  280, 295
Sicherheitsdienst (SD) 78, 118, 120, 137,
  156, 179, 268
Sipo (Polícia de Segurança) 182, 212,
  219, 222, 231-232, 238, 248, 250,
  257, 259, 263, 268-271, 276, 292,
  316
Sippenamt (do RuSHa), Escritório da
  Família 170-172, 272
SS 45-46, 62-64, 72-73, 91-94, 108-
  109, 111-112, 121-122, 125-126,
  142-143, 149-150, 154-155, 168-
  170, 175-178, 201-202, 210-212,
  225-228, 236-240, 243-244, 252-
  253, 261-263, 282-284, 313-314,
  327-329, 335-336, 339-340
  antítese da SA 64-65, 72-73
  características dos membros 68-69,
    76-77, 81-82, 84-85, 87-88,
    151-152, 163-164, 226-227,
    239-240, 329-330, 335-336
  como soldados políticos 18-19,
    32-33, 66-68, 72-73, 92-93,
    111-112, 115-117, 163-164,
    167-168, 247-248, 256-257,
    260-261, 288-289, 309-313,
    319-321
  como "comunidade racial" 79-80,
    134-135, 162-163, 266-268,
    321-322, 336-337
  desintegração 309-311, 345-346

diferenciação da SA 41-42, 62-64,
  85-87, 102-104, 114-115, 125-
  126, 321-322
elitismo 57-58, 68-69, 72-73, 84-85,
  115-117, 121-122, 132-134,
  297-299, 302-306, 314-316,
  322-324, 326-327
estratégia de infiltração 80-81, 88-
  89, 220-222
estrutura e postos 49-50, 73-74, 87-
  88, 96-98, 127-129, 137-138,
  139-141, 167-168, 181-182,
  209-210, 223-224, 238-239,
  242-243, 244-246, 253-255,
  260-261, 268-270, 296-297,
  305-306, 312-313, 314-316,
  327-329
fases de crescimento 50-52, 69-70,
  76-77, 88-89, 92-93, 94-96, 98-
  99, 118-120, 152-154, 162-163,
  198-200, 204-205, 209-210,
  216-217, 226-227, 238-239,
  252-253, 255-256, 270, 300-
  301, 306-308, 309-311, 318-
  319
função de inteligência 47-52, 61-62,
  65-66, 70-74, 77-79, 84-85, 88-
  89, 104-106, 127-130, 137-138,
  141-142, 145-146, 180-181,
  202-204, 220-222, 321-322
imperialismo da 226
membros honorários 106-108,
  168-170, 212-213, 223-224,
  309-311
mito da seleção racial 167-168, 266-
  268, 326-327
origens 15-16, 26-27, 36-37, 53-54,
  336-337
papel bifurcado 73, 207-208, 282
recrutamento da SS Geral 222-223,
  287-288, 295-296
SA como quadro de referência para
  43-45, 54-55, 151-152
SS Geral 162-163, 173-175,
  181-182, 212-213, 215-216,
  240-242, 246-247, 249-251,
  257-261, 265-266, 268-272,

289-291, 299-300, 308-309, 311-312, 336-337
tarefas como guarda-costas 49-50, 66-68, 127-129, 321-322
tarefas designadas 96-98, 143-145, 156-158, 162-163, 194-195, 213-215, 265-266, 324-325, 332-334
unidades de reserva (*Stamm-Einheiten*) 311
ver também tropas dos Cabeças da Morte, *Verfügungstruppe*, *Waffen-SS*
"Solução Final da Questão Judaica" 247-248, 265, 328, 345
SS Armada 117, 127, 150, 159, 194, 196, 200, 202, 208, 213, 215, 221, 245, 258, 337
SS e sistema da Polícia 205-207, 220-222, 228-230, 345-346
SS Europeia 303, 307, 311, 333, 337
Steiner, Felix 294-295
Stennes, Walter 60-62, 65, 67, 69-71, 73, 75, 77, 80, 87, 94, 131, 323, 343
Stosstrupp Hitler (Tropa de Choque Hitler) 11, 26, 30-31, 37, 39, 44, 45, 74
Suástica, símbolo 11, 19, 23, 32, 101, 118

"Teatro de batalha interior na Alemanha" 187
Tomada do poder (*Machtergreifung*) 87-88, 92-93, 96-98, 106-108, 113-114, 125-126, 227-228, 260-261, 340-342
Treinamento ideológico da SS 162-163, 167-168, 190-192, 198-200, 216-217, 230-231, 234, 270-272, 282-284
Tropas de Assalto (SA, *Sturm-Abteilung*) 16, 21-22, 35-38, 42, 46, 48, 53, 55, 62, 65, 68, 74, 77, 79-80, 84, 86, 88-89, 107, 125, 126, 128, 132, 319, 323, 328
antipatia ao partido 70-72, 79-80, 94-96, 106

atividades 20-22, 27-29, 46-47, 65-66, 72-73, 77-79, 88-89, 96-98, 114-115, 125-126, 321-322, 325-326
características dos membros 22-23, 52-53, 68-69, 109-111, 113-114
como fonte para a criação da SS Staffeln 55-57, 59-60, 64-68, 81-82, 88-89
deterioração da posição *vis-à-vis* da SS e do partido 53-54, 68-69, 70-72, 74-79, 85-87, 127-129, 132-134, 343-345
em alerta em 1932 141
estatísticas 26-27, 45-46, 50-52, 68-69, 76-77, 81-82, 98-99, 112-113, 115-117, 138-139, 145-146
estrutura e postos 20-22, 38-40, 66-68, 69-70, 73-74, 79-80, 87-88, 94-96, 98-99, 106, 111-112, 117-118, 126-127, 129-130, 151-152
ideal militar de se tranformar em"Exército do povo" 20-22, 102-104, 226-227
influência a longo prazo na DD, tropas dos Cabeças da Morte e *Waffen-SS* 16-17, 69-70, 176-177
Técnicas de propaganda 10-11, 17-18, 19-20, 27-29, 62-64, 65-66, 72-73, 77-79, 96-98, 178-180, 299-300

Uniformes 10-11, 15-17, 22-23, 30-31, 40-41, 50-52, 55-57, 68-69, 72-73, 76-77, 79-80, 99-102, 108-109, 126-127, 155-156, 159-160, 164-166, 177-178, 184-185, 188-189, 204-205, 207-210, 212-213, 249-251, 257-259, 261-263, 268-270, 289-291, 313-314, 335-336, 339-340, 342-343

Verfügungsdivision (divisão de combate inicial da SS, 1940) 282, 293
Verfügungstruppe (Tropas de Serviço Especial) 97-98, 117, 147, 150, 155-

157, 160-161, 177, 186-187, 192-195, 197, 199-201, 206, 208-209, 212-214, 218, 221-222, 233, 280-281, 283, 288, 293-296, 307, 332
"*Das Reich*", regimento 293, 300
"*Der Führer*", regimento 206, 293
"*Deutschland*", regimento 155, 200, 204, 293
estrutura 156-158, 160-161, 192-194, 208-209, 218-220, 279-280, 306-308
evolução 1934-38 96-98, 156-158, 162-163, 295-296
"*Germania*", regimento 150, 204, 219, 294
predecessor 98-99, 117-118, 149-150, 154-158
recrutamento para 194-195, 232-234, 279-280, 287-288
renomeada como *Waffen-SS* 280-281
Verwaltungsamt, Verwaltungs-und Wirtschafts-Hauptamt (Escritório de Administração, Escritório Central de Administração e Economia) 120-121, 132-134, 159-160, 192-194, 329-330
Violência política 10-11, 31-32, 47-49, 52-53, 57-58, 68-69, 76-77, 80-81, 88-89, 92-*93, 94-96,* 98-99, 151-152, 327-329

Waffen-SS 7, 12, 27, 55, 111, 117, 160, 193-194, 201-202, 219, 221, 223, 226-227, *237-238,* 240-242, 244-245, 249, 253, 256, 260-264, 268-272, 277, 283, 285-293, 296-302, 307-309, 327, 331-335, 337, 345-346
batalhões de substituição 291-292
caráter Pan-Europeu por volta de 1943 289, 333
divisão de Polícia (4ª. Divisão de Infantaria) 293-295, 305-306
divisão dos Cabeças da Morte (3ª. Divisão de Infantaria) 304-308, 332-334
estatísticas 280-284, 297-299, 306-308
evolução da 159-160, 281-282, 332-334
função de "brigada de fogo" 335
Leibstandarte Adolf Hitler (1ª. Divisão de Infantaria Blindada) 116, 147, 156, 280, 293
recrutamento para 264, 281, 296-297, 302
tatuagem do tipo sanguíneo 242
uso dos postos do exército 287-291
uso em execuções 292-293, 314-316
"*Das Reich*" (2ª. Divisão de Infantaria Blindada) 300-301
"*Florian Geyer*" (8ª. Divisão de cavalaria) 297
"*Götz von Berlichingen*" (17ª. Divisão de Infantaria Blindada) 302
"*Hitlerjugend*" (12ª. Divisão Blindada) 300
"*Hohenstaufen*" (9ª. Divisão Blindada) 300
"*Nederland*" (Brigada de Voluntários da SS de Infantaria Blindada) 302
"*Prince Eugene*" (7ª. Divisão de Montanha Voluntária) 296
"*Thule*" (9º. Regimento Reforçado dos Cabeças da Morte) 294, 296
"*Wiking*" (5ª Divisão Blindada, 1944) 25, 31, 280, 282, 294-295, 300, 302
"*Frundsberg*" (10ª Divisão Blindada) 300
Wirtschafts-und-Verwaltungs-Hauptamt (WVHA), Escritório Central para Economia e Administração da SS e da Polícia (1942) 245, 252, 271
Amtsgruppe D (para campos de concentração) 245, 252
Wolff, Karl 164, 265, 312, 330

**Acreditamos
nos livros**

Este livro foi composto em Adobe Garamond
Pro e Dosis e impresso pela Geográfica para a
Editora Planeta do Brasil em junho de 2021.